三省堂テミス

担保物権法

生熊長幸【著】
Ikuma Nagayuki

三省堂

第2版　はしがき

　本書〔初版〕は、必要にして十分な内容が記述されており、《基礎知識》や《展開》の項目の存在、豊富な図表の掲載や手続法との関連の明示などにより、多くの読者から大変わかりやすいと好評をいただいた。

　2017（平成29）年、民法の財産法分野を中心とした大改正がなされた（2020年4月1日施行）。物権法・担保物権法の分野の規定を直接改正するものは少ないが、民法総則や債権法への改正により担保物権法もかなりの影響を受けている。そこで、本書〔第2版〕は、この改正法に基づいて改訂したものである。このほかにも商法改正等、2018（平成30）年の通常国会までに成立した改正法の内容を反映させた。

　また、初版以上に分かりやすく記述することを心がけた（担保物権に関する登記事項証明書のサンプルも付け加えた）。担保物権法を初めて学ぶ皆さんは、《展開》の部分（本書の1割程度に当たる）を飛ばして読み進めていただいた方がよいであろう。司法試験受験などを目指す皆さん、実務に携わる皆さんは、その上で《展開》の部分も是非読んで欲しい。

　担保物権法は、民法の他の分野と比べて難しいとしばしば言われる。これは、担保物権が一般に、被担保債権の優先弁済を受けることができる権利であることに因るものと思われる。優先弁済を受ける過程（担保物権の実行）で生じ得る権利関係を検討する必要がしばしば生じ（法定地上権、共同抵当、物上代位、抵当権の侵害などもそれにあたる）、多くの関係者が登場してくるためであろう。しかし、これも基礎さえつかめばその理解は難しいことではない。重要な事柄は何度も繰り返し、当然と思われる事柄でもなるべく省略せずに記述するように心がけたので、しっかりと基礎を身につけて欲しい。

　第2版の出版にあたっても、三省堂六法法律書編集室の井澤俊明さんにいろいろアドバイスをいただいた。本書がより読みやすくなったと思っていただけるとしたら、その大部分は、井澤さんの努力に負うところが大きい。心より感謝申し上げる。

　　　　　　　　　　　　　　　　　　　　　　　　　　　　生熊長幸

2018年9月

初版　はしがき

　担保物権法は難しいと学生諸君からたびたび言われる。長年にわたりこの分野の研究を続け講義をしてきた筆者にとっては、いささか意外である。しかし、改めて考えてみると次のように言えるのではなかろうか。

　第1に、民法総則、担保物権法を除く物権法、および債権法の分野においては、実体的権利が発生するか否かが主要な問題であって、多くの場合、その権利の具体的な実現手続を民事執行法の分野に委ねているのに対して、担保物権法においては、担保物権の実行手続により生ずる権利関係の問題が大きな比重を占めており、民事執行法の初歩的な知識を備えていないと理解しにくいことに起因する（例えば、抵当不動産上の賃借権などの利用権や他の担保権との関係は、抵当権の実行がなされた場合に初めて問題となるし、388条の法定地上権の成否の問題も同様である。濫用的賃借権の問題も抵当権の実行との関係で問題となる。また、物上代位に基づく目的債権への差押えも、物上代位権の行使手続において生ずる問題であり、民事執行法の基礎的な知識が理解を助けることになる）。

　第2に、担保物権の実行手続の中で、他の担保物権者や不動産賃借人、第三取得者や第三債務者など関係者が多数登場することが多いため、これらの者の有する権利の内容などについても基礎的な知識を備えていないと、法律関係が十分理解できないことに起因する。

　さらに、重要な担保のひとつである譲渡担保は、法律上の根拠規定がなく、その法律解釈は多数の判例に依拠することになり、しかも判例理論は理論的一貫性を有しているとはいえず、学説からの批判が多い部分を抱えていることも、理解を困難とする一因であろう。

　しかし、それでも担保物権法はやさしいとあえて言いたい。なぜなら、担保物権法には技術的な側面が多いため、そのルールを覚えさえすれば、大部分はすっきり頭に入るからである。

　そこで、本書では、担保物権法の理解に必要不可欠な範囲で、民事執行法や倒産諸法制などの手続法の基礎につき簡単な説明を適宜付け加えた。また、本書は、担保物権の中で最も典型的でありかつ重要性の高い抵当権から説明を始めている（鈴木禄弥博士や内田貴教授の教科書なども同様である）。これは、民法

典の配列通り留置権・先取特権の順で説明するよりはるかに理解が容易になるからである。抵当権に基づく物上代位による差押え（372条・304条）については、「抵当権の効力の及ぶ目的物の範囲」の箇所で説明するのが一般的であるが、この差押えは物上代位の行使手続に関するものであり、また、説明に相当の紙幅を必要とし、かつ抵当権の実行としての競売とは直接関係しないので、本書では、類書とは異なり抵当権の実行としての競売手続において問題となるテーマにつき説明した後で、取り上げた。なお、条文規定や基本的な原理から説明を展開することを意識して執筆したが、中でも判例・学説が錯綜する譲渡担保については、特に丁寧な説明を心がけた。《展開》の部分は最初は飛ばして読んでいただいてもよい。

　バブル経済の生成と崩壊を経たここ20年来の担保物権法の分野においては、判例においても（特に譲渡担保に関する判例）、立法（旧395条の短期賃貸借保護の制度の廃止、民事執行法96条・97条を担保不動産収益執行にも準用する民事執行法188条など）においても、抵当権者や譲渡担保権者など債権者にかなり偏重した形での取扱いがなされてきていると言えよう。この点は、私法学会および民事訴訟法学会などの名だたる学者が中心となって、民事執行法（昭54〔1979〕法4）や仮登記担保法（昭53〔1978〕法78）が制定された当時と大きく異なっているように思われる。当時は長い時間をかけて議論が積み重ねられ、債務者・担保権設定者側の立場に対する配慮や、担保目的不動産の賃借人などに対する配慮もなされた立法がなされた。しかしながら、最近は、時々の政権の政策のもと、担保権者（主に金融機関）の権利の実現が第一義とされ、上記のような配慮は極めて乏しくなってしまった（恩師鈴木禄弥博士は、物権法〔5訂版〕〔2007年〕はしがきにおいて「近時のあまりにも激しい法改正の風潮には、はや手まわし、その場しのぎの傾向もあることは否定できない。」と述べられた）。担保物権法の諸規定も、自明のものではなく、様々な背景のもとに作られていることも是非知っていただきたいと思う。

　本書についても、三省堂六法法律書編集担当の井澤俊明さんに、詳細なアドバイスをいただいた。心より感謝を申し上げる。

生　熊　長　幸

2013年 猛暑の8月

目　次

はしがき　iii
略称一覧　xiv

第1編　担保物権法総論（担保物権法の全体像）

第1章　担保物権の意義 …………………………………………………… 2
1. 典型担保／2　　2. 担保物権と債権者平等の原則／2
3. 物上保証人／5　　4. 保証との違い／5

第2章　担保物権の種類 …………………………………………………… 7
1. 典型担保／7　　2. 非典型担保／8　　3. 特別法上の担保物権／10

第3章　担保物権の効力 ………………………………………………… 11

第1節　物権としての効力 ……………………………………………… 11
1. 優先的効力／11　　2. 物権的請求権／12

第2節　担保物権としての効力 ………………………………………… 12
1. 優先弁済的効力／12　　2. 留置的効力／14　　3. 収益的効力／14

第4章　担保物権の性質 ………………………………………………… 15
1. 付従性／15　　2. 随伴性／15　　3. 不可分性／15
4. 物上代位性／16

第 2 編　典型担保

第 1 章　抵当権 …………………………………………………………… 20

第 1 節　序　説 …………………………………………………………… 20
1. 抵当権の特色／20　　2. 抵当権の法的性質／21
3. 特別法上の抵当権／23

第 2 節　抵当権の設定と対抗要件 …………………………………… 25
1. 抵当権設定契約／25　　2. 抵当権の被担保債権／26
3. 抵当権の目的物／27　　4. 抵当権の対抗要件／27

第 3 節　抵当権の効力の及ぶ範囲(1)——抵当権の効力の及ぶ被担保債権の範囲 ………………………………………………………………… 30
1. 元本債権／31　　2. 利息債権／31　　3. 利息以外の定期金債権／33　　4. 遅延損害金債権／33　　5. 違約金債権／33

第 4 節　抵当権の効力の及ぶ範囲(2)——抵当権の効力の及ぶ目的物の範囲 ……………………………………………………………………… 34
1. 付加物（付加一体物）／34　　2. 果実（371 条）／37
3. 物上代位の目的物としての代替的価値・付加的価値／40

第 5 節　優先弁済的効力と担保不動産競売 ………………………… 47
1. 抵当権の優先弁済的効力と優先弁済を受ける方法／47　　2. 担保不動産競売手続の概要／48　　3. 抵当権者と他の債権者との配当における優先順位／56　　4. 流抵当の特約／57

第 6 節　担保不動産競売における不動産利用権 …………………… 57
1. 担保不動産競売における賃借権・地上権等の取扱い／58
2. 法定地上権／66

第 7 節　抵当不動産の売買と第三取得者の地位 …………………… 87
1. 抵当不動産の第三取得者と抵当不動産の売買／87
2. 代価弁済の制度／89　　3. 抵当権消滅請求の制度／91

第 8 節　抵当権の処分 ………………………………………………… 95
1. 抵当権の処分の意義／95　　2. 抵当権の順位の変更／96

3．抵当権の順位の譲渡・放棄、抵当権の譲渡・放棄／97
　　4．転抵当／101
　第9節　共同抵当 …………………………………………………………… **104**
　　1．共同抵当の意義／104　　2．共同抵当である旨の登記および共同担保目録の備付け／104　　3．共同抵当における配当／105
　第10節　物上代位権の行使 ……………………………………………… **118**
　　1．問題の所在／118　　2．物上代位権行使の要件／119　　3．物上代位の目的債権から優先弁済を受ける手続／121　　4．304条1項但書の差押えの趣旨／122　　5．配当要求による物上代位権者の優先弁済権の行使の否定／142
　第11節　担保不動産収益執行 …………………………………………… **143**
　　1．担保不動産収益執行の創設／143　　2．担保不動産収益執行の手続の概要／144　　3．賃貸人に対する債権と賃料債務との相殺の管理人への対抗／145　　4．担保不動産収益執行と物上代位との関係／146
　第12節　抵当権の侵害 …………………………………………………… **147**
　　1．抵当権の侵害／147　　2．抵当権に基づく物権的請求権／148
　　3．抵当権侵害の不法行為に基づく損害賠償請求権／161
　　4．期限の利益の喪失・増担保請求／162
　第13節　抵当権の消滅 …………………………………………………… **163**
　　1．抵当権の消滅／163　　2．抵当権の時効消滅／164
　　3．抵当不動産の時効取得による抵当権の消滅／165
　　4．抵当権の目的である用益権の放棄／168
　第14節　根抵当権 ………………………………………………………… **169**
　　1．根抵当権の意義と性質／169　　2．根抵当権の設定契約とその内容／170　　3．確定前の根抵当権の内容の変更、当事者の相続・合併など／173　　4．根抵当権の確定／178　　5．累積根抵当と共同根抵当／181

第2章　質　権 ……………………………………………………………… **183**
　第1節　序　説 …………………………………………………………… **183**

1．質権の意義／183　　2．質権の機能／183　　3．質権の効力および性質／184　　4．質権設定契約／184　　5．質権の公示／187　　6．質権者の権利義務・目的物の設定者への返還／187　　7．質権の効力の及ぶ範囲／189　　8．質権の処分（転質）／191

第2節　動産質 ······ 193

　　1．動産質権の目的物になり得るもの／193　　2．動産質権の成立要件と対抗要件（質物の継続占有）／193　　3．動産質権の効力の及ぶ範囲／194　　4．動産質権による被担保債権の回収／195　　5．動産質権の侵害／195　　6．動産質権の消滅／196

第3節　不動産質 ······ 196

　　1．不動産質権の成立要件と対抗要件／196　　2．不動産質権の存続期間／197　　3．不動産質権の目的物／197　　4．不動産質権の効力／197　　5．不動産質権による被担保債権の回収／198　　6．不動産質権の侵害／199　　7．不動産質権の消滅／200

第4節　権利質 ······ 200

　　1．権利質の意義と性質・作用／200　　2．債権質／201　　3．有価証券を目的とする質権／205　　4．その他の権利を目的とする質権／207

第3章　先取特権 ······ 208

第1節　序　説 ······ 208

　　1．先取特権の意義／208　　2．先取特権の法的性質／208

第2節　先取特権の種類と目的物 ······ 208

　　1．一般先取特権の種類と目的物および公示方法／210　　2．動産先取特権の種類と目的物および公示方法／212　　3．不動産先取特権の種類と目的物および公示方法／214

第3節　先取特権の優先順位 ······ 218

　　1．先取特権相互の優先順位／218　　2．先取特権と他の担保物権の優劣／219

第4節　先取特権の効力 ······ 221

1．優先弁済権／221　　2．物上代位／224　　3．第三取得者との関係／230　　4．債務者につき破産等の倒産手続が開始した場合の効力／231

第5節　先取特権の消滅 ……………………………………………… **232**

第4章　留置権 …………………………………………………… **233**

第1節　序　説 ………………………………………………………… **233**
1．留置権の意義／233　　2．留置権と同時履行の抗弁権との異同および競合的発生の有無／234　　3．留置権の性質／236　　4．民事留置権と商事留置権／236

第2節　留置権の成立要件 ……………………………………………… **238**
1．債権者が他人の物を占有していること／239　　2．債権と物とに牽連性があること／240　　3．被担保債権の弁済期の到来／245　　4．占有が不法行為によって始まったものではないこと／245

第3節　留置権の効力 …………………………………………………… **247**
1．留置的効力と第三者に対する対抗力／247　　2．留置物についての留置権者の権利・義務／248　　3．留置権者が被担保債権の弁済を受ける方法／251

第4節　留置権の消滅 …………………………………………………… **252**

第3編　非典型担保

第1章　非典型担保概説 …………………………………………… **256**

第1節　非典型担保の意義と種類 ……………………………………… **256**
1．非典型担保の意義／256　　2．非典型担保の種類／256

第2節　非典型担保の特色と機能 ……………………………………… **257**
1．非典型担保の特色／257　　2．非典型担保の機能／258

第3節　非典型担保の存在理由 ………………………………………… **258**
1．非典型担保による担保設定が意味のある担保目的物の存在／258

2．担保目的物の取得／259　　3．競売手続の回避／259
  第4節　代理受領および振込指定 …………………………………………… **260**
　　1．代理受領／260　　2．振込指定／261

第2章　仮登記担保 …………………………………………………………… **262**

  第1節　序　説 ……………………………………………………………… **262**
　　1．仮登記担保の意義／262　　2．仮登記担保の機能／262
  第2節　仮登記担保権の設定と対抗要件 …………………………………… **263**
　　1．仮登記担保権設定契約／263　　2．仮登記担保権の公示方法／264
  第3節　仮登記担保権の効力 ………………………………………………… **265**
　　1．所有権取得的効力と優先弁済的効力／265
　　2．仮登記担保権の効力の及ぶ目的物の範囲／265
　　3．仮登記担保権の効力の及ぶ被担保債権の範囲／266
  第4節　仮登記担保権の私的実行 …………………………………………… **267**
　　1．私的実行開始の実体的要件＝被担保債権の履行遅滞／267　　2．予約完結の意思表示／267　　3．清算金の見積額の通知または清算金がない旨の通知／268　　4．清算期間の存在と仮登記担保権者への所有権移転／268　　5．帰属清算の手続／269　　6．受戻権の行使／270
　　7．後順位担保権者の優先弁済権の行使／272
  第5節　仮登記担保権の私的実行と用益権 ………………………………… **273**
　　1．目的不動産上に存在する賃借権・地上権の取扱い／273
　　2．法定借地権（法定土地賃借権）／274
  第6節　競売手続と私的実行の優劣 ………………………………………… **275**
　　1．私的実行開始前に他の債権者による競売手続が行われたとき／275
　　2．私的実行開始後に他の債権者が競売の申立てをしたとき／275
  第7節　倒産手続開始と仮登記担保権 ……………………………………… **276**
  第8節　仮登記担保権の消滅 ………………………………………………… **276**

第3章　譲渡担保 ……………………………………………………………… **277**

  第1節　序　説 ……………………………………………………………… **277**

1．譲渡担保の意義／277　　2．譲渡担保権の有効性をめぐるかつての議論／277　　3．譲渡担保の機能／279　　4．譲渡担保の種類／279　　5．譲渡担保の法的構成／282

第2節　譲渡担保権の設定と対抗要件……………………………………… **286**
　　1．譲渡担保権設定契約／286　　2．公示方法／288

第3節　譲渡担保権の設定当事者間での効力……………………………… **291**
　　1．目的物の範囲／291　　2．被担保債権の範囲／291　　3．目的物の利用関係／291　　4．担保目的物の保管義務／292　　5．債務の弁済と目的物返還および所有権移転登記抹消登記手続の同時履行の否定／293

第4節　譲渡担保と第三者との関係 ………………………………………… **294**
　　1．問題の所在／294　　2．動産譲渡担保の場合／294　　3．不動産譲渡担保の場合／301　　4．第三者による譲渡担保目的物の侵奪、滅失・損傷等／312

第5節　譲渡担保権の私的実行……………………………………………… **314**
　　1．実行方法／314　　2．目的物の換価方法——処分清算型か帰属清算型か／315　　3．清算金の額の確定時期・受戻権行使可能時期など／319　　4．設定者の受戻権放棄による清算金支払請求の可否／322　　5．清算金請求権を被担保債権とする留置権／323

第6節　譲渡担保権の私的実行と用益権…………………………………… **324**
　　1．譲渡担保権と賃借権／324　　2．法定借地権（法定土地賃借権）／325

第7節　特定債権譲渡担保の私的実行……………………………………… **325**
第8節　譲渡担保権の消滅 …………………………………………………… **327**
第9節　集合動産譲渡担保・集合債権譲渡担保…………………………… **328**
　　1．集合動産譲渡担保・集合債権譲渡担保の意義／328　　2．集合物論と分析論／329　　3．集合動産譲渡担保／331　　4．集合債権譲渡担保／347

第4章　所有権留保 ……………………………………………………… *361*

第1節　所有権留保の意義と特色 …………………………………… ***361***
　1．所有権留保の意義／361　　2．売買契約解除および動産売買先取特権との比較／362　　3．所有権留保の利用／363　　4．譲渡担保との違い／364　　5．所有権留保の法的構成／364

第2節　所有権留保の設定と対抗要件 ……………………………… ***365***
　1．所有権留保の設定／365　　2．売主・買主の有する権利の対抗要件／365

第3節　所有権留保の効力 …………………………………………… ***366***
　1．所有権留保の当事者間での効力／366　　2．所有権留保と第三者との関係／366

第4節　所有権留保の実行 …………………………………………… ***372***
　1．債務不履行解除／373　　2．所有権留保の実行／374

判例索引／***375***　　　事項索引／***378***

装丁＝志岐デザイン事務所
組版＝木精舎

略称一覧

本書で用いた判例集、文献・雑誌等、法令の主な略称は、以下の通りである。

[判例集]

民集	大審院民事判例集
	最高裁判所民事判例集
民録	大審院民事判決録
判時	判例時報
判タ	判例タイムズ
裁判集民事	最高裁判所裁判集民事
高民集	高等裁判所民事判例集
下民集	下級裁判所民事裁判例集
金法	金融法務事情
金判	金融・商事判例
訟月	訟務月報
新聞	法律新聞
判決全集	大審院判決全集
判例評論	法律学説判例評論全集
刑集	大審院刑事判例集
	最高裁判所刑事判例集
刑録	大審院刑事判決録

[文献・雑誌等]

金法	金融法務事情（きんざい）
重判	重要判例解説（ジュリスト・有斐閣）
ジュリ	ジュリスト（有斐閣）
判タ	判例タイムズ（判例タイムズ社）
判例解説	最高裁判所判例解説〔民事篇〕（法曹会）
法協	法学協会雑誌（有斐閣）
法時	法律時報（日本評論社）
法セミ	法学セミナー（日本評論社）
百選Ⅰ	潮見佳男＝道垣内弘人編・民法判例百選Ⅰ〔第8版〕（有斐閣・2018年）
百選Ⅱ	窪田充見＝森田宏樹編・民法判例百選Ⅱ〔第8版〕（有斐閣・2018年）
民商	民商法雑誌（有斐閣）

民法の争点	内田貴＝大村敦志編・民法の争点〔ジュリスト増刊 新・法律学の争点シリーズ1〕（有斐閣・2007年）
リマークス	私法判例リマークス（日本評論社）
注民(8)	林良平編・注釈民法(8)（有斐閣・1965年）
新版注民(9)	柚木馨＝高木多喜男・新版注釈民法(9)〔改訂版〕（有斐閣・2015年）
石田	石田穣・担保物権法（信山社・2010年）
生熊・執行妨害と短期賃貸借	生熊長幸・執行妨害と短期賃貸借（有斐閣・2000年）
生熊・即時取得	生熊長幸・即時取得の判例総合解説（信山社・2003年）
生熊・物権	生熊長幸・物権法（三省堂・2013年）
生熊・物上代位と収益管理	生熊長幸・物上代位と収益管理（有斐閣・2003年）
生熊・民執	生熊長幸・わかりやすい民事執行法・民事保全法〔第2版〕（成文堂・2012年）
内田Ⅲ	内田貴・民法Ⅲ（債権総論・担保物権）〔第3版〕（東京大学出版会・2005年）
梅Ⅱ	梅謙次郎・民法要義〔訂正増補〕巻之二物権編〔明治44年版復刻版〕（有斐閣・1984年）
近江Ⅱ	近江幸治・民法講義Ⅱ物権法〔第3版〕（成文堂・2006年）
近江Ⅲ	近江幸治・民法講義Ⅲ担保物権〔第2版補訂〕（成文堂・2007年）
加賀山	加賀山茂・債権担保法講義（日本評論社・2011年）
川井Ⅱ	川井健・民法概論2物権〔第2版〕（有斐閣・2005年）
河上	河上正二・担保物権法講義（日本評論社・2015年）
鈴木	鈴木禄弥・物権法講義〔5訂版〕（創文社・2007年）
鈴木〔3訂版〕	鈴木禄弥・物権法講義〔3訂版〕（創文社・1985年）
鈴木〔4訂版〕	鈴木禄弥・物権法講義〔4訂版〕（創文社・1994年）
鈴木・根抵当法概説	鈴木禄弥・根抵当法概説〔第3版〕（新日本法規・1998年）
田井ほか	田井義信＝岡本詔治＝松岡久和＝磯野英徳・新物権・担保物権法〔第2版〕（法律文化社・2005年）
高木	高木多喜男・担保物権法〔第4版〕（有斐閣・2005年）
髙橋	髙橋眞・担保物権法〔第2版〕（成文堂・2010年）
谷口＝筒井	谷口園恵＝筒井健夫編著・改正担保・執行法の解説（商事法務・2004年）
道垣内	道垣内弘人・現代民法Ⅲ担保物権法〔第4版〕（有斐閣・2017年）
道垣内〔初版〕	道垣内弘人・現代民法Ⅲ担保物権法（有斐閣・2004年）
道垣内〔第2版〕	道垣内弘人・現代民法Ⅲ担保物権法〔第2版〕（有斐閣・2005年）
道垣内ほか	道垣内弘人＝山本和彦＝古賀正治＝小林明彦・新しい担保・執行制度〔補訂版〕（有斐閣・2004年）
中野＝下村・民執	中野貞一郎＝下村正明・民事執行法（青林書院・2016年）

星野Ⅱ	星野英一・民法概論Ⅱ（良書普及会・1976年）
松井	松井宏興・担保物権法〔補訂第2版〕（成文堂・2011年）
松岡	松岡久和・担保物権法（日本評論社・2017年）
安永	安永正昭・講義物権・担保物権法〔第2版〕（有斐閣・2014年）
山野目	山野目章夫・物権法〔第5版〕（日本評論社・2012年）
柚木＝高木	柚木馨＝高木多喜男・担保物権法〔第3版〕（有斐閣・1982年）
我妻Ⅰ	我妻栄・新訂民法総則〔民法講義Ⅰ〕（岩波書店・1965年）
我妻Ⅲ	我妻栄・新訂担保物権法〔民法講義Ⅲ〕（岩波書店・1968年）

[法令]

・条番号に特に法令名を併記していないものについては民法を表す

恩給	恩給法
会更	会社更生法
割賦	割賦販売法
仮登記担保	仮登記担保契約に関する法律
区画整理	土地区画整理法
刑	刑法
建抵	建設機械抵当法
国健保	国民健康保険法
自抵	自動車抵当法
借地借家	借地借家法
商	商法
税徴	国税徴収法
地税	地方税法
抵証	抵当証券法
動産債権譲渡特例	動産及び債権の譲渡の対抗要件に関する民法の特例等に関する法律
土地改良	土地改良法
破	破産法
非訟	非訟事件手続法
不登	不動産登記法
民再	民事再生法
民保	民事保全法
民執	民事執行法
民執規	民事執行規則

第 1 編

担保物権法総論
（担保物権法の全体像）

第1章 担保物権の意義

1. 典型担保

　民法典は、第2編「物権」の第7章から第10章までに、「留置権」、「先取特権」、「質権」、および「抵当権」という4種類の担保物権についての規定を置いている。民法典上に規定されている4種類の担保物権を典型担保と呼ぶ。

2. 担保物権と債権者平等の原則

(1)債権者平等の原則　　自営業者Bが資金繰りに困り、Aから2000万円、次いでCから1000万円、さらにその後Dから1000万円をそれぞれ借り受けたとする（これらの債権の担保のために担保物権の設定はなされていなかったものとする）。担保物権の設定を受けていない債権者を**無担保債権者**または**一般債権者**という。Aからの借入金債務の弁済期到来にもかかわらず、Bが債務の弁済をしない場合、自力救済は禁止されているから（AがBの家に乗り込んでいって、2000万円の債権額に見合うようなBの財産を無理矢理取り上げてAの債権の満足に充てることはできない）、AはBの**責任財産**（強制執行の対象となる債務者の財産を「責任財産」という）に対して強制執行の申立てをすることになる（強制執行の申立てには、確定の給付判決や執行証書などの**債務名義**が必要となる。民執22条）。Aの申立てによりBの責任財産である甲土地につき強制競売が行われ（民執43条以下参照）、甲土地をEが買い受け、裁判所に代金が納付され2400万円が債権者の配当に充てられることになったとする。この強制競売の手続の途中で、CおよびDが裁判所に債権の配当を受けたい旨の意思表示である配当要求（民執51条）をしていた場合（民執87条1項2号参照）、配当に充てられるべき売却

代金2400万円はA・C・Dにどのように配当されるか（便宜上、利息や遅延損害金等は考えずに、また元金の弁済は一切なされていないものとして扱う）。

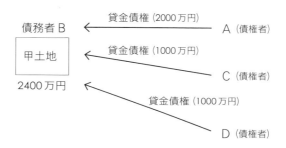

わが国では、債権には原則として優先権は認められず（先取特権が認められる一定の債権は別である）、**債権者平等の原則**がとられており、債権の成立時期の先後を問わず、債権者は平等に扱われる。強制競売の場合も同様に平等主義がとられており（民執85条2項）、上の例では、配当に充てられるべき売却代金が2400万円、A・C・Dの債権額の合計額が4000万円であるから、それぞれ債権額の6割、Aに1200万円、Cに600万円、Dに600万円の配当となる。

(2)担保物権の意義　もっとも、AがBに2000万円の融資をする場合、Bに担保の提供を求めることが一般的である。上の例のように、Bが甲土地を有している場合、2000万円の債権の担保として通常Aは甲土地に担保物権のひとつである抵当権（369条以下）の設定を受ける。次いでBに1000万円を融資したCも甲土地に抵当権の設定を受けたが、さらにその後Bに1000万円を融資したDは、甲土地に抵当権の設定を受けなかったとして以下考える。

Aからの借入金債務の弁済期到来にもかかわらずBが債務の弁済をしない場合、債権者Aは抵当権の目的である甲土地につき抵当権の実行をすることができ（担保権の実行においては債務名義を必要としない。民執181条参照）、通常は、**担保不動産競売**が行われる（民執180条1号。☞第2編第1章第5節1・2）。この競売により甲土地をEが買い受け、売却代金2400万円が債権者の配当に充てられることになった場合、この競売手続の途中でDが裁判所に配当要求（民執188条・51条）をしていたとすると（民執188条・87条1項2号参照）、この2400万円はA・C・Dにどのように配当されるか（ここでも、便宜上利息や遅

延損害金等は考えずに、また元金の弁済は一切なされていないものとして扱う)。

担保物権は、債務の弁済期の到来にもかかわらず債務の弁済がなされない場合、担保権者ＡＣに、担保権の目的物（上の例では甲土地）の換価代金から、担保物権により担保されていた債権（これを「**被担保債権**」という）に**優先弁済**を受けさせることのできる物権である（優先弁済の順位は、担保物権の設定を受けた順位〔わが国では対抗要件具備の先後〕による）。したがって、上の例では、配当に充てられるべき売却代金2400万円のうち2000万円が１番抵当権者Ａに優先的に配当され、次いで残りの400万円が２番抵当権者Ｃに優先的に配当される。Ｃの残債権600万円は無担保の一般債権となる。この例では、一般債権者Ｄは、甲土地の換価代金からの配当を受けられない。このように金銭を貸し付けるＡやＣにとっては、担保物権の設定を受けることは、**債権者平等の原則を排除**して、債権の確実な回収を受ける可能性を高くすることを意味する。

〔債権者平等の原則と担保物権の優先弁済的効力〕

（売却代金2400万円の場合）

債権者	債権額	換価手続	担保権の設定がない場合 強制競売（民執43条）		担保権の設定がある場合 担保不動産競売（民執180条1号）	
				配当額		配当額
Ａ	2000万円		一般債権者	1200万円	１番抵当権者	2000万円
Ｃ	1000万円		一般債権者	600万円	２番抵当権者	400万円
Ｄ	1000万円		一般債権者	600万円	一般債権者	0

Ａ・Ｃ・Ｄから金銭を借り入れた後に債務者Ｂの借入債務がさらに増大し、他方Ｂの資力が乏しくなって、Ｂにつき破産手続開始決定や民事再生手続開始決定がなされたときでも、抵当権などの担保物権には**別除権**が認められており（破２条９項・65条１項、民再53条１項・２項）、抵当権者等は破産手続や民事再生手続によらず担保物権を実行して被担保債権の優先弁済を受けることができる。通常、債務の弁済が期待できないこのような場面で、担保物権の役割はより重要となる。

もっとも、留置権（295条以下）は、担保物権とされているが、優先弁済権を有せず、債権者に、債務が弁済されるまで目的物を留置する権利（目的物の

引渡しを拒むことのできる権利）を認めることによって、債務者に対し間接的に被担保債権の履行を促す権利であり、当事者間の公平を図るために認められるものである。例えば、B所有の甲建物の賃借人Aが、雨漏りがするためBに対して屋根の修繕を求めたけれどもBがこれに応じないので（賃貸人Bには修繕義務がある。606条1項）、Aが業者に頼んで50万円で屋根の修理をしてもらったとする。この場合、AはBに対して50万円の必要費償還請求権を取得するが（608条1項）、Bが支払いに応じないとき、甲建物賃貸借契約が終了してもBが必要費を支払うまで、Aはなお甲建物の引渡しを拒む（留置する）ことができる。留置権は、物権であるから、第三者にもこれを対抗することができ、もし甲建物が賃貸人BからCに譲渡されても、AはCに対しても必要費償還請求権が弁済されるまで甲建物につき留置権を行使することができる。

3. 物上保証人

2にあげたケースは、BがAから2000万円、Cから1000万円を借り受ける場合に、債務者B所有の甲土地を抵当権の目的物としたものであるが、債務者B以外の第三者F（例えば、Bの親族、知人など、Bが株式会社であるときにBの代表取締役個人など）が、自分の有する不動産などを債務者Bの債務の担保として提供することも多い。このような第三者を**物上保証人**と呼ぶ。物上保証人Fは、担保に提供した目的物の限りでAおよびCの債権につき責任を負い、例えば、担保目的物を換価して配当に充てられるべき売却代金が2400万円にすぎなかった場合でも、物上保証人Fは、被担保債権の一部の弁済しか得られなかったCに対してそれ以上の責任を負わず、Fの担保目的物以外の責任財産が強制執行を受けることはない。このことを、物上保証人は、**担保目的物限りでの物的責任を負うにすぎず**（物的有限責任）、人的責任は負わないという。

担保物権は、人的担保である保証（☞4）との対比で、物的担保ともいわれる。

4. 保証との違い

BがAから2000万円を借り受ける場合に、BはAから保証人を立てるように求められることが多い。保証については、民法第3編「債権」、第1章「総則」、第3節「多数当事者の債権及び債務」の第5款「保証債務」（446条～465

条の10）に規定されている。Bの債務のためにGが保証人となることを了解すると、債権者AとGの間で保証契約が締結され、Bが債務の弁済期到来にもかかわらず債務を弁済しない場合に、保証人GはBの債務を弁済する債務（保証債務）をAに対して負う。Bが履行遅滞になると、債権者Aは保証人Gに対して保証債務の履行を求めることができ、Gが任意に保証債務を弁済しないときは、債権者Aは、BだけでなくGの**責任財産**に属する動産、不動産、あるいは債権などに対しても強制執行をし、Bの債務の回収を図ることができる。債権者Aは、保証人Gの特定の財産に対して優先弁済権を有しないが、保証人Gの責任財産すべてから債権の回収を図ることができるから、保証は「**人的担保**」と呼ばれる（人的担保としては、「保証」のほかに、「連帯債務」や「不可分債務」がある。いずれも、複数の者の責任財産が債権の引当てとなるという点で、債権担保の機能を有する）。保証人の責任財産が乏しいときは、担保としての意味はあまりないことになるから、銀行などが債権者となりまとまった額の金銭をBに貸し付ける場合は、担保物権の設定と保証人の提供をともに求めることが一般的である。

〔物的担保・人的担保の種類〕

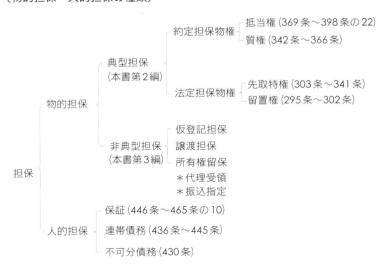

第2章 担保物権の種類

1. 典型担保

(1)典型担保の種類　前述のように、民法典に規定されている留置権（295条～302条）、先取特権（303条～341条）、質権（342条～366条）および抵当権（369条～398条の22）の4つの担保物権を典型担保という。民法579条から585条には、「**買戻し**」の規定があり、「買戻し」も債権担保として利用されるが、現在では、債権担保目的の「買戻し」は、以下の2の非典型担保の中の譲渡担保として位置付けられている（☞第3編第3章第1節4(1)）。

(2)約定担保物権と法定担保物権　典型担保のうち質権および抵当権は、担保権者と担保権設定者（債務者または物上保証人）との間の契約（約定）により成立する**約定担保物権**である。これに対して、留置権および先取特権は、法律上の一定の要件を充たす場合に債権者に当然認められる**法定担保物権**である。

(3)典型担保の特色　典型担保は、地上権などの用益物権と同様、**制限物権**と呼ばれる。これは、その権能が所有権や債権その他の財産権の権能の一部に制限された物権だからである（鈴木・5頁、星野Ⅱ・14頁など）。

　被担保債権の弁済期が到来しても弁済が得られない場合、留置権を除く3つの担保物権においては、担保権者の申立てにより、原則として目的物を国家の執行機関（執行裁判所または執行官）の手によって換価し、それにより得られる売却代金を担保権者の被担保債権の優先弁済に充てることになる（担保目的物が賃貸ビルや賃貸マンションなどの場合には、それらが生み出す賃料債権から、担保権者が優先弁済を受けることも可能である〔後述の担保不動産収益執行または物上代位による〕）。

消費貸借契約（587条〜592条）に基づく貸金返還請求権や売買契約（555条〜578条）に基づく代金債権を有する債権者が、債権を確実に回収するために利用する**約定担保物権**は、主に抵当権であり、抵当権が担保物権の中でも最も多く利用され、また抵当権が担保物権の典型でもある。そこで、本書では、民法典における配列の順序とは正反対であるが、抵当権（☞第2編第1章）、次いで質権（☞第2編第2章）につき説明し、その後で、法定担保物権である先取特権（☞第2編第3章）、留置権（☞第2編第4章）の順序で説明する（☞本書〔初版〕はしがき）。

2．非典型担保

(1)非典型担保の出現の要因　　民法典に規定されている典型担保の場合には、その成立要件が明確に定められており、また被担保債権の弁済が得られない場合の担保物権の実行手続も民事執行法（民執180条〜195条）等により整備されている。しかし、実際の取引社会では、典型担保によっては担保の目的にしにくいものも存在し、また、担保権の実行方法として、国家機関の手による入札や競売などで第三者に売却して換価代金から配当を受けるのではなく、債権者自身が担保目的物を**直接取得**し得る担保も望まれた。

　例えば、印刷業を経営する債務者が業務上利用している印刷機などの**動産**を担保に入れて融資を受けるための典型担保としては質権が用意されているだけである。しかし、質権の設定ということになると、この印刷機を債務者のもとにおいてこれを使用することはできず、債権者に現実に引き渡さなければならないので（344条・345条〔質権設定者による代理占有の禁止〕）、この印刷機を担保目的物としつつこの印刷機を使用して業務を行いながら、借入金の返済をしていくことができない。また、債務者が**不動産**を担保に入れて融資を受ける方法には、典型担保としては質権および抵当権が用意されており、これらの典型担保の設定がなされると、被担保債権の弁済がなされない場合、債権者は、原則として目的不動産を競売にかけ、入札等の手続を経て換価代金から被担保債権の優先弁済を受けることになるが、そのためには相当の期間（半年から1年ぐらい）がかかるし、後順位抵当権の設定などがあると優先弁済を受けることのできる被担保債権の範囲が制限され（375条参照）、また、債権者自身が担保

目的不動産を取得しようと思っても入札等による換価であるから、目的不動産を買い受けることができる保証がない。

このような不都合を回避する担保方法として**譲渡担保**が登場した。譲渡担保の場合、目的物が印刷機のような動産であれば、対抗要件は動産の引渡しであるが（178条）、占有改定による引渡し（183条）でよいとされるから（最判昭30・6・2民集9-7-855〔百選Ⅰ・64事件〕）、債務者は印刷機を自分の手元に置いて業務を続けながら借入金の返済をしていくことができる。また、譲渡担保の場合、その実行方法は、私的実行で、国家の執行機関の手を借りる必要はないから、被担保債権の履行遅滞が生じたとき、債権者は、目的物（動産や不動産など）を自分に帰属させ、目的物の時価が被担保債権の額より大きければ、その差額を清算金として債務者に返還すればよいし（帰属清算）、不動産譲渡担保の場合、その対抗要件は、債務者から債権者への不動産の所有権移転登記であるから、後順位譲渡担保権者の登場も心配する必要はなく、375条の優先弁済を受けることのできる被担保債権の範囲の制限を考える必要はない。

(2)非典型担保の判例による承認　このように、不動産や動産の所有権移転のプロセスまたは債権譲渡のプロセスのある段階における権利を債権者が把握して、これを担保として利用し、被担保債権の弁済が得られない場合には、私的実行により優先弁済を受ける方法が広く利用されるようになり、取引慣行となった。当初は脱法行為であるとする見解もあったが、古くから判例によりその効力が認められ、現在では、特別法（仮登記担保契約に関する法律〔昭53法78〕）あるいは判例によりその効力が認められている。**仮登記担保**、**譲渡担保**、および**所有権留保**がそれであり、民法上に直接その規定を持たないこれらを**非典型担保**という。これらの非典型担保は、債務の弁済がなされない場合、債権者は、一般に担保目的物を債権者自身に帰属させ、目的物の価額と債権額との差額を清算するという方法で優先弁済を受ける（**私的実行**）という点に特色を有する。

非典型担保（☞第3編）については、典型担保の後で、仮登記担保権（☞第3編第2章）、譲渡担保権（☞第3編第3章）、所有権留保（☞第3編第4章）の順に説明する。

3. 特別法上の担保物権

　典型担保・非典型担保以外にも、特別法上さまざまな担保物権が認められている。主なものを表で示すが、特別法上の抵当権については、抵当権の章で改めて取り上げる。質屋営業法による質権および商事留置権については、民法上の質権および留置権との違いが重要なので、それぞれ質権の章および留置権の章で改めて取り上げる。特別法上の先取特権が多いが、これは政策的判断や当事者間の公平の観点などから、認められるものである。

特別法上の担保物権の例

抵当権関係	立木抵当、自動車抵当、建設機械抵当、船舶抵当、工場財団抵当、鉄道財団抵当、企業担保権など。
質権関係	商事質権（商515条）、質屋営業法による質権など。
先取特権関係	国税・地方税その他地方団体の徴収金の先取特権（税徴8条、地税14条）、借地権設定者の先取特権（借地借家12条）、船荷等についての先取特権（商810条）、船舶先取特権（商842条）など多数。
留置権関係	商事留置権（商31条〔代理商の留置権〕・521条〔商人間の留置権〕・557条〔問屋の留置権〕・562条〔運送取扱人の留置権〕・574条〔運送人の留置権〕等）。

第3章 担保物権の効力

　担保物権の効力としては、物権としての効力（優先的効力および物権的請求権）のほかに、優先弁済的効力、留置的効力、および収益的効力があげられるが、すべての担保物権に、これらの効力が一様に認められているわけではない。

第1節　物権としての効力

1. 優先的効力

　優先的効力とは、同一の物について互いに相容れない複数の物権が成立するときは、**先に成立した物権が後から成立した物権に優先**し（わが国ではそれぞれの物権の**対抗要件具備の先後**により優先順位が決まる）、物権（わが国では対抗要件を備えた物権）と債権とが同一の物について競合するときは、**物権が優先**するとするものである（以下、物権の優先順位を問題とするときは、当該物権には対抗要件が備わっていることを前提とする）。例えば、B所有の甲土地にAのために地上権が設定され、次いでCのために抵当権が設定されて、その後、甲土地につき抵当権の実行としての競売（担保不動産競売）が行われたときは、先順位のAの地上権は影響を受けず、競売における甲土地買受人Dは、Aの地上権の負担のある甲土地を買い受けることになる。これに対して、B所有の甲土地にAのために抵当権が設定され、次いでCのために地上権が設定されて、その後、甲土地につき抵当権の実行としての競売が行われたときは、先順位の抵当権によって把握されていた甲土地の担保価値は、地上権の負担のない甲土地であ

り、Dが競売によりCの地上権の負担のある甲土地を買い受けるとすると、甲土地の買受価額は大きく下落し、先順位のAの抵当権の被担保債権の回収がままならなくなることがあるから、競売によりCの地上権は消滅し、甲土地買受人Dは、Cの地上権の負担のない甲土地を買い受ける。

2. 物権的請求権

物権的請求権（「物上請求権」ともいう）とは、物権の効力が違法に侵害されているなどの場合に、その侵害の排除などを請求し得る権利である。例えば、抵当権の目的となった甲山林が、第三者により不法に伐採され、伐採された木材が山林から運び出されようとしているとき、甲山林の抵当権者は、物権的請求権の行使として、山林の伐採禁止や伐採された材木の搬出禁止を請求し得る。

このように物権的請求権は、担保物権にも認められるのが原則であるが（それぞれの担保物権の箇所で改めて説明する）、動産質権の場合は、第三者が質物の占有を奪ったときは、質権者は質権侵害を理由として物権的返還請求権を行使し得ない（353条。☞第2編第2章第2節2・5(1)(b)）。留置権の場合、留置権者が留置物の占有を喪失したときは留置権が消滅するから（302条）、物権的返還請求権は行使し得ない（占有回収の訴えは、その要件が充たされるときは可）。そもそも留置権には占有訴権しか認められず物権的請求権は認められないとする見解もあるが、留置権者が留置物を占有している場合には、物権的請求権が認められると解すべきであろう（☞第2編第4章第3節1(2)）。

第2節　担保物権としての効力

1. 優先弁済的効力

物権の効力としての前記の優先効力は、担保物権の場合、優先弁済的効力としても現れる。**優先弁済的効力**とは、担保権者が被担保債権の弁済を得られないとき、担保目的物の有する価値から他の債権者に優先して弁済を受けるこ

とのできる効力であり、債権担保を目的とする担保物権の中心的効力である。抵当権、質権、先取特権および非典型担保に認められる。担保の目的物を留置することによって間接的に債務の弁済を促そうとする留置権には、この効力は認められない（事実上の優先弁済権はある。☞第2編第4章第3節3(2)）。

(1)優先弁済的効力の実現方法　**典型担保**において、担保権者が**優先弁済的効力**を実現するためには、担保の目的物が動産や不動産であるときは、国家の**執行機関**（執行裁判所または執行官）の手を借りて、目的物を競売などにより換価し、その換価代金から被担保債権の優先弁済を受けることが一般的である（民執180条〜188条・190条〜192条参照）。担保の目的物が金銭債権であるとき（債権質権の場合など）は、担保権者が、執行裁判所に差押命令を申し立て、目的債権について取立権を取得し、第三債務者から債務を取り立てて債権者の債権の弁済に充てることにより（民執193条・143条・145条・155条参照）、あるいは転付命令も申し立て、被担保債権の弁済に代えて目的債権を担保権者自身が取得することにより（民執193条・159条・160条参照）、優先弁済的効力を実現することが多い（もっとも債権質権の場合は、民法366条により執行裁判所の手を借りない直接取立権も認められる）。

これに対して、**非典型担保**において、担保権者が優先弁済的効力を実現するためには、前述のように、国家機関の手を借りずに**私的実行**によることになり、担保目的物を担保権者自身に帰属させるとともに、目的物の時価と被担保債権額を比べて、前者の方が後者より大きいときは、その差額を清算金として債務者に支払うのが一般的である。

(2)破産手続または民事再生手続が開始された場合　抵当権・質権・特別の先取特権または非典型担保の設定者（または債務者）につき、破産手続または民事再生手続が開始されたときも、これらの担保権者は、**債権者平等の原則**の適用を受けず、**別除権者**として担保権を実行して被担保債権の優先弁済を受けることができる点は（破2条9項・10項・65条、民再53条）、債権者が担保物権の設定を受ける大きなメリットである。なお、これらの担保物権の設定者につき会社更生手続の開始決定があったときは、これらの担保権者は更生担保権者となり（会更2条10項・11項）、担保権の実行はできなくなる（会更50条1項。なお同条7項・8項参照）。

2. 留置的効力

担保物権の有する**留置的効力**とは、被担保債権が完済されるまで担保権者が目的物を留置し得る効力であり、これにより**間接的に**債務者に債務の弁済を促そうとするものである。質権（347条）と留置権（295条）にこの効力が認められる。留置権にも民事執行法195条により目的物についての競売権が認められているが、これは、留置権者が目的物の換価代金から優先弁済を受けるためになされるものではなく、物による留置が適当ではない物（生鮮食料品や体積は大きいが価値はあまりない物など）について、競売の手続により換価して留置権者が換価代金を被担保債権が弁済されるまで留置するためになされるものである。

3. 収益的効力

収益的効力とは、担保権者が、担保権設定後から担保の目的物を自ら使用し、または収益して得られる果実（家賃や地代などの法定果実や田畑の耕作により得られる農作物などの天然果実）を取得できる効力である。原則として**不動産質権**にのみ認められる（356条。なお、298条2項、350条参照）。不動産質権者は、その反面、債権の利息を請求できないのが原則である（358条）。つまり、不動産質権者は、貸金債権につき利息を請求する代わりに、不動産の生み出す賃料債権などを収取することができるのである（設定行為で利息を請求し得る旨を定めたときは、質権者は利息の請求ができる。359条）。

なお、抵当権の目的不動産が賃貸ビルや賃貸マンションなどの場合において、抵当権設定者が多数の賃借人に対して有する賃料債権から抵当権者が被担保債権の優先弁済を受けるために、賃料債権に**物上代位**すること（372条・304条。最判平1・10・27民集43-9-1070〔百選Ⅰ・87事件〕）、および裁判所により選任された管理人が賃料を集めて抵当権者に配当する**担保不動産収益執行**（民執180条2号・188条、民371条）を申し立てることが、判例および民事執行法により認められている（☞第2編第1章第10節・11節）。しかしこれらは、被担保債権につき**履行遅滞が生じた後**に、被担保債権の優先弁済的効力の実現として行われるものであって、設定時から被担保債権の履行遅滞とは関係なく質権者が不動産の果実を収取できる不動産質権の**収益的効力とは区別**される。

第4章　担保物権の性質

　担保物権は、一般に、担保権者Aが債務者Bに対して有する特定の債権の担保のために、設定者の財産に設定されるものであるから、①付従性、②随伴性、③不可分性、および④物上代位性、を有するのが原則である。

1．付従性

　担保物権は、一般に特定の債権の担保のために設定されるものであるから（根抵当権などを除く）、被担保債権が発生しなければ担保物権も発生しないし（成立における付従性）、被担保債権が消滅すれば担保物権も消滅する（消滅における付従性）。このような担保物権の性質を**「付従性」**という（詳しくは、☞第2編第1章第1節2）。

2．随伴性

　担保物権により担保される債権（例えば、AがBに対して有する1000万円の貸金債権）が第三者Cに譲渡されると、担保物権もこれに伴って第三者Cに移転する。これも**付従性**の一側面であるが、これを特に**「随伴性」**という。

3．不可分性

　担保権者は、被担保債権の全額の弁済を受けるまでは、担保目的物の全部について担保物権を行うことができる（留置権につき296条に明文の規定があり、これが先取特権〔305条〕・質権〔350条〕・抵当権〔372条〕に準用されている）。担保物権のこの性質を**不可分性**という。例えば、1000万円の被担保債権のうち950万円の弁済がなされても、なお50万円の弁済がなされなければ、抵当

権者は、抵当権の目的不動産につき競売を申し立て、その換価代金から50万円の優先弁済を受けることができる（仮にこの不動産の換価により配当に充てられるべき売却代金が800万円で、他に配当を受ける債権者がいなければ、750万円は抵当権設定者に剰余金として交付される）。

4. 物上代位性

担保の目的物の**売却・賃貸・滅失または**損傷によって担保目的物の所有者が受けるべき金銭その他の物、あるいは目的物の上に設定した物権の対価（例えば、担保の目的土地に設定された地上権の地代）に対しても、担保権者が優先弁済権を及ぼすことができるという担保物権の性質を**物上代位性**という。優先弁済的効力を有する抵当権、質権および先取特権（一般の先取特権を除く）に物上代位性が認められる（先取特権に基づく物上代位の規定である304条が、350条により質権に、372条により抵当権に、それぞれ準用されている）。

例えば、BがAから2000万円を借り受け、その担保としてB所有の甲建物

担保物権の効力および性質

		抵当権	質権	先取特権	留置権
効力	優先弁済的効力	○	○	○	×
	競売権	○（民執180条1号）	不動産質権○（民執180条1号） 動産質権○（民執190条）	不動産先取特権○（民執180条1号） 動産先取特権○（民執190条）	〔換価目的の競売は可（民執195条）〕
	担保不動産収益執行	○（民執180条2号）	不動産質権○（民執180条2号）	不動産先取特権○（民執180条2号）	×
	留置的効力	×	○（347条）	×	○（295条）
	収益的効力	×	原則　× 不動産質権○（356条）	×	×
性質	付従性・随伴性	○ 根抵当権×	○	○	○
	不可分性	○（372条）	○（350条）	○（305条）	○（296条）
	物上代位性	○（372条）	○（350条）	○（304条）	×（優先弁済的効力がないため）

にAのために抵当権を設定していたところ、その後甲建物が焼失し、Bが火災保険会社Cに対して1500万円の火災保険金請求権を取得した場合、抵当権者Aは、BがCに対して有する火災保険金請求権に物上代位して、Cから1500万円の支払いを受け、Bに対する2000万円の金銭債権のうち1500万円につき**優先弁済**に充てることができる（372条・304条）。

　物上代位性は、担保権者が物上代位の目的物から被担保債権の優先弁済を受けることができるという性質であるから、優先弁済的効力を有しない留置権には、物上代位性は認められない。

第2編

典型担保

第1章 抵当権

第1節 序　説

1. 抵当権の特色

(1)非占有担保　　抵当権は、貸金債権の担保や売買代金債権の担保などのために利用される約定担保物権であり、最も利用の多い担保物権である。これは、抵当権が債務者または物上保証人の不動産などに設定されても、引き続き債務者（または物上保証人）はこの不動産の使用・収益をしながら債務を返済することができ、他方、抵当権者自身は抵当権の目的となった不動産を占有せず（**非占有担保**。369条参照）、目的不動産の管理をしないで済むからである。そこで、個人経営者や会社などが事業資金などを借り受ける場合や、市民が住宅購入資金などを借り受ける場合（住宅ローン）などに、抵当権は広く利用されている。

(2)優先弁済的効力　　抵当権は、第2章で見る質権と異なり、留置的効力も収益的効力も有せず、もっぱら**優先弁済的効力**だけを有する権利である。抵当権者は、弁済期到来後も債務の弁済がなされない場合にはじめて、目的物を担保不動産競売（民執180条1号）にかけて換価代金から優先弁済を受け（目的物の交換価値を支配する権利）、あるいは担保不動産収益執行（同条2号）により目的不動産の果実（法定果実である賃料債権や天然果実）から優先弁済を受けることができる。

(3)公示の必要性　　抵当権は物権であるから、絶対性・排他性が認められ、抵

当権設定者に対してはもとより第三者（先順位・後順位の抵当権者、抵当不動産の譲受人、抵当不動産の賃借人や地上権者など）に対しても、抵当権の優先順位に応じた効力を主張し得る。しかし、抵当権は非占有担保であり（☞(1)）、抵当権者が抵当不動産を自分の占有下に置いていないだけではなく、抵当権設定者の占有下に置いているから、第三者にとって抵当権の存在が分かりにくい。そこで、抵当権の公示方法として不動産登記制度が発達し、わが国でも抵当権設定登記や抵当権移転の付記登記が、**抵当権の第三者対抗要件**となっている（177条）。

2. 抵当権の法的性質

抵当権の法的性質としては、①付従性、②随伴性、③不可分性、および④物上代位性、があげられる（☞第1編第4章）。

もっとも、担保物権の成立における付従性は、緩和されている。すなわち、実務では、債権者が抵当権の目的物に確実に抵当権の設定登記が受けられるように、①消費貸借契約書の作成、②抵当権設定契約書の作成、および③抵当権設定登記がなされてはじめて、④金銭の交付（貸渡し）がなされる。587条の金銭消費貸借契約は、諾成契約ではなく**要物契約**であり、貸主が借主に金銭を交付する（貸し渡す）ことによって、消費貸借契約が成立するとともに、貸主に貸金返還請求権が成立するから、貸主から借主に金銭が交付される前になされた抵当権設定登記は無効の登記ではないかが問題となるが、抵当権の成立における付従性を緩和し、このような抵当権設定登記も有効であるとされている。また、判例は、抵当権設定登記後数か月して金銭の授受がなされた場合はもちろん（大判昭6・2・27新聞3246-13）、将来発生する債権のための抵当権設定登記も有効とし（大判昭7・6・1新聞3445-16）、通説もこれを肯定する。したがって、抵当権や質権の場合、**成立における付従性は大幅に緩和**されている。587条の2の書面でする金銭消費貸借は、諾成契約であるから、書面による合意でもって消費貸借契約は成立するが、やはり貸主が借主に金銭を交付する（貸し渡す）ことによって貸主に貸金返還請求権が成立する。そこで、この場合も、上記と同様の問題が生じるが、同じように考えることになる。

抵当権の被担保債権を、債権者が第三者に譲渡したときは、**随伴性**により抵

当権も債権譲受人に移転する。抵当権の被担保債権につき債権者が自己に対する債権者の債権担保のために質権を設定したとき、随伴性により抵当権にも質権の効力が及び、また抵当権の被担保債権を債権者に対する一般債権者が差し押さえたときは、随伴性により抵当権にも差押えの効力が及び、質権者または差押債権者は、抵当権を行使して抵当権者が受けるべき配当から債権の回収を図ることもできる。

なお、特定の債権を担保するのではなく、一定の範囲に属する不特定の債権を極度額の限度において担保する**根抵当権**（398条の2第1項。☞14節）の場合は、根抵当権が確定するまでは付従性および随伴性は認められない。

《展開》**員外貸付けと抵当権の付従性**　労働金庫や農業協同組合などは、労働組合や組合員など会員資格を持つ者（団体を含む）以外の者に対して金銭の貸付けをすることが禁止されているが、会員資格を有しない者に対して貸付けをすることがあり、これを**員外貸付け**という。このような貸付行為は無効とされている（最判昭41・4・26民集20-4-849、最判昭44・7・4民集23-8-1347〔百選Ⅰ・84事件〕）。そこで例えば、労働金庫Aが貸付資格を有しない架空の団体Bに貸付けをし（員外貸付け）、この貸金債権担保のために架空の団体Bを結成したCが、C所有の不動産甲に抵当権を設定をしていたところ、債務の返済が滞り、Aが甲につき抵当権の実行としての競売を申し立て、甲をDが買い受けたとする。このような場合、Cは、員外貸付けは無効であるので、甲上の抵当権の被担保債権は存在せず、したがって抵当権も存在しない（抵当権の付従性）から、このような抵当権に基づいて競売がなされてもDは甲を取得し得ないとして、Dに対して所有権に基づいて甲の引渡しおよび所有権移転登記抹消登記手続を請求し得るかが問題となる。

　　これにつき最高裁判例（前掲最判昭44・7・4）は、**員外貸付けは無効**であるが、CはAに対して交付を受けた金員につき**不当利得**として返済義務を負っているのであり、Aの抵当権も、その設定の趣旨から経済的にはAの有する債権の担保としての意味を有するものとみられるから、Cが債務を返済せずに、貸付けの無効を理由に抵当権ないし抵当権の実行手続の無効を主張することは**信義則上許されない**とした（なお、この判例は、民事執行法が施行される前の事案についてのものであり、民事執行法の下では同法184条によりCは代金を納付したDに対して所有権を主張できない。したがって現在では、Aの申し立てた競売手続の進行中に、Cは抵当権の不存在を理由に同法182条の執行異議を申立てまたは担保権不存在確認の訴えを提起する必要があり、この中でCの主張が認められるかという問題になる）。学説上は、抵当権を無効とし信義則による解決を支持する説（近江Ⅲ・123頁、道垣内・130頁など）のほか、Aの抵当権は不当利得返還請求権を担保するものになるとする説も有力である（高木・112頁、内田Ⅲ・392頁など）。柔軟な解決が図れる前説が妥当ではないかと考える。

3. 特別法上の抵当権

非占有担保である抵当権においては、抵当権設定後も設定者に目的物の使用・収益が認められるので、抵当権は、設定者にとって使い勝手のよい担保物権である。そこで、369条により抵当権の設定が認められる土地・建物や地上権など以外の物についても、**登記・登録によって公示が可能な物や一定の集合物**の場合には、特別法により抵当権の設定が可能となっている。企業が企業設備を使用しながらこれを担保に資金を調達する場合などには大変便利であるから、これらの特別法による抵当権も利用されている。

(1)立木（りゅうぼく）抵当　　1筆の土地または1筆の土地の一部分に生立する樹木の集団であってその所有者が**立木法**により所有権保存登記を受けたものは、土地とは別個に抵当権の目的とすることができる（同法1条・2条2項）。

(2)動産抵当　　動産は、一般には引渡しを第三者対抗要件としているが（178条）、登記または登録を第三者対抗要件としている動産も存在する。これらの動産については登記または登録により抵当権の公示が可能である。そこで、**農業動産信用法**による農業用動産（同法12条）、**自動車抵当法**による自動車（同法3条）、**航空機抵当法**による航空機（同法3条）、**建設機械抵当法**による建設機械（同法5条）、および**商法**による船舶（同法848条1項・851条）などについては、動産ではあるが、抵当権の設定が認められる。

(3)財団抵当　　企業に属する個々の土地・建物・機械などにつき、個別に担保権を設定するよりも、これらを一括してひとつの財団として担保権を設定した方が、担保としての価値が高くなることが多い。そこで、**工場抵当法**による**工場財団**（同法8条）、**鉄道抵当法**による**鉄道財団**（同法2条）、漁業財団抵当法による漁業財団（同法1条）、道路交通事業抵当法による道路交通事業財団（同法3条）など、一定の企業に属する土地・建物・機械等を一括して財団とし、これらの財団を抵当権の目的とすることが、上記のような特別法により認められている。財団を組成すべき物については、**財団目録への記載**が必要であるので、面倒な点がある。

(4)企業担保　　上記のように、財団抵当の場合は、財団を組成すべき物の財団目録への記載が必要となる。この難点を克服しようとして立法されたのが企業

担保法（昭33法106）である。この**企業担保**は、**株式会社が発行する社債を担保**するために、企業を構成する全財産を一体として企業担保権の目的とすることができる（同法1条）。しかし、財団を組成すべき物の**目録への記載がない**から、個々の財産につき特定および公示の原則を欠く。そこで、企業を構成する財産である機械等が第三者に譲渡されても、担保権者には追及力が認められず、また、企業担保権設定後に個々の財産につき設定された他の担保物権にも劣後することになる（同法6条・7条参照）。

(5)抵当証券　　抵当権の流通を図る目的で**抵当証券法**が制定されている（昭6法15）。被担保債権と抵当権とが証券に化体されており、裏書により譲渡される。しかし、抵当権設定登記に公信力がないから、登記簿の記載を転記した抵当証券にも公信力がない。そこで抵当証券法は、証券発行前に、抵当権設定者、抵当不動産の第三取得者、債務者等に、証券の発行について一定の異議事由（債権につき質入れ、差押えまたは仮差押えがあること、債務者が抵当権者に対し相殺をもって対抗することができる債権を有することなど）があるときは異議を申し立てるように催告し（抵証6条・7条）、一定期間内に異議申立てがなされないときは、上記の異議事由があっても抵当証券の善意の取得者に対抗し得ないとする（抵証10条1項）など、抵当証券の流通の安全性を図るための一定の方策を講じている。

　しかし、異議申立ての催告を受ける者は制限されているから、登記簿に記載されておらずしかも対抗力を有する所有者など（偽造書類などにより第三者への所有権移転登記をされてしまった所有者など）は、常に抵当証券の効力を覆すことができるし、また、異議事由も制限されているから、催告を受けた者も、上記の異議事由以外の異議事由、例えば抵当権設定行為に瑕疵があることなどを理由として、抵当証券の効力を覆すことができる。また、抵当証券に表示された債権についても、債権の不存在や債務負担行為に瑕疵があることなどは、上記の異議事由には含まれていないから、証券の善意の取得者にも対抗できる（以上、我妻Ⅲ・589頁参照）。したがって、抵当証券の流通の安全性は、十分には確保されていない。このような事情もあり、わが国では抵当証券の流通はほとんど見られない。

　なお、バブル経済期には、賃貸ビルや賃貸マンションの建築資金などを長期

で融資するために、抵当証券会社が設立され、抵当証券の一定の利用が見られた。自らが多額の資金を有していない抵当証券会社は、その資金を一般投資家から調達するために、債務者に対する債権を小口に分けて販売する。しかし、これは単なる投資目的の金融商品であり、抵当証券の流通を目的としたものではない。

第2節　抵当権の設定と対抗要件

1．抵当権設定契約

(1)**抵当権設定契約——諾成・不要式の契約**　　抵当権は、債権者（抵当権者）と抵当権設定者（債務者または物上保証人）との間の抵当権設定契約により成立する。**抵当権設定契約**は、**物権契約**であるから、債権契約と異なり、当事者間に債権・債務を生じさせるのではなく、直接、債権者に抵当権という物権を取得させる。

　抵当権設定契約は、債権者と抵当権設定者との間の合意のみにより成立する、**諾成・不要式の契約**である。もっとも、通常は、抵当権設定契約書が作成されるが、これは抵当権設定契約の成立要件ではなく、抵当権の成立の証明手段として利用される（抵当権設定登記申請における「登記原因証明情報」〔不登61条〕としても利用されるが、詳しくは、生熊・物権201頁参照）。抵当権設定契約書には、一般に、抵当権設定当事者の氏名・住所、被担保債権の成立原因（「平成〇〇年〇月〇日消費貸借契約に基づく貸金債権」など）、被担保債権の額（例えば、5000万円）・弁済期・利率・遅延損害金、債務者の氏名・住所、抵当権の目的物、などが記載される。

(2)**抵当権の成立要件**　　抵当権が有効に成立するためには、抵当権設定契約は物権契約であるから、①抵当権の**目的物が特定**していること、および②抵当権の目的物につき抵当権設定者Bが**処分権限**（所有権、地上権、永小作権、またはこれらの共有持分権。369条参照）を有していること、が必要となり、また、担保物権の付従性の関係で、③**被担保債権の存在**（例えば、金銭消費貸借であれば、債権者Aが債務者Bに対して、〇億円を、利息□%、遅延損害金△%、弁済期を平成〇

○年○月○日などと定めて、貸し渡したこと。要物契約である587条の消費貸借の場合も、諾成契約である587条の2の書面でする消費貸借の場合も、金銭の交付により貸金債権が発生するため、「貸し渡した」ことが必要）も必要である（もっとも、抵当権の成立における付従性は、抵当権設定登記との関係で緩和されている。☞第1節2）。そして、④ＢはＡに対する③の債務を担保するために①の目的物に**抵当権を設定したこと**が必要となる。

(3)**抵当権設定契約当事者と処分権限** (a)**契約当事者** 抵当権設定者となるのは、債務者または第三者である。第三者が抵当権設定者となるときは、**物上保証人**と呼ばれ、抵当権の目的不動産の限りで物的責任を負う（☞第1編第1章3）。物上保証人の提供した不動産が競売されて債務者の債務の弁済に充てられたときは、物上保証人は債務者に対して**求償権**を取得する。物上保証人の求償権については、質権の場合の351条が準用される（372条。なお、最判平2・12・18民集44-9-1686は、被担保債権の弁済期が到来しても、460条の規定は、委託を受けた物上保証人には類推適用されないとする）。物上保証人から目的物を取得した第三取得者が、債務者の債務を代わって弁済したときや、不動産が競売されて債務者の債務の弁済に充てられたときは、物上保証人の求償権の規定が準用される（最判昭42・9・29民集21-7-2034）。

(b)**処分権限** 抵当権設定契約は、債権者に抵当権という物権を直接に取得させる物権契約であるので、抵当権設定者は、抵当権の目的物につき**処分権限**（所有権・地上権・永小作権またはこれらの共有持分権）を有している必要がある。したがって、抵当権設定者が他人の不動産につき抵当権設定契約を締結しても、抵当権は成立しない（当該不動産の処分権限取得を停止条件とする停止条件付き抵当権設定契約となる。大決大4・10・23民録21-1755）。登記簿上の所有名義人が、所有権を有していないにもかかわらず抵当権を設定しても、登記に公信力がないから、債権者は抵当権を取得しないが、真の所有者に帰責性があり、債権者が善意無過失であるときは、94条2項の類推適用により抵当権の取得が認められることがある。

2．抵当権の被担保債権

(1)**金銭債権** 抵当権により担保される債権（被担保債権）は、通常は債権者

Aが債務者Bに対して有する貸金債権、売買代金債権、請負代金債権などの金銭債権である。

(2)非金銭債権　しかし、建物建築請負人の建物建築の債務（作為義務）や工場から有害な物質を川に流さない債務（不作為債務）などの**非金銭債務**であっても、それらにつき債務不履行が生ずると、それらの債務は金銭債権である損害賠償請求権に原則として転換するから、抵当権の被担保債権とすることができる。被担保債権が金銭債権以外の場合には、**金銭に換算**して債権の価額を登記する（不登83条1項1号参照）。

(3)一部抵当　1個の債権の一部（例えば、2000万円の債権のうち1000万円）を被担保債権にすることもできる（一部抵当。☞第3節1）。

3. 抵当権の目的物

　民法は、**不動産**、**地上権**および**永小作権**について抵当権の設定を認める（369条）。不動産賃借権に対する抵当権の設定は認められていない。

　甲土地とその上の乙建物とは別個の不動産であり、別個に抵当権の目的となる。両者に抵当権の設定を受ける場合には、それぞれについて抵当権設定契約を締結する必要がある。

　土地や建物の**共有持分権**にも抵当権の設定をすることができる。例えば、夫婦で資金を出し合って購入した土地や建物の場合、夫婦の共有となるが、夫婦の一方の貸金債務の担保のために、当該一方の有する土地や建物の共有持分権の上にも抵当権を設定できる。

　同一の債権の担保のために複数の不動産に抵当権が設定されたときは、**共同抵当**となる（392条・393条。☞第9節）。

4. 抵当権の対抗要件

(1)対抗要件　抵当権は、**抵当権設定登記**を対抗要件とする（177条、不登3条7号）。抵当権設定登記は、不動産登記法に従って登記簿の**権利部・乙区**に記載される。抵当権設定登記には、**登記原因**として、例えば、平成〇〇年〇月〇日金銭消費貸借同日設定、**権利者その他の事項**として、①債権額、②利息に関する定め、③遅延損害金に関する定め、④債務者の住所・氏名、⑤抵当権者の住

所・氏名、などが記載される（不登59条1～4号・83条1項・88条1項参照。後掲の「土地の抵当権および譲渡担保の登記事項証明書の例」参照。根抵当権の登記については、同88条2項参照）。被担保債権の譲受けとともに抵当権を取得したときは、**抵当権移転の付記登記が対抗要件**となる（不登4条2項）。

(2)無効の抵当権登記の流用　BがAから1000万円を借り受けるにあたり、甲土地上に設定された抵当権の登記が、Bによる1000万円の債務の弁済後も抹消されずに残っていた場合に、Bが今度はCからやはり1000万円を借り受けることになり、この抹消されずに残っていた無効となったAに対する抵当権設定登記をCのために流用したとき（AからCへの債権譲渡に伴う抵当権移転の付記登記の形式をとる）、この抵当権の登記は、Cの抵当権の対抗要件として有効なのかが問題となる。**無効登記の流用**は、主に登録免許税の節約のために行われる。

　従来の多数学説は、**抵当権登記の流用前**にすでに甲土地につき利害関係を有していた第三者（Aの抵当権に後れる後順位抵当権者Dや甲土地の譲受人E）との関係では、抵当権者Cは流用登記による対抗力を主張できないが（後順位抵当権者Dは、Aの抵当権の消滅のため順位上昇により先順位抵当権者となり、甲土地譲受人Eは、Cの抵当権の負担のない甲土地の譲受人となる）、Cによる**抵当権登記の流用後**に甲不動産につき利害関係を有することになった第三者（Cによる抵当権登記流用後の後順位抵当権者Fや甲不動産の譲受人Gなど）との関係では、流用登記による対抗力を主張できるとしていた（我妻Ⅲ・232頁）。

　判例は、**流用登記前**に登場した第三者（上の例のD・E）との関係については、従来の多数学説と同様の考えであるが（大判昭8・11・7民集12-2691）、**流用登記後**に登場した甲土地の譲受人（上の例のG）が、Cの抵当権の登記は流用登記で無効であることを知って甲土地を譲り受けたときには、Cは流用登記をもって抵当権を対抗し得ないが、抵当権の負担のある土地であることを前提に抵当権の被担保債権額相当額を控除した金額で甲土地を買い受けたときには、Cは流用登記をもって抵当権を対抗し得るとしている（大判昭11・1・14民集15-89）。このような判例理論を支持する学説が現在では多いといえる（鈴木・226頁、安永・254頁など）。もっとも、仮登記担保に関する最高裁判例（最判昭49・12・24民集28-10-2117）は、仮登記担保における仮登記（仮登記担保の対

抗要件となる）の流用後の不動産譲受人に関して、特別の事情のない限り仮登記担保を不動産譲受人に対抗し得るとする見解を表明したから、これが現在の抵当権登記の流用に関する判例でもあるといってよいであろう（高木・118頁は、将来の判例法理を示唆するものとするが、道垣内・138頁は、抵当権登記の流用の場合にはこの判例は妥当しないとする）。

土地の抵当権および譲渡担保の登記事項証明書の例

権　利　部　（甲　区）	（所　有　権　に　関　す　る　事　項）		
順位番号	登記の目的	受付年月日・受付番号	権　利　者　そ　の　他　の　事　項
1	所有権移転	昭和50年6月1日 第1111号	原因　昭和50年5月20日売買 所有者　京都市中京区□□ 　　伊　藤　一　郎 順位3番の登記を移記
	余　白	余　白	昭和63年法務省令第37号附則第2条第2項の規定により移記 〔平成5年6月10日〕
2	所有権移転	平成15年8月1日 第2222号	原因　平成15年7月28日売買 所有者　京都市左京区△△ 　　佐　藤　二　郎
3	所有権移転	平成29年6月10日 第3333号	原因　平成29年6月7日譲渡担保 所有者　京都市下京区〇〇 　　中　川　三　郎

権　利　部　（乙　区）	（所　有　権　以　外　の　権　利　に　関　す　る　事　項）		
順位番号	登記の目的	受付年月日・受付番号	権　利　者　そ　の　他　の　事　項
1 付1	地上権設定	平成20年7月1日 第3210号	原因　平成20年6月28日設定 目的　建物所有 存続期間　30年 地代　1平方メートル1年5,000円 支払期　毎年6月30日 地上権者　京都市右京区■■ 　　田　中　四　郎
2	抵当権設定	平成22年7月1日 第2444号	原因　平成22年6月30日金銭消費貸借同日設定 債権額　金3,000万円 利息　年8・0% 損害金　年12・0% 債務者　京都市左京区△△ 　　佐　藤　二　郎 抵当権者　京都市下京区☆☆ 　　〇〇信用金庫

1付記1号	1番地上権移転	平成25年6月20日第2313号	原因　平成25年6月20日売買 目的　建物所有 存続期間　30年 地代　1平方メートル1年5,000円 支払期　毎年6月30日 地上権者　京都市上京区●● 　　　　青　山　五　郎
3	2番抵当権抹消	平成27年4月30日第1666号	原因　平成27年4月25日弁済

＊下線のあるものは抹消事項であることを示す。

第3節　抵当権の効力の及ぶ範囲(1)
——抵当権の効力の及ぶ被担保債権の範囲

　抵当権の効力の及ぶ範囲の問題には、抵当権の効力の及ぶ被担保債権の範囲および抵当権の効力の及ぶ目的物の範囲があるが、本節では前者について説明し、後者については次節で説明する。

　抵当権により被担保債権が担保される（☞第2節2）。例えば、BがAから2000万円を借り入れて、この債権の担保のために抵当権を設定した場合、この2000万円の債権が元本債権となり、これにつき抵当権者Aが抵当不動産から優先弁済を受け得ることは当然である。しかし、利息付きの消費貸借契約の場合、抵当権者Aは債務者Bに対して利息債権も有し（例えば、年利6％で、利息債務は毎月25日払いであれば、月0.5％の利息債権）、また、弁済期が到来しても弁済がなされなければ、AはBに対して遅延損害金債権（債務不履行による損害賠償請求権。例えば、年12％）も有することになる。これらの債権が任意に支払われない場合、抵当権者は、抵当不動産から未払いの債権の優先弁済を受けることになるが、これらの債権の全額が抵当権により担保されるのかが、ここでの問題である。

　抵当権の場合は、非占有担保であり、1つの不動産に**複数の抵当権**の設定が可能である。抵当権同士では対抗要件を備えた順に抵当不動産の売却代金から被担保債権である元本債権の優先弁済を受けることになるが、利息や遅延損害金の債権については、被担保債権ではあるが、優先弁済を受けることのできる

範囲が375条により、かなり制限されている。

1. 元本債権

　元本債権は全額担保される。もちろん、抵当不動産を換価して配当に充てられるべき売却代金（例えば、1500万円）が、元本債権額（例えば、2000万円）よりも少ないときは、元本債権であっても一部弁済しか受けられず、残額（500万円）は一般債権になる。なお、抵当不動産を換価して配当に充てられるべき売却代金が例えば2000万円であって、抵当権の被担保債権額が2000万円であるが、**登記された債権額**（不登83条1項1号）が1000万円であり（一部抵当）、抵当不動産につき後順位抵当権者や差押債権者がいる場合には、これらの第三者との関係では、抵当権者は登記された債権額（1000万円）の範囲でのみ優先弁済を受ける（これらの第三者が存在しないときは、被担保債権額の範囲で配当を受けることができる）。これは、抵当権の登記には債権額が記載され、後順位抵当権者等は、この登記を閲覧することによって先順位抵当権者が抵当不動産から最大限いくらの優先弁済を受け得るかを知った上で、その不動産を担保にどの程度融資が可能かを判断するからである。

2. 利息債権

(1)満期となった最後の2年分　　元本債権について、その弁済期到来前に発生する元本利用の対価が**利息債権**である（金銭消費貸借において利息の特約がある場合〔589条。登記が必要（不登88条1項1号）〕、約定利率の定めがあるときはそれにより、ないときは**法定利率**〔404条〕による）。遅延損害金債権（☞4）は、「**遅延利息**」と呼ぶこともあるが、履行遅滞が生じたときに発生する損害賠償請求権（419条・420条）である。

　利息債権については、抵当権実行時に数年分の未払いの利息債権があったとしても、**満期となった最後の2年分**についてのみ、抵当権者は抵当不動産の売却代金から優先弁済を受けることができるにすぎない（375条1項）。これは、利息について1、2か月分の未払いが生ずると、通常であれば約定により債務者は元本債権の期限の利益を喪失し、抵当権者は担保不動産競売の申立てをなし得るのであるが、抵当権者が未払利息が数年分となった後で競売の申立てを

し、これらの未払利息の全部につき売却代金から優先弁済を受けることができるとすると、抵当権登記に現れていない事情により、後順位抵当権者にとっては自分の配当に充てられる金銭が予想外に少なくなってしまうという事態が生じ得るからである。消費貸借契約に**重利（複利）の特約**があっても、その登記は認められていないから、単利で計算した２年分の利息債権について優先弁済を受け得ることになる。

　したがって、後順位抵当権者や差押債権者などの第三者が存在しない場合には、抵当権者は未払いの利息全額について配当を受け得るし、後順位抵当権者が存在する場合でも、この者に配当してなお余剰があれば、抵当権者は、２年分を超える利息についてもさらに配当を受けることができる（一般債権者の差押えや配当要求があるときは、これらの者と債権額に比例した平等の配当を受ける）。

(2)抵当不動産の第三取得者や物上保証人と375条との関係　抵当不動産の譲渡がなされた場合、譲受人（これを「**抵当不動産の第三取得者**」という）との関係でも、抵当権者は優先弁済を受けることができる利息債権の範囲につき375条の制限を受けて満期となった最後の２年分しか優先弁済を受けることができず、換価代金の余剰が生じたときは第三取得者に余剰金を交付すべきかが問題となる。そのように解する有力説も存在するが（鈴木・236頁、道垣内・164頁）、通説は、第三取得者は、抵当不動産の残余価値を把握しようとする後順位抵当権者や一般債権者と異なり、目的物そのものを取得しようとする者であるから、抵当権設定者の有する負担をそのまま承継すべきであり、抵当権者は第三取得者との関係では375条の**制限を受けない**とする（内田Ⅲ・394頁、安永・286頁など）。通説が妥当である。**物上保証人**についても同様の議論があるが、抵当権者は375条の制限を受けないと解してよい。

　なお、375条は、抵当権者が競売において優先弁済を受ける場合、利息については最後の２年分に制限されるとしているのであり、抵当不動産の第三取得者や後順位抵当権者などが、**債務者に代わって弁済**することにより先順位抵当権を消滅させ、または先順位抵当権の全部について代位（499条・501条）する場合については、375条の適用はなく、未払いの利息の**全部を弁済**しなければならない（通説・判例〔大判大４・９・15民録21-1469等〕。鈴木・236頁は、375条が適用されると解すべきではないかとする）。

満期となった最後の2年分より前の未払いの利息債権についても、その利息債権の弁済期後に改めて登記をしていたときは、その登記後に現れた後順位抵当権者や差押債権者に優先弁済権を対抗し得る（375条1項但書）。

3. 利息以外の定期金債権

利息以外の定期金を請求する債権（地代・家賃、終身年金、定期扶助料等の債権）が被担保債権であるときにも、375条1項の制限を受ける。もっともこれらの定期金債権は、消費貸借契約における利息債権と異なり、いわばそれぞれが元本債権といえるものであるから、優先弁済を受けることのできる範囲を2年分に制限することには問題がある。

それでは、**2年分を超える定期金債権**につき優先弁済を受け得る方策はあるか。2年分以上の定期金債権の合計額を不動産登記法83条1項1号の債権額として登記しておけばよいとする説（我妻Ⅲ・254頁）や、そのような場合には、根抵当権の設定を受けるべきであるとする説（鈴木・根抵当法概説545頁）などがある。なお、375条1項但書の適用がある。

4. 遅延損害金債権

弁済期を徒過し、履行遅滞になると**遅延損害金**が発生する（約定利率の定めがないときは法定利率〔419条1項本文〕、約定利率〔同項但書・420条〕の定めがあるときは登記が必要〔不登88条1項2号〕）。これについても**最後の2年分のみ**が担保される（375条2項本文）。ただし、利息その他の定期金（☞2・3）と通算して2年分を超えることはできない（同項但書）。

5. 違約金債権

違約金については、質権の場合と異なり規定がない。違約金は、一般に**損害賠償額の予定**と推定される（420条3項）ので、その額が元本に対する率で定められているときは、遅延損害金（☞4）として扱われる。違約金が一定の額で定められると、実務上その額を登記できないので、第三者に対して優先弁済権を主張し得ない。

*抵当権実行の費用の取扱い　1～5以外に、抵当権実行費用も、抵当権の効力の及ぶ被担保債権の範囲に入るとされる。もっとも手続的には、次のように扱われる。例えば、担保不動産競売の申立て、競売開始決定の送達（民執188条・45条2項）、執行官の現況調査（民執188条・57条）や評価人の評価（民執188条・58条）、執行官による不動産の売却（民執188条・64条3項）などに要する費用は、債務者または物上保証人が負担すべきものであるが（民執194条・42条1項）、さしあたりは申立債権者が支払わなくてはならないものである。そのうち他の債権者にも利益となる共益費にあたる部分（「**手続費用**」という）は、売却代金から最優先順位で支払われ、当該債権者のみの利益になる**執行費用**は、当該債権者の抵当権の順位において優先弁済がなされる（生熊・民執64頁参照）。

第4節　抵当権の効力の及ぶ範囲(2)
——抵当権の効力の及ぶ目的物の範囲

　抵当権の目的物（☞第2節3）について、370条本文は、抵当権は、抵当不動産に付加して一体となっている物（「付加物」または「付加一体物」という）に及ぶとする。また、371条は、抵当権は、被担保債権につき不履行があったときは、その後に生じた抵当不動産の果実に及ぶとする。さらに、372条により準用される304条は、抵当権の目的物の売却・賃貸・滅失または損傷によって債務者が受けるべき金銭その他の物、あるいは目的物の上に設定した物権の対価に対しても、抵当権者は物上代位により優先弁済権を行使し得るとしている。そこで本節では、抵当権の効力は、抵当不動産のほか、どの範囲の物にまで及ぶのかにつき検討する。なお、一定の範囲の物に抵当権の効力が及ぶというのは、抵当権者はその物からも被担保債権の優先弁済を受けることができるほか、抵当権の侵害なども問題になるという意味である。

1.　付加物（付加一体物）

　抵当権の効力は、目的不動産の**付加物**にも及ぶ（370条本文）。付加物に**付合物**（☞(1)）が含まれることには異論がないが、目的不動産の**従物**（☞(2)。87条）にも抵当権の効力が及ぶかが問題となる。なお、抵当権設定契約において抵当権の効力が付加物に及ばない旨の定めがある場合には、その旨の登記をする必

要があり（不登88条1項4号）、この場合には、抵当権の効力は付加物には及ばない（370条但書）。また、抵当権設定者Ｂが、**抵当権者Ａ以外の債権者を害するために**、抵当不動産に**抵当権設定者Ｂ所有の物を付加して**（これは法律行為ではなく**事実行為**である）抵当権の目的物の価値を増加させ、他方、抵当権設定者Ｂの一般財産の価値を減少させ、抵当権者Ａも債権者を害することを知っており、債権者が裁判所に424条3項に規定する詐害行為取消請求をすることができる場合にも、抵当権の効力は付加物には及ばない（370条但書）。これは、424条が、債務者が債権者を害する行為（＝詐害行為。例えば、債務者による債務者所有不動産の第三者への贈与〔法律行為〕や特定の債務者への弁済〔準法律行為〕）を行った場合に、そのことを受益者（受贈者）が詐害行為であると知っていたときは、債権者が詐害行為取消を裁判所に請求して、例えば贈与された不動産を債務者の責任財産に復帰させることができるとしているが（426条の6）、前記のような**詐害的事実行為**がなされた場合は、裁判所に詐害行為取消請求をするまでもなく、抵当権の効力は、付加物には及ばないとするものである。

(1)付合物　　付合物（例えば、土地抵当の場合、石垣・敷石・庭木・山林・苗・鉄塔・線路・鉄管など、建物抵当の場合、建物の増築部分・雨戸・シャッター式雨戸・玄関扉など）は、不動産の所有権に吸収されるから、付合の時期が抵当権設定の後であっても抵当権の効力はこれに及ぶ。ただし、抵当権設定者以外の他人が権原により不動産に附属させた場合（例えば、土地抵当権設定時以前に対抗要件を備えた地上権に基づいて地上権者が植えた樹木など）には、抵当権の効力は付合物には及ばない（242条但書）。

(2)従物　**(a)従物の意義と付加物との関係**　　物の概念として、主物・従物があり、従物の定義につき87条1項が規定している。すなわち、**従物**とは、主物の所有者が**主物の常用に供するため**（したがって、主物と従物とは場所的にも近接していることが必要となる）、**これに附属させた**主物所有者の物であり、付合物と異なり、**主物から独立して**所有権の対象となり、主物の経済的効用を高めるものである。主物である抵当不動産に附属した従物（抵当土地に附属した石灯籠・取り外しのできる庭石〔最判昭44・3・28民集23-3-699（百選Ⅰ・85事件）〕、抵当建物に備えつけられた畳・建具、抵当権の目的であるガソリンスタンド用建物の地下タンク・ノンスペース型計量器・洗車機等の諸設備〔最判平2・4・19判時

1354-80〕)、母屋に抵当権が設定された場合の離れの茶室〔これについては、附属建物としての登記が必要とする説（星野Ⅱ・249頁）と、不要とする説がある（道垣内・142頁）〕など）は**付加物に含まれるか**、また、付加物に含まれないとしても、**従物に抵当権の効力は及ぶか**、が問題となる。

　ⅰ　判例　　**抵当権設定当時すでに存在した従物**には、抵当権の効力が及ぶとするのが判例であるが、根拠条文は確定していない。すなわち、古い判例（大連判大8・3・15民録25-473等）は、従物は付加物に含まれないという前提に立ち、抵当権設定当時存在した従物には、87条2項（「従物は、主物の処分に従う。」）により抵当権の効力が及ぶとする。もっとも、最判昭44・3・28民集23-3-699は、土地抵当権設定登記により、抵当権設定当時存在した従物についても370条により対抗力を有するとするから、抵当権設定当時存在した従物は付加物に含まれるという考えに立ったようにも受け取れる（同旨：高木・124頁。なお前掲最判平2・4・19は、条文上の根拠をあげていない）。**抵当権設定後に附属させられた従物**にも抵当権の効力が及ぶか否かについては、判例が分かれているが、87条2項を理由に肯定するものもある（大判昭9・7・2民集13-1489〔傍論〕。大決大10・7・8民録27-1313は、条文の根拠はあげず、従物にも抵当権の効力が及ぶことは従来の判例であるとする）。

　ⅱ　通説　　これに対して通説は、**抵当不動産に附属させられた時期を問わず、従物も370条の付加物に含まれる**としている（鈴木・238頁、高木・122頁など）。その理由は、①抵当権設定後の従物に抵当権の効力が及ばないとすることは不合理であること、②370条は、付加ないし附属させられた物に抵当権の効力が及ぶとするフランス民法の流れを汲むものであること、さらに③87条2項は処分の際の意思解釈規定である（したがって、87条2項の規定の適用となると、抵当権設定後に附属させられた従物には抵当権の効力は及ばない）のに対し、370条は抵当権の効力に関する規定で、そこにいう付加物とは、付合物と違って経済的観点から不動産との統一体をなしているものを指していると解すべきこと（鈴木・239頁）、にある。

　(b)**従物の方が主物より高価な場合**　　なお、抵当権の目的である主物より従物の方が高価な場合もあるが、このような場合にも、主物の抵当権の効力が従物に及ぶとされている（抵当権の目的であるキャバレーの建物に、建物より高額な

音響設備等を附属させた場合など〔東京高判昭53・12・26下民集29-9~12-397〕)。

(3) 従たる権利　借地上の建物に抵当権が設定された場合、抵当権は建物所有者の有する借地権にも及ぶ。これは、他人の土地に建物を所有するために必要な敷地の借地権は、**建物所有権に付随し**、これと一体となってひとつの財産的価値を形成しているものであるからであり、したがって、借地上の建物の競売における買受人は、借地権付きの建物を取得する（最判昭40・5・4民集19-4-811〔百選Ⅰ・86事件〕)。このような借地権を建物の「**従たる権利**」という。ただし、借地権が物権である地上権ではなく債権である土地賃借権であるときは、借地権譲渡につき地主の承諾または承諾に代わる許可の裁判を受ける必要がある（612条1項、借地借家20条1項）。

(4) 分離された付合物および搬出された分離物・従物　抵当権の効力は、分離された付合物（特に抵当山林の伐木）がまだ抵当不動産上に存在する場合には、分離物になお及び、分離物・従物が抵当不動産から搬出されても、まだ抵当権設定者の所有に属する場合には、搬出された分離物・従物になお及ぶ。搬出された分離物・従物を設定者から第三者が買い受けている場合に、これらの物に抵当権の効力が及ぶかについては、抵当権に基づく物権的請求権の箇所で説明する（☞第12節2(1))。

2. 果実（371条）

　民事執行法は、2003（平15）年の担保執行法制の改正により、抵当権者が優先弁済を受ける手段として、抵当不動産を換価して換価代金から被担保債権の優先弁済を受ける担保不動産競売（民執180条1号）に加えて、**担保不動産収益執行**の制度を創設し（同条2号）、抵当権者は、被担保債権の弁済期到来後、担保不動産収益執行の申立てをすることにより、抵当権の目的である賃貸ビルや賃貸マンションの賃料（法定果実）などを管理人が収取し、賃貸ビルや賃貸マンションなどの管理に必要な費用や管理人の報酬などを控除した残りから、被担保債権の優先弁済を受けることができることとした。

　これを受けて371条が改正され、現行371条は、抵当権は、**被担保債権について不履行**があったときは、**その後に生じた果実に及ぶ**としており、被担保債権の履行遅滞後は、抵当権の効力は果実にも及ぶことを明らかにしている。こ

の果実は、賃料債権などの**法定果実**が一般的であるが、**天然果実**（りんご・みかん・生育中の稲など）も含む。

《展開》旧371条の規定と現行371条の規定との関係　　現行371条は、担保執行法制の改正（平15法134）に伴い改正された規定である。
　　旧371条の規定は、抵当権の効力は果実には及ばないが、差押え後（担保不動産競売手続開始決定後を指す。民執188条・45条1項・46条1項参照）または第三取得者が抵当権実行通知（旧381条。担保不動産競売申立ての予告であり、第三取得者に第三者弁済や滌除権〔現在は抵当権消滅請求権に変容している〕行使の機会などを与えるためのもの）を受けた後は、果実にも抵当権の効力は及ぶとして、一般に担保不動産**競売手続開始後**は抵当権者は果実からも優先弁済を受けることができるとしていた。
　　そこで、有力学説は、旧371条の果実には、天然果実のみならず法定果実も含まれるから、担保不動産競売開始前には、抵当権者は抵当不動産所有者の有する賃料債権から、被担保債権の優先弁済を受けることはできないとしてきた。
　　これに対して、旧法下の判例・多数学説は、抵当権者は、担保不動産競売の申立てをしないでも、372条により準用される304条により、**物上代位の方法**で賃料等の法定果実から優先弁済を受けられるという立場から、旧371条の果実は天然果実を意味するものと解していた。
　　2003（平15）年の担保執行法制の改正により、担保不動産収益執行の制度が創設され、被担保債権についての履行遅滞後は、抵当権者は、担保不動産競売の申立てと併せて、または単独で、担保不動産収益執行の申立てをし、抵当不動産の生み出す賃料（法定果実）から被担保債権の優先弁済を受けることができるようになった。そこで、担保不動産収益執行の**実体法上の根拠規定**を設ける必要が生じ、旧371条が改正され、現行371条となったのである。なお、旧371条は、370条の例外規定であるとされていたが、現行371条は、370条との関連はなくなった。

担保不動産収益執行は、抵当権の実行方法のひとつであるから、抵当権者は、被担保債権につき債務不履行が生じた後に申立てをすることができる。371条の規定からすると、**債務不履行以前に弁済期の到来した賃料債権**であるが収益執行開始時にまだ賃借人から抵当権設定者に支払われていないものは、収益執行の対象にならない（高木・129頁、石田・333頁など）。

もっとも、立法担当者や有力学説は、民事執行法188条により準用される同法93条2項を根拠に、収益執行は債務不履行以前に発生したが未払いの賃料債権にも及ぶと解釈している（谷口＝筒井・57頁、山野目章夫＝小粥太郎「平成15年法による改正担保物権法・逐条研究(3)」ＮＢＬ780号49頁〔2004年〕など）。また、この説の中には、賃料債権への物上代位の場合、従来、債務不履行前に

弁済期が到来したが未払いの賃料債権も物上代位の対象となってきたので、それとの整合性も図られるとするものも見られる（前掲山野目＝小粥・49頁注18）。

確かに、民事執行法93条2項の規定は、すでに弁済期が到来した法定果実についても、賃借人は強制管理の管理人に交付すべき旨を定めているが、この規定は金銭債権に対する強制執行のひとつとしての強制管理に関するものである。強制執行の場合は、債務者の有するすべての責任財産が執行の対象となるのであるから、この規定で何ら問題がない。それに対して、抵当権の実行の場合は、抵当権は非占有担保であり、被担保債権につき債務不履行が生じても抵当権の実行がなされるまでは設定者に使用・収益が認められる担保物権であるから、債務不履行以前に弁済期が到来した賃料債権で収益執行開始時にまだ賃借人が抵当権設定者に弁済していないものについては、設定者がなお取り立てることができ（もっとも、設定者の一般債権者が債権執行としてこの賃料債権を差し押さえたり、強制管理の目的とすることはできる）、収益執行の対象にはならないと解すべきである。**強制管理の対象となる賃料債権の範囲と収益執行の対象となる賃料債権の範囲が一部異なるのは至極当然のことであろう。**

なお、**賃料債権への物上代位の場合との整合性**については、後述のように、物上代位についても371条が適用されるという考え方が適切であり、そうとすると両者の間の整合性はとれていることになる。

結局、民事執行法188条は、強制管理に関する同法の規定を担保不動産収益執行に準用するとしているが、同法93条2項の規定を収益執行に準用するのは不適切であり、371条により処理するのが妥当であるというべきであろう。この見解をとる有力説もある（高木・179頁、143頁。この点については、東京地裁執行部（立法担当者の見解と同じ）と大阪地裁執行部（私見と同じ）とでは、取扱いが分かれているようである。原克也＝小粥太郎＝生熊長幸ほか「座談会・担保不動産収益執行の実務上の問題点について」新民事執行実務6号59頁以下〔民事法研究会・2008年〕参照）。

担保不動産収益執行の手続の概要については、後述する（☞第11節2）。

前述のように、抵当権者が抵当不動産の果実である賃料債権から優先弁済を受ける方法としては、担保不動産収益執行のほかに372条・304条に基づく物上代位がある（☞3）。

3. 物上代位の目的物としての代替的価値・付加的価値

(1)物上代位の意義　例えば、AがBに対して有する金銭債権の担保として、B所有の建物甲に抵当権の設定を受けていたところ、第三者Cが放火などの不法行為により甲を滅失させた場合、抵当権は目的物の滅失により消滅するが、他方、抵当権設定者BはCに対して損害賠償請求権乙を取得する。このような場合、Bの取得した損害賠償請求権乙は建物甲の**価値代替物**と考えられ、抵当権者Aが乙から被担保債権の優先弁済を受けることができることは合理的であるといえよう。このように**担保目的物の代替的価値**などから、担保権者が被担保債権の優先弁済を受けることを物上代位という。

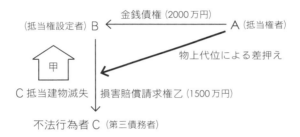

　抵当権に基づく物上代位については、372条が先取特権に基づく物上代位につき規定する304条を準用している。したがって、抵当権は、抵当権の目的物の売却、賃貸、滅失または損傷によって債務者が受けるべき金銭その他の物、あるいは目的物の上に設定した物権の対価に対しても、行使することができることになる。しかしながら、304条は先取特権に基づく物上代位の規定であることもあり、これらの物のすべてに抵当権者が物上代位し得るかについては議論がある。特に、抵当不動産の**代替的価値**（代償的価値）とはいえない抵当不動産から生ずる賃料債権などの**付加的価値**（派生的価値）にも、抵当権者が物上代位し得るかについては議論があった。

　そこで以下では、物上代位の目的となり得る物について検討する。なお、物上代位の行使手続については、目的物が賃料債権である場合、担保不動産収益執行と共通するところがあるので、担保不動産収益執行の手続とともに後述する（☞第10節・第11節）。

(2)物上代位の目的物　物上代位の目的物として、372条の準用する304条は、売却、賃貸、滅失または損傷によって債務者が受けるべき金銭その他の物、あるいは目的物の上に設定した物権の対価をあげている。もっとも、304条1項但書（372条による準用）は、抵当権者Aは、「金銭その他の物」が抵当権設定者Bに支払われる前に差押えをしなければならないとしているから、実際に物上代位権行使の対象になるのは、「金銭その他の物」ではなく、「金銭その他の物」の**請求権**（代金債権・賃料債権・損害賠償請求権・火災保険金請求権などの債権）である。

　(a)売買代金　抵当権の場合、動産の先取特権（311条・333条参照）と異なり、抵当不動産甲につき抵当権の登記がなされていると、抵当不動産甲に対して**追及力**があり、甲が第三者Cに売買され所有権移転登記がなされても、抵当権者Aはなお担保不動産競売などにより抵当権を実行することができる（追及力が認められる）。したがって、動産売買先取特権の場合（☞第3章第4節2(2)(b)ⅱ）と異なり、抵当不動産の売買代金に対しては物上代位は認められないとするのが多数説であり（内田Ⅲ・403頁、道垣内・150頁、安永・270頁など。ボアソナード氏草案に対する氏の解説によれば、売買代金債権への物上代位は担保権が追及力を有しない場合に限って認められるとしていたが、民法典の立法の際には追及力の問題には触れられていない。生熊・物上代位と収益管理22頁参照）、否定説が妥当である。有力説は、抵当権者Aは抵当不動産への追及効または売買代金への物上代位のいずれかを選択して行使すべきとする（我妻Ⅲ・293頁。近江Ⅲ・142頁は、否定説から改説）。

　判例は存在しない。判例が存在しないのは、物上代位をするためには、抵当不動産所有者Bに対して買主Cが代金を支払う前に抵当権者Aは代金債権を差し押さえなければならないので（372条・304条1項但書）、実際上抵当権者Aが代金債権に物上代位をすることは困難であること、抵当権者Aは、優先弁済を受けるためには担保不動産競売を申し立てればよいこと、抵当権者Aと設定者Bと買受けを希望する第三者Cに合意が調えば任意の売買をし（任意売却ともいう）、代金の中から抵当権者Aが被担保債権額の弁済を受け、第三者Cは抵当権の負担のない不動産を取得できること、などにより、代金債権への物上代位の可否をめぐる紛争が生ずることはほとんどないからだと考えられる。

《展開》買戻代金債権への抵当権者の物上代位の可否

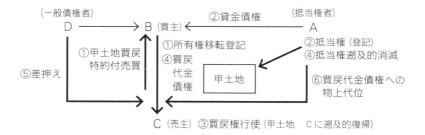

　買戻代金債権に抵当権者の物上代位が認められるかが、判例上問題となった。
　Bは、C所有の甲土地を買戻特約付き売買で買い受け（CからBへの売買を原因とする所有権移転登記とCの買戻しの特約が登記される。581条参照）、その後、Bは、甲土地にAのために抵当権を設定した（抵当権設定登記経由）。Cの買戻権の行使（最初の売買契約の解除の形をとる。579条参照）により、甲土地はCに遡及的に復帰し、買戻特約の登記後に設定された抵当権も遡及的に最初から存在しないものとなった。BがCに対して有する買戻代金債権をBの一般債権者Dが差し押さえ、他方、抵当権者Aが、抵当権に基づいて**買戻代金債権**を物上代位により差し押さえたので、Cが買戻代金を供託した。
　そこで、抵当権者Aの物上代位が認められ、Dに優先して弁済を受けることができるかが問題となる。判例（最判平11・11・30民集53-8-1965）は、これを肯定する。その理由として、①買戻特約の登記に後れて目的不動産に設定された抵当権は、買戻しによる目的不動産の所有権の買戻権者への復帰に伴って消滅するが、抵当権設定者である買主やその債権者等との関係においては、買戻権行使時まで抵当権が有効に存在していたことによって生じた法的効果までもが買戻しによって覆滅されることはないと解すべきこと、および②買戻代金は、実質的には買戻権の行使による目的不動産の所有権の復帰についての対価と見ることができ、目的不動産の価値変形物として、304条にいう目的物の売却または滅失によって債務者が受けるべき金銭にあたるといって差し支えないこと、があげられている。判例を支持してよいであろう（この判例につき、生熊・物上代位と収益管理85頁以下参照）。

(b)賃料・用益物権の対価　　i　賃料債権　　抵当不動産が賃貸ビルや賃貸マンションのような収益物件である場合に、抵当権設定者Bは賃借人Cなどに対して賃料債権を取得する。この賃料債権は、抵当不動産の代替的価値（代償的価値）ではなく、**付加的価値**（派生的価値）であるので、賃料債権等に抵当権者が物上代位し得るかについては、争いがあった。

《展開》**371条改正に至るまでの賃料債権への物上代位の可否をめぐる論争**　古い判例（大判大6・1・27民録23-97等）は、抵当権者が抵当権を実行し得る場合には賃料債権に代位し得ないとしていた（制限的肯定説）。これに対し、かつての通説は、賃料債権への物上代位を肯定してきたが（肯定説。我妻Ⅲ・275頁、281頁、柚木＝高木・262頁、266頁など）、後掲最判平1・10・27が登場する頃までの比較的新しい学説の多くは、2の《展開》で見たように、法定果実である賃料についても、（旧）371条を適用し、抵当不動産につき担保不動産競売手続が開始された時以降は賃料を抵当権者は収取し得るが（ただし、それは物上代位によるのではなく（旧）371条の適用による〔手続としては物上代位の手続を借用〕）、担保不動産競売手続が開始される前は、履行遅滞が生じても賃料債権から優先弁済を受け得ないとしてきた（否定説。鈴木〔3訂版〕・176頁、171頁、川井健『担保物権法』54頁〔青林書院・1975年〕）。

しかし、最判平1・10・27民集43-9-1070〔百選Ⅰ・87事件〕は、抵当不動産につき競売開始決定以降に供託された賃料につき抵当権者Aが物上代位権を行使したケースにつき、賃料債権への物上代位を**全面的に**肯定し、抵当権者Aは、抵当権を実行（担保不動産競売）し得る場合にも、抵当権を実行するとともに賃料債権への物上代位もなし得るとした。

この判例は、その理由として、①372条により先取特権に関する304条の規定が抵当権にも準用されていること、②抵当権は非占有担保権であるが、抵当権のこのような性質は先取特権と異なるものではないこと、および③抵当権設定者が目的物を第三者に使用させることによって対価を取得した場合に、この対価について抵当権を行使することができるものと解したとしても、抵当権設定者Bの目的物に対する使用を妨げることにはならないこと、をあげている。

もっとも、実質的な理由といえる③については、抵当権は、抵当不動産が競売手続により売却されるまでは設定者が抵当不動産を使用収益することを妨げない担保物権であると解されてきたから、賃料債権への物上代位を認めた場合、設定者の目的不動産の使用を妨げることにはならないが収益を妨げることにはなるので、説得的な理由とはいえなかった。

その後、バブル経済の崩壊（1991〔平3〕年頃から）により不動産の価額が大暴落し（抵当権設定時の価額の1/2〜1/5ぐらいに）、抵当不動産を競売にかけても被担保債権を回収できるような価額では売却できなくなった抵当権者は、賃貸ビルや賃貸マンションなどの収益物件について、賃料債権に物上代位して被担保債権の優先弁済を受けることをしばしば試みるようになった。これを受けて、2003（平15）年の担保・執行法制の改正において、**担保不動産収益執行**の制度が創設され（☞2）、その実体法上の根拠規定として（道垣内ほか・38頁〔道垣内弘人〕、内田Ⅲ・406頁など）、371条が、「抵当権は、その担保する債権について不履行があったときは、その後に生じた抵当不動産の果実に及ぶ。」と、改正されたものである。

そこで、改正法の審議では、担保不動産収益執行制度の創設により、賃料債権への物上代位は否定すべきではないかとの考えも有力に主張されたが、小規模の賃貸ビル、賃貸マンション、アパートなどの場合には、担保不動産収益執行の手続では費用倒れになるなどの見解も表明されたため、賃料債権への物上代位は**なお存続**することとなった。

前記《展開》のような議論を経て371条が改正されたことにより、抵当権者は、担保不動産競売の申立てとは独立に、抵当権設定者の有する**賃料債権に物上代位できる**と解さざるを得なくなったといえる（多数学説。もっとも、鈴木・250頁は、賃料債権への物上代位は、立法論としては否定されるべきではないかとし、また、内田Ⅲ・407頁も、理論的・政策的には否定すべきだとしている）。

　なお、**賃料債権への物上代位の実体法上の根拠規定**は、372条により準用される304条なのか、それとも改正された371条であると見るべきなのかについて争いがある。371条が賃料債権への物上代位の実体的根拠規定でもあるとする説が多くなっている。この説は、その結果として、賃料債権への物上代位において、被担保債権の履行遅滞後に生じた（弁済期が到来した）賃料債権のみが物上代位の目的となるとする（田井ほか・203頁〔磯野英徳〕、安永・269頁など）。さらには、371条が賃料債権への物上代位の実体的根拠規定となったのであり、304条は、実体法上の規定ではなく手続的規定としての性格を持つに至ったとするものもある（高木・139頁、143頁）。もっとも、371条は、前記《展開》で見たように、担保不動産収益執行の実体的根拠規定として設けられたものであって、2003（平15）年の改正によって賃料債権への物上代位は影響を受けないとする立場からすると、従来の実務の考えのように、物上代位の対象となる賃料債権は、被担保債権の債務不履行後に生じた（＝弁済期が到来した）賃料債権に限定されず、債務不履行前に生じた（＝弁済期が到来した）がいまだ賃貸人（抵当権設定者）に弁済されていないものも含むと解することもできる（371条不適用説。前掲山野目＝小粥・49頁注18）。

　ところで、抵当権は抵当権の実行がなされるまでは設定者に使用・収益が認められる担保物権であり、賃料債権への物上代位も、抵当権不動産の生み出す賃料債権から抵当権者が優先弁済を受けるもので、抵当権の実行方法のひとつであるから、被担保債権の債務不履行以前に発生した（＝弁済期が到来した）賃料債権で、物上代位に基づく差押えの申立て時にまだ抵当権設定者に弁済されていないものについては、抵当権に基づく物上代位の対象にはならないと解すべきである。このように解すると、物上代位の実体法上の根拠規定は、372条により準用される304条および371条であり、371条は、物上代位の目的となる賃料債権の範囲につき確認的に規定しているということになる。その結

果、担保不動産収益執行の場合と賃料債権への物上代位の場合とでは、抵当権者が優先弁済を受け得る賃料債権の範囲は異ならないことになる（石田・333頁も同旨か）。

賃料債権への物上代位権の行使手続については後述するが（☞第10節）、賃料が賃貸人（抵当不動産所有者）に支払われる前に、抵当権者は賃料債権を差し押さえることを要する（372条・304条）。履行遅滞後、抵当権者による差押えがなされる前に賃貸人が賃借人より賃料を受け取った場合、不当利得となるかが問題となるが、不当利得とはならないとするのが通説である（道垣内・152頁ほか）。

ii　転貸賃料債権への物上代位の可否

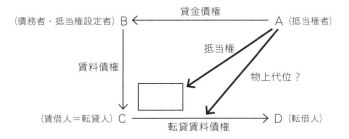

抵当権設定者Bが抵当不動産をCに賃貸し、賃借人CがこれをDに転貸した場合、CがDに対して有する**転貸賃料債権**に抵当権者Aが物上代位し得るかが問題となる。

判例（最決平12・4・14民集54-4-1552）は、これにつき**原則否定説**の立場に立つ。その理由としてこの判例は、①所有者Bは被担保債権の履行について抵当不動産をもって物的責任を負担するものであるのに対し、抵当不動産の賃借人Cは、このような責任を負担するものではなく、Cに属する債権（転貸賃料債権）を被担保債権の弁済に供されるべき立場にはないこと、②304条1項の文言に照らしても、賃借人Cを「債務者」に含めることはできないこと、および③転貸賃料債権を物上代位の目的とすることができるとすると、正常な取引により成立した抵当不動産の転貸借関係における賃借人（転貸人）Cの利益を

不当に害することにもなること、をあげている。妥当な判断である。

　なお、この判例は、**例外的**に抵当権者Ａが賃借人Ｃの有する**転貸賃料債権に物上代位することができる場合**として、抵当不動産の賃借人Ｃを所有者Ｂと同視することを相当とする場合をあげている（所有者Ｂの取得すべき賃料を減少させ、または抵当権の行使を妨げるために、法人格を濫用し、または賃貸借を仮装した上で、転貸借関係を作出したものであるなど〔月額賃料の相場が1000万円であるところ、Ｃの賃料を月額100万円とし、Ｃと転借人Ｄとの間の転貸賃料を相場の1000万円とする場合など〕。福岡地小倉支決平19・8・6金法1822-44参照）。

　iii　**用益物権の対価**　　抵当権設定者Ｂが抵当不動産に地上権や永小作権を設定し、地代や永小作料の請求権を有する場合、抵当権者Ａは、この請求権にも物上代位し得る（304条2項・372条）。

　(c)**目的物の滅失・損傷によって受けるべき金銭その他の物**　　これにあたるものとしては、抵当不動産を滅失・損傷した第三者Ｃに対する**不法行為に基づく損害賠償請求権**、土地収用法に基づく補償金（同法104条）、土地改良法に基づく補償金や清算金（同法123条）請求権、**火災保険金請求権**などがある。これらは、いずれも抵当不動産の**代替的価値**（ないし**代償的価値・価値変形物**）であり、これらに対しても抵当権者は物上代位し得るとすることには、異論はあまりない。もっとも、火災保険金請求権への物上代位については、肯定説が判例（大連判大12・4・7民集2-209）・通説であり、立法過程からも肯定の趣旨が窺えるが、火災保険金請求権は、目的物の滅失・損傷により当然に生ずるものではなく、保険料支払いの対価として生ずるものであるとして、商法学者を中心に否定説をとる学説もある。

> ＊**仮差押解放金の供託金返還請求権への抵当権に基づく物上代位**　　仮差押解放金（民保22条）の供託金（同51条参照）返還請求権に、抵当権に基づく物上代位を認めた判例が存在する（最判昭45・7・16民集24-7-965）。この判例は、仮差押債務者Ｂの供託した仮差押解放金の「供託金返還請求権は、本件仮差押えの目的である本件抵当建物に代わるものであるから、民法372条、304条の規定の趣旨に従い、Ｂの有する本件抵当権は、本件供託金返還請求権にその効力を及ぼすものといわなければならない。」とした。しかし、この判例の仮差押解放金の理解には誤解があるとして、学説上否定説も多い（生熊・物上代位と収益管理79頁参照）。

物上代位権の行使手続および304条1項但書の差押えの趣旨については、第10節で説明する。

第5節　優先弁済的効力と担保不動産競売

1．抵当権の優先弁済的効力と優先弁済を受ける方法

(1)抵当権の優先弁済的効力　被担保債権の弁済期が到来しても弁済がなされないときは、抵当権者は抵当権の目的物（一般には、不動産。以下これを前提として説明する）から被担保債権の優先弁済を受けることができる（369条1項）。この優先弁済的効力が、抵当権の最も中心的な効力である（☞第1編第4章4の表）。

(2)優先弁済を受ける方法　抵当権者が抵当不動産から被担保債権の優先弁済を受ける方法としては、**担保不動産競売**と**担保不動産収益執行**とがある（民執180条）。**担保不動産競売**は、抵当不動産を競売にかけてその換価代金から抵当権者が被担保債権の優先弁済を受ける手続である。他方、**担保不動産収益執行**は、裁判所が選任した管理人が抵当不動産を管理するとともに、抵当不動産が生み出す賃料等の果実を収取して配当を行い、これにより、抵当権者が被担保債権の優先弁済を受ける手続である（☞第11節）。抵当権者は、その一方を選択して申し立て、被担保債権の優先弁済を受けることもできるし、その両方を申し立て、担保不動産競売による抵当不動産の売却手続が終了するまで、担保不動産収益執行により賃料等から被担保債権の優先弁済を受けることもできる。なお、抵当不動産が賃貸ビルや賃貸マンションのような収益物件で、抵当権設定者が賃料債権を有するときは、抵当権者は、賃料債権に物上代位をして優先弁済を受けることもできることは、前述した（☞第4節3(2)(b)）。

　以下では、抵当権につききちんとした理解を可能とするために必要な限りで、**担保不動産競売手続の概要**を説明する。次いで、担保不動産競売との関係で特に問題となるテーマを、第6節から第9節で取り上げる。抵当不動産を換価するのではなく抵当権設定者が有する債権から被担保債権の優先弁済を受け

る点で共通性を有する物上代位権行使および担保不動産収益執行をめぐる諸問題については、第10節および第11節で説明する。

《基礎知識》一般債権と抵当権により担保された債権の強制的実現における主な異同
（不動産を目的とする場合）

	一般債権	抵当権により担保された債権
金銭債権実現の目的となる物	債務者の責任財産に属する不動産	抵当権の目的不動産
債権の強制的実現の方法	強制競売または強制管理（民執43条1項）	担保不動産競売または担保不動産収益執行（民執180条）
申立てに必要な債権の存在を証する文書	債務名義（民執22条。確定判決や執行証書など）	抵当権の存在を証する文書（民執181条。登記事項証明書など）
債権または抵当権の不存在・消滅の場合の不服申立方法	請求異議の訴え（民執35条）が必要	執行抗告または執行異議の申立てでよい（民執182条）
強制的実現の対象にならない物に対して手続が開始された場合の不服申立方法	第三者異議の訴え（民執38条）	
債権者への配当手続	民執87〜92条・107〜109条	民執188条による同法87〜92条・107〜109条の準用
優先弁済権の有無	優先弁済権なし（債権者平等の原則）	優先弁済権あり（優先順位に従った配当）

2. 担保不動産競売手続の概要

　抵当権者が抵当不動産から被担保債権の優先弁済を受ける最も一般的な方法は、「担保不動産競売」（民執180条1号）であり、抵当不動産を「担保不動産競売」の手続により換価して、その売却代金から抵当権者は被担保債権の優先弁済を受ける（抵当不動産を抵当権設定者Bからしかるべき価額で買い受ける第三者Cがおり、Bおよび各抵当権者と買受代金額につき合意が得られれば、CがBに支払うべき代金を各抵当権者の被担保債権の弁済に充てて抵当権を消滅させ、Cが抵当権の負担のない不動産を取得する方法〔**任意売却**という〕により、抵当権者が優先弁済を受けることもある）。なお、抵当不動産につき設定者の一般債権者からの強制競売の申立てにより、または他の抵当権者からの担保不動産競売の申立てによ

り、抵当不動産が換価される場合には、抵当権者は、自ら担保不動産競売の申立てをすることなしに、抵当不動産の売却代金から実体法上の優先順位に従い弁済を受けることができる（民執85条・87条1項4号）。

(1)担保不動産競売の申立ての要件　わが国では、担保不動産競売は強制執行である強制競売とは区別されており、その申立てには確定判決などの**債務名義**（民執22条参照）**を必要としない**。そのため、強制競売とはいくつかの点で違いを生じている。以下の担保不動産競売の申立ての要件は、担保不動産収益執行の申立ての要件と共通である。

　抵当権者が担保不動産競売を申し立てるには、実体的には、①抵当権が存在すること、および②被担保債権の弁済期が到来していることが必要である。もっとも、例外的に被担保債権の弁済期到来前の競売申立てが認められる場合がある（384条による抵当権消滅請求に対する競売の申立て、および仮登記担保法12条による後順位抵当権者の競売申立て）。

　しかしながら、手続的には、抵当権者が担保不動産競売の申立てをするにあたり、①および②の実体的要件を証明する必要はなく、以下の(a)の文書を裁判所に提出すれば足りる。②の被担保債権の弁済期が確定期限であれば（停止条件付きや不確定期限の場合につき、民執27条1項参照）、裁判所が弁済期の到来の有無を判断し、また、以下の(b)の障害事由の不存在についても裁判所が判断する。

　手続的要件としては、次の2つが必要となる。

(a)抵当権の存在を証する文書の提出　抵当権者は、担保不動産競売を管轄する執行裁判所（民執188条・44条）に、抵当権の存在を証する民事執行法181条1項1号から3号に掲げる文書のいずれかを提出する必要がある（強制競売の場合と異なり、**債務名義**は必要とされない）。通常は、3号の抵当権の登記（仮登記を除く）に関する**登記事項証明書**が提出される（未登記または仮登記の抵当権の場合には、民執181条1項1号または2号の文書による）。つまり、担保不動産競売申立ての実体的要件は、上記の①と②であるが、抵当権者は、これらを証明する必要がなく、民事執行法181条1項1号から3号に掲げる**抵当権の存在を証する文書**を執行裁判所に提出すれば、執行裁判所は競売開始決定をする。抵当権の登記事項証明書が提出されても、抵当権の存在および抵当権の被担保

債権の弁済期到来は分からないが、弁済期未到来が執行裁判所に分からない以上は、執行裁判所は競売開始決定をすべきことになる。そこで、もし抵当権の不存在や弁済期未到来にもかかわらず競売開始決定がなされたときは、抵当権設定者（不動産所有者）は執行異議の申立てにより競売手続の停止・取消しを求めることができる（民執182条。強制執行の場合には、債権の存在の高度な蓋然性を示す**債務名義**〔確定判決や執行証書など。民執22条参照〕に基づいてなされるから、債権の消滅や不存在の場合には、請求異議の訴え〔民執35条〕という訴えの方法で、不服申立てをする）。

　(b)障害事由の不存在　　抵当権設定者につき会社更生手続の開始決定があったときは、抵当権は更生担保権となり（会更2条10項）、抵当権に基づく競売の申立て・競売手続の続行はできなくなる（会更50条1項。なお同条7項・8項参照）。これに対して、破産手続または民事再生手続が開始されたときは、抵当権者は**別除権者**として、破産手続または民事再生手続によらずに競売の申立て・競売手続の続行が可能である（破2条9項・10項・65条、民再53条）。

(2)担保不動産競売手続の概要　　担保不動産競売の手続は、基本的に不動産の強制競売の手続に準ずるが（民執188条）、強制競売と異なりその申立てに**債務名義**を要しないため、若干の差異はある。

〔担保不動産競売の手続の進行〕(以下の民事執行法の条文は、同法**188**条で準用されたもの)

- 被担保債権の履行遅滞
- 担保不動産競売の申立て
- 競売開始決定（差押えの宣言）（民執45条）
    - 競売開始決定の債務者・物上保証人への送達（民執45条・46条）
    - 差押えの登記（民執48条）
- 担保不動産競売の準備——配当要求の終期の定め・競売開始決定がされた旨および配当要求の終期の公告・抵当権者等への債権届出の催告（民執49条）
    - 抵当権者等の債権届出（民執50条）
    - 配当要求（民執51条）
    - 執行官による現況調査（民執57条）
    - 評価人による評価（民執58条）
    - 売却基準価額の決定（民執60条）
- 配当要求の終期の到来（民執49条・50条・51条）
- 物件明細書の作成・備え置き（民執62条）

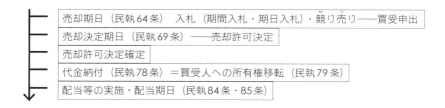

(a)執行機関と担保不動産競売の申立て　担保不動産競売については、不動産の所在地を管轄する地方裁判所が、**執行裁判所**として管轄する（民執188条・44条。以下の民事執行法の条文は、いずれも同法188条により準用されているものであり、この項では188条の引用を省略する）。抵当権者は、管轄権を有する執行裁判所に担保不動産競売の申立てをする。

(b)競売開始決定と目的不動産の差押え　ⅰ　**担保不動産競売の手続の開始**（競売開始決定・差押えの宣言）　担保不動産競売の申立てにつき手続要件を充たしているときは（☞(1)）、執行裁判所は、**担保不動産競売開始決定**をし、その開始決定において債権者のために不動産を**差し押さえる旨の宣言**をする（民執45条1項）。

ⅱ　**競売開始決定の送達**　競売開始決定は、**債務者**（物上保証の場合には、**物上保証人**にも）**に送達しなければならない**（民執45条2項）。申立てをした抵当権者には競売開始決定の裁判の告知がなされる（民執規2条2項）。

ⅲ　**差押えの登記**　競売開始決定がなされたときは、裁判所書記官は差押えの登記を登記官に嘱託しなければならない（民執48条1項）。登記官は、これに基づき差押えの登記をする。これは、差押えを公示することにより差押えの効力を**第三者に対しても及ぼす**ためである。

ⅳ　**差押えの効力とその発生時期**　競売開始決定が抵当権設定者に送達された時に差押えの効力が生ずる（民執46条1項本文）が、競売開始決定の送達前に差押えの登記がなされたときは、差押えの登記がなされた時に差押えの効力が生ずる（同項但書）。実際には、競売開始決定送達前に差押えの登記がなされることが多い。差押えの効力発生後になされた処分行為（抵当権・地上権・賃借権の設定や目的不動産の譲渡など）は、差押債権者との関係で**相対的に無効**となる。したがって、抵当権設定登記や所有権移転登記などをすることは妨げ

られないが、競売手続が行われたときは、これらの処分行為は効力を有しないことになり、これらの登記も抹消される。

　ⅴ　**二重開始決定**　　すでに競売開始決定（差押え）がなされている不動産について、他の債権者が重ねて競売（担保不動産競売のほか強制競売も含まれる）を申し立てた場合、二重に競売開始決定がなされる（民執47条1項）。先に競売開始決定を受けた債権者が競売の申立てを取り下げたり、先行する競売開始決定が取り消された場合でも、二重開始決定がなされているときは、執行裁判所は、後の競売開始決定に基づいて手続を続行しなければならない（同条2項）。

　ⅵ　**抵当権設定者の使用収益権**　　差押えの効力が発生しても、抵当権設定者は、抵当不動産が売却されるまで不動産の**通常の用法による使用・収益を妨げられない**（民執46条2項）。

　(c)**売却手続の準備**　　ⅰ　**抵当不動産上の用益権・担保物権の競売による消長**

　担保不動産競売の目的不動産上に存在する用益権や担保物権等の権利は、競売により買受人が不動産を買い受けて所有権を取得したとき、買受人が引き受けるのか（用益権や担保物権の負担の付いた不動産を買い受けるのか）、売却により消滅するのかは、重要な問題である。そのいずれであるかにより、これらの権利者は大きな影響を受け、当然ながら、売却基準価額（民執60条）や買受申出人の買受申出価額が大きく異なってくるからである。

　抵当不動産上の権利の消長につき利害関係を有する者が、売却基準価額が定められる時までに、民事執行法59条1項から4項に定める、以下の(α)(β)の法定の売却条件と異なる合意（特別の売却条件）をして執行裁判所にその旨の通知をしなかったときは、売却により抵当不動産上の権利が、法定の売却条件の通りに買受人に引き受けられあるいは消滅する。通常は、法定の売却条件により売却されるので、以下これにつき説明する。なお、抵当不動産の差押え（競売開始決定）後に設定された担保物権や用益権は、売却により消滅する（☞(b)ⅳ）。

　(α)**担保物権の取扱い**　　①**先取特権、使用および収益をしない旨の定めのある質権、および抵当権**　　これらの担保物権は、差押不動産の売却により消滅し（民執59条1項）、優先順位に従い配当を受ける（☞3）。仮登記担保権も同様である（仮登記担保13条・16条1項・17条1項・2項）。

②使用および収益をしない旨の定めのない質権　　これが通常の**不動産質権**であり（356条）、この質権は競売により消滅せず、買受人に引き受けられる（民執59条4項）。ただし、抵当権に後れて設定された質権の場合は、抵当権が消滅するため消滅することになるが（同条2項）、後順位抵当権と同様、優先順位に従い配当を受ける。

③留置権　　留置権は、競売により消滅せず、留置権者は、買受人から被担保債権の弁済を受けるまで不動産の引渡しを拒むことができる（留置的効力。民執59条4項）。

(β)**用益権の取扱い**　　原則として次の①②のようになるが（☞第1編第3章第1節1「優先的効力」）、詳細については後述する（☞第6節1）。

①**1番抵当権設定登記前に不動産に設定され対抗要件を備えた用益権**（地上権・永小作権・地役権・不動産賃借権）　　これらの用益権は、**競売により消滅せず**、買受人は、地上権や賃借権などの負担のある不動産を取得する（**物権の優先性**。民執59条2項参照）。

②**抵当権など売却により消滅する権利に後れて設定された用益権**（地上権・永小作権・地役権・不動産賃借権）　　これらの用益権は、**抵当権に劣後する権利**であり、抵当権が**不動産の競売により消滅**するため、これらの用益権が対抗要件を備えていても、同様に**競売により消滅**する（民執59条2項）。したがって、不動産の買受人は、地上権や賃借権などの負担のない不動産を取得する（ただし、☞第6節1(2)(3)）。

ⅱ　**法定地上権が成立する場合**　　土地およびその上の建物が同一の所有者に属している時に土地または建物の一方または双方に抵当権が設定され、その後担保不動産競売や強制競売により土地と建物の所有者が異なるに至ったときは、建物買受人または建物所有者のために**法定地上権**の成立が認められ（388条）、これを土地所有者または土地買受人に主張できる（☞第6節2）。

ⅲ　**配当要求**　　**配当要求**とは、他人の申立てにより行われている競売手続に参加して配当等を受けようとする債権者の、**執行法上の意思表示**である。執行力のある債務名義の正本を有する債権者等（民執51条）は、配当要求の終期（民執49条）までに執行裁判所に対して配当要求をしないと配当を受けられない（民執87条1項2号）。自ら強制競売を申し立てた債権者や、差押えの登記前

に登記のされている抵当権者等は配当要求なしに配当を受けることができる（民執87条1項1号・4号。ただし、民執49条2項・50条参照）。

　　iv　**現況調査報告書・評価書・物件明細書の作成**　　執行官が、差押不動産の現況を調査し（民執57条）、その不動産の存在、形状、占有の有無、占有権原などを把握して、**現況調査報告書**を作成する。あわせて、評価人が差押不動産の評価をし、**評価書**を作成する。

　これらをもとに裁判所書記官が**物件明細書**を作成する（民執62条）。物件明細書には、①不動産の表示、②不動産に係る権利の取得等で売却によりその効力を失わないもの（抵当権設定登記前に設定され対抗要件を備えていた賃借権や留置権など）、および③**法定地上権**の概要が記載される。もっとも、物件明細書の記載は単なる**参考資料**であって、既判力や形成力を有するものではない。これらの書類の写しが執行裁判所に備え置かれて一般の閲覧に供され（同条2項、民執規31条3項）、買受申出をする際の参考資料となる。

　　v　**売却基準価額の決定と買受可能価額**　　売却基準価額が執行裁判所により決定され（民執60条）、買受申出人は、売却基準価額の8割以上の価額で買受けの申出をする（同条3項）。

　　vi　**一括売却**　　複数の不動産が売却されるとき、複数の不動産につき一括の売却基準価額を定め、同一の買受人に一括して売却することを一括売却という。一括売却の要件は、民事執行法61条が定めている。土地とその上の建物が共同抵当の目的となっており、いずれについても競売の申立てがなされるときは、通常、一括売却がなされる（388条の**法定地上権**を成立させる必要がなくなる）。

　　vii　**剰余主義**　　後順位抵当権者の申立てにより抵当不動産の競売手続が開始されたが、売却代金が少なく先順位抵当権者などの配当に充てられるにとどまり、申立債権者は全く配当を受けられないことが予想される場合には、売却手続を行うことは無意味であるから、原則として競売手続の続行を認めず、競売手続を取り消すこととしている（剰余主義。民執63条）。

　(d)**売却（換価）**　　i　**売却の方法**　　不動産の売却は、入札、競り売り、その他民事執行規則で定めた方法による（民執64条2項）。現在、一般に入札期間内に入札をさせて開札期日（入札期間満了後1週間以内の日。民執規46条）に

開札を行う**期間入札**が行われている（民執規46～49条）。

　ⅱ　**最高価買受申出人・買受人**　　入札等において、最も高い価額で買受申出をした者が**最高価買受申出人**となり、売却決定期日において売却不許可事由（民執71条）がなく、売却許可決定が確定すると、この者が**買受人**となる。

　ⅲ　**買受人の代金納付と所有権取得時期**　　買受人は、代金納付期限までに代金を執行裁判所に納付しなければならず（民執78条）、納付した時に**不動産の所有権を取得**する（民執79条）。

　ⅳ　**引渡命令**　　執行裁判所は、代金を納付した買受人の申立てにより、抵当権設定者または買受人に対抗し得る占有権原を有していると認められない不動産の占有者に対して不動産を買受人に引き渡すべき旨を命ずることができる（民執83条。同条2項により代金納付後6か月以内の申立てが必要。ただし、☞第6節1⑵(b)ⅱ）。これを**引渡命令**といい、引渡命令は確定（民執83条5項）すると**債務名義**になる（民執22条3号）。本来であれば買受人はこれらの者を相手に引渡（または明渡）訴訟を提起して確定の給付判決を取得し、これを債務名義とする必要があるが、競売手続は国家の機関により行われるのでその一種のサービスとして、簡易に引渡執行の債務名義を買受人が取得できるようにしたものである。引渡命令は、不動産の引渡執行の債務名義であり、競売の対象とされていない建物等が競売の対象である土地の上に存在している場合には、土地についての引渡命令によってはその建物の収去の強制執行はなし得ない（最決平11・10・26判時1695-75）。土地買受人が建物収去・土地明渡しの執行をするためには、建物収去・土地明渡しの訴訟を提起して確定の給付判決（これが債務名義となる）を取得する必要がある。

　(e)配当等の手続　　不動産の代金などにより構成される売却代金（民執86条。債権者の配当に充てられるべき金銭を「**売却代金**」という）が債権者の債権の配当に充てられる。執行裁判所は、配当を受けるべき各債権者について、①債権の元本、②利息その他の附帯の債権（遅延損害金）の額、③執行費用の額、④配当の順位、⑤配当の額を定める（民執85条1項本文）。配当を受けるべき債権者について、配当の順位および配当の額を定める場合には、民法、商法その他の法律の定めるところによらなければならない（同条2項）。これについては、次の3で説明する。

3. 抵当権者と他の債権者との配当における優先順位

担保不動産競売（または抵当権設定者の一般債権者の申立てによる強制競売）において抵当不動産が換価され、売却代金が配当される場合、抵当権者と他の債権者の配当における優先順位は次のようになる。

(1)一般債権者との関係　抵当権者は、対抗要件（登記）を備えていれば、担保を有していない一般債権者に常に優先する（優先弁済的効力）。

なお、抵当権者が、**抵当不動産以外の債務者の一般財産から一般債権者の地位で弁済を受ける場合**には、他の一般債権者の保護との関係上、一定の制限を受ける。すなわち、債務者の他の一般財産の代価より先に抵当不動産の代価が配当されるときは、抵当権者はこの売却代金から被担保債権につき優先弁済を受けるが、売却代金が少なく被担保債権額の一部しか満足を受けることができなかったときは、その残額についてのみ、債務者の一般財産から一般債権者として配当を受けることができる（394条1項）。**抵当不動産の代価よりも債務者の他の財産の代価が先に配当されるとき**は（抵当権者も債務名義を有していれば、抵当不動産以外の債務者所有の不動産や動産などにつき強制競売の申立てをなし得るし、他の債権者の申立てによる強制競売や担保不動産競売において配当要求をなし得る）、抵当権者は被担保債権額全額につき**一般債権者**として配当を受けることができるが（優先弁済権はなく、一般債権者として他の一般債権者と債権額に案分した配当を受ける）、他の債権者は、抵当権者に抵当不動産から優先弁済を受けさせるために、抵当不動産以外の債務者の一般財産から受けるべき**配当額を供託**するよう抵当権者に請求し得る（394条2項）。抵当権者が抵当不動産から被担保債権の一部のみの配当を得たときは、抵当権者は、債権の満足を得られなかった限度で供託金から還付を受けることができ、供託金の残額は他の一般債権者に配当される。

(2)抵当権者相互の関係　抵当権者相互では、抵当権の対抗要件である登記の先後により、抵当権者間の優先順位が決まる（373条）。同順位の抵当権者が複数いる場合は、債権額に案分した配当を受ける。

(3)他の担保権者との関係　(a)不動産質権と抵当権の優劣　不動産質権と抵当権との優劣は、それぞれの対抗要件である登記の順位による（361条・373条）。

(b)**先取特権と抵当権の優劣**　☞第3章第3節2(2)参照。
　(c)**留置権と抵当権の優劣**　留置権には優先弁済権はない（自ら甲建物を競売にかけて被担保債権の優先弁済を受けることはできない）が、**事実上の優先弁済権**があるとされている（☞第4章第3節3(2)(b)）。

(4)**国税および地方団体の徴収金と抵当権の優劣**　国税等の滞納があった場合、国などは債務者の財産から滞納処分の方法でその優先弁済を受けることができるが、抵当不動産につき**国税等の滞納処分**が行われたとき、抵当権と**国税債権**等の優劣が問題となる。この場合、国税等の**法定納期限**（法律により国税等を納付すべき期限）の到来時期と抵当権の設定時期との先後で優劣が決まる。すなわち、抵当権の設定時以前に法定納期限（税徴2条10号、地税14条の9第1項・2項）等の到来していた国税債権や**地方団体の徴収金債権**は、登記簿上に公示がないにもかかわらず、抵当権に優先して弁済を受けることができる（税徴16条、地税14条の10参照）。したがって、抵当権設定者につき租税等の滞納があると、債権者が最先順位の抵当権の設定を受けていても、その抵当不動産の売却代金から最先順位で優先弁済を受けられるとは限らないことになる。

4. 流抵当の特約

　抵当権者は、債務の弁済がなされないとき、競売の方法を回避し、債務の弁済に代えて抵当不動産を抵当権者に帰属させる旨の特約（**流抵当または抵当直流の特約**）を、あらかじめ抵当権設定者と締結しておくことがある。この特約は、現在では、代物弁済の予約＝仮登記担保契約とみるべきであり、仮登記担保法の適用があると解される（☞第3編第2章第2節1）。

第6節　担保不動産競売における不動産利用権

　抵当権の優先弁済権の行使方法には、前述のように担保不動産競売および担保不動産収益執行があるが（ほかに物上代位）、担保不動産収益執行の場合は、抵当不動産を第三者に売却するわけではないから、抵当不動産上の地上権や賃借権の消長（消滅または存続）に影響を与えない。これに対して、担保不動産

競売の場合には、競売により抵当不動産の所有者が抵当権設定者から買受人に変わる。この場合、競売前に抵当不動産上に存在していた不動産利用権（賃借権・使用借権・地上権など）が、競売により消滅して買受人は不動産利用権の負担のない不動産を取得するのか、それとも競売による影響を受けずに買受人は不動産利用権の負担を承継するのかが問題となる（☞第5節2(2)(c)(β)）。また、土地とその上の建物が同一の所有者に帰属している時に、土地またはその上の建物に抵当権が設定され、担保不動産競売により土地と建物の所有者が異なるに至ったときは、建物所有者は土地所有者に対抗し得る土地利用権を有していないとして、土地所有者から建物収去土地明渡しを求められるのかが問題となる（**法定地上権**の成否の問題）。本節では、このような担保不動産競売と不動産利用権の問題を検討する。

1．担保不動産競売における賃借権・地上権等の取扱い

　例えば、土地所有者Bが銀行Aから5億円（弁済期15年後、金利年12％とする）を借り入れてファミリー向け賃貸マンション甲を建設し、甲に銀行Aのために抵当権を設定（抵当権設定登記経由）してから賃借人を募集し、甲のそれぞれの居室につきCはじめ10人の賃借人とそれぞれ賃貸借契約が締結され（いずれも賃料月額20万円、敷金〔622条の2〕60万円をBに預託、賃貸期間2年、更新料20万円、更新後の賃貸借の期間は2年とする）、各賃借人とその家族が一斉に入居したとする。2年後に各賃借人の賃貸借契約が更新されたが（更新料20万円支払い済み）、その1週間後にBのAに対する被担保債権の債務不履行のため甲につきAの申立てによる担保不動産競売手続が開始され、Dが甲を買い受けて、各賃借人の賃貸借契約更新後5か月が経過した日に、Dは代金を裁判所に納付した。この場合、Cはじめ10人の賃借権（引渡しにより借家権の対抗要件は備えている。借地借家31条）は競売により消滅してCらは退去を余儀なくされ、Dはこれらの賃借権の負担の存在しない賃貸マンション甲を買い受けるのか、それともこれらの賃借権は競売により消滅せずに、各賃借人は引き続き甲に今度はDを賃貸人として居住し続けることができるのかが問題となる（甲がBからDに一般の売買で譲渡された場合は、Cらは賃借権を譲受人Dに対抗でき、通常Dは従来の賃貸借関係を承継することになる。605条の2第1項）。

(1)原則——対抗要件具備の先後による不動産利用権の存続・消滅　1つの不動産に抵当権と地上権の2つの物権が存在する場合、先に対抗要件を備えた物権が後から対抗要件を備えた物権に優先する（**物権の優先性**）。**不動産賃借権**の場合も、債権ではあるが対抗要件を備えることができ（賃借権の登記〔605条〕、借地借家法10条・31条の対抗要件など）、その点で物権化するから、1つの不動産に抵当権と賃借権が存在する場合、先に対抗要件を備えた権利が後から対抗要件を備えた権利に優先する。なお、**不動産の使用借権**も利用権であるが、これは純粋な債権（相対的権利）であるから対抗要件を備えることができず、使用借権の設定が抵当権設定の前であったとしても、担保不動産競売による買受人には使用借権を主張し得ず、買受人は使用借権の負担のない不動産を買い受ける。以下では、不動産利用権という場合、物権的利用権（地上権・永小作権・地役権）と不動産賃借権を前提とし、また、これらの利用権も抵当権も対抗要件を備えていることを前提とする。

　そこで、不動産利用権が設定されている抵当不動産につき抵当権に基づく担保不動産競売がなされた場合においては、次のような取扱いになる（☞第5節2⑵(c) i (β)）。不動産に**抵当権が設定される前**に、地上権または不動産賃借権が設定されたときには、競売における不動産買受人は、地上権または不動産賃借権の負担のある不動産を買い受けることになる（複数の抵当権が存在するときは、最先順位の抵当権が基準となる）。逆に、**抵当権が設定された後**に、地上権または不動産賃借権が設定されたときには、競売により地上権または不動産賃借権は消滅し、競売における不動産買受人は、地上権または不動産賃借権の負担のない不動産を買い受けることになる（民執59条2項）。以上が原則的な取扱いである。

　(a)抵当権設定後に不動産利用権が設定された場合　先の例においては、甲につきAのために抵当権が設定された後に、Cら賃借人が賃借権の設定を受けたのであるから、Cらの賃借権は担保不動産競売により**消滅**し、Cらは甲からの退去を余儀なくされ、Cらが退去しないときは、甲の買受人Dは、Cらに対して所有権に基づく妨害排除請求権としての建物明渡請求権を行使できることになる。またBとCらの賃貸借関係を甲の買受人Dは承継しないため、Cらは、Bに預けた**敷金60万円**の返還をDには請求することができず、前の賃貸

人Bに請求し得るにすぎない。Bは被担保債権の債務不履行により自己所有の賃貸マンションを競売により失うほど資力がないのであるから、Cら賃借人は敷金60万円の返還を受けることは一般に困難であり、また、賃借人Cらは賃貸借契約の更新の際に20万円を賃貸人Bに支払ったにもかかわらず、わずか5か月で退去せざるを得なくなったので、不当利得としてその返還をBに求めることができようが、同様の理由で、その返還を受けることは困難である。

(b)抵当権設定前に不動産利用権が設定されていた場合　先の例とは異なり、B所有のファミリー向け賃貸マンション甲のそれぞれの居室をCはじめ10人がBからそれぞれ賃借し（賃貸借の条件は先のケースと同じとする）、引渡しを受けて家族とともに住んでいたところ、BがA銀行から5000万円を借り受けてその担保として甲に抵当権を設定し、その後Bの債務不履行のためにAが甲につき担保不動産競売を申し立て、CらがBから甲を賃借して3年後、買受人Dが甲の代金を裁判所に納付したというケースの場合には、Cらの賃借権はAの抵当権に優先するから、Dは、Cらの賃借権の負担のある甲賃貸マンションを買い受け、CらはDを賃貸人として引き続き甲に居住できる。また、その後、賃借人Cらが賃貸借を終了させ甲から退去すると、Bに預けていた**敷金**につき、Cらは建物買受人Dに対して返還請求権を行使し得る（Bから甲を取得したDは、賃貸人の地位を承継するとともに、**敷金返還義務**も承継すると考えられているから〔賃貸不動産の一般の買主の場合と同じである〕、甲を競売により買い受けようとする者は、賃借人が退去するときにどのぐらいの敷金返還義務を負うかを計算し、その分を控除した額で買受申出額を決める必要がある）。

(2)建物賃借人に対する6か月間の明渡猶予の制度――例外の1　395条には、以上の原則に対する例外規定が置かれている。すなわち、(1)(a)の場合において、**建物抵当権に後れて設定されたため抵当権者に対抗できない建物賃借権により抵当建物を使用収益する者**（同条2項では、この者を「**抵当建物使用者**」という）は、抵当建物の競売（担保不動産競売でも強制競売でもよい）により建物賃借権が消滅するため、建物買受人に対して直ちに建物を明け渡さなければならないのが原則であるが、買受人の建物買受けの時（買受人が執行裁判所に代金を納付して建物所有権を取得した時と解する。民執79条参照）から6か月間は**明渡しの猶予**を認められている（395条1項）。

なお、これらの取扱いは、2003（平15）年担保執行法の改正（平15法134）によるものであり、改正法が施行された2004（平16）年4月1日より前にすでに設定され対抗要件を備えていた抵当権に後れる賃借権については、従前の取扱いによる（平15法134改正附則5条）。したがって、なお旧395条が適用される賃借権は、現在も相当数存在する。改正以前の取扱いについては後述する（☞後記の「《展開》従来の短期賃借権保護制度とその廃止の経緯」(1)）。

(a) 6か月間の明渡猶予の要件　抵当権に後れる建物賃借人が6か月の明渡しの猶予を建物買受人に主張するためには、次のⅰおよびⅱの要件を充たしていることが必要である。

ⅰ　**抵当権設定後に設定された建物賃借権により使用収益する者**（395条1項）

明渡しの猶予を受けることができるのは、**建物賃借人に限られ**、土地賃借人や地上権者の場合には、この明渡猶予は認められない。これは、土地に建物所有を目的とする土地賃借権や地上権の設定を受ける場合には、土地の権利関係を慎重に調査してから借り受けることができるが、建物賃借権の設定を受ける場合には、すでに建物に抵当権が設定されていることが多く（家主は金融機関から融資を受けて賃貸建物を建築し、建物に抵当権を設定していることが一般的であるため）、そのような建物を避けて気に入った建物を借り受けることは、実際上困難であることによる。また、明渡猶予を受けることのできる抵当建物使用者の賃貸借は、602条3号の期間3年以下の短期賃貸借には限定されていない。

ⅱ　**競売手続開始前から使用収益をしている者、担保不動産収益執行等の管理人等から競売手続開始後に賃借し使用収益している者**（395条1項1号・2号）

担保不動産競売手続の妨害を目的に抵当不動産につき賃借権の設定を受けて（これを「**濫用的賃借権**」または「**詐害的賃借権**」という。☞第12章2(5)）、抵当不動産を占有している者があり、このような者は、競売手続開始後に抵当不動産の占有を始めることが多いので、このような者には明渡猶予を認めないためである。もっともこのような**濫用的賃借人**は、賃貸建物の使用収益を目的として賃借権の設定を受けているわけではないので、競売手続開始決定前から抵当不動産を占有していても、建物買受人が、これらの賃借人が濫用的賃借人であることを主張・立証できれば、これに対して直ちに建物の明渡しを請求できる。抵当不動産に対し競売開始決定（差押え）がなされた後は、抵当権設定者（抵

当不動産所有者）が賃借権の設定をしても、この賃借権は差押債権者（担保不動産競売を申し立てた抵当権者や強制競売を申し立てた一般債権者）に対抗できないから（☞第5節2(2)(b)ⅳ)、このような賃借人が抵当不動産を使用収益していても、明渡猶予は認められない。

強制管理または**担保不動産収益執行**の管理人は、担保不動産競売手続開始後であっても建物賃借権の設定ができるので、このような賃借人には明渡猶予が認められる（395条1項2号）。もっとも、担保不動産競売手続が開始されている不動産につき賃借権の設定を受ける者は、ほとんど考えられない。

(b)**6か月間の明渡猶予の効果**　ⅰ　**6か月間の明渡猶予と賃貸借関係の不存在**

これらの建物賃借人には、抵当建物使用者として6か月間の建物明渡猶予が認められるが（395条1項）、建物買受人Dと抵当建物使用者Cらとの間には、**賃貸借契約は存在しない**ので、DはCらに対して賃料請求権を有しないし、CらはDに対して建物の修繕等を請求し得ない。ただし、雨漏りや水道管の破裂などにより修繕の必要が生じた場合には、抵当建物使用者は、これを修繕し、修繕費用を**必要費**としてDに対して償還請求し得ると解すべきである（196条1項）。明渡猶予期間は短いので、有益費償還請求権（同条2項）は生じないと解すべきであろう。

ⅱ　**建物使用の対価の支払義務**（**不当利得返還義務**）　抵当建物使用者C等は、6か月間の明渡しの猶予を得てその間建物の使用収益をなし得るが、**建物使用の対価**を建物買受人Dに対して支払うべき義務を負う（395条2項）。Cらは賃借権を有していないので、建物の使用収益権限はないが、明渡しを猶予される結果建物の使用収益をすることになり、これは建物買受人Dとの関係では**不当利得**となるからである。Dは賃貸人としての義務を負わないし、6か月に限られた建物の使用収益であるので、建物使用の対価は通常の賃料の額より低い額でよいと解することもできるが、一般にはこれまでの賃料相当額を抵当建物使用者Cらは建物買受人Dに対して支払うことになろう。建物使用の対価は、建物買受人の建物所有権取得の時（民執79条により買受人の代金納付の時）から支払うことになるが、1か月分以上滞納すると、買受人Dは抵当建物使用者Cら滞納者に相当の期間を定めて催告し、相当の期間内に支払いがないときは、Cらに対する明渡猶予は認められなくなり（395条2項）、Cらは直ちに建

物を明け渡さなければならない。

　明渡猶予が認められなくなった抵当建物使用者が建物を任意に明け渡さないときは、買受人Dは、建物明渡しの強制執行をすることになるが、担保不動産競売や強制競売の場合には、代金を納付した買受人の申立てにより執行裁判所の発令した**引渡命令**（民執83条）を**債務名義**とすることができる（☞第5節2(2) (d)ⅳ。なお、元建物賃借人に6か月の明渡猶予期間が設けられたことにより、民執83条2項が改正され、明渡猶予を認められる抵当建物使用者が占有していた建物の買受人の場合は、代金納付後9か月以内に**引渡命令**を申し立てればよいことになった）。

《展開》従来の短期賃借権保護制度とその廃止の経緯　(1)旧395条の短期賃借権保護の制度　2003（平15）年の担保執行法制改正前の395条は、抵当権設定登記後に設定された602条に定めた期間を超えない短期の賃借権（建物所有を目的とする土地賃借権の場合は5年以下、建物賃借権の場合は3年以下の賃借権）は、抵当権者、したがって抵当不動産の買受人に対抗できるとされ（旧395条本文）、抵当権に後れて設定された賃借権も、競売により原則として直ちには消滅せず、短期とはいえ賃借権の負担を買受人が承継する取扱いであった。それ故、建物競売における買受人は、賃貸建物の通常の売買における買主と同様、賃貸建物所有者（抵当権設定者）の負っていた敷金返還義務も承継するから、賃借人が賃貸借契約の終了により建物から退去したときには、賃借人は買受人に対して敷金契約の終了に基づく敷金返還請求権を行使できたのである。なお、この**短期賃借権保護制度が悪用**されることを見越して、民法典立法当初から395条但書には、短期賃貸借が抵当権者に損害を及ぼすときは、抵当権者は裁判所に短期賃貸借解除請求訴訟を提起することができるとする規定が存在し（現行395条にはこの規定は存在しない）、この訴訟は、濫用的短期賃借権（☞(2)）の排除のために一定の利用があった。

(2)担保不動産競売妨害目的の濫用的短期賃借権の存在　しかし、債務の弁済が困難となり、担保不動産競売の申立てが時間の問題となると、抵当不動産に**濫用的短期賃借権**（＝詐害的短期賃借権）による占有が時々見らるようになった（最高裁判所の調査によると、担保執行法制改正前の時点で、競売にかけられる不動産の1割程度）。これらの濫用的賃借権にあっては、通常の賃借権には見られない次のような特色がしばしば見られた。①賃借権の登記や仮登記の存在（通常の賃借権の場合、賃借権の登記や仮登記がなされることはほとんどない）、②相場と比べて極端に低い賃料額や、賃貸借期間中賃料全額前払済みの賃借人による主張（実際には賃料全額前払いはなされていない）、③賃借権の譲渡・転貸自由の特約の存在、④相場と比べて極端に高額の敷金の差入れの主張、⑤暴力団、暴力団風の者、高齢の病人、日本語の全く話せない外国人などによる競売不動産の占有、などである。

　街の金融業者や暴力団などは、競売不動産につきこのような画策をすることにより、競売にかけられた不動産につき買受申出人が現れにくい状況を作り出し、**自らがあるい**

は自らの関係者が、極めて安い価額でこの不動産を買い受けてリフォームし、これを通常の取引価額で転売して大きな利益を得ることをもくろんだのである。また、それにもかかわらず、競売において他に買受人が現れたときは、街の金融業者等は、その買受人に対して立退料名義の金銭や、実際には存在しない高額の敷金の返還を要求したり、抵当不動産に多額の必要費を投じたとして必要費の償還を受けるまで建物を留置すると主張したりした（青木雄二著・漫画「ナニワ金融道」〔講談社〕の世界である）。

　従来は、抵当権者である銀行等の金融機関が、競売手続開始前にこれらの占有者にかなりの金銭を支払って立ち退いてもらうことが多かったが、バブル経済の崩壊・不良債権の処理が大きな社会的問題となり、また反社会的勢力への便宜供与の禁止の観点からも、このような濫用的短期賃借人による不動産占有を、競売手続において買受申出人が現れる前に排除するための法的手段が期待された。判例上は、最大判平11・11・24民集53-8-1899が、濫用的短期賃借人等抵当不動産を占有することにより担保不動産競売を妨害する者に対して、抵当権に基づく妨害排除請求や抵当権設定者を代位してする妨害排除請求を肯定するに至ったし、民事執行法上は、55条の売却のための保全処分や187条の担保不動産競売開始決定前の保全処分などにより、濫用的短期賃借人等の排除が行われてきたが（☞第12節2(5)）、担保権実行妨害排除のための法律改正も政府から求められるようになった（以上、生熊・執行妨害と短期賃借権515頁以下参照）。

(3)短期賃貸借保護制度廃止に至る立法の経緯　　2003（平15）年担保執行法制の改正の中心的なテーマのひとつは、旧395条の短期賃貸借保護制度の取扱いであった。当時の政府の規制緩和の立場などからは、短期賃貸借保護制度は、濫用的短期賃貸借として主に競売妨害の手段として使用されているとして、**短期賃貸借保護制度廃止論**が主張され、抵当権に後れて設定された賃借権は競売によりすべて消滅させるべきであるとされた。他方、賃貸ビルや賃貸マンションなど収益物件における賃借人の多くは、すでに抵当権の設定されている物件を借り受けているのであり（賃貸ビルや賃貸マンションのオーナーのほとんどは、金融機関から融資を受けてこれらの建物を建築し、建物竣工後直ちに金融機関のために建物に抵当権を設定し、設定登記をしているため）、しかも大半は期間3年以下の短期の賃借人であるから、抵当権に後れて設定された短期賃貸借の**ほとんどは正常型**の賃貸借なのであり、むしろ、競売により建物賃借人の地位には影響を与えないとする、**より強い建物賃貸借保護の制度**の構築こそが必要であるとする見解も有力であった。この立場からは、抵当不動産の占有により競売を妨害しようとする者は、「占有屋」と呼ばれるように、賃借権、使用借権、あるいは留置権などを口実とする占有であれ、無権原占有であれ、何らかの方法で抵当不動産を占有できればよいのであって、短期賃貸借保護制度の廃止でもって占有による競売妨害がなくなるものではなく、売却手続が行われるまでにこれらの競売妨害者の不動産占有をいかにして排除するかこそが重要な問題であること（民事執行手続の改善および競売妨害者に対する刑事的制裁の強化こそが重要。民執55条・187条参照）、などが指摘された（生熊・執行妨害と短期賃貸借515頁以下参照）。

　しかし、結局は、当時の政府の方針通り、**短期賃貸借保護の制度は廃止**され、抵当権

に後れる賃借権は、競売により消滅し、買受人はこれらの賃貸借を承継しないこととなった（☞本文(1)(a)）。その結果、賃貸ビルや賃貸マンションであっても、建物が競売により売却されれば、抵当権に後れる多くの賃貸借は消滅し賃借人は退去を余儀なくされ（6か月間の明渡猶予期間はあるが）、元賃貸人に対する敷金返還請求権もほとんど無意味になるという事態になった。もっとも、前述のように改正395条が施行された2004（平16）年4月1日より前に設定され対抗要件を備えた短期賃借権には、旧395条の短期賃貸借保護の適用があり、このような賃借権もなお相当数存在する。

　以上に見たように、短期賃借権保護制度廃止は、担保不動産競売に対する妨害排除を理由としたものであったが、実は、規制緩和を目指した当時の政府のもとで、担保不動産競売に対する妨害排除を口実にした地主・家主層（競売における買受人も含む）の地位の強化（競売における買受人は、従来の賃借人がなお建物居住を希望するときには、賃料値上げの手段として、また古くなった賃貸ビルや賃貸マンションなどの建て替えを考えるときには、立退料なしに賃借人を退去させる手段として、現行395条を利用できる）と、その反面としての賃借人の地位の弱体化を図ったものであるといっても過言ではない。明治時代に制定された旧395条は、当時すでに濫用的短期賃借権を想定して、有害な短期賃貸借の解除の制度を設けるとともに、抵当不動産上の利用権と抵当権の調和を一定程度図っていたのであり、将来あらためて抵当不動産上の利用権者の地位を正当に評価し、抵当権と利用権の調和を図る法改正が行われることを期待しておきたい（鈴木・262頁、内田Ⅲ・441頁なども参照）。

(3)すべての抵当権者が賃借権の存続に同意した旨を登記した場合——例外の2

　平成15年法律134号は、同時に民法387条を改正して、建物抵当権設定に後れて設定された建物賃借権（387条は、土地抵当権に後れる土地賃借権にも適用される）も、この建物賃借権に優先する**すべての抵当権者**（銀行など金融機関）が競売後のこの建物賃借権の存続に同意し（抵当権者の同意により不利益を受ける者があるときは、抵当権者はその者の承諾を受ける必要がある。同条2項）、かつその**同意を登記**したときは（したがって、この建物賃借権は賃借権設定登記を備えることが前提となる。この場合、建物買受人が敷金返還義務を承継するから、敷金があるときはその旨が登記事項となった。不登81条4号）、競売後も**建物賃借権は消滅せず**、建物買受人に引き受けられるものとした。

　もっとも、賃貸ビルや賃貸マンションは、区分所有建物として登記がされているのではなく、1棟を所有する者が1棟につき所有権登記を備え、金融機関もこの1棟の建物に抵当権の設定を受けていることが多い。このような場合、1棟の一部のテナントの賃借人は、賃借権の登記を備えることができないから、自己のテナント部分につき各抵当権者から同意を得ても、この同意も登記のし

ようがない。したがって、このような場合は、1棟全部を不動産管理業者などが借り受けて賃借権設定登記を受け、各抵当権者の同意を登記した上で、各テナントや居住者に転貸するという方式（**サブリース**）がとられることになろう（道垣内ほか・73頁〔小林明彦〕、内田Ⅲ・441頁など）。もっとも、新たに設けられたこの制度は、極めて優良なテナント（一流の銀行・保険会社・商社・メーカー等）や富裕な個人の賃借人が、極めて高品質の賃貸ビル・賃貸マンションに入居するような場合に一定の利用があり得るが、一般市民や中小業者の建物賃貸借には無縁のものといえる。

2．法定地上権

(1)法定地上権の意義　　法定地上権とは、当事者間の契約により設定されるのではなく、一定の法律上の要件が充たされる場合に法律上当然に発生が認められる地上権である。388条は、甲土地およびその上に存する乙建物が同一の所有者に属する場合において、甲土地または乙建物につき抵当権が設定され、**担保不動産競売**により土地および建物の所有者を異にするに至ったときは、乙建物について甲土地に地上権が設定されたものとみなすとしているが、この地上権は法定地上権の1つである。

　なお、一般債権者の申立てによる不動産の**強制競売**の場合にも、法定地上権の成立が認められる。すなわち、甲土地およびその上に存する乙建物が同一の所有者（B）に属する場合において、甲土地または乙建物につきBの一般債権者の申立てにより強制競売開始決定がなされ、土地および建物の所有者を異にするに至ったときも、建物所有者のために法定地上権の成立が認められる（民執81条。租税の滞納処分としての公売の場合の法定地上権の成立につき、税徴127条1項参照）。民事執行法81条の法定地上権と388条の法定地上権の成立要件の違いについては、後述する（☞(4)の《展開》）。

(2)法定地上権制度の必要性　　それでは何故に法定地上権の制度が必要とされるのか。

　　(a)抵当権設定時に土地とその上の建物の所有者が異なっていた場合　　まず、抵当権設定時に土地とその上の建物の所有者が**異なっていた場合**には、**法定地上権の必要性は生じない**。すなわち、例えば、B所有の甲土地上にC所有

の乙建物が存在する場合、Cは通常土地賃借権または地上権の設定を受けて甲土地上に乙建物を有している（土地賃借権または地上権につき対抗要件を備えていることを前提とする）。この場合、甲土地にAのために抵当権が設定され、その後甲土地を担保不動産競売によりDが買い受けたときは、Cの土地賃借権または地上権がAの抵当権に優先するから、競売により土地賃借権または地上権は消滅せず（☞1⑴）、乙建物所有者Cは、土地賃借権または地上権を甲土地買受人Dに対抗することができ、Dはこれらの土地利用権の負担のある土地を買い受ける。逆に、C所有の乙建物にAのために抵当権が設定されたときは、土地賃借権や地上権は**建物に従たる権利**であって、建物抵当権の効力がこれらの権利にも及ぶから（☞第4節1⑶）、その後乙建物を担保不動産競売によりDが買い受けたときは、Dは土地賃借権または地上権の付いた乙建物を取得する。地上権の場合は物権であるから、Dは地上権の譲受けにつき甲土地所有者Bの承諾を必要としないが、土地賃借権の場合は債権であるから、Dは土地賃借権の取得につきBの承諾またはBの承諾に代わる許可の裁判を必要とする（借地借家20条）。

　このように、土地または建物への抵当権設定時に土地と建物の所有者が異なっており、建物所有者が土地賃借権または地上権の設定を受け対抗要件を備えていた場合には、これらの約定の土地利用権を競売における土地買受人または土地所有者に主張し得ることになり、法定地上権の必要性は生じない（なお、乙建物所有者が、甲土地の無権限占有者〔不法占有者〕であるときは、競売後建物所有者または建物競売における買受人は、土地競売における買受人または土地所有者から、建物収去土地明渡しを請求される）。

　(b)抵当権設定時に土地と建物の所有者が同一人であった場合　これに対して、抵当権設定時に土地と建物の所有者が同一人であった場合には、法定地上権が認められないと、建物所有者は、建物収去土地明渡しをしなければならないことになる。例えば、甲土地およびその上の乙建物がともにBに帰属していた場合において、甲土地にAのために抵当権が設定され、その後甲土地を担保不動産競売によりDが買い受けたときは、甲土地抵当権設定時に乙建物所有者Bは甲土地につき賃借権または地上権を有していなかったので、Bは甲土地買受人Dから乙建物収去甲土地明渡しを求められることになる。逆に、B所有の

乙建物にAのために抵当権が設定され、その後乙建物を担保不動産競売によりDが買い受けたときは、乙建物に抵当権が設定された時に乙建物は甲土地につき賃借権または地上権を伴っていなかったので、甲土地所有者Bから乙建物買受人Dは乙建物収去甲土地明渡しを求められることになる。そうとすると、乙建物に抵当権が設定される際に、乙建物は、担保価値がほとんどないものとして評価されることになる。

　このような事態が生ずるのは、①わが国では、**土地とその上の建物は別個の不動産**とされているから、両者が同一の所有者に帰属していても、抵当権の設定は別個になされ、担保不動産競売により土地とその上の建物が**異なった所有者に帰属**するに至る場合があること、および②土地とその上の建物が同一の所有者に帰属している場合に、所有者が土地または建物に抵当権を設定するに先立って、自己の土地に自己のために建物所有を目的とする土地利用権（「**自己借地権**」という）を設定することは、**混同の法理**により不可能であること（179条）による。もし、**自己借地権**の設定が可能であるなら、土地・建物所有者は、土地または建物に抵当権を設定する前に、自己の土地に自己のために建物所有を目的とする土地利用権を設定し対抗要件を備えておけば、(a)と同様の取扱いになるのであるが、わが国では**自己借地権**の設定は一般には認められていないのである（借地借家15条参照）。

　そこで388条は、このように土地とその上の建物が同一人に帰属し、抵当権設定の際に建物のために借地権の設定をなし得ない場合において、担保不動産競売により土地と建物の所有者が異なるに至ったときは、その建物について地上権が設定されたものとみなすこととしたのである。

　その結果、B所有の甲土地にAのために抵当権が設定され、その後甲土地を担保不動産競売によりDが買い受けたときは、建物所有者Bは、Dからの甲土地所有権に基づく建物収去土地明渡請求に対して、法定地上権の成立を**抗弁**として提出することによりこの請求を拒むことができる。逆に、B所有の乙建物にAのために抵当権が設定され、その後乙建物を担保不動産競売によりDが買い受けたときは、Dは、甲土地所有者Bからの甲土地所有権に基づく建物収去土地明渡請求に対して、法定地上権の成立を抗弁として提出することによりこの請求を拒むことができる。

法定地上権制度の趣旨としては一般に、①建物収去による社会経済上の不利益の防止の必要と、②抵当権設定者の建物のための土地利用の存続の意思と抵当権者のこのことへの予期、があげられている（最判昭48・9・18民集27-8-1066）。

(3)法定地上権の成立要件　法定地上権が成立するためには、以下に検討する(a)抵当権設定時の土地の上の建物の存在、(b)抵当権設定時の土地およびその上の建物の同一所有者帰属、(c)土地およびその上の建物の一方または双方への抵当権の設定、(d)競売により土地と建物が異なった者に帰属、の4つの要件が必要となる。

(a)抵当権設定時の土地の上の建物の存在　法定地上権成立の第1の要件は、抵当権設定時に土地の上に建物が存在することである。

　i　**更地に対して抵当権が設定された場合**　AがB所有の甲土地に抵当権の設定を受けた当時、甲土地がいわゆる更地であって建物が存在しなかった場合は、その後、甲土地上にB所有の建物が建てられ、次いで甲土地の担保不動産競売によりDが甲土地を買い受け、甲土地がD所有、乙建物がB所有となったときでも、建物所有者Bのために法定地上権は認められない（判例〔最判昭36・2・10民集15-2-219〕・通説）。その理由としては、①388条の文理、②389条の規定の存在、および③担保の実務では、このような場合に法定地上権の成立が認められないことを前提に、抵当権者は、更地に抵当権の設定を受けるときには、借地権の負担がない土地として土地の担保価値を評価していること、があげられる。したがって、甲土地買受人Dは、甲土地所有権に基づき乙建物所有者Bに対して建物収去土地明渡しを請求できる（抵当権の順位の変更と法定地上権の成否につき、☞第8節2）。

　《基礎知識》土地の担保価値の評価——借地権価格と底地価格　土地に抵当権の設定を受けようとする債権者も、担保不動産競売において土地を買い受けようとする人も、その土地がどのぐらいの価値を有しているかを判断して、融資する金額を定めあるいは買受申出額を定めることになる。この買受申出価額は一般的には不動産取引市場での相場である（実際には、担保不動産競売においては、それよりかなり低い価額が買受申出価額となることが多い）。
　　土地が競売されるときは、更地である場合の土地の価額と目的土地の上に抵当権が設定される前から賃借人所有の建物がある場合の土地の価額とでは大きな違いがある。

これは、更地である場合には、土地の買受人は、その土地を自由に使用収益することができるし、第三者に何らの負担のない土地として売却することもできるが、この土地に抵当権に優先する建物所有を目的とする不動産賃借権の負担が存在するときは、この土地の買受人は、長期にわたり自ら土地を利用することはできず（建物所有を目的とする普通の土地賃貸借の場合、期間は30年以上となり〔借地借家3条〕、更新時期が到来した場合、地主に正当な理由がないときは、地主は更新を拒めない〔同6条〕）、その間単に賃料を収取し得るだけだからである。

このように建物所有を目的とする借地権には、強い効力が認められ、不動産取引においては**借地権価格**というものが形成されている。土地所有者が、借地契約終了前に借地人に立ち退いてもらいたい場合には、この借地権価格相当額を借地人に支払うのが慣行であるし、第三者に借地権を譲渡する場合には（賃借権の場合は、地主の承諾〔612条〕または承諾に代わる許可の裁判〔借地借家19条〕が必要であるが）、第三者はこの借地権価格を借地人に支払って譲り受けることになる。この**借地権価格**は、大都市部では、更地価格の7〜9割ほど、地方都市では、更地価格の5〜7割ほど、とされている。更地価格から借地権価格を引いたものを**底地価格**という。したがって、自己の土地に借地権を設定した者が土地につき有する価値は、底地価格部分の価値ということになる。ここでは、さしあたり更地価格を1億円とし、借地権価格を更地価格の6割（6000万円）として、以下説明する（地主の有する底地価格は4000万円となる）。

例えば、B所有の甲土地をCが賃借して乙建物を建てていたところ、甲土地にA銀行が抵当権の設定を受ける場合、Aとしては、甲土地の更地価格を評価し（1億円）、次いで借地権価格（6000万円）を評価する。前者から後者を差し引いたものが底地価格（4000万円）であり、Aは底地価格分の土地の価値に抵当権の設定を受けることになる。抵当権者Aは、これを目安に通常この7〜8割程度の金額の限度で融資をする（仮に3000万円を融資したとする）。そして、Bの被担保債権の履行遅滞により甲土地が担保不動産競売にかけられる場合、買受申出人は、賃借権の負担のある土地（底地部分の価値）を買い受けることになるから、一般には3000万円から4000万円位の価額で買受申出をすることになる。

法定地上権も、建物所有を目的とする地上権であるから、法定地上権の成立が認められるということは、競売によりその土地に地上権の負担が発生することであり、この場合の土地の価格は、**更地価格**（1億円）から**借地権価格**（6000万円）を控除したもの（4000万円）になる。

本文の i の抵当権設定当時、抵当権の目的であるB所有の甲土地がいわゆる**更地**であって建物が存在しなかった場合について見てみると、B所有の甲土地が更地（更地価格1億円）である時にAが抵当権の設定を受けた場合、Aとしては、土地の価額の7〜8割ぐらいの額（例えば、7000万円）を限度として融資をするのが通常である（不動産の値下がりもあり得るから。もっとも逆にバブル経済の時期には、銀行等の金融機関は、不動産の値上がりを見越して、土地の取引価額あるいはそれ以上の額の融資をすることも珍しくなかった）。そこで、仮にAが甲土地を担保に7000万円融資していたとすると、その後にB所有の乙建物が建てられ、甲土地の担保不動産競売におい

てこの乙建物のために**法定地上権**の成立が認められるならば、抵当権の目的である甲土地は地上権の負担のある土地になり、Aは、乙土地の**底地価格**（地上権価格が6000万円であるとすると、4000万円）しか担保として把握していないことになる。買受申出人は、この地上権の負担のある土地を買い受けることになるから、BのAに対する残債務がなお7000万円あり、甲土地を4000万円で買受申出人が買い受けたとしても、Aは、被担保債権の一部しか優先弁済を受けられないことになる。したがって、ⅰの抵当権設定当時、抵当権の目的であるB所有の甲土地がいわゆる更地であって建物が存在しなかった場合、その後にBが甲土地上に建物を建てたとしても、この建物のために法定地上権の成立は認めるべきではないということになる。

　なお、**地上権（法定地上権を含む）の借地権価格と土地賃借権の借地権価格**は同じかが問題となるが、前者は物権であり譲渡は自由であるのに対し、後者は債権であり譲渡につき地主の承諾または承諾に代わる許可の裁判を必要とする（612条、借地借家19条・20条）。したがって、一般的には地上権の方が土地所有権にとって負担が重いから、借地権価格も高いといえる。

ⅱ　**土地抵当権者が建物建築を承認していた場合**　土地所有者Bが更地甲に抵当権を設定する際に、土地抵当権者Aが、抵当地上にその後Bが乙建物を建築することをあらかじめ承認していた場合には、Bは、その後に建築した乙建物所有のための法定地上権を、甲土地の担保不動産競売における買受人Cに主張し得るかが問題となる。土地抵当権設定の時点で、その後Bが建物を建築することをAが承認している場合には、抵当権の目的である甲土地の評価において、Aは、前記《基礎知識》の例にならうと、**底地価格4000万円分に抵当権の設定を受けることになる**として、3000万円程度しか融資をしないのが普通ではないかと思われるが、判例（前掲最判昭36・2・10）は、抵当権者Aが抵当地を更地と評価して抵当権の設定を受けていることが明らかである以上（つまり、1億円の価値のある更地甲を前提に6000万円〜7000万円ほどの融資をした）、**法定地上権**の成立は認められないとする。この判例を前提とすると、更地所有者は、土地抵当権者の建物建築承認があったとしても、うかつには建物を建築し得ないことになる。

ⅲ　**土地抵当権設定当時土地上に存在した建物の改築・再築の場合**　土地抵当権設定当時、土地所有者の建物が存在していれば、後にその建物が**改築**されたり**滅失**して**再築**された場合でも、**法定地上権**は成立する。もっとも、この地上権の内容（地上権の成立する土地の範囲等。☞(4)(a)）は、改築・再築前の建

物が基準となる（大判昭10・8・10民集14-1549）。

　土地抵当権者Aが、土地抵当権設定当時存在した建物が近い将来取り壊され、1階部分の床面積が旧建物の5倍ほどの建物が建築されることを予定して土地の担保価値を算定したときは、建物所有者は、競売における土地買受人に対し、新建物を基準とした、土地の広い範囲にわたる法定地上権の成立を主張し得るか（法定地上権の成立する土地の範囲は、建物の利用に必要な範囲に限られる。☞(4)(a)）。旧借地法2条1項のもとにおいて、非堅固建物（木造建物など）が取り壊され堅固建物（鉄筋コンクリート造建物など）が建築されたケースにつき、判例（最判昭52・10・11民集31-6-785）は、土地抵当権者Aが堅固建物が建築されることを予定して土地の担保価値を算定したときは、抵当権者の利益を害しないことを理由に堅固建物を基準とした法定地上権（現行法と異なり、存続期間60年の地上権。非堅固建物を基準とすると存続期間30年の地上権となる）の成立を認めた（借地借家法のもとにおいては、堅固建物か非堅固建物かにより法定地上権の存続期間に差異はない。同法3条）。判例は**抵当権者の担保価値の評価**にウェイトを置いているから（前掲最判昭36・2・10）、このような判例の出現は予想されたところである。もっとも、前掲最判昭52・10・11は、土地抵当権者A自身が土地買受人となったケースであり、このようなときは、土地買受人が担保評価を知っているから問題がないが、土地抵当権者A以外の者が買い受けたときは、買受人は土地抵当権者の担保評価を通常は知り得ないから、問題がないわけではない（民執62条の物件明細書の記載は、既判力や形成力を有せず、買受申出人にとっての参考資料にとどまる。☞第5節2(2)(c)ⅳ）。判例の考え方を前提とすると、抵当権者の担保評価を知り得ない買受申出人は、現在建っている広い建坪を有する建物を基準とした地上権の成立を前提に土地の買受けの申出をすることになろう。

《展開》土地・建物共同抵当における建物再築——全体価値考慮説と個別価値考慮説
　　甲土地とその上の乙建物がいずれもB所有であり、Aから5000万円の融資を受けたBが、その担保として甲土地および乙建物にAのために共同抵当権（☞第9節）を設定したところ、その後、乙建物が大地震により倒壊したとする。そこで、Bは、新たにCから2500万円の融資を受けて丙建物を甲土地上に再築し、丙建物にCのために抵当権を設定した。その後、BのAに対する貸金債務の履行遅滞のため、Aの申立てによ

り甲土地につき担保不動産競売が行われ、甲土地をDが買い受けて裁判所に代金を納付した。このケースにおいて、甲土地買受人Dが、甲土地所有権に基づいて丙建物所有者Bに対して丙建物収去甲土地明渡しを請求した場合、Bは法定地上権の成立を抗弁として主張し得るかが問題となる。

B所有の甲土地と乙建物に共同抵当権が設定され、Bが履行遅滞に陥ったときは、抵当権者Aは、通常、甲土地と乙建物を一括売却（民執61条。☞第5節2(2)(c)vi）し、同一人が甲土地および乙建物を買い受けることになるから、法定地上権の問題は生じない。これに対して、競売手続が開始される前に乙建物が滅失したときは、建物抵当権は消滅する。問題は、甲土地上に建物丙が再築された場合、再築建物丙のために法定地上権が認められるかである。上記のケースのような事案につき、大判昭13・5・25民集17-1100（火災で乙建物が焼失した事案）は、再築された丙建物のために法定地上権の成立を認め、甲土地買受人Dは法定地上権の負担のある土地を取得するとした。

しかし、バブル経済による地価の高騰により、同一人所有の甲土地とその上の乙建物に共同抵当権が設定されたケース（ここでは、便宜上「土地・建物共同抵当」と呼ぶ）において、抵当権の目的である乙建物を取り壊して建物上の抵当権を消滅させ、簡易建物（バラック小屋など）を再築して、簡易建物所有者のための法定地上権の成立を主張し、土地・建物共同抵当権者であった金融機関Aの抵当権に基づく担保不動産競売（あるいは不動産強制競売）を妨害する者が現れた。そこで、裁判所には、競売妨害目的の再築建物のための法定地上権の成立を否定する法的構成が求められた。

土地・建物共同抵当における建物再築の類型としては、①**通常再築型**（前掲大判昭13・5・25のケース）、②**執行妨害（担保権実行妨害）再築型**、③**債務不履行再築型**（建物取壊し・再築の時点で、抵当建物所有者Bと共同抵当権者Aとの間で、抵当建物乙を取り壊し再築する場合に、Aのために再築建物丙に旧建物乙における抵当権の順位以上の順位の共同抵当権を設定する旨の約定がなされたが、Bがそれを履行しないケース）、が見られる。

この問題については、「全体価値考慮説」と「個別価値考慮説」との対立がある。判例（最判平9・2・14民集51-2-375〔百選Ⅰ・92事件〕）は、「新建物の所有者が土地の所有者と同一であり、かつ、新建物が建築された時点での土地の抵当権者が新建物について土地の抵当権と同順位の共同抵当権の設定を受けたとき等特段の事情のない限り、新建物のために法定地上権は成立しないと解するのが相当である」、と述べ、**全体価値考慮説**をとった。その理由として判例は、①土地および地上建物に共同抵当権が設定された場合、抵当権者は**土地および建物全体の担保価値を把握**しているから、建物が取り壊されたときは土地について**法定地上権の制約のない更地としての担保価値**を把握しようとするのが、**抵当権設定当事者の合理的意思**であり、抵当権が設定されない新建物のために法定地上権の成立を認めるとすれば、抵当権者は、当初は土地全体の価値を把握していたのに、その担保価値が法定地上権の価額相当の価値だけ減少した土地の価値（底地部分の価値）に限定されることになって、不測の損害を被る結果になり（全体価値考慮説）、抵当権設定当事者の合理的な意思に反すること、②このように

解すると、建物を保護するという公益的要請に反する結果となることもあり得るが、抵当権設定当事者の合理的意思に反してまでもこの公益的要請を重視すべきであるとはいえないこと、をあげる。

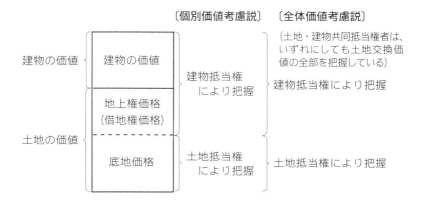

　全体価値考慮説に賛成する学説も多いが（近江Ⅲ・189頁、内田Ⅲ・426頁など）、これに反対して通常再築型については法定地上権の成立を認めるべきだとする**個別価値考慮説**をとる学説も多い（高木・211頁、福永有利〔判批〕リマークス7号146頁〔1993年〕など）。**個別価値考慮説**は、①土地・建物共同抵当の場合、土地と建物は別個の不動産であるので、この共同抵当権は、**土地抵当権により法定地上権の負担のある土地としての価値**（底地価格）を、**建物抵当権により法定地上権付き建物の価値**（建物価格＋借地権価格）を、それぞれ個別に把握していること、②共同抵当権設定後、建物が取り壊されて再築された場合には、取り壊された建物上の抵当権は消滅するが、再築建物のために土地担保不動産競売の際に法定地上権の成立が認められるのが、原則であること、③**執行妨害再築型**の場合には、**権利濫用の理論**により法定地上権の成立を認めなければよいし、**債務不履行再築型**の場合も、**信義則違反あるいは権利濫用**にあたれば法定地上権の成立を認めなければよいこと、などを理由とする。

　筆者は、大地震により乙建物が倒壊したり、第三者の放火により乙建物が焼失したような場合を考えれば（建物に地震保険や火災保険がかけられているときは、抵当権者はこれらの保険金請求権に、自ら質権の設定を受けていることが多いし、また物上代位できる）、個別価値考慮説で対応しないと、抵当権設定者Bが建物再築資金の融資を受けられなくなるので、個別価値考慮説が妥当ではないかと考えている（生熊長幸「不動産担保と大震災」ジュリ1070号168頁〔1995年〕）。また、ここでは、甲土地とその上の乙建物が同一の所有者である場合が問題となっているが、甲土地はB所有、乙建物は借地人D（例えば、Bの父）所有であって、BがAから5000万円を借り受け、Dの了承のもとに金融機関Aが B所有の甲土地とD所有の乙建物に共同抵当権の設定を受ける場合もある。この場合にも、抵当権者Aは土地および建物の全体の担保価値を把握しているとはいえるが、D所有の乙建物が滅失し乙建物上のAの抵当権は消滅

してもDの借地権はなお存在するから、Dはこの借地権に基づいて新たな建物丙を再築することができる。そして、Dはこの丙建物に建物建築に要する2500万円の融資をしてくれた金融機関のために抵当権を設定することができる。その後、BのAに対する債務不履行のため甲土地が競売にかけられても、Aの抵当権に優先するDの借地権は存続するから、甲土地抵当権者Aの把握していた担保価値は、甲土地の底地部分の価値のみであり、甲土地買受人は借地権の負担のある土地を買い受け、借地人Dに対し丙建物収去甲土地明渡しを請求し得ない。

したがって、土地およびその上の建物が同一の所有者に帰属している場合の土地・建物共同抵当においても、土地抵当権の把握している価値は、土地の底地部分の価値であり、建物抵当権の把握している価値は、建物自体の価値と借地権価格の価値であって（ここまでは、全体価値考慮説も同様）、建物が滅失して建物抵当権が消滅したからといって土地抵当権は土地交換価値の全部を把握することになるとは解さない考え方の方が（個別価値考慮説）、理論的に整合性がとれているし、実際の問題の解決にあたっても妥当な結果を生み出すのではないかと思われる。

なお、全体価値考慮説をとる最高裁は、「新建物の所有者が土地の所有者と同一であり、かつ、新建物が建築された時点での土地の抵当権者が新建物について土地の抵当権と同順位の共同抵当権の設定を受けた場合であっても、**新建物に設定された抵当権の被担保債権に優先する債権が存在するときは」、新建物のために法定地上権は成立しない**とする（最判平9・6・5民集51-5-2116）。その理由は、このようなときには、新建物にこの抵当権に優先する担保権が設定されている場合と実質的に異なるところがなく、新建物のために法定地上権の成立を認めるとすれば、この抵当権に優先する債権者は法定地上権の付いた新建物から債権の優先弁済を受け、土地建物共同抵当権者は、建物についてはその残余の価値から、土地については法定地上権の負担のある底地部分の価値から優先弁済を受けることになり、新建物に抵当権の設定を受けることによりかえって土地全体の価値を把握することができなくなって、その合理的意思に反するという点にある。そしてこの判例は、前掲最判平9・2・14と同様、法定地上権の成立を認めないことは、建物保護という公益的要請に反することになるが、抵当権設定当事者の合理的意思に反してまでも公益要請を重視すべきであるとはいえないとする。なお、この判例において、新建物に設定された抵当権の被担保債権に優先する債権とされたのは、土地建物共同抵当権者が、新建物に抵当権の設定を受けた時にすでに法定納期限が到来していた国税債権であり、その結果この判例は、この国税債権は、法定地上権の付いていない建物自体の価値から優先弁済を受けることができるにすぎないとする。

(b)抵当権設定時の土地およびその上の建物の同一所有者帰属 法定地上権成立の**第2の要件**は、**抵当権設定時に、土地およびその上の建物が同一の所有者に帰属していたこと**である。

抵当権設定当時、甲土地と乙建物とが異なった所有者に帰属していた場合に

は、抵当権設定に先立って、乙建物のために土地賃借権や地上権の設定とその対抗要件の具備が可能であるから、土地または建物の競売の際に法定地上権を認める必要はない（☞(2)(a)）。

この第2の要件との関係では、以下の各場合に法定地上権の成立が認められるかが問題となる。

i 抵当権設定後の土地または建物の一方または双方の第三者への譲渡

Aのために甲土地またはその上の乙建物に抵当権が設定された当時、甲土地および乙建物が共に同一の所有者Bに帰属していたが、その後甲土地または乙建物の一方または双方が第三者に譲渡され、次いで競売により甲土地と乙建物の所有者が異なるに至ったときも、乙建物所有者のために法定地上権の成立が認められる。

(α)土地抵当権設定後の土地または建物の第三者への譲渡　　まず、甲土地および乙建物所有者BがAのために甲土地に抵当権を設定し、その後乙建物または甲土地の一方または双方が譲渡され（ここでは、乙建物がCに譲渡されたとする）、両者の所有者が異なるに至った後に、甲土地の競売によりDが甲土地買受人になった場合、Dが乙建物譲受人Cに対して甲土地所有権に基づき建物収去土地明渡請求をしたとき、乙建物譲受人Cは法定地上権の成立を主張してこの請求を拒むことができるか。

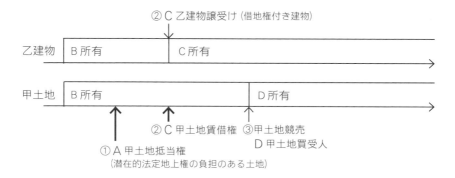

この例で、乙建物がCに譲渡される際に、Cは甲土地にBから借地権の設定を受けていたはずであるが（図参照）、この借地権はAの甲土地抵当権に後れ

て設定されたものであるから、甲土地の競売により消滅する。したがって、Cのために法定地上権の成立を認めないと、Dの建物収去土地明渡請求が認められることになる。土地抵当権者Aは、もともと法定地上権の負担の生じ得る土地（競売の際に顕在化する潜在的法定地上権の負担のある土地）に抵当権の設定を受けていたのだから、甲土地競売の際にCのために法定地上権の成立を認めてもAに何らの不利益をもたらすものではない。そこで判例（大連判大12・12・14民集2-676）・通説は、土地抵当権設定後に土地上の乙建物が第三者に譲渡され、その後甲土地につき競売がなされたケースについても法定地上権の成立を認めている。したがって、Cは法定地上権の成立を抗弁として提出してDの建物収去土地明渡しの請求を拒めることになる。

(β)**建物抵当権設定後の建物または土地の譲渡**　次に、甲土地および乙建物所有者BがAのために乙建物に抵当権を設定し、その後乙建物または甲土地の一方または双方が譲渡され（ここでは、乙建物がCに譲渡されたとする）、両者の所有者が異なるに至った後に、乙建物の競売によりDが乙建物買受人になった場合、甲土地所有者Bが乙建物買受人Dに対して甲土地所有権に基づき建物収去土地明渡請求をしたとき、Dは法定地上権の成立を主張してこの請求を拒むことができるか。

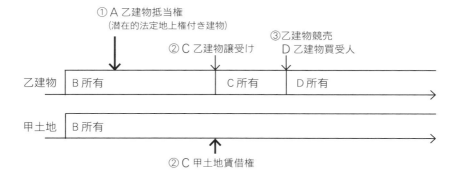

この例で、乙建物がCに譲渡される際に、Cは甲土地にBから乙建物所有を目的とする土地賃借権の設定を受けていたはずである。したがって、乙建物競売により建物買受人Dは土地賃借権の付いた建物を取得するが、612条、借地

借家法20条により、甲土地所有者Bの土地賃借権譲渡についての承諾または承諾に代わる許可の裁判が必要となる。しかし、乙建物抵当権者Aは法定地上権の成立すべき乙建物（競売の際に顕在化する潜在的法定地上権の付いた建物）に抵当権の設定を受けていたのだから、乙建物競売の際に乙建物買受人Dのために法定地上権の成立を認めるべきであり、これを認めても甲土地所有者Bに何らの不利益をもたらすものではない。したがって、この場合にも法定地上権の成立を認めてよい。

　ⅱ　**抵当権設定後に土地および建物が同一人に帰属した場合**　　Aのために甲土地またはその上の乙建物に抵当権が設定された当時、甲土地はBに、乙建物は甲土地賃借人Cにそれぞれ帰属していたが、その後甲土地と乙建物が同一人に帰属し、次いで競売により甲土地と乙建物の所有者が異なるに至ったときも、乙建物所有者のために法定地上権の成立が認められるか。抵当権設定当時、甲土地とその上の乙建物が異なった者に帰属していた場合には、建物所有を目的とする借地権が設定されていたはずであるから、その後に甲土地と乙建物が同一人に帰属したとしても、法定地上権の成立は認められない。以下の(α)(β)のような扱いとなる。

　(α)建物抵当権設定後、土地・建物が同一人に帰属し、次いで建物が競売されたとき　　Aのために甲土地賃借人C所有の乙建物に抵当権が設定されたが、その後乙建物を土地所有者Bが譲り受けて甲土地および乙建物が共にBに帰属し、次いで乙建物の競売によりDが乙建物買受人になった場合、Dは法定地上権を甲土地所有者Bに主張し得るか。判例（最判昭44・2・14民集23-2-357）・通説は、抵当権設定後に甲土地と乙建物とがたまたま同一人Bに帰属しても競売において法定地上権の成立は認められないのであり、甲土地と乙建物がBに帰属して甲土地所有権と甲土地借地権（土地賃借権）がBのものになっても、乙建物の抵当権は借地権にも及ぶから借地権（土地賃借権）は混同の例外として存続し（179条1項但書類推適用）、Dは借地権付き建物を取得するとする。もっとも、Cの有していた借地権が土地賃借権であるときは、乙建物買受人Dは土地賃借権の譲受けにつき甲土地所有者Bの承諾または承諾に代わる許可の裁判（借地借家20条）を受ける必要がある。

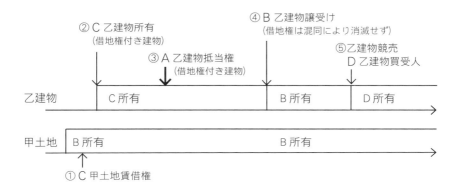

(β)土地抵当権設定後、土地・建物が同一人に帰属し、次いで土地が競売されたとき　甲土地賃借人Ｃ所有の乙建物の存在するＢ所有の甲土地にＡのために抵当権が設定されたが、その後乙建物を土地所有者Ｂが譲り受けて甲土地および乙建物が共にＢに帰属し、次いで甲土地の競売によりＤが甲土地買受人になった場合、Ｂは法定地上権を甲土地買受人Ｄに主張し得るか。甲土地および乙建物が共にＢに帰属し甲土地所有権と甲土地借地権（土地賃借権）がＢのものになったときも、甲土地はＡの抵当権の目的となっているから、借地権（土地賃借権）は混同の例外として存続する（179条1項但書類推適用）。その後、甲土地の競売による甲土地買受人Ｄが、甲土地所有権に基づき建物収去土地明渡しを請求しても、Ｂが借地権につき対抗要件を備えていれば、この借地権を土地買受人Ｄに対抗することができる。法定地上権は成立しない。

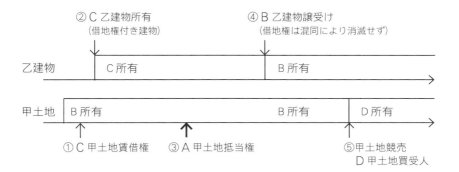

iii 2番抵当権設定時には、土地と建物とが同一人に帰属していた場合

ii と異なり、抵当権の目的不動産に2番抵当権が設定され、2番抵当権設定時には、土地とその上の建物が同一人に帰属していた場合の問題である。

(α)建物2番抵当権設定時には土地と建物が同一人に帰属していたとき

Aのために甲土地賃借人C所有の乙建物に抵当権（1番抵当権）が設定されたが、その後甲土地を乙建物所有者である甲土地賃借人Cが譲り受け、甲土地および乙建物が共にCに帰属した場合において（借地権は混同により消滅しない）、さらにCが乙建物にDのために2番抵当権を設定し、その後、乙建物の1番建物抵当権者Aの申立てによる乙建物競売においてEが乙建物買受人になったとき、Eは乙建物のための法定地上権の成立を主張できるか。

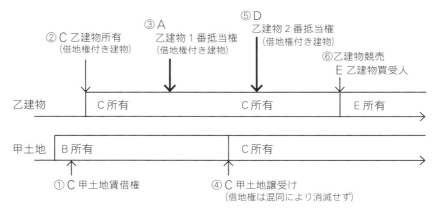

1番抵当権者Aの把握していた担保価値は、土地賃借権の付いた乙建物の担保価値であることからすると、乙建物買受人Eは甲土地所有者Cに対して土地賃借権しか主張できないようにも考えられるが（☞ii(α)）、判例（大判昭14・7・26民集18-772）・通説は、Eのために法定地上権の成立が認められるとする。これは、Cが乙建物にDのために2番抵当権を設定した時には甲土地・乙建物が共にCに帰属していたので、388条の法定地上権成立の要件が充たされていたこと、また、乙建物買受人Eに法定地上権の成立を認めた場合、1番建物抵当権者Aには有利になるのであって、不利益が生じるとはいえないからである。

(β)土地2番抵当権設定時には土地と建物が同一人に帰属していたとき
(ア)2番抵当権者の申立てによる競売当時、1番抵当権も存在していたケース

これに対して、甲土地へのAのための1番抵当権設定時には、甲土地はBに、甲土地上の乙建物は土地賃借人Cにそれぞれ帰属していたが、その後乙建物が甲土地所有者Bの所有となり（土地賃借権付き乙建物を土地所有者Bが取得したのであるが、甲土地は抵当権の目的となっているので、179条1項但書の類推適用により土地賃借権は混同により消滅しない）、Bが甲土地にDのために2番抵当権を設定した時には甲土地および乙建物が共にBに帰属していた場合において、2番土地抵当権者Dの申立てによる競売が行われ、Eが甲土地を買い受けたとき、甲土地買受人EはBに対して建物収去土地明渡しを請求し得るか。

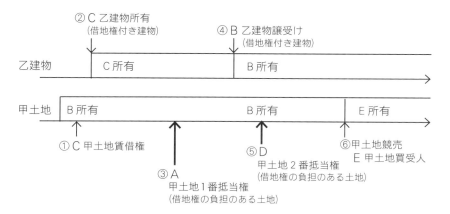

この土地抵当権のケースについては、判例（最判平2・1・22民集44-1-314）・通説は、(α)の建物抵当権のケースと異なり、乙建物所有者Bのために法定地上権の成立は認められないとする。これは、甲土地の1番抵当権者Aは、土地賃借権の負担はあるが法定地上権の負担は生じないものとして、甲土地の担保価値を把握するのであるから（地上権は物権であるから、土地賃借権より土地にとっての負担が重い。☞(3)《基礎知識》末尾）、この場合に法定地上権が成立するものとすると、甲土地1番抵当権者Aが把握していた担保価値を損なわせることになるのであり、(α)の建物抵当権のケースと同じに扱うことはできないからである。したがって、甲土地買受人Eの甲土地所有権に基づく建物収去土地

明渡請求権の行使に対して、Bは、抗弁として、法定地上権ではなくEに対抗し得る土地賃借権の存在を主張・立証することになる。

　(イ) 2番抵当権者の申立てによる競売当時、1番抵当権は存在していなかったケース　(ア)のケースにおいては、甲土地の2番抵当権者Dの申し立てた競売手続において、1番抵当権者Aの被担保債権は存在し、1番抵当権が存在することが前提であったが（したがって、1番抵当権者の把握していた担保価値が問題となった）、もし当初の2番抵当権者であるDが甲土地につき競売を申し立てた時には、Aの1番抵当権が消滅（抵当権設定契約の解除や被担保債権の弁済などによる）していたときも、(ア)と同様に、乙建物所有者Bのために法定地上権の成立は認められないのかが問題となる。

　判例（最判平19・7・6民集61-5-1940〔百選Ⅰ・91事件〕）は、このような場合には、乙建物所有者Bのために法定地上権の成立が認められるとする。その理由は、次の点にある。①抵当権は、被担保債権の担保という目的の存する限度でのみ存続が予定されているものであり、Aの先順位抵当権が被担保債権の弁済等により消滅することもあることは抵当権の性質上当然のことであるから、後順位抵当権者Dとしては、そのことを予測した上、その場合における順位上昇の利益と甲土地への法定地上権成立の不利益とを考慮して担保余力を把握すべきものであったといえること、および②388条の文理からみても、競売前に消滅していたAの先順位抵当権ではなく、競売により消滅する最先順位の抵当権である、設定当時は後順位のDの抵当権の設定時において、同一所有者要件（土地と建物とが同一の所有者に帰属していたこと）が充足していることを法定地上権の成立要件としているものと理解することができること、である。

　　《展開》**土地共有・建物共有と法定地上権の成否**　　Bが甲土地またはその上の乙建物に共有持分権を有し、他方乙建物または甲土地につき単独所有権または共有持分権を有している場合に、Bのその共有持分権または単独所有権にAのために抵当権の設定がなされ、その後、競売により甲土地と乙建物が異なった所有者に帰属するに至ったとき、法定地上権の成立が認められるか。これについては、さまざまなケースが考えられ、また複雑な問題であるので（生熊長幸「土地共有・建物共有と法定地上権」大阪市大法学雑誌53巻4号806頁〔2007年〕）、ここでは主に最高裁判例に現れたケースについて説明する。
　　(α)甲土地＝B単独所有、乙建物＝BC共有で、甲土地にAのために抵当権が設定され、

甲土地の競売により甲土地をDが買い受け、甲土地＝D単独所有、乙建物＝ＢＣ共有となった場合　このケースにつき、判例（最判昭46・12・21民集25-9-1610）は、土地抵当権設定者Bは、自己のみならず他の建物共有者Cのためにもこの土地の利用を認めているものというべきであるから（法定地上権の負担のある土地）、競売によりDがこの土地を買い受けたときは、388条の趣旨により、法定地上権が成立するものと解するのが相当であるとし、通説も、この考え方を支持する。

(β)**甲土地＝ＢＣ共有、乙建物＝ＢＣ共有で、甲土地に共有者全員（ＢＣ）によりAのために抵当権が設定され、甲土地の競売により甲土地をDが買い受け、甲土地＝D単独所有、乙建物＝ＢＣ共有となった場合**　このケースについては388条がそのまま適用され、ＢＣのために法定地上権が認められることに異論はない。このケースとは反対に、乙建物に共有者全員（ＢＣ）により抵当権が設定され、乙建物を競売によりDが買い受け、甲土地＝ＢＣ共有、乙建物＝D単独所有となった場合についても、同様に388条がそのまま適用され、Dのために法定地上権が認められる。

(γ)**甲土地＝ＢＣ共有、乙建物＝Ｂ単独所有で、Ｂの甲土地共有持分権にAのために抵当権が設定され、甲土地共有持分権を競売によりDが買い受け、甲土地＝ＤＣ共有、乙建物＝Ｂ単独所有となった場合**

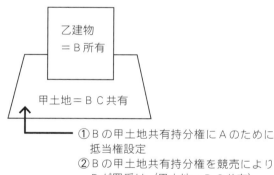

　このケースにつき、判例（最判昭29・12・23民集8-12-2235）は、①共有者は、各自、共有物について所有権と性質を同じくする独立の持分を有しており、共有地全体に対する地上権は共有者全員の負担となるのであるから、共有地全体に対する地上権の設定には共有者全員の同意を必要とすること、②この理は388条の法定地上権についても同様であり、388条により地上権を設定したとみなされる者は、当該土地について所有者として完全な処分権を有する者にほかならないのであって、Ｃの土地共有持分権につき何らの処分権も有しない土地共有者Ｂに他人Ｃの共有持分につき本人の同意なくして地上権設定の処分をなし得ることまで認めた趣旨ではないこと、をその理由としてあげ、したがって、388条により地上権を設定したものとみなすべき事由が単に土地共有者の１人Ｂだけについて発生したとしても、当該共有地については地上権を設定

したものとみなすべきではないとした（Bと甲土地共有者DCとの間で約定の土地利用権の設定がなされなければ、Bは乙建物収去甲土地明渡しを請求される）。この判例に対しては、Bのために法定地上権の成立を認めるべきであるとする学説などが多い。

(δ)甲土地＝BC共有、乙建物＝B単独所有で、Bの乙建物にAのために抵当権が設定され、乙建物の競売により、乙建物をDが買い受け、甲土地＝BC共有、乙建物＝D単独所有となった場合　このケースについての最高裁判例はないが、前掲最判昭29・12・23の考え方からすれば、Dのために法定地上権の成立は認められないことになろう。

(ε)甲土地＝BC共有、乙建物＝BD共有で、土地共有者全員（BC）により甲土地にAのために抵当権が設定され、甲土地の競売により甲土地をEが買い受け、甲土地E＝単独所有、乙建物＝BD共有となった場合　このケースでBの債務のためにBC共有の甲土地に抵当権が設定された事案につき判例（最判平6・12・20民集48-8-1470〔百選Ⅰ・93事件〕）は、前掲最判昭29・12・23の考えを引用した上で、「土地共有者の1人だけについて民法388条本文（現行：前段）により地上権を設定したものとみなすべき事由が生じたとしても、他の共有者らがその持分に基づく土地に対する使用収益権を事実上放棄し、右土地共有者の処分にゆだねていたことなどにより法定地上権の発生をあらかじめ容認していたとみることができるような特段の事情がある場合でない限り、共有土地について法定地上権は成立しないといわなければならない」とし、本件ではB以外の土地共有者らが法定地上権の発生をあらかじめ容認していたとみることができる客観的、外形的事実があるとはいえず、共有土地について法定地上権は成立しないとした。この判例に対しても、学説からは、法定地上権あるいは法定賃借権を認めるべきとする見解など、批判が多い。

　以上の判例理論を要約すると、Bが甲土地を単独所有し、乙建物に共有持分権を有している場合には、Bは甲土地全体に対する処分権を有しているから、競売により法定地上権の成立を認めても問題がないが、BCが甲土地を共有している場合には、Bは甲土地全体に対する処分権を有していないから、(β)のケースを除き、原則として法定地上権の成立を認めない、ということになろう。

ⅳ　登記簿上も土地と建物とが同一人所有となっていることの要否　甲土地および甲土地上の乙建物を所有しているBが、甲土地にAのために抵当権を設定し（抵当権設定登記経由。したがって、甲土地にはB名義の所有権登記がある）、その後、甲土地の競売によりDが甲土地を買い受けた場合、乙建物には甲土地所有者B名義の登記がなかったときは、Bは法定地上権の成立を甲土地買受人Dに主張できないのかが問題となる。

　これにつき判例（最判昭48・9・18民集27-8-1066）は、建物につき登記がされているか、所有者が取得登記を経由しているか否かにかかわらず、法定地上権の成立は認められるとする。その理由として判例は、①**法定地上権制度の根**

拠は、建物収去による社会経済上の不利益の防止の必要と、抵当権設定者の建物のための土地利用の存続の意思と抵当権者のこのことへの予期にあること、②土地抵当権者は、**現実に土地を見て地上建物の存在を了知しこれを前提として評価するのが通例であること、および③土地買受人は抵当権者と同視すべき**であること、をあげている。したがって、甲土地買受人Ｄの甲土地所有権に基づく建物収去土地明渡請求権の行使に対して、乙建物につき所有権登記を備えていなかったＢも、法定地上権の成立を抗弁として提出することによりこの請求を拒むことができる。

Ｂは甲土地および甲土地上の乙建物を所有していたが、乙建物にはＢの所有権登記があり、乙建物にＡのために抵当権を設定したが、甲土地の登記簿上の所有者名義はＢではなく前主Ｃであった場合にも、乙建物の競売における買受人Ｄは、土地所有者Ｂに対して法定地上権の成立を主張し得るとするのが、判例（最判昭53・9・29民集32-6-1210）・多数説である。

(c)土地およびその上の建物の一方または双方への抵当権の設定　法定地上権成立の第3の要件は、土地およびその上の建物の一方または双方に抵当権が設定されたことである（旧388条は、「土地又ハ建物ノミヲ抵当ト為シタルトキハ」としていたが、「土地又は建物につき抵当権が設定され」と改められた）。

Ｂ所有の土地およびその上の建物のいずれにも抵当権が存在しない場合には、388条による法定地上権は発生しない。このような場合、土地およびその上の建物所有者Ｂに対する一般債権者Ａの申し立てた強制競売により土地と建物の所有者が異なるに至ることがあるが、この場合には、民事執行法81条の規定により法定地上権の成立が認められる（☞(4)(b)《展開》民事執行法81条の法定地上権）。

(d)競売により土地と建物が異なった者に帰属　法定地上権成立の第4の要件は、抵当不動産につき競売が行われて土地と建物が異なった者に帰属するに至ったことである。この競売は、抵当権者が申し立てた担保不動産競売であることが多いが、法定地上権成立の要件（☞(a)〜(c)）が充たされているときは、抵当不動産所有者の**一般債権者が申し立てた強制競売**であっても、388条による法定地上権の成立が認められる。

(4)法定地上権の内容と対抗要件　**(a)内容**　法定地上権の及ぶ土地の範囲は、

建物を利用するのに必要な範囲である。したがって、建物の敷地に限定されるものではなく、その建物の利用に必要な限度において敷地以外にも及ぶし（大判大9・5・5民録26-1005）、逆に、広大な1筆の土地の一部に建物が存在した場合、必ずしもその1筆の土地全体に法定地上権の成立が認められるということにはならない。**法定地上権の存続期間**や**地代額**について当事者の協議が調わないときは、存続期間は、借地借家法3条により30年となり、地代は、当事者の請求により裁判所が定める（388条後段）。

　(b)対抗要件　　法定地上権も第三者に対しては対抗要件を必要とする（地上権設定登記または借地借家法10条による建物の所有権登記）。地上権であるから、土地所有者に対して地上権設定登記の請求権が認められる。

　　《展開》**民事執行法81条の法定地上権**　　民事執行法81条にも法定地上権に関する規定が存在する。この規定は、債務者が土地とその上の建物を所有する場合において、その土地または建物につき強制競売がなされて、土地と建物の所有者が異なるに至ったときは、その建物について法定地上権の成立が認められるとするものである。
　　　法定地上権の制度を認める必要があるのは、民法388条の場合と同様である（☞(2)）。**民事執行法81条による法定地上権の成立要件**としては、①差押え（強制競売開始決定による目的不動産の差押え〔民執45条・46条〕）の当時、土地上に建物が存在していたこと、②差押えの当時、土地とその上の建物とが同一の所有者に帰属していたこと、③土地と建物の一方または双方につき差押えがなされたこと、④強制競売により土地と建物とが異なった者に帰属するに至ったこと、および⑤**差押えの当時、土地およびその上の建物のいずれにも抵当権の設定（抵当権設定登記経由）がなされていないこと**、が必要となる。なお、差押えに先立って、強制執行の保全としての仮差押えがなされ（民保20条・47条）、その後本執行に移行して強制競売手続がなされた場合は、①～③、⑤の差押えは、仮差押えと読み替えることになる（最判平28・12・1民集70-8-1793）。
　　　⑤が要件となるのは、強制競売による差押えの当時、土地または建物の一方、あるいは双方にすでに抵当権が設定されているときは、抵当権設定当時の抵当権者の担保価値の把握が重視されるべきであるから、民法388条の法定地上権の成否の問題となり（☞本文(3)(d)）、民事執行法81条による法定地上権の成立は認められない。
　　　民事執行法81条による法定地上権の内容は、民法388条による法定地上権の内容と同じである。

(5)抵当地上の建物競売権　　判例・通説によると、更地に抵当権を設定した後に建築された建物のためには法定地上権は認められない（☞(3)(a)ⅰ）が、このような建物が競売で買い受けた土地上に存在すると、土地買受人は自力で建物

を撤去することができず、建物所有者に対して建物収去土地明渡しを請求する必要が生ずるため(任意に応じてもらえなければ、訴え提起が必要となる)、土地の競売が困難になる。

そこで、389条1項は、土地抵当権者に、土地と建物を一括して競売に付する(同一人が土地と建物を一括して買い受ける)権限を与えた(この競売を「**一括競売**」という。民執61条の「一括売却」〔☞第5節2(2)(c)vi〕とは異なる)。土地抵当権者は売却代金のうち土地の代金部分から優先弁済を受け(389条1項但書)、建物部分の代金は、裁判所が建物所有者に交付する。

従来は、土地抵当権設定者が建築した建物だけが一括競売の対象であったが、2003(平15)年担保執行法制の改正(平15法134)により、土地抵当権者に対抗し得る占有権原を有しない土地占有者(不法占有者のみならず土地抵当権設定後に借地権の設定を受けた者も)が土地抵当権設定後に建築した建物も、一括競売の対象にすることができることとなった(389条)。これは土地抵当権設定後に**抵当権実行妨害目的**で建物が建築されることがしばしばあること、他人の土地に建物を建築する場合には土地の権利関係(すでに抵当権が設定されているか否か)を慎重に調査して建物を建築すべきことなどによる。

第7節　抵当不動産の売買と第三取得者の地位

1. 抵当不動産の第三取得者と抵当不動産の売買

(1)抵当不動産の第三取得者　　抵当権の設定されている不動産を**抵当不動産**といい、この抵当不動産を抵当権の負担の付いたまま取得した者を**抵当不動産の第三取得者**という(平15法134による改正前は、「抵当不動産の第三取得者」には、抵当不動産に地上権や永小作権の設定を受けた者も含む趣旨であった〔旧378条・381条参照〕)。

(2)抵当不動産の売買　**(a)抵当不動産の時価が被担保債権額を上回っている場合**

例えば、債務者Bの有している不動産甲(時価1億円とする)には、債権者Aのために抵当権が設定されており(抵当権設定登記経由)、その被担保債権額

が6000万円である場合、甲をBから買い受けようとする者Cは、抵当権の負担が付いたまま甲を買い受けると（例えば、時価から被担保債権額を控除した4000万円で買受け）、その後Bが被担保債権の弁済をなし得なくなったときは、CがBに代わって被担保債権額6000万円を弁済しなければ、抵当権者Aの申立てにより競売がなされ、Cは甲を失うことになる（仮に競売において売却代金8000万円が得られたときは、抵当権者Aに6000万円が配当され、剰余金2000万円がCに交付される）。したがって、抵当不動産甲をCがBから買い受けようとする場合には、通常は抵当権設定者B、抵当権者A、および抵当不動産を買い受けようとする者Cの合意により（実務では「**任意売却**」と呼ばれる）、不動産甲の時価が1億円であるならば、買主Cは、売買代金1億円のうち6000万円を抵当権者Aの被担保債権の弁済に充てて抵当権を消滅させ（抵当権設定登記の抹消登記がなされる）、残りの4000万円をBに支払って、抵当権の負担のない不動産甲の所有権を取得することになる（BからCへの所有権移転登記がなされる）。

　(b)抵当不動産の時価が被担保債権額を下回っている場合　これに対して、Aの有する被担保債権額が6000万円であるが、不動産価額の暴落により不動産甲の時価が5000万円となった場合には、債権者Bに代わり被担保債権額6000万円を支払って抵当権を消滅させ、時価5000万円の甲を買い受ける者は通常は現れない。また、このような不動産甲をCが抵当権の負担の付いたまま、例えば4500万円で買い受け、その4500万円が売主Bにより被担保債権の弁済に充てられることもある。この場合、Bの債務額は減少し、その後売主Bが残りの被担保債権（1500万円＋利息・遅延損害金）を弁済できれば問題がないが、Bが弁済できず甲につき競売が申し立てられたときは、Cが甲を失いたくなければ、Cは抵当権者Aに残りの被担保債権額1500万円（＋利息・遅延損害金）を支払い抵当権を消滅させて、甲の所有権を確保することになる。CはAに支払った1500万円（＋利息・遅延損害金）の償還請求をBに対してすることができるが（570条）、このような状態のBには資力がないので、実際には償還は期待できない。したがって、いずれにせよ抵当不動産の時価が被担保債権額を下回っている場合、抵当権設定者が抵当不動産を**任意に売買することは困難**である。

民法は、抵当不動産の第三取得者等の保護のために代価弁済と抵当権消滅請求の制度をおいているが、どのような意味を有しているかを以下述べる。

2. 代価弁済の制度

(1)代価弁済の意義　　代価弁済とは、抵当不動産について所有権または地上権を買い受けた者が、**抵当権者の請求に応じて**その抵当権者に所有権または地上権の代価を弁済することであり、**代価の弁済により抵当権は所有権または地上権を買い受けた第三者のために消滅**する（378条）。代価が被担保債権額を下回っても、抵当権は消滅するので、抵当権の**不可分性の例外**となる。

(2)代価弁済の制度が想定している抵当不動産の取引　　代価弁済（378条）は、抵当権者Ａが抵当不動産を競売にかけても買受申出価額は一般に時価（例えば、☞1(2)(b)の場合で5000万円）より低く（不動産の所在場所や経済状況により実にさまざまであるが、時価5000万円であれば、3000万円から4500万円程度）、また当分抵当不動産の値上りの見込みもないと考えて、Ａが債権者Ｂと買主Ｃとの間で実際に約定された売買代金（仮に4500万円とする）で満足するときに、抵当権者Ａの請求により第三取得者Ｃ等がこの売買代価4500万円を抵当権者Ａに支払って抵当権を消滅させるものである。抵当権者Ａが6000万円の被担保債権を有していたとすると、抵当権者Ａは4500万円の限度において優先弁済を受けたことになり（残りの1500万円の債権は無担保債権として残る）、抵当権は消滅し、第三取得者Ｃは**抵当権の負担のない不動産**を取得できる。

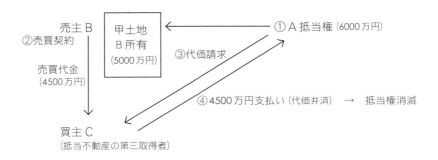

(3)代価弁済の存在意義　　しかしながら、☞1(2)(b)でも述べたように、抵当不

動産の時価（例えば、5000万円）が被担保債権額（例えば、6000万円）を下回っているような場合に、抵当不動産を抵当権の負担の付いたまま、抵当権の負担がない場合のその不動産の時価（5000万円）に近い価額（例えば、4500万円）で買い受けることは、第三取得者にとって大きな危険を伴うから、このような取引が行われることは通常はない。たまたま、そのような取引が行われ、しかも売主Bが代価（4500万円）を受け取るより前に、抵当権者Aがそのような取引が行われたことを知り、第三取得者Cに代価を抵当権者Aに支払うよう請求した場合にはじめてこの代価弁済の制度は働くのである。また、抵当不動産に複数の抵当権が設定されているときに、そのうちの1人の抵当権者が代価の支払いを請求してきてこの抵当権者に代価を支払っても、他の抵当権が消滅するわけではない（内田Ⅲ・446頁）。したがって、実際には**代価弁済の制度が機能することはほとんどない**といえる（内田Ⅲ・446頁、安永・327頁）。

　このように、抵当不動産の時価（5000万円）が被担保債権額（6000万円）を下回っており、また、当分不動産の価格の高騰を期待できないような場合に、最も多くとられる方法は、抵当権設定者B、抵当権者A、および抵当不動産を買い受けようとする者Cの合意による「任意売却」（☞第5節2）である。すなわち、この不動産をCがBから例えば、4500万円で買い受け、その代金を抵当権者AはCから受け取ることによって不動産上の抵当権を消滅させるとともに（被担保債権のうちの4500万円分の優先弁済がなされ、残りの1500万円はBに対する無担保債権として残る）、抵当権設定登記の抹消に応じ、CはBから抵当権の負担のない不動産を取得し、BからCへの所有権移転登記をするという方法が通常はとられるのである。

(4)代価弁済の要件　　代価弁済の要件は、以下の①から③である。すなわち、①抵当不動産について第三者が所有権または地上権を買い受けたこと（無償譲受けではなく代価の存在が必要）、②この第三者に対して抵当権者が代価の自己への支払いを請求したこと、および③第三者がこれに応じて抵当権者に代価を弁済したこと、である。①の代価弁済を請求し得る者に永小作権者が含まれていないのは、地上権取得者の場合は、地上権の対価を全額一時払いすることがあるのに対し、永小作権の場合は、最初に全期間の小作料を一時払いすることがほとんどないからである、とされる（梅Ⅱ・536頁）。

(5)**代価弁済の効果**　代価弁済により、**抵当権はその第三者のために消滅**する（378条）。

　代価弁済をした第三者Ｃが抵当不動産である甲土地の**所有権取得者**であれば、抵当権はＣのために消滅し、Ｃは**抵当権の負担のない甲土地**を取得する。これに対して、代価弁済をした第三者Ｃが**抵当不動産である甲土地に地上権の設定を受けた者である場合**は（時価1億円の甲土地につきＡが6000万円の被担保債権を有していた場合に、Ｃが地上権の対価2000万円の一時払いで地上権の設定を受け、抵当権者Ａの代価請求があってＣが2000万円をＡに弁済したとする）、Ａの抵当権はこの地上権者Ｃとの関係で**相対的に消滅**し、Ｃの**地上権はＡの抵当権に対抗し得る**ものとなるが、甲土地上の**抵当権自体は消滅しないから**（Ａの被担保債権額は4000万円となる）、その後、甲土地につき担保不動産競売がなされたときは、買受人ＤはＣの地上権の負担のある甲土地を買い受けることになる。

3．抵当権消滅請求の制度

(1)**意義**　代価弁済と異なり、抵当不動産を取得した者が主導権を持ち、一定の金銭を抵当権者に支払って抵当権を消滅させる方法として、従来、**滌除**（てきじょ）という制度が存在した（旧378条以下）。この滌除の制度も、抵当不動産の価額よりも被担保債権の額の方が大きい場合に、抵当不動産を買い受けようとする者が抵当不動産の時価に近い価額でこれを買い受けようとするときに、時価に近い価額を抵当権者に支払うことによって抵当権を消滅させ、抵当権の負担のない不動産を取得し得るようにするためのものであった。しかし、この制度は、抵当権者にとって負担が大きく、非常に安い価額で抵当不動産を手に入れようとする者に濫用されるといった問題点があったため（生熊長幸「滌除制度の再検討」民事訴訟雑誌41号208頁〔1995年〕など）、これに代わるものとして抵当権消滅請求の制度が創設された。

　抵当権消滅請求の制度は、抵当不動産の価額よりも被担保債権額の方が大きい場合に、この不動産を取得しようとする者が抵当権者に妥当な金額を提示すれば、抵当権の負担のない不動産を取得し得る可能性を高め、**抵当不動産の流通の促進を目的としたものである**が、なお十分な制度にはなっていない。

(2)**抵当権消滅請求権者**　抵当不動産の第三取得者（**所有権取得者**）であり（379

条)、抵当不動産につき地上権を取得した者は含まれない（378条参照）。もっとも、**主たる債務者や保証人およびこれらの承継人**が抵当不動産の第三取得者となっても、抵当権消滅請求をなし得ない（380条）。これらの者は、被担保債権額全額を支払う義務を有しているから、被担保債権額の一部の弁済で抵当権を消滅させるこの制度を利用させない趣旨である。

抵当不動産の**停止条件付き第三取得者**も、条件成就が未定の間は、抵当権者に大きな影響を及ぼすこの制度を利用できない（381条）。抵当不動産につき譲渡担保権の設定を受けた**不動産譲渡担保権者**は、譲渡担保権実行前には、確定的に所有権を取得しているわけではないので、抵当権消滅請求権者にはならないと解される（旧法の滌除権行使を否定した判例として、最判平7・11・10民集49-9-2953）。

(3)抵当権消滅請求が可能な時期　抵当不動産の第三取得者Cは、抵当不動産所有者Bから抵当不動産を買い受けてから（売買契約締結）、抵当権者Aの競売の申立てにかかる差押えの効力が発生する前までに（競売開始決定が抵当不動産所有者に送達された時または差押えの登記がなされた時のいずれか早い方。民執46条1項。☞第5節2(2)(b)ⅳ）、抵当権消滅請求をしなければならない。被担保債権の弁済期到来前でも抵当権消滅請求は可能である。

(4)抵当権消滅請求の手続　第三取得者Cは、抵当権消滅請求をするときは、①取得の原因および年月日、譲渡人および取得者の氏名等、抵当不動産の所在等、および代価等を記載した書面、②抵当不動産に関する登記事項全部証明書、③抵当権者等が2か月以内に担保不動産競売の申立てをしないときは、自らの買受代価（例えば、4000万円）または自らが特に指定した金額（例えば、3500万円）（これらの金額を「**申出金額**」という）を債権の順位に従って弁済または供託をする旨を記載した書面を、登記を経由した各債権者（抵当権者や質権者など。以下では、「抵当権者等」という）に送付しなければならない（383条）。

抵当権消滅請求をするためには、第三取得者Cは、買い受けた不動産に**所有権移転登記**を備える必要がある（内田Ⅲ・449頁）。しかし、第三取得者Cは、抵当権消滅請求に成功するかどうか分からないので、代価を売主Bに支払ってしまうことは危険である。そこで、577条1項は、「買い受けた不動産について契約の内容に適合しない抵当権の登記があるときは、買主は、**抵当権消滅請**

求の手続が終わるまで、その代金の支払いを拒むことができる。この場合において、売主は、買主に対し、遅滞なく抵当権消滅請求をすべき旨を請求することができる。」としている。ただ売主Bとしても、代金の支払いを受けないまま買主（第三取得者）Cに対して所有権移転登記をすることは危険を伴うから、売主Bは、買主Cに対して**代金の供託を請求する**ことができ（578条）、買主Cが供託に応じないときは、買主Cはもはや代金支払拒絶権を行使し得ないと解される（滌除についてであるが、大判昭14・4・15民集18-429）。

(5)抵当権者の対応　383条の書面の送付を受けた抵当権者等（☞(4)）は、第三取得者の申出金額よりも競売ではもっと高額で売却できると考えて**自ら担保不動産競売を申し立てるか**、それとも**申出金額を承諾するかの選択**を迫られる。

　(a)担保不動産競売を申し立てる場合　上記383条の書面の送付を受けた抵当権者等は、競売の申立てを選択する場合には、書面の送付を受けた後2か月以内に、競売の申立てをしなければならない（384条1号）。この競売は、抵当不動産の第三取得者の抵当権消滅請求に対抗してなされるものであるから、**競売申立てにあたり被担保債権の弁済期到来を必要としない**。抵当権者等が競売の申立てをする場合には、書面の送付を受けた後2か月以内に、債務者および抵当不動産の譲渡人Bに競売を申し立てるの旨の通知をしなければならない（385条）。なお、書面の送付を受けた後2か月以内に、抵当権者等が競売の申立てをしないとき、競売の申立てを取り下げたとき、競売の申立てが却下されたとき、または競売手続取消決定が確定したときは、抵当権者等は、第三取得者の**申出金額を承諾したものとみなされる**（みなし承諾。384条1号～4号）。

　担保不動産競売開始決定がなされたときは、通常の担保不動産競売として手続が進められる（☞第5節2(2)）。売却期日（原則は期間入札）において有効な買受申出があれば、そのうちの最も高い価額で買受けの申出をした者が、売却不許可事由がない限り買受人となる。抵当権消滅請求をした第三取得者自身（390条）や抵当権者も、買受申出をすることができる。買受人が代金を納付し、次いで売却代金が抵当権者等の配当に充てられる。この売却代金は、第三取得者の抵当権消滅請求の際の申出価額より高い場合も低い場合もあり得る。いずれにしても、抵当権消滅請求制度の存在により、抵当不動産の価額よりも被担保債権額の方が大きい場合にも、**抵当不動産の流通を一定程度促進する道が開**

けたことになる。債務者にとっては、抵当不動産は競売により失うが、競売により得られた売却代金により被担保債権の一定部分は弁済されるから、債務額は減少する（残債権は無担保債権となる）。

売却を3回実施しても有効な買受申出がないときは、売却手続は原則として取り消される（民執68条の3参照）。競売を申し立てた抵当権者に買受義務はないが（滌除の場合との違いである）、競売手続に要した費用は、競売申立てをした抵当権者が負担する。売却手続が取り消された場合、抵当権は従前通り抵当不動産の上に存続するので、第三取得者は再び抵当権消滅請求をすることも可能であるが、抵当権消滅請求権の濫用にあたると判断される場合もあろう。

(b)登記をしたすべての債権者等が第三取得者の申出金額を承諾したとき
登記を経由したすべての抵当権者等が第三取得者の提供した代価または金額（申出金額）を承諾し（みなし承諾を含む）、かつ第三取得者がその承諾を得た代価または金額を、**抵当権者等の優先順位に従って払い渡しまたは供託したとき**は、これにより**抵当権は消滅**する（386条）。この払渡しまたは供託は、承諾またはみなし承諾があった時から遅滞なくなすべきであり、遅延すると抵当権消滅請求の効果は失われる（滌除につき、大判昭5・4・18民集9-358など。高木・222頁）。

《展開》民事再生法による担保権消滅許可申立ての制度　民事再生法には、抵当権などの担保権消滅許可申立ての制度が存在するが（民再148条〜153条）、これは、民法の抵当権消滅請求権とは大きく異なっている。詳細は倒産法の学習に譲るが、民事再生法による担保権消滅許可申立ての制度は、その趣旨が、第三取得者の保護や抵当不動産の流通の促進にあるのではなく、再生債務者の事業の継続にあり、また、抵当不動産など担保目的財産の価額について担保権者と債務者との間で判断が分かれるときは、裁判所の鑑定による価額で、担保権を強制的に消滅させることができるとするものである。

《展開》抵当不動産の第三取得者の権利に関する390条・391条の規定　抵当不動産の第三取得者の権利につき民法はほかに390条および391条の規定を置いている。
390条は、抵当不動産の第三取得者は、その競売において買受人となることができるとする。通常、物の所有者はその物の買主になり得ないが、抵当不動産が競売されると第三取得者は不動産を失うので、第三取得者自らも買受人となることができるとしたもので、念のために置かれた規定である。第三取得者が抵当権設定者より取得していた所有権は売却により消滅し、抵当権設定者より競売（売却）により所有権を取得

する形になる。
　391条は、抵当不動産の第三取得者は、抵当不動産について**必要費または有益費を支出**したときは、196条の区別に従い、抵当不動産の代価から、他の債権者より先にその償還を受けることができる旨規定する。これは、第三取得者による必要費または有益費の支出によって、抵当不動産の価値が維持・増加し売却の代価に反映するから、これらの費用を一種の共益費と見て（最判昭48・7・12民集27-7-763）、不動産の売却代金から第三取得者に優先的に償還させることにしたものである。例えば（前掲最判昭48・7・12のケース）、農地であった抵当不動産甲を第三取得者が譲り受け、1200万円を支出して埋立工事により宅地とし、その後抵当権に基づく競売により6480万円で甲が売却され、配当がなされる場合に、抵当権者の被担保債権への配当に優先して、第三取得者は配当要求の意思表示（民執188条・87条1項2号の債権者に準ずる）を裁判所にすることによって有益費償還請求権（抵当権者の選択による支出額の償還または増価額の償還）につき配当を受けることができる（前掲最判昭48・7・12は、売却代金が抵当権者に支払われたために、第三取得者が優先償還を受けることができなかったときは、第三取得者は抵当権者に対して不当利得返還請求権を有するとする）。なお、抵当不動産につき地上権または永小作権を取得した者（競売によりこれらの権利を失う）は、現行民法では第三取得者とされなくなったので（379条の改正に連動）、これらの者が必要費または有益費を支出した場合には、抵当不動産の賃借人と同様、競売における買受人に対して、これらの費用償還請求権を被担保債権として留置権を行使することになろう。

第8節　抵当権の処分

1．抵当権の処分の意義

　抵当権の処分とは、抵当権者が自己の有する抵当権を、他の債権者の有する債権の優先弁済のために利用させることである。抵当権の処分には、抵当権の帰属自体に変更をもたらすもの（**絶対的処分**）と、処分の当事者間で優先弁済を受ける順位に変更をもたらすにすぎず、抵当権の帰属自体には変更をもたらさないもの（**相対的処分**）とがある。**抵当権の順位の変更**（374条）は、前者であり、**転抵当**、**抵当権の譲渡または放棄**、および**抵当権の順位の譲渡または放棄**（以上、376条）は、後者である。
　抵当権の処分がなされることによって、当初の抵当権者の優先弁済権が制限され、抵当権の処分を受けた他の債権者の優先弁済権が認められるようになる。

2. 抵当権の順位の変更

(1)意義 **抵当権の順位の変更**とは、抵当不動産に順位を異にする複数の抵当権が存在する場合に、**抵当権の順位を絶対的に変更すること**（帰属自体の変更）である（374条）。例えば、B所有の不動産に、1番抵当権者A（債権額2000万円）、2番抵当権者C（債権額3000万円）、3番抵当権者D（債権額4000万円）が存在する場合に、抵当権の順位をD・C・Aに変更すると、抵当権の順位が絶対的に変更し、下記の表のように帰属自体が変更し、その後に競売が行われて例えば売却代金5000万円が配当されるときは（各債権者の債権額に変更がないものとする）、1番抵当権者Dに4000万円、2番抵当権者Cに1000万円が配当され、3番抵当権者Aは配当を受けられないことになる。

抵当権の順位の変更（売却代金**5000万円**の場合）

抵当権者	債権額	順位の変更後	債権額	配当額
1番抵当権者A	2000万円	1番抵当権者D	4000万円	4000万円
2番抵当権者C	3000万円	2番抵当権者C	3000万円	1000万円
3番抵当権者D	4000万円	3番抵当権者A	2000万円	0円

(2)要件 このように、抵当権の順位の変更は、各債権者への配当額に影響を及ぼす可能性を生ずるから（2番抵当権者Cは、順位は2番で変わらないが、変更前の1番抵当権者Aの被担保債権額より被担保債権額の大きいDが1番抵当権者となったので、順位の変更後は、売却代金額いかんによっては配当額が減少する）、抵当権の順位の変更には、次の**3つの要件**が必要である。

第1に、抵当権の順位の変更について、**各抵当権者（A・C・D全員）の合意**が必要である（374条1項本文）。

第2に、**利害関係人**（376条の抵当権処分の利益を受けている者や被担保債権につき差押債権者・質権者など）がいるときには、これらの者の**承諾**が必要である（374条1項但書）。なお、債務者、抵当権設定者（設定者は、各抵当権の設定に応じたのだから、抵当権者の順位に変更を生じようとも、各抵当権の被担保債権の範囲で、抵当不動産限りでの物的責任を負うのであるから影響を受けない）、保証人などはこの利害関係人にはあたらない。

第3に、**抵当権の順位の変更の登記**が必要である。しかも、権利関係を明確にするため、抵当権の順位の変更の登記は、抵当権の順位の変更の**効力発生要件**とされている（374条2項）。376条の処分の場合と異なる。

　なお、抵当権の順位の変更は、絶対的効力を生ずるから、合意の当事者や利害関係人に対してはもとより、債務者や抵当権設定者に対しても効力を生ずるが、同一不動産上の複数の**抵当権者相互において優先弁済の順位を絶対的に変更する**にとどまり、抵当権の設定された時点を変更するものではない。

　そこで例えば、先の例で、Aのための抵当権設定後、Cのための抵当権設定より前に、用益権の設定を受けた者Eは、自分よりも先順位の抵当権を消滅させて担保不動産競売後もその不動産を用益したいと考える場合には、変更後の先順位抵当権者Dの被担保債権（4000万円）を弁済するのではなく、変更前の先順位抵当権者Aの被担保債権（2000万円）を弁済すれば、自己より先順位の抵当権を消滅させたことになり、その結果、競売がなされてもEは買受人に用益権を対抗し得ることになる。

　同様に、AがB所有の更地甲に1番土地抵当権の設定を受けた後、甲土地上にB所有の乙建物が建築され、次いでCがB所有の甲土地および乙建物に抵当権の設定を受け、その後、抵当権の順位の変更によりCが1番土地抵当権者になったケースにおいても、CとAの優先弁済の順位を変更するにとどまり、建物所有者Bは、担保不動産競売における甲土地買受人に、抵当権の順位の変更により甲土地の1番抵当権者となったCが甲土地に抵当権の設定を受けた時に388条の要件が充たされていたとして、法定地上権の成立を主張することは認められない（甲土地の1番抵当権設定時は、依然としてAが抵当権の設定を受けた時である。最判平4・4・7金法1339-36）。

3. 抵当権の順位の譲渡・放棄、抵当権の譲渡・放棄

(1)抵当権の順位の譲渡・放棄等の効果　　**抵当権の順位の譲渡・放棄**および**抵当権の譲渡・放棄**の効力は、抵当権の順位の変更（☞2）とは異なり、抵当権の順位を絶対的に変更するのではなく、抵当権の順位の譲渡・放棄等の当事者間で抵当不動産の売却代金の**配当における計算上順位を入れ替える**にすぎないものである（**相対的効力**）。かつては、抵当権の順位の譲渡・放棄等の効力につ

き、相対的効力か絶対的効力かにつき争いがあったが、抵当権の順位の変更の制度（☞2）が設けられた現在では、絶対的効力説をとる余地はなくなった。

(2)抵当権の順位の譲渡・放棄　(a)抵当権の順位の譲渡・放棄の意義　例えば、甲不動産に1番抵当権者A（被担保債権額3000万円）、2番抵当権者C（被担保債権額4000万円）、および3番抵当権者D（被担保債権額2000万円）がおり、1番抵当権者Aと3番抵当権者Dとの間で、抵当権の順位の譲渡または抵当権の順位の放棄がなされたとする。

　抵当権の順位の譲渡（376条1項）とは、先順位抵当権者（この例でA）と後順位抵当権者（この例でD）との間で行われるもので、抵当権の順位の譲渡により、**抵当権の帰属自体には変更がないが、順位の譲渡の当事者（AD）間で優先弁済を受ける地位につき変更**が生じ、順位の譲渡を受けた後順位抵当権者（D）がまず優先弁済を受け、その残りから順位の譲渡をした先順位抵当権者（A）が優先弁済を受けるものである。

　他方、**抵当権の順位の放棄**（376条1項）とは、先順位抵当権者（この例でA）と後順位抵当権者（この例でD）との間で行われるもので、抵当権の順位の放棄により、**抵当権の帰属自体には変更がないが、**順位の放棄の**当事者（AD）間で優先弁済を受ける地位につき変更**が生じ、順位の放棄を受けた後順位抵当権者（D）と順位の放棄をした先順位抵当権者（A）が、**債権額に応じて優先弁済**を受けることになるものである。

　上記の例で、その後の抵当不動産甲の競売により各債権者の配当に充てられるべき売却代金が8000万円となり、ACDの被担保債権額は当初と同じ額のままであったとすると、抵当権の順位の譲渡または抵当権の順位の放棄後の各抵当権者の配当額は、次の表のようになる。

抵当権の順位の譲渡・放棄（売却代金8000万円の場合）

抵当権者	債権額	AからDへの抵当権の順位の譲渡における配当	配当額	AからDへの抵当権の順位の放棄における配当	配当額
1番抵当権者A	3000万円	3番抵当権者D 1番抵当権者A	2000万円 1000万円	1番抵当権者A 3番抵当権者D	1800万円 1200万円
2番抵当権者C	4000万円	2番抵当権者C	4000万円	2番抵当権者C	4000万円

| 3番抵当権者D | 2000万円 | 3番抵当権者D | 0円 | 1番抵当権者A | 600万円 |
| | | 1番抵当権者A | 1000万円 | 3番抵当権者D | 400万円 |

(b)抵当権の順位の譲渡・放棄の要件　　抵当権の順位の譲渡・放棄は、AとDとの契約により成立する（諾成・不要式契約）。抵当権の順位の譲受人または抵当権の順位の放棄を受けるDの債権額や弁済期は、譲渡または放棄をするAの債権額・弁済期の範囲内でなくともよい。いずれにしても、Dは、Aの債権額・弁済期を前提に優先弁済を受けることができるにすぎないからである。

抵当権の順位の譲渡・放棄につき、抵当権設定者Bや抵当権の順位の譲渡・放棄の当事者ではない2番抵当権者Cの承諾を必要としない。抵当権の順位の譲渡・放棄は、当事者（AD）間で抵当不動産の売却代金の**配当における計算上順位を入れ替える**にすぎず、BやCに影響を与えるものではないからである（ただし、☞(c)iiに見るように、抵当権の順位の譲渡・放棄につき債務者Bに対する通知または債務者Bの承諾がされたときは、債務者B等の被担保債権の弁済に影響を与える）。

(c)抵当権の順位の譲渡・放棄の対抗要件　　i　第三者対抗要件としての登記

抵当権の順位の譲渡・放棄も不動産の物権変動であるから、**登記が第三者対抗要件**である（177条。抵当権設定登記への付記登記の方法による。不登4条2項・90条参照）。抵当権者が後順位の複数の抵当権者に抵当権の順位の譲渡をしたときは、受益者間の権利の順位は付記登記の順序による（376条2項）。

ii　主たる債務者等に対する対抗要件としての債務者への通知または債務者の承諾　　抵当権の順位の譲渡・放棄を、主たる債務者、保証人、抵当権設定者、およびこれらの者の承継人（以下、「債務者等」とする）に対抗するためには、債権譲渡の対抗要件につき規定する467条に従い、**抵当権の順位の譲渡・放棄につき主たる債務者Bに対する通知または債務者Bの承諾が必要**である（377条1項）。通知または承諾がなされたときは、債務者B等が、抵当権の順位の譲渡・放棄により利益を受けるDの承諾なしに抵当権の順位の譲渡・放棄をしたAに被担保債権を弁済しても、B等は弁済を受益者Dに対抗することができない（同条2項）。もし民法が抵当権の順位の譲渡・放棄により抵当権の帰属自体に変更が生ずるとする絶対的効力説を前提としていたとすると、債務者B等が

抵当権の順位の譲渡・放棄をしたＡに弁済をしても、受益者Ｄは何の不利益も被らないのであるから、この377条2項の規定は、民法が376条の抵当権の処分を**相対的効力説を前提**として立案した現れである。

(3)**抵当権の譲渡・放棄** (a)**抵当権の譲渡・放棄の意義** **抵当権の譲渡・抵当権の放棄**と、(2)の抵当権の順位の譲渡・抵当権の順位の放棄との違いは、抵当権の順位の譲渡・放棄は、先順位抵当権者と後順位抵当権者との間で行われるのに対し、抵当権の譲渡・抵当権の放棄は、抵当権者と無担保債権者との間で行われる点である（☞第13節1の抵当権の放棄は、これとは別のもの）。

すなわち、抵当権の譲渡（376条1項）とは、抵当権者（例えば、1番抵当権者Ａ）と一般債権者（例えば、Ｄ）との間で行われるもので、抵当権の譲渡により、**抵当権の帰属自体には変更がない**が、抵当権の譲渡の当事者（ＡＤ）間で**優先弁済を受ける地位につき変更**が生じ、抵当権の譲渡をした抵当権者が受けるべき配当額から譲渡を受けた一般債権者（Ｄ）がまず優先弁済を受け、その残りから譲渡をした抵当権者（Ａ）が優先弁済を受けるものである。他方、抵当権の放棄（376条1項）とは、抵当権者（例えば、1番抵当権者Ａ）と一般債権者（例えば、Ｄ）との間で行われるもので、抵当権の放棄により**抵当権の帰属自体には変更がない**が、抵当権の放棄の当事者（ＡＤ）間で優先弁済を受ける地位につき変更が生じ、放棄を受けた一般債権者（Ｄ）と放棄をした抵当権者（Ａ）が、**債権額に応じて優先弁済**を受けることになるものである。いずれも、前記の表において、3番抵当権者Ｄを一般債権者Ｄに置き換えた取扱いとなる。この抵当権の譲渡・抵当権の放棄は、新たに抵当権設定者ＢがＤから2000万円の融資を受ける場合、Ｄのために3番抵当権を設定するのではなく、1番抵当権者Ａの協力を得て、Ａが一般債権者Ｄの利益のために自己の抵当権を譲渡し、または自己の抵当権を放棄するという形で行われる。

(b)**抵当権の譲渡・放棄の要件** 抵当権の順位の譲渡・放棄の要件（☞(2)(b)）に準ずる。

(c)**抵当権の譲渡・放棄の対抗要件** 抵当権の順位の譲渡・放棄の対抗要件（☞(2)(c)）に準ずる。

4. 転抵当

(1)転抵当の意義　抵当権者が、自己の有する抵当権を他の債権の担保とすることを転抵当という（376条）。例えば、Bに5000万円の融資をし、その担保としてBの建物に抵当権の設定を受けたAが、自分もCから3000万円の融資を受ける必要ができた場合に、AがBに対して有する抵当権（「**原抵当権**」という）を担保としてCに供するケースがこれにあたり、Bを**原抵当権設定者**、Aを**原抵当権者＝転抵当権設定者**、Cを**転抵当権者**と呼ぶ。

　376条1項に規定する転抵当は、その設定に原抵当権設定者Bの承諾を必要とせず、原抵当権者Aの責任でなされるもので、これを「**責任転抵当**」という。したがって、責任転抵当は、原抵当権設定者Bに影響を及ぼさない。

　他方、Bの承諾を得て行われる「**承諾転抵当**」も有効であるが、その内容は契約により定まる。

　責任転抵当は、複雑な法律関係を生ずるためその利用は少ない。以下、376条・377条の規定する責任転抵当につき説明する。

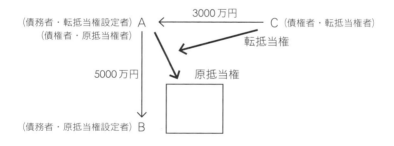

(2)転抵当の法律的性質　(a)債権・抵当権共同質入説　この説は、転抵当は、抵当権付き債権の質入れにすぎない、とするものである（柚木＝高木・294頁）。

　しかし、抵当権により担保された債権が質入れされ（債権質）、これに伴い抵当権も質権に服することは当然のことであり（抵当権の付従性）、そうとすると転抵当につき特に規定を必要としないはずである。民法に特に規定が置かれているのは、民法は、原抵当権者Aが把握している担保価値を被担保債権から切り離して他の債権の担保に供し得ることを認めているからである（抵当権の

付従性の例外）と理解すべきである（鈴木・271頁、安永・330頁注55）。このような理解を前提に、次のような説が登場している。

　(b)**抵当権質入説（抵当権単独質入説）**　　これは、Aの有する抵当権の上にCのために質権（一種の権利質）が設定されるとする説である（鈴木・271頁）。

　(c)**抵当物上再度抵当権設定説**　　これは、原抵当権者Aの把握した担保価値を再度抵当に入れるという意味において、抵当不動産に再度他の債権者Cのために抵当権を設定することであるとする説である（我妻Ⅲ・390頁、川井Ⅱ・393頁）。

　(b)説と(c)説は、**原抵当権によって把握された担保価値を被担保債権から切り離して他の債権の担保に供し得る**とする点で共通する。(c)説が多数説であるが、376条1項の文言から(b)説も有力である。(a)説にあっては、債権にも質権が設定されるから、転抵当権者Cは、債権質権者として第三債務者Bに対して取立権を行使し得る（366条1項）ことになる。この点が、(a)説と(b)説・(c)説との違いとされるが（高木・224頁。近江Ⅲ・212頁は、転抵当権者の取立権を肯定的に評価するが、取立権を認める必要はないと考える〔同旨：髙橋・191頁〕）、その他については、いずれの説によっても具体的結論には大差がないとされる（鈴木・272頁、高木・224頁）。

(3)**転抵当の要件**　　転抵当は、原抵当権者Aと転抵当権者Cとの転抵当権設定契約により成立する。**転抵当権設定契約は、AとCとの合意のみにより成立する諾成・不要式の契約**である。転抵当権の被担保債権額が原抵当権の被担保債権額を超過してもよいし、転抵当権の被担保債権の弁済期が原抵当権の被担保債権の弁済期より後に到来してもよい。いずれの場合も、転抵当権の成立には影響はなく、あとは効果の問題（☞(5)）として考えればよい。

(4)**転抵当の対抗要件**　(a)**第三者対抗要件としての登記**　　転抵当権設定も不動産の物権変動であるから、**登記が第三者対抗要件である**（177条。**原抵当権設定登記への付記登記**の方法による。不登4条2項・90条参照）。

　(b)**主たる債務者等に対する対抗要件としての主たる債務者Bへの転抵当権設定の通知またはBの承諾**　　転抵当権者Cが転抵当権を、主たる債務者、保証人、抵当権設定者、およびこれらの者の承継人（以下、「債務者等」とする）に対抗するためには、債権譲渡の対抗要件につき規定する467条に従い、転抵当

権設定につき**債務者Ｂに対する通知または債務者Ｂの承諾が必要**である（377条1項。債権の帰属関係を決定するためではないから、確定日付ある証書によることを必要としない〔通説〕）。通知または承諾がなされたときは、債務者Ｂ等が転抵当権者Ｃの承諾なしに、転抵当権を設定したＡに被担保債権を弁済しても、債務者Ｂ等は弁済を転抵当権者Ｃに対抗することができない（同条2項）。逆に通知または承諾がなされていないと、債務者Ｂ等が、原抵当権者Ａに被担保債権を弁済した場合、債務者Ｂ等は、原抵当権の消滅を転抵当権者Ｃに対抗できる。

(5)効果　(a)転抵当権者の権利行使　転抵当権者Ｃは、転抵当権および原抵当権の被担保債権の弁済期が到来すれば、**原抵当権を実行し**、原抵当権者Ａに優先して弁済を受けることができる。転抵当権の被担保債権額が原抵当権のそれを超過しているとき、転抵当権者Ｃは、原抵当権の被担保債権額の範囲で優先弁済を受けることになるのは当然である。なお、転抵当権者が優先弁済を受け得る被担保債権の範囲についても、375条の適用がある。転抵当権の被担保債権の弁済期が到来する前に、原抵当権の被担保債権の弁済期が到来したときは、転抵当権者Ｃは、まだ原抵当権の実行はなし得ない。

(b)債務者の供託権と供託金還付請求権　転抵当権の被担保債権の弁済期が到来する前に、原抵当権の被担保債権の弁済期が到来したときは、原抵当権の被担保債権の債務者Ｂは弁済の利益を有するので、原抵当権の被担保債権額相当額の金銭を供託できると解する（☞(4)(b)で見たように、377条の転抵当権設定の通知または承諾があった場合は、ＢはＣの承諾なしに原抵当権者Ａに弁済しても弁済をＣに対抗できない。同条2項）。これにより、原抵当権および転抵当権は、供託金還付請求権の上に移行し、抵当不動産上の原抵当権は消滅する。

(c)原抵当権者の競売申立ての可否　原抵当権者Ａは、転抵当権設定により、原抵当権の放棄が制限されるだけでなく、原抵当権の被担保債権を消滅させることができなくなるから、一般には原抵当権者ＡはＢから弁済を受けられないし、原抵当権の被担保債権の弁済期が到来しても競売の申立てもできない。もっとも、原抵当権の被担保債権額（前記の例で5000万円）が転抵当権の被担保債権額（前記の例で3000万円）を上回る場合につき、従来の有力学説は、その超過額（前記の例で2000万円）につきＡは弁済を受けられるとし、判例（大決昭7・8・29民集11-1729）も、原抵当権者Ａは自ら競売の申立てをして超過

額の弁済を受けることができ、転抵当権者Cの受け取るべき金額については、弁済または供託すべきであるとした。これに対して、転抵当権の被担保債権額が確定していないことおよび抵当権の不可分性を理由に、反対説も有力である。しかし、原抵当権者の競売申立てを認めて、その時点での原抵当権の被担保債権の範囲で配当を受けることとし、その配当金についてまず転抵当権者Cが優先弁済を受け（他の抵当権者の申立てによる競売の場合であるが、弁済期未到来の抵当権者の被担保債権も、民執88条は弁済期が到来したものとみなしている）、その残りから、原抵当権者Aが優先弁済を受けることになる、と考えてよいであろう（結論同旨：道垣内・196頁、安永・333頁）。

第9節　共同抵当

1．共同抵当の意義

　同一の債権を担保するために、2つ以上の不動産の上に設定された抵当権を**共同抵当**という（392条）。例えば、AのBに対する1億円の貸金債権を担保するために、債務者B所有の甲土地（時価1億円）と乙土地（時価2500万円）にAが抵当権の設定を受ける場合がこれにあたる。共同抵当は、1つの不動産だけでは被担保債権の担保価値として不十分な場合に十分な担保価値を確保する目的（**担保価値の集積**）や、抵当権の目的となった不動産の予想外の価値の減少に備える目的（**危険の分散**）で広く利用されている。また、土地とその上の建物が同一の所有者に属している場合には、**法定地上権**（388条）の問題（☞第6節2）を回避するために、土地と建物を共同抵当の目的とすることが多い。

2．共同抵当である旨の登記および共同担保目録の備付け

　共同抵当権が設定される場合は、**共同抵当である旨の登記**がなされ、**共同担保目録**が登記所に備えられる（不登83条1項4号・2項参照）。そのことによって、ある不動産に担保の設定を受けようとする後順位抵当権者などは、その不動産が他の不動産と共同抵当の関係にあることを知り得る。

もっとも、共同抵当である旨の登記や共同担保目録の備付けがなくとも、共同抵当の関係にある不動産について後順位抵当権の設定を受けた者などは、それらの不動産が共同抵当となっている旨を主張・立証することができれば、共同抵当であることによる利益を受けることができる（☞3）。したがって、共同抵当である旨の登記は、登記をした共同抵当権者にとって利益になるのではなく、後順位抵当権者等にとって利益になるものであるから、**対抗要件としての意味**はない。

3. 共同抵当における配当

　共同抵当の被担保債権につき履行遅滞が生じたときは、抵当権者Aは、共同抵当の目的不動産につき競売の申立てをすることができる。先の例で、共同抵当権者Aは、甲土地および乙土地の双方につき競売を申し立てそれらの売却代金から同時に優先弁済を受けてもよいし（「同時配当」という）、どちらか一方、例えば甲土地につきまず競売を申し立てその売却代金から優先弁済を受け、被担保債権の十分な回収を受けられないときは、改めて乙土地につき競売を申し立てその売却代金から残りの債権の優先弁済を受けてもよい（「異時配当」という。甲土地および乙土地の双方につき同時に競売の申立てをしても、手続の進行の関係で一方の不動産の売却代金が先に配当されることもあり、このときは異時配当となる）。このため、共同抵当の目的不動産につき後順位抵当権者がいるときは、後順位抵当権者は共同抵当権者Aの優先弁済の受け方いかんによって大きな影響を受ける。そこで民法は、一定のルールを定め、同時配当の場合と異時配当の場合とで後順位抵当権者の配当に差が生じないように配慮している。

　なお、以下では、抵当権設定時の被担保債権額と抵当不動産の売却代金の配当時における被担保債権額とを同額としているが、これは、配当額の計算を単純にするためである。実際上は、抵当権設定時の被担保債権額は、弁済により減少していくのが一般的であるが、逆に、弁済がなされずに履行遅滞が生ずると、利息や遅延損害金の分が加算されて被担保債権額が増大することになる（375条の制限はある）。したがって配当額の計算は単純ではない。

(1)**目的不動産のいずれもが同一人に帰属する場合**　(a)**目的不動産のいずれもが債務者に帰属するとき**　i　同時配当のケース　　AのBに対する1億円の貸

金債権を担保するために、債務者B所有の甲土地（時価1億円）および乙土地（時価2500万円）に共同抵当権が設定され、次いで甲土地につきCのために2番抵当権（債権額3000万円）、乙土地につきDのために2番抵当権（債権額1000万円）が設定され、その後、Aの申立てによる競売手続において**同時配当**が行われる場合、共同抵当権者Aは、各不動産からその価額（売却代金）の割合（以下では、いずれも債権者に配当される売却代金額が時価相当額であると仮定する。甲土地：乙土地＝1億円：2500万円＝4：1）に応じて配当を受けるから（392条1項。これを「**割付け**」という）、各債権者の配当額は次表のようになる。

債務者所有の甲土地と乙土地との共同抵当——同時配当の場合

共同抵当不動産	所有者	売却代金	1番抵当権（共同抵当権）		2番抵当権	
			債権者・債権額	配当額	債権者・債権額	配当額
甲土地	債務者B	1億円	A　1億円	8000万円	C 3000万円	2000万円
乙土地		2500万円		2000万円	D 1000万円	500万円

一方の不動産に後順位抵当権の設定がない場合にも「割付け」は行われる。例えば、甲土地には、後順位抵当権者C（被担保債権額3000万円）がいるが、乙土地には、後順位抵当権者がいない場合も、甲土地・乙土地の売却代金は、それぞれの売却代金の額に応じて割付けがなされ、その結果、甲土地の後順位抵当権者Cは、2000万円の配当を受けるだけで、乙土地の売却代金2500万円は、そのうち2000万円が共同抵当権者Aに配当され、残りの500万円は抵当権設定者Bに交付される。共同抵当の目的不動産のいずれにも後順位抵当権者等の担保権者が存在しないときは、割付けの必要は生じないが（共同抵当不動産の全部の売却代金の合計額1億2500万円から共同抵当権者Aに1億円を交付し、残りの2500万円をBに交付すればよい）、例えば、Bの一般債権者E（債権額1000万円とする）が乙土地についてだけ強制競売の申立て（民執47条1項）または配当要求（民執51条）をしていたときは、Eは乙土地の売却代金からしか配当（民執87条1項1号・2号）を受け得ないので、割付けが必要となる。

なお、前記で検討した例では、共同抵当権者Aが甲土地・乙土地のいずれに

おいても1番抵当権者であったが、甲土地にはAに優先する1番抵当権者F（債権額3000万円）がおり、共同抵当権者Aは甲土地については2番抵当権者、乙土地については1番抵当権者であった場合はどうなるか。この場合の共同抵当権者Aへの同時配当における392条1項の不動産の価額は、甲土地については甲土地の売却代金額から1番抵当権者Fが優先弁済を受ける額を控除したものになる（仮に甲土地の売却代金が1億3000万円であり、Fの債権額を3000万円とすれば、ACDの配当は上の表と同じになる）。

《参考》共同抵当不動産の一部に同順位の抵当権者がいた場合の同時配当における配当　　iの最初の事例で、Gが乙土地にのみ共同抵当権者Aと同順位の1番抵当権の設定を受けており、Gの被担保債権額が2500万円であったとすると、甲土地と乙土地の同時配当の場合、各抵当権者はどのように配当を受けるか。
　　判例（最判平14・10・22判時1804-34）は、次のように考えている。すなわち、共同抵当において各不動産上の抵当権はそれぞれ債権額の全部を担保するものであるから、Aは乙土地の同順位の抵当権者Gに対してもその被担保債権額全額を主張できるので、Aにとっての乙土地の売却代金は2500万円×1億円（Aの債権額）／1億2500万円（Aの債権額とGの債権額の合計額）＝2000万円となる。そこで、Aの被担保債権額1億円が甲土地（1億円）と乙土地（2000万円）に割り付けられる。その結果、Aは甲土地から8333万円、乙土地から1667万円ほどの優先弁済を受けることができ、乙土地の他の1番抵当権者Gは、乙土地から833万円ほどの優先弁済を受ける。甲土地の2番抵当権者Cは1667万円ほどの配当を受けることになるが、乙土地の2番抵当権者Dは配当を受けることができない。

ⅱ　**異時配当のケース**　　iの最初の事例で共同抵当権者Aがまず甲土地について競売の申立てをし、甲土地の売却代金が配当される場合（異時配当）は、Aは被担保債権額の全部（1億円）につき優先弁済を受けることができる（392条2項前段。先の例では、売却代金1億円であるから1億円全部の配当を受けることができる）。この事例では、共同抵当権者Aは他の共同抵当物件の乙土地につき競売の申立てをする必要がないが、もし甲土地の売却代金が少なくて被担保債権の一部しか配当を受けられなかったときは、Aは乙土地につき競売を申し立て、その売却代金から残額につき優先弁済を受けることができる。しかしこれだけでは、甲土地の後順位抵当権者Cは、配当を受けられないことになり、同時配当の場合（☞ⅰ）に比べて不利益を受ける。

そこで、民法は、同時配当の場合であれば共同抵当権者Aが乙土地から受け

るべき配当額の限度で（2000万円）、甲土地の2番抵当権者Cは共同抵当権者Aに代位して、乙土地につき担保不動産競売の申立てをして、乙土地の売却代金から配当を受けることができることにしている（392条2項後段。大連判大15・4・8民集5-575）。乙土地の2番抵当権者Dは残りの500万円の配当を受ける。その結果、各債権者への配当額は、次表のようになり、各抵当権者は**同時配当の場合**（☞ⅰ）と**同じ額**の配当を受けることができる。

債務者所有の甲土地と乙土地との共同抵当——異時配当の場合

共同抵当不動産	所有者	配当の順序	売却代金	1番抵当権（共同抵当権）		2番抵当権	
				債権者・債権額	配当額	債権者・債権額	配当額
甲土地	債務者B	1	1億円	A 1億円	1億円	C 3000万円	0円（＋乙土地のAの抵当権に代位して2000万円）
乙土地		2	2500万円		CがAの抵当権に代位して2000万円	D 1000万円	500万円

《展開》後順位抵当権者の代位の付記登記の重要性　　甲土地の2番抵当権者Cが共同抵当権者Aに代位して乙土地から配当を受けようとするときは、乙土地に対するAの抵当権の登記に**代位の付記登記**（不登91条）をしなければならない（393条）。もし、2番抵当権者Cの**代位の付記登記がされる前**に、共同抵当権者Aが甲土地の競売によりすでに被担保債権の全部の満足を受けたとして（甲土地の売却代金が1億円であったとき）乙土地上の**抵当権登記を抹消**し、その後H（債権額2000万円）が乙土地に抵当権の設定を受け設定登記を経由した場合は、甲土地の2番抵当権者Cは、Hに対しては乙土地上のAの抵当権への代位を主張できない（大判昭5・9・23新聞3193-13。抵当権登記が残っていても、代位の付記登記がない以上、同様になろう）。したがって、乙土地につき競売がなされたときは、Hは、乙土地上の抵当権者は、1番抵当権者D（債権額1000万円）、2番抵当権者H（債権額2000万円）であるとして、乙土地の売却代金2500万円のうち、Dに1000万円、Hに1500万円がそれぞれ配当されるべきことを主張し得る。甲土地の2番抵当権者CはHへの1500万円の配当は認めざるを得ない。

　もっとも、甲土地上の2番抵当権者Cは、代位権発生前からの乙土地上の2番抵当権者であるDに対しては、代位の付記登記がなくても乙土地上のAの抵当権への代位を

主張できる。そこで、CがAに代位した場合のCへの配当額は2000万円であったから（前の表参照）、代位の登記がないためDへ配当されるべき1000万円のうち、Cが代位の付記登記をしておけばDが得られたはずの500万円分を控除した500万円分についてはCが代位できると考えるべきであろう。

《展開》共同抵当権者の一方不動産についての抵当権の放棄と後順位抵当権者の保護
　本文のⅱのケースのように、共同抵当権の目的不動産がいずれも債務者B（または同一の物上保証人）に属しているケースにおいて、共同抵当権者A（債権額1億円）が甲土地（時価1億円）の競売により被担保債権の優先弁済を受ければ足りると考えて、乙土地（時価2500万円）についての抵当権を放棄した場合、Aは、甲土地について競売の申立てをして、売却代金から1億円の優先弁済を受け、甲土地の後順位抵当権者C（債権額3000万円）は、乙土地上のAの抵当権に代位できず、割付けによる保護を受けられないことになるのかが問題となる。
　これにつき、判例（大判昭11・7・14民集15-1409、最判昭44・7・3民集23-8-1297〔傍論〕、最判平4・11・6民集46-8-2625〔百選Ⅰ・95事件〕）は、共同抵当権者Aが、共同抵当権の実行より前に乙土地上の抵当権を放棄しこれを消滅させた場合には、放棄がなかったならば甲土地の2番抵当権者Cが乙土地上のAの抵当権に**代位できた限度で、甲土地の2番抵当権者Cに優先することはできない**と解すべきである、としている。したがって、甲土地の競売につき配当手続が行われている間であれば、甲土地の2番抵当権者Cは、配当異議の申出（民執89条）をして、同時配当における割付けの場合と同様、Cは甲土地の売却代金から2000万円の配当を受けることができる旨の主張をし、2000万円の配当を受けることができ（その結果、共同抵当権者Aは、甲土地から8000万円の優先弁済を受けるのみとなる）、競売手続終了後の場合には、Cは1億円の配当を受けた共同抵当権者Aに対して2000万円分の不当利得返還請求権を行使することができる（前掲最判平4・11・6）。
　判例の見解に賛成する学説が多いが（道垣内・209頁、内田Ⅲ・471頁など）、これに反対する説もなお有力である（高木多喜男「後順位抵当権者のための共同抵当権者の担保保存」金法1382号26頁〔1994年〕、角紀代恵「判批」判タ823号60頁〔1993年〕）。例えば、高木教授は、共同抵当権者に優先権喪失という大きな不利益を負わせるべきではなく、共同抵当権者が、自己の利益と関係がないのに、後順位抵当権者の代位の期待利益を不当に奪う抵当権の放棄をした場合だけを不法行為として、共同抵当権者に損害賠償義務を負わせるにとどめるべきである、とする。

(b)目的不動産のいずれもが同一の物上保証人に帰属するとき　(a)のケースと異なり、**共同抵当の目的不動産のいずれもが同一の物上保証人に帰属している**場合も(a)と同様の取扱いになる。(a)のケースで、共同抵当の目的である甲土地および乙土地のいずれもが、債務者Bではなく物上保証人Iに帰属しているものとする。説明の便宜上、異時配当のケースを先に取り上げる。

ⅰ　**異時配当のケース**　　判例（前掲最判平4・11・6）は、このような場合、後順位抵当権者は、先順位の共同抵当権の負担を甲・乙不動産の価額に準じて配分すれば甲不動産の担保価値に余剰が生ずることを期待して、抵当権の設定を受けているのが通常であって、先順位の共同抵当権者が甲不動産の代価につき債権の全部の弁済を受けることができるため、後順位抵当権者のこの期待が害されるときは、債務者がその所有する不動産に共同抵当権を設定した場合と同様、392条2項後段に規定する代位により、この期待を保護すべきであるとする。そしてこの判例はまた、甲不動産の所有権を失った物上保証人Ｉは、債務者に対する**求償権**を取得し、その範囲内で**499条・501条の規定に基づき**先順位の共同抵当権者が有した**一切の権利を代位行使し得る**立場にあるが、自己の所有する乙不動産についてみれば、これらの規定による**法定代位を生じる余地はなく**（499条・501条の**弁済による代位**の問題は、債権総論の課題であるが、この問題に若干踏み込むことになる。☞(2))、前記配分に従った利用を前提に後順位の抵当権を設定しているのであるから、**392条2項による後順位抵当権者の代位**を認めても不測の損害を受けるわけではない、としている。

　ⅱ　**同時配当のケース**　　したがって、共同抵当権者が同一の物上保証人Ｉ所有の甲土地および乙土地の売却代金から同時配当を受ける場合も、392条1項が適用されて**割付け**が行われる。

　以上のように、共同抵当の目的不動産のいずれもが同一人に帰属している場合は、その一部の不動産が競売されても、その不動産所有者に他の不動産上の共同抵当権への弁済による代位は問題にならず、392条2項による後順位抵当権者の代位だけが問題となる。

(2)目的不動産の一部が債務者に、他の一部が物上保証人に帰属している場合

　これに対して、共同抵当の目的不動産の一部（甲土地）が債務者に、他の一部（乙土地）が**物上保証人**に帰属している場合には、共同抵当権者の申立てにより物上保証人所有の抵当不動産につき競売が行われ、売却代金が抵当権者の配当に充てられたときは、物上保証人は債務者に対して**求償権**を取得し、求償権の行使をより確実なものにするために**弁済による代位**（499条）が認められ、物上保証人は、抵当権者が有していた一切の権利（共同抵当権も）を行使することができる（501条1項）。したがって、ここでは物上保証人による債務者所

有の甲土地上の共同抵当権者の抵当権への**弁済による代位**（499条・501条）と、債務者所有の甲土地上の後順位抵当権者の**392条の割付けへの期待**とが衝突する。ここでも、便宜上異時配当のケースから先に検討する。

　(a)異時配当のケース　　(1)(a)ⅰの例で、甲土地は債務者Ｂに、乙土地は物上保証人Ｉに帰属しているとした場合に、共同抵当権者Ａが物上保証人Ｉ所有の乙土地についてまず競売の申立てをし、乙土地の売却代金2500万円からＡが1億円の被担保債権のうち2500万円分の優先弁済を受けたとき、その後はどうなるか（☞後掲表(1)）。

　この場合、物上保証人Ｉは、債務者Ｂに対して2500万円の**求償権**を取得するが、弁済をするについて正当な利益を有する者として債権者への**弁済による代位**（弁済者の法定代位）が認められ（499条）、求償権の範囲内において、債権者Ａの有していた一切の権利を代位行使できる（501条1項）。そこで、物上保証人Ｉは、共同抵当権者Ａが甲土地について有している抵当権を代位行使できることになるはずである。これがそのまま認められるとすれば、共同抵当権者ＡはＩ所有の乙土地から2500万円、次いで債務者Ｂ所有の甲土地から7500万円の優先弁済を受け、物上保証人Ｉが弁済による代位でＢ所有の甲土地から2500万円の求償権の満足を受ける。そうとすると、債務者Ｂ所有の甲土地の2番抵当権者Ｃ（債権額3000万円）は、配当を受けられないことになる。結局、債務者所有の甲土地の後順位抵当権者は、共同抵当権者の債権の不動産価額に按分した割付け（392条）は期待できず、1番共同抵当権者Ａの被担保債権額全額が債務者所有の抵当不動産から優先弁済を受け、余りが生ずるときだけその残余から優先弁済を受け得るにすぎないことになる。この問題をどのように考えるべきかが問題となる。

　判例（前掲最判昭44・7・3、最判昭60・5・23民集39-4-940〔百選Ⅰ・94事件〕）・多数学説は、このような場合、物上保証人Ｉは、499条により共同抵当権者Ａが債務者Ｂ所有の甲土地に有した抵当権の全額について代位することができ、債務者Ｂ所有の甲土地の2番抵当権者Ｃのする**392条2項後段による代位**と**物上保証人Ｉのする弁済による代位**（499条・501条）とが衝突する場合には、後者が保護されるのであって、債務者Ｂ所有の甲土地について競売がされたときは、債務者Ｂ所有の甲土地の2番抵当権者Ｃは、物上保証人Ｉ所有の乙土地に

ついて代位することができないとしている（☞後掲表(1)）。その理由は、物上保証人Ｉとしては、物上保証人Ｉ所有の乙土地と債務者Ｂ所有の甲土地が共同抵当の目的となった場合、物上保証人Ｉ所有の乙土地が競売にかけられ共同抵当権者Ａが被担保債権の弁済を受けたときは、他の共同抵当物件である債務者Ｂ所有の甲土地から**自己の求償権の満足を得ることを期待していた**（499条・501条の弁済による代位）ものというべきであって、甲土地・乙土地に共同抵当権が設定された後に、債務者Ｂ所有の甲土地に２番抵当権がＣのために設定されたことによりこの期待を奪われるべきではないという点にある。判例の考え方が妥当であろう。

したがって、このような場合には、共同抵当権者Ａは、物上保証人Ｉ所有の乙土地の抵当権を放棄した後に債務者Ｂ所有の甲土地の抵当権を実行したときであっても、債務者Ｂ所有の甲土地の売却代金から自己の債権の全額について満足を受けることができるというべきであり（☞(1)(a)《展開》「共同抵当権者の一方不動産についての抵当権の放棄と後順位抵当権者の保護」は、共同抵当の目的不動産が同一人に帰属している場合であり、これとは異なる）、このことは、保証人などのように弁済により当然甲土地の抵当権に代位できる者が、この抵当権を実行した場合でも、同様である（前掲最判昭44・7・3）。

また、**物上保証人Ｉ所有の乙土地の２番抵当権者Ｄ**に関して、判例（大判昭11・12・9民集15-2172）は、物上保証人Ｉが共同抵当権者Ａに代位する抵当権について、Ｄは**あたかも物上代位（304条）をなすのと同じように実行し、優先弁済を受けることができる**としている（物上保証人Ｉが代位できる2500万円中1000万円の債権額の限度でＤが弁済を受けることができる。なお、これは物上代位そのものではないので、差押えは不要とされる。最判昭53・7・4民集32-5-785、☞後掲表(1)）。

債務者所有の土地と物上保証人所有の土地との共同抵当――異時配当の場合(1)

共同抵当不動産	所有者	配当の順序	売却代金	１番抵当権（共同抵当）		２番抵当権	
				債権者・債権額	配当額	債権者・債権額	配当額

| 甲土地 | 債務者B | 2 | 1億円 | A 1億円 | ①A 7500万円 ②物上保証人Ⅰが499条により2500万円分代位（これに乙土地の2番抵当権者Dが物上代位的に代位。1000万円） | C 3000万円 | 0円 |
| 乙土地 | 物上保証人Ⅰ | 1 | 2500万円 | | A 2500万円 | D 1000万円 | 0（＋Ⅰに物上代位的に代位して1000万円） |

　上の例で共同抵当権者Aが債務者B所有の甲土地についてまず競売の申立てをしたときは、Aの被担保債権は甲土地の売却代金からの配当で完済される。その結果、債務者所有の甲土地の2番抵当権者Cは、債権の回収は得られなくなるが、物上保証人Ⅰ所有の乙土地につき392条2項後段による代位はなし得ない（前掲最判昭44・7・3）。物上保証人Ⅰ所有の乙土地の後順位抵当権者Dは、乙土地につき競売を申し立てて、売却代金2500万円から1000万円の優先弁済を受けることができる（☞表(2)参照）。剰余金1500万円は、物上保証人Ⅰに交付される。

債務者所有の土地と物上保証人所有の土地との共同抵当——異時配当の場合(2)

共同抵当不動産	所有者	配当の順序	売却代金	1番抵当権（共同抵当）		2番抵当権	
				債権者・債権額	配当額	債権者・債権額	配当額
甲土地	債務者B	1	1億円	A 1億円	①A 1億円	C 3000万円	0円（乙土地への代位不可）
乙土地	物上保証人Ⅰ	2	2500万円		②Aの抵当権消滅	D 1000万円	1000万円

　(b)同時配当の場合　(a)の例で、甲土地は債務者Bに、乙土地は物上保証人Ⅰに帰属している場合に、共同抵当権者Aが甲土地および乙土地の両方につき競売の申立てをして、双方の売却代金が同時に配当されるとき、392条1項の

割付けが行われるのかが問題となる。仮に割付けが行われると（Aは甲土地から8000万円、乙土地から2000万円、Cは甲土地から2000万円、Dは乙土地から500万円）、その後、物上保証人Ｉによる499条・501条の代位の問題が生じることになる。しかし、(a)の異時配当において見たように、判例・多数学説は、債務者Ｂ所有の甲土地の２番抵当権者Ｃのする392条２項後段による代位と物上保証人Ｉのする弁済による代位（499条・501条）とが衝突する場合には、物上保証人のする弁済による代位が保護されるという立場に立っているのだから、同時配当の場合には、割付けは行われず、**まず債務者Ｂ所有の甲土地の売却代金から共同抵当権者Ａへの配当が行われるべき**である（債務者所有の甲土地からAは1億円、Cは0円。Cは物上保証人所有の乙土地には、392条2項後段の代位をなし得ない。鈴木・282頁、内田Ⅲ・466頁。大阪地判平22・6・30判時2092-122）。これによりＡの共同抵当権が弁済により消滅すれば、物上保証人Ｉ所有の乙土地の競売はなされるべきではなかったことになる（乙土地も売却されてしまった場合は、乙土地の売却代金2500万円のうち1000万円は乙土地の２番抵当権者Ｄに配当され、残りの1500万円は物上保証人Ｉに交付されることになる）。したがって、通常は、債務者Ｂ所有の甲土地の売却代金でもって共同抵当権者Ａの債権の回収が図れるような場合には、物上保証人Ｉ所有の乙土地についての売却許可決定が留保され、最高価買受申出人は買受けの申出を取り消すことができ、甲土地の買受人が代金1億円を納付したときは、乙土地の競売手続が取り消される（民執73条1項・3項・4項。もっとも、乙土地についての２番抵当権者Ｄの被担保債権につき履行遅滞が生ずれば、乙土地についての配当手続が進められる）。

《展開》共同抵当の目的不動産が異なった物上保証人に帰属している場合　　共同抵当の目的土地甲が物上保証人Ｊに、目的土地乙が物上保証人Ｉに帰属しているような場合には、499条・501条の**弁済による代位**（債権総論のテーマ）の問題が中心となるので、《展開》の欄で扱うこととした。説明の便宜上、異時配当のケースを先に取り上げる。

(a)異時配当の場合　　抵当権者Ａ（債権額1億円）が、物上保証人Ｊ所有の甲土地（時価1億円）と物上保証人Ｉ所有の乙土地（時価2500万円）に共同抵当権の設定を受けており、Ａが甲土地につき競売の申立てをして甲土地の売却代金1億円がＡの被担保債権の配当に充てられると、Ａの抵当権は弁済により消滅することになるが、物上保証

人Jは、債務者Bに対して1億円の求償権を有し、この求償権を確保するために、Aの有していた乙土地上の抵当権に不動産の価格の割合で代位し得る（499条、501条1項・2項・3項3号）。これは、1つの債権の担保のために異なった物上保証人がそれぞれ抵当不動産を提供している場合は、互いに弁済による代位が生じ得るが、不動産の価格の割合で代位するのが公平であると考えられるためである。不動産の価格は、甲土地：乙土地＝4：1であるから、Jは乙土地上のAの抵当権に1億円の1/5＝2000万円分代位して競売の申立てをし、優先的に配当を受けることができる。もっとも、Jは甲土地につきCのために後順位抵当権の設定をしていたから、Jの受けるべき2000万円につき、甲土地の後順位抵当権者Cが物上代位的に代位して優先弁済を受けることができると解する（大判昭11・12・9民集15-2172）。

目的不動産が異なった物上保証人に帰属している共同抵当——異時配当の場合

共同抵当不動産	所有者	配当の順序	売却代金	1番抵当権（共同抵当）		2番抵当権	
				債権者・債権額	配当額	債権者・債権額	配当額
甲土地	物上保証人J	1	1億円	A 1億円	①A 1億円	C 3000万円	0円（＋Jに物上代位的に代位。2000万円）
乙土地	物上保証人I	2	2500万円		②物上保証人Jが501条3項3号によりAの抵当権に2000万円分代位（これに甲土地の2番抵当権者Cが物上代位的に代位。2000万円）	D 1000万円	500万円

(b)同時配当の場合 この場合も、異時配当の場合と同様の配当を受けるべきであるから、共同抵当権者Aは、被担保債権額につき甲土地と乙土地の売却代金額に応じて配当を受け（甲土地から8000万円、乙土地から2000万円）、それぞれの後順位抵当権者は、それぞれの不動産の売却代金の残りから優先弁済を受ける（Cが甲土地から2000万円、Dが乙土地から500万円）。結果的には、392条1項によるのと同じになるが、392条によるのではなく、501条3項3号によると解すべきである。

以上のように、共同抵当の目的不動産が異なった所有者に帰属しており（共同抵当の目的不動産の一部が債務者に、他の一部が物上保証人に帰属しているとき、

および共同抵当の目的不動産が異なった物上保証人に帰属しているとき）、物上保証人所有の不動産が競売されて共同抵当権者の債権の弁済に充てられた場合は、その物上保証人のために、499条により債務者所有の不動産上の共同抵当権への代位または他の物上保証人所有の不動産上の共同抵当権への弁済による代位が認められる。この場合には、392条2項による後順位抵当権者の代位は認められない。

《展開》目的不動産のいずれもが債務者に帰属していたが、その後一方または双方が第三取得者に帰属した場合　ⅰ　一方が第三取得者に帰属した場合　本文の(1)(a)と同様、AのBに対する1億円の貸金債権を担保するために債務者B所有の甲土地（時価1億円）および乙土地（時価2500万円）に共同抵当権が設定されたが、その後甲土地が第三取得者Kに帰属した場合において、Aが甲土地につき競売の申立てをして、甲土地の売却代金1億円がAの被担保債権の配当に充てられると、第三取得者Kは、債務者Bに対して1億円の求償権を有し、この求償権を確保するためにAの有していた債務者B所有の乙土地上の抵当権に代位し、乙土地の売却代金2500万円から優先弁済を受けることができるが、これは499条・501条の弁済による代位である。

　ⅱ　双方が第三取得者に帰属した場合　ⅰと同様に、AのBに対する1億円の貸金債権を担保するために債務者B所有の甲土地（時価1億円）および乙土地（時価2500万円）に共同抵当権が設定されたが、その後甲土地が第三取得者Kに、乙土地が第三取得者Lに帰属した場合において、Aが甲土地につき競売の申立てをして甲土地の売却代金1億円がAの被担保債権の配当に充てられると、第三取得者Kは、債務者Bに対して1億円の求償権を有し、この求償権を確保するために、Aの有していた第三取得者L所有の乙土地上の抵当権に代位し得る。第三取得者同士の代位であり、この場合、上掲の《展開》の場合と同様、第三取得者Kは、第三取得者L所有の乙土地上のAの抵当権に、不動産の価格の割合で代位する（499条・501条3項2号）。ⅱのケースも、弁済による代位の規定により処理される。同時配当の場合も、上掲の《展開》の場合と同様の処理となる。

《参考》一方が第三取得者に帰属し、他方につき後順位抵当権が設定された場合
　直前の《展開》のⅰと同様に、AのBに対する1億円の貸金債権を担保するために債務者B所有の甲土地（時価1億円）および乙土地（時価2500万円）に共同抵当権が設定されたが、その後、甲土地につきCのために2番抵当権（債権額3000万円）が設定され、他方、乙土地が第三取得者Lに帰属した場合において、Aが甲土地につき競売の申し立てをして甲土地の売却代金1億円がAの被担保債権の配当に充てられると、甲土地の2番抵当権者Cは、甲土地の売却代金から配当を受けられないが、もともと共同抵当の目的不動産のいずれもが債務者に帰属していたのであるから、392条2項後段により、本文の例（☞(1)(a)ⅱ）にならって、第三取得者L所有の乙土地上のAの抵当権に代位して、2000万円の配当を受けることができるのかが問題となる。これについては

明文の規定はない。
　通説（我妻Ⅲ・462頁、高木・251頁など）は、甲土地につきCが2番抵当権の設定を受けたのが先か、それとも乙土地をLが譲り受けたのが先かで、優劣が決まるとする。すなわち、乙土地をLが取得する前にCが甲土地につき2番抵当権の設定を受けた場合は、甲土地の2番抵当権者Cとしては、甲土地が先に競売にかけられて、その売却代金1億円が共同抵当権者Aの被担保債権（1億円）の弁済に充てられ、甲土地から配当を受けられなくなっても、同時配当の場合であれば受けられたはずの甲土地・乙土地の不動産の価格の割合（4：1）に応じた配当額の限度（2000万円）で、乙土地上のAの抵当権に392条2項による代位をして、乙土地の売却代金2500万円から、2000万円の優先弁済を受けられることを期待したはずである。逆に、Cが甲土地につき2番抵当権の設定を受ける前に、乙土地をLが取得した場合には、第三取得者Lとしては、乙土地が先に競売にかけられて、その売却代金2500万円が共同抵当権者Aの被担保債権（1億円）の一部の弁済に充てられたときは、債務者に対して2500万円の求償権を取得し、弁済による代位（499条・501条）で、共同抵当権者Aが甲土地上に有する抵当権（被担保債権1億円）に代位して、Aが被担保債権の残債権額7500万円の優先弁済を受け、次いでLが2500万円の優先弁済を受けることによって、Lは債務者Bに対する求償権を回収することを期待したはずである（この例では、甲土地上の2番抵当権者Cには配当はない）。そしてこれらの期待は保護されるべきであるから、この問題は、甲土地につきCが2番抵当権の設定を受けたのが先であるときは、共同抵当の目的不動産のいずれもが債務者に帰属するときの問題（☞本文(1)(a)ⅱ）として392条2項により解決され、乙土地をLが取得したのが先であるときは、共同抵当の目的不動産の一部が債務者に、他の一部が物上保証人に帰属している場合の問題（☞本文(2)(a)）に準じて499条・501条の弁済による代位で解決されるべきだとするのが、通説の見解である。
　これに対して、後順位抵当権者Cの登場が先か、第三取得者Lの登場が先かにかかわらず、いずれの場合にも392条を適用し、不動産価格に応じた割付けがなされるべきであるとする有力説が存在する（松岡久和「弁済による代位」内田＝大村・民法の争点186頁、松岡・193頁）。その理由としてこの説は、①392条や501条3項2号・3号は、後順位抵当権者や第三取得者の登場の先後に関係なく、それ以前に負担を割り付ける趣旨であり、しかも、共同担保登記によって第三者はそのことを容易に認識できるから、登場時期を基準に代位の期待を分けることは不当である、②第三取得者は、そのような負担を割り付けられた不動産を取得するのであり、債務者所有の不動産から債務を弁済すべきだとはいえない、という点をあげる。
　確かに、この有力説の理由の①の前半は、その通りである。ただ、392条は、共同抵当の目的不動産のいずれもが債務者または同一の物上保証人に帰属している場合の、後順位抵当権者間の問題を調整する規定であり（☞本文(1)(a)(b)）、501条3項2号・3号は、共同抵当の目的不動産の第三取得者間、または物上保証人間の問題を調整する規定であるから（前記《展開》）、いずれも同質の権利を有する者の間の調整であり、登場の時期の先後を問題としないのはやむを得ないことであろう（追加的に物上保証人となることもある）。これに対して、ここで問題となっているのは、共同抵当の目的不動産の一方の後順位抵当権者と他方の第三取得者との関係である。通説が指摘するよ

うに、後順位抵当権者Cとしては、392条2項による代位の期待を有し、他方、第三取得者Lとしては、499条・501条による弁済による代位の期待を有している。392条2項による代位は、同時配当の場合と異時配当の場合とで、後順位抵当権者の配当額に差が生じないようにするためのものであり、499条・501条による弁済による代位は、債務者に代わって弁済した者（代位弁済者。ここでは乙土地を競売で失ったL）が債務者に対して取得した求償権をより確実に回収し得るようにするためのものであって、両者の趣旨は全く異なる。通説のいうように、後順位抵当権者の期待も、第三取得者の期待もそれぞれ保護に値する。だからといって有力説のように、不動産価格に割り付けるということにはならないのではなかろうか。先に登場した者が、このような期待を有するのは当然であり、有力説の理由の①の後半からすれば、後から登場する者は、このような期待を抱いてはならない事情を認識できるからである。共同抵当の目的不動産につき権利を取得する者は、抵当不動産の所有者が誰であるのか（債務者なのか、物上保証人なのか）について、きちんと調査した上で権利を取得しないと、思わぬ損害を被ることがあることはすでに見た通りである（☞本文(2)）。

　したがって、この問題については、通説の見解が妥当ではなかろうか。

第10節　物上代位権の行使

　抵当権者は、抵当不動産が第三者の不法行為により滅失させられた場合に抵当権設定者が第三者に対して取得する損害賠償請求権のような抵当不動産の価値代替物（または代替的価値・代償的価値）や、賃料債権のような付加的価値（または派生的価値）からも、物上代位により被担保債権の優先弁済を受けることができることについては前述した（☞第4節3）。

　そこでこの節では、抵当権者の物上代位権の行使をめぐる実体法上および手続法上の問題を取り上げる。

　なお、抵当権者が抵当不動産から発生する賃料債権等から優先弁済を受ける方法としては、他に担保不動産収益執行がある（☞第4節2）。担保不動産収益執行は、賃料債権への物上代位と共通する点が多いので、次の節で取り上げる。

1. 問題の所在

　372条により準用される304条1項但書によると（以下では、304条は372条による準用であることを省略する）、抵当権者は物上代位の目的物の抵当権設

者への払渡しまたは引渡し前に差押えをしなければならない。したがって、304条1項本文は、抵当権者は、抵当不動産の売却、賃貸、滅失または損傷によって抵当権設定者が受け取るべき金銭等に対しても行使することができるとしているので、物上代位の目的は金銭等の物であるかのように見えるが、この金銭等が設定者に支払われる前に差し押さえなければならないため、**物上代位の目的は損害賠償請求権や賃料債権のような債権**であるといえる。

304条1項但書のこの差押えの趣旨をめぐっては古くから見解の対立があり、この点が、以下に見るようにさまざまな問題に影響を与えている。

2. 物上代位権行使の要件

物上代位権の行使とは、物上代位の目的となる債権（損害賠償請求権や賃料債権など）から抵当権者が被担保債権の優先弁済を受けることである。そこで、**物上代位権行使の手続**は、債権に対する担保権の実行手続（民執193条1項前段・2項）と同様の方法で行われる。民事執行法193条1項後段および同条2項が物上代位権行使の手続規定である。

したがって、抵当権者は、まず物上代位の目的債権につき執行裁判所に差押命令を申し立てることになる（民執193条2項・143条）。物上代位に基づく差押えの要件としては、以下の実体的要件と手続的要件を必要とする（☞第5節2(1)に準ずる）。

(1)実体的要件　抵当権者が物上代位の目的債権につき執行裁判所に差押命令を申し立てるためには、実体的には、①抵当権の存在、および②被担保債権の弁済期の到来、が必要である。

賃料債権への物上代位の場合は、抵当権者は**被担保債権の弁済期到来後**でなければ物上代位権を行使し得ないことについては異論がない。これは、抵当権は、不動産質権と異なり使用収益権を伴わない担保物権であり、被担保債権の弁済期が到来し履行遅滞が生じない以上、抵当権設定者は抵当不動産を使用・収益できるからである（担保不動産収益執行の実体的根拠規定である371条は、抵当権は、被担保債権につき債務不履行があったときは、その後に生じた抵当不動産の果実に及ぶとしている。371条の賃料債権への物上代位への適用の是非につき、☞第4節3(2)(b) i）。

これに対して、抵当建物の火災保険金請求権や、抵当建物を滅失させた者に対する不法行為に基づく損害賠償請求権のような、**抵当不動産の代替的価値に対する物上代位**の場合に、これらの債権が発生した以上、被担保債権の弁済期到来前であっても物上代位権を行使し得るかが問題となる。この場合も、物上代位権の行使は、担保権の実行方法の1つと見るべきであるから、被担保債権の弁済期の到来が必要であると解すべきである。もし、火災保険金請求権や損害賠償請求権などに対して直ちに物上代位権を行使したいと考えるならば、抵当権者は、金銭消費貸借契約等の中に、抵当不動産につき滅失・損傷が生じたときは、債務者または設定者の帰責事由の有無を問わず、債務者は期限の利益を喪失する旨の期限の利益喪失条項を盛り込んでおく必要がある（実際には、このような条項が存在するのがむしろ一般的である）。

　このような条項が存在しなかったため、抵当権者が直ちに物上代位権を行使し得ず、火災保険金や損害賠償金が抵当権設定者に支払われてしまい、後日弁済期が到来しても抵当権者はもはや物上代位権を行使し得ないということが生じ得る。この点は、わが国の**手続法における欠缺**であり、手続法的には、弁済期未到来の場合にも抵当権者は物上代位の目的債権に対して、物上代位権の行使の保全のために仮差押えまたは処分禁止の仮処分等の手続（これらは、本来強制執行の保全の手続である。民保20条・23条）により第三債務者から設定者への火災保険金等の支払いを禁止することができると解すべきではなかろうか（同旨、中野＝下村・民執698頁、高木・139頁、140頁。安永・271頁は、304条1項の差押えは、抵当権を実行するという趣旨ではなく保全の趣旨であるから被担保債権の弁済期到来を必要としないとするのであり、これは上記の「仮差押え等」と同様、物上代位権の行使の保全のための差押えであって、上記の民事執行法193条2項・143条の物上代位権の行使としての差押えを意味しているわけではない。☞4(1)《展開》）。もし、抵当権者が債権の担保として火災保険金請求権を確保しておきたい場合には、抵当権者はこれにつきあらかじめ質権の設定も受けてその対抗要件を備えておくべきであろう（これが通常の担保実務）。

(2)手続的要件　　抵当権者が物上代位の目的債権につき執行裁判所に差押命令を申し立てるためには、実体的には、(1)で見たように、①抵当権の存在、および②被担保債権の弁済期の到来、が必要であるが、手続的には、抵当権者はこ

の①および②の実体的要件を主張・立証する必要はない。すなわち、手続的要件としては、(a)**抵当権の存在を証する文書の提出**、および(b)**障害事由**（会社更生手続の開始など）**の不存在**、が充たされれば、執行裁判所は目的債権につき差押命令を発するのであり、抵当権者としては、実体的要件の①の抵当権の存在に関しては、手続的要件の(a)の抵当権の存在を証する文書（民執193条1項・181条1項1～3号参照。一般には抵当権の登記に関する登記事項証明書の提出による）を執行裁判所（原則として設定者の普通裁判籍の所在地を管轄する地方裁判所。民執193条2項・144条1項参照）に提出して、物上代位の目的となる債権（例えば、火災保険金請求権）についての差押命令（民執143条・145条参照。あるいはさらに転付命令〔☞3(2)。民執159条参照〕）を執行裁判所に申し立てれば足りることになる。実体的要件の②の被担保債権の弁済期の到来の「弁済期」が、確定期限であれば（停止条件付きや不確定期限の場合につき、民執27条1項参照）、裁判所が弁済期の到来の有無を判断し、また、手続的要件の(b)の障害事由の不存在についても裁判所が判断する。

　差押命令は、債務者（物上保証の場合には物上保証人にも）および第三債務者（火災保険会社や賃借人など物上代位の目的債権の債務者）に送達される（民執193条2項・145条）。

　実体的要件の①および②が充たされていないにもかかわらず差押命令が発せられたときは、債務者または不動産所有者は、執行抗告により不服申立てをすることができる（民執193条2項・182条）。

3. 物上代位の目的債権から優先弁済を受ける手続

　抵当権者は、差し押さえられた物上代位の目的債権からいかなる方法で、被担保債権の優先弁済を受けることになるのか。抵当権者は一般に、物上代位の目的債権を自ら取り立てて被担保債権の弁済に充てる方法、または物上代位の目的債権につき転付命令を取得する方法を選択する。

(1)取立権の行使による場合　　執行裁判所により物上代位の目的債権につき差押命令が発せられ、差押命令が債務者（物上保証の場合は、物上保証人にも）に送達されて1週間が経過すると、抵当権者に物上代位の目的債権（例えば、1000万円の火災保険金請求権）の**取立権**が認められる（民執193条2項・155条参

照)。抵当権者は、自己の被担保債権の額および執行費用の額の範囲で取立権を行使し、被担保債権および執行費用の優先弁済に充てることができる。第三債務者が抵当権者の取立てに任意に応じないときは、抵当権者は第三債務者を被告として**取立訴訟**を提起し（民執193条2項・157条）、確定の勝訴判決を債務名義として、第三債務者に対して強制執行をすることができる。

(2) 転付命令による場合　抵当権者が、差押命令とともに**転付命令**も申し立て転付命令が発せられた場合は、被担保債権の支払いに代えて、差し押さえられた金銭債権（例えば、1000万円の火災保険金請求権）が抵当権者に移転し（民執193条2項・159条1項）、転付命令が発せられた金銭債権（火災保険金請求権）が存在する限り、差押命令および転付命令が確定したときにおいて、抵当権者の被担保債権（1500万円）および執行費用（例えば、50万円）は、その**券面額**（債権の名目額であり債権の実価ではない。火災保険金請求権の1000万円）で、転付命令が第三債務者（例えば、火災保険会社）に送達された時に**弁済されたものとみなされる**（民執160条参照。したがって、抵当権者はなお550万円の一般債権を有する）。

4. 304条1項但書の差押えの趣旨

(1) 304条1項但書の規定　304条1項但書は、抵当権設定者Bに物上代位の目的物（損害金、火災保険金、賃料などの金銭その他の物）が**払い渡される**前に、抵当権者Aは抵当権設定者Bの有する物上代位の**目的債権**（損害賠償請求権、火災保険金請求権、賃料債権など）**を差し押さえなければならない**とする。この差押えの手続については、わが国においては特段の規定が置かれていないので、民事執行法193条2項により準用される同法143条の物上代位権の行使としての差押命令と解されている（☞2。より正確には、次の《展開》を参照のこと）。

《展開》**民法304条1項但書の差押えと民事執行法193条の差押えとの関係**　304条1項但書の差押えは、現在では一般に民事執行法193条2項により準用される同法143条以下に規定する差押命令のことであると解されているが、正確には、民事執行法193条の差押えは、**物上代位権の行使としての差押え**（したがって、履行遅滞後申立てが可能）であり、304条1項但書の差押えは、**物上代位権行使の保全のための差押え**（したがって、履行遅滞前でも保全の必要があれば申立てが可能）と解すべきものと考える

(同旨：安永・263頁)。

民事執行法制定以前の学説は、さまざまに分かれており、①304条の差押えを物上代位権の保全的なものと捉え（したがって、仮差押えによるべきとする）、物上代位権の行使としての差押えと区別する説、②304条の差押えは、物上代位権行使の保全のための差押えと物上代位権の行使としての差押えとを含み、両者を理論的にも手続的にも区別する説（したがって、弁済期未到来の場合は、仮差押えでもよいとする）、③物上代位権行使の保全のための差押えと物上代位権の行使としての差押えの理論的・手続的区別を意識しない説、などが見られた。なお、民事執行法制定以前の旧民事訴訟法および競売法には、現行民事執行法193条のような物上代位権の行使手続については規定が存在しなかった。

民事執行法は、193条に物上代位権の行使手続を規定した。民事執行法193条よる差押えは、明らかに物上代位権の行使としての差押えであり、したがって差押命令を申し立てるには、被担保債権の弁済期到来が必要となる。しかし、304条1項但書は、抵当権者が物上代位の目的債権を差し押さえる前に第三債務者が設定者に弁済をしてしまうと、もはや抵当権者は物上代位権を行使し得ないとしている。この差押えが、民事執行法193条の物上代位権の行使としての差押えであるとすると、物上代位の目的債権（火災保険金請求権や損害賠償請求権など）は発生したが、実体的要件である被担保債権の弁済期が未到来であるときや、手続的要件である担保権の存在を証する文書（民執193条1項後段。特に動産売買先取特権に基づく物上代位の場合などで問題となる）を直ちに提出できないときは、差押命令の申立てをすることができず、抵当権者は物上代位権行使の機会を失することになる。そこで、前述のように、304条の差押えを**物上代位権行使の保全のための差押え**と理解する学説が多数登場したのである。

筆者としては、304条の差押えの趣旨は物上代位の目的債権の保全にあると考え、物上代位権の行使につき実体的・手続的要件を備えているときは、民事執行法193条による差押えが304条の差押えにあたり、実体的要件である被担保債権の弁済期が未到来であるときや、手続的要件である担保権の存在を証する文書（民執193条1項後段）を提出できないときは、処分禁止の仮処分（または仮差押え）が304条の差押えにあたると解する（民事保全法がこのような手続を認めているわけではないが）のが妥当であると考えている（生熊・物上代位と収益管理133頁以下、特に164頁以下参照〔初出・生熊長幸「物上代位権行使の保全のための差押えと物上代位権の行使としての差押え」法学50巻5号〔1987年〕〕。高木・140頁、中野＝下村・民執698頁も同様な考えで、仮差押えを認めるべきであるとする）。

(2) 304条1項但書の差押えの趣旨をめぐる見解の対立　　304条1項但書の差押えの趣旨をめぐっては、後述のように大きな論争があり、判例・学説とも紆余曲折を経ている。例えば、AはBに対する1500万円の貸金債権の担保として、B所有の甲建物に抵当権の設定を受け、抵当権設定登記を備えていたとする。BはC火災保険会社と甲建物につき火災保険契約を締結していたところ、

甲建物が失火により焼失し、BがCに対して1000万円の火災保険金請求権を取得した場合、AはBの取得した火災保険金請求権に物上代位して、被担保債権の優先弁済を受けることができる。しかし、304条1項但書の差押えの趣旨についての見解の違いにより、以下の〔ケースⅠ〕～〔ケースⅣ〕において、抵当権者Aは物上代位の目的である火災保険金請求権につき物上代位に基づき差押えをしてなお被担保債権の優先弁済を受けられるかにつき、結論に違いが生じる。なお、以下の〔ケースⅠ〕～〔ケースⅣ〕において、抵当権者Aによる物上代位に基づく火災保険金請求権の差押え前に、第三者D（差押債権者や債権譲受人）が第三債務者である火災保険会社Cより火災保険金の支払いを受けてしまった場合には、抵当権者はもはや火災保険金請求権に物上代位できないことについては、304条1項但書の規定の存在により異論がない。そこで、解釈論としては、**一般債権者の差押え**、**債権譲渡**、**転付命令**、または**質権設定**を、304条1項但書の「**払渡し又は引渡し**」と同様に扱うべきかということになる。

〔**ケースⅠ——債権差押えと物上代位による差押え**〕　物上代位の目的債権につき抵当権設定者Bの一般債権者Dが差押え（または仮差押え）をしただけで（差押命令は債務者Bおよび第三債務者Cに送達されている）、まだ第三債務者Cが差押債権者Dに支払いをしていないケースである（☞後掲〔ケースⅠ〕の図）。なお、この一般債権者Dの差押えは、DがBに対して有する金銭債権の満足を得るための強制執行（債権執行）としての差押え（民執143条・145条）であり、また一般債権者Dの仮差押えは、Dの債務名義未取得またはDの債権の履行期未到来などのために、Dが直ちに強制執行に取りかかることができないときになされる強制執行の保全手続である（民保50条）。差押命令が債務者Bに送達されてから1週間が経過すると、差押債権者Dは、差し押さえられた債権（ここでは火災保険金請求権）を取り立て、DのBに対する債権の回収に充てることができる（民執155条1項・2項）。

〔**ケースⅡ——債権譲渡と物上代位による差押え**〕　物上代位の目的債権につき第三者Dが債権譲渡を受け、第三債務者その他の第三者に対する対抗要件を備えたが（確定日付のある証書による第三債務者への債権譲渡通知または第三債務者の承諾による〔467条1項・2項〕）、まだ第三債務者Cが債権譲受人Dに支払

〔ケースⅠ——債権差押えと物上代位による差押え〕

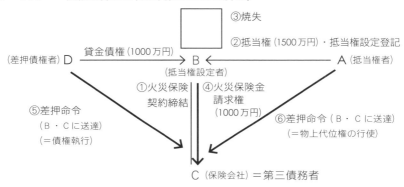

〔ケースⅡ——債権譲渡と物上代位による差押え〕

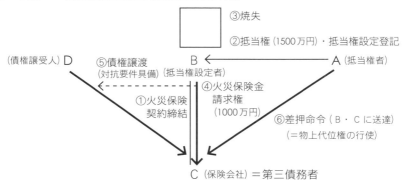

〔ケースⅢ——転付命令と物上代位による差押え〕

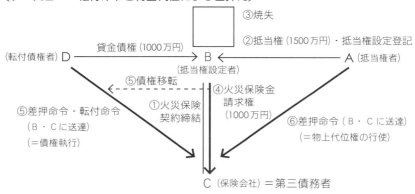

いをしていないケースである（☞前掲〔ケースⅡ〕図）。

〔**ケースⅢ——転付命令と物上代位による差押え**〕　物上代位の目的債権につき一般債権者Dが転付命令を受け、転付命令が第三債務者Cに送達され、また、転付命令は確定したが（民執159条・160条参照）、まだ第三債務者Cが転付債権者Dに支払いをしていないケースである（☞前掲〔ケースⅢ〕参照）。

〔**ケースⅣ——債権質権設定と物上代位による差押え**〕　物上代位の目的債権につき債権者である第三者Dが質権の設定を受け、第三債務者その他の第三者に対する対抗要件を備えたが（364条により上記の債権譲渡の対抗要件についての467条1項・2項に準ずる）、まだ第三債務者Cが質権者Dに支払いをしていないケースである。

　304条1項但書の差押えの趣旨に関する考え方は、さまざまに分かれているが、ここでは主要なものとして次の4つを取り上げる。

　(a)第三債務者保護説　この説は、次のように主張する。抵当権の効力は物上代位の目的となる債権にも**当然に及ぶ**から、この債権の債務者（＝第三債務者）Cは、抵当権設定者Bに弁済をしても弁済による目的債権の消滅の効果を抵当権者Aに対抗できず、抵当権者Aからの二重弁済を強いられることになる。そこで、304条1項但書を置き、抵当権者が**物上代位の目的債権を差し押さえる前に第三債務者が目的債権の弁済をしたとき**は、この弁済を抵当権者に対抗でき、抵当権者からの**二重弁済を強いられることはない**としたものである。したがって、304条1項但書の差押えは、**第三債務者保護のためのもの**であるとする。この説は、旧民法典制定当時にとられていた考えである（ボアソナードの見解。生熊・物上代位と収益管理6頁参照。もっともこの頃は差押えという概念は使用されていない。物上代位に関する規定の成立史については、生熊・物上代位と収益管理3頁以下参照）。

　この説は、304条1項但書の規定がないと、第三債務者が二重弁済を強いられると述べているが、このことは、担保権者（ボアソナードは、先取特権者の物上代位を前提に説明している）は、物上代位の目的債権上の抵当権者の優先権については、**公示方法なしに第三債務者その他の第三者に対抗し得る**という考えが前提になっている。すなわち、当時の第三債務者保護説においては、抵当権

に基づく物上代位において目的債権の上に抵当権者が優先権を有することは**抵当権設定登記により公示されているという考えは存在しなかった**。これに対して、第三債務者保護説に立つ近時の後掲最判平10・1・30は、物上代位の目的債権上に抵当権者が優先権を有していることは、抵当権設定登記により第三者に対して公示されているという見解に立つ。

　第三債務者保護説によると、〔ケースⅠ〕においては、一般債権者Dが物上代位の目的債権（火災保険金請求権）を差し押さえただけであり、〔ケースⅡ〕においては、第三者Dが物上代位の目的債権を譲り受けて対抗要件を備え、〔ケースⅢ〕においては、一般債権者Dが物上代位の目的債権を転付命令により取得し、〔ケースⅣ〕においては、第三者Dが物上代位の目的債権に質権の設定を受けて対抗要件を備えたのではあるが、いずれのケースにおいても、第三債務者Cはまだ物上代位の**目的債権（火災保険金請求権）の支払いをしていない**から、目的債権につき対抗力のある優先権を有する抵当権者Aはなお物上代位権に基づき目的債権を差し押さえて優先弁済を受けることができるということになる。

　(b)特定性維持説　　この説は、次のように主張する。物上代位の目的物（火災保険金）が第三債務者Cの弁済により抵当権設定者Bの一般財産に混入した後も抵当権者Aが物上代位権を行使して設定者Bの一般財産から優先弁済を受けることができるとすると、**設定者Bの一般債権者を害する**。そこで、304条1項但書の**差押えにより目的債権の特定性を維持し**（債権の差押えには、債務者〔ここでは設定者B〕に対する目的債権の取立てや第三者への譲渡等の処分の禁止、および第三債務者〔ここではC〕に対する債務者への弁済の禁止の効力がある。民執193条2項により準用される同法145条1項参照）、物上代位の目的物（火災保険金）が設定者Bの**一般財産に混入することを防止**させることとしたのであるとする。この説は、抵当権設定者の一般債権者の不測の損害の防止に力点がある（もっとも我妻説は、第三債務者保護の趣旨も認めるようである。我妻Ⅲ・291頁）。この説は、**物上代位権の公示は、抵当権の登記で足りる**としており、民法典制定後間もなくから近時に至るまで通説的地位を占めてきたものである（我妻Ⅲ・288頁以下、川井Ⅱ・348頁以下など）。この説によると、〔ケースⅠ〕～〔ケースⅣ〕のいずれにおいても、第三債務者Cからの弁済がなされておらず**目的債**

権の特定性が維持されているから、(a)説と同様、抵当権者Aはなお物上代位権を行使して、優先弁済を受けることができることになる。

　(c)優先権保全説（物上代位権保全説）　　この説は、次のように主張する。物上代位の目的債権上に**抵当権者の優先権は公示されておらず**、このままでは第三債務者その他の第三者に優先弁済権を対抗できない。抵当権者は、304条1項但書の**差押え**をなすことによって、第三債務者による目的債権の弁済や設定者による目的債権の譲渡、担保権設定等の**処分を禁ずる**ことができる（民執193条2項・145条1項）。この差押え前になされた第三債務者による債務者等への弁済や第三者の目的債権の譲受け、質権取得等の行為は、抵当権者に対抗できる。したがって、この説は、304条1項但書の差押えの趣旨は、ⅰ**目的債権の特定性の維持による物上代位権の効力の保全**（この点で(b)説と同様）と、ⅱ**目的債権の弁済をした第三債務者C**（この点では(a)説と同様）**および目的債権の譲受人や転付債権者等の第三者Dの不測の損害の防止**とにあるとする。

　この優先権保全説は、**従来の判例**であり（大連判大12・4・7民集2-209、最判昭59・2・2民集38-3-431、最判昭60・7・19民集39-5-1326〔百選Ⅰ・82事件〕。後の2つの判例は、動産売買先取特権に基づく転売代金債権への物上代位に関するもの）、また近時の**有力学説**でもある（高木・150頁、内田Ⅲ・414頁など）。

　この説によると、〔ケースⅠ〕においては、物上代位の目的債権を一般債権者Dが差し押さえたにすぎないから、抵当権者はなお物上代位権を行使して優先弁済を受けることができる（前掲最判昭59・2・2、前掲最判昭60・7・19〔ともに動産売買先取特権に基づく転売代金債権への物上代位のケースであるが、〔ケースⅡ〕および〔ケースⅢ〕の場合は、もはや先取特権者は優先弁済権を主張できないが、〔ケースⅠ〕の場合は、なお優先弁済権を主張できるとする〕。☞第3章第4節2(4)）。これに対して、〔ケースⅡ〕～〔ケースⅣ〕においては、目的債権につき第三者Dが権利を取得し**対抗要件を備えている**から、抵当権者Aはもはや物上代位権を行使して優先弁済を受けることはできない（〔ケースⅡ〕について、大決昭5・9・23民集9-918〔抵当権に基づく補償金債権への物上代位の事案。「債権には登記のような公示方法がない」とする〕、〔ケースⅢ〕について、前掲大連判大12・4・7〔抵当権に基づく火災保険金請求権への物上代位の事案。〔ケースⅡ〕と同様、もはや抵当権者は優先弁済権を主張できないとする〕。〔ケースⅣ〕については、

下級審裁判例が分かれているが、最高裁判所の判例はない）。

　もっとも、優先権保全説の場合、なぜ〔ケースⅠ〕において抵当権者はなお物上代位権を行使して優先弁済を受けることができるのかについては、必ずしも明確ではない。動産売買先取特権に基づく物上代位についての判例（前掲最判昭60・7・19。前掲最判昭59・2・2もほぼ同じ）は、304条1項但書の差押えの趣旨は、前記のⅰにあるとともに、ⅱにあるから、「目的債権について一般債権者が差押又は仮差押の執行をしたにすぎないときは、その後に先取特権者が目的債権に対し物上代位権を行使することを妨げられるものではないと解すべきである。」とするが、これだけでは十分な説明になっていない。おそらくは、法定担保物権である動産先取特権に基づく物上代位において、物上代位の目的債権を**一般債権者が差し押さえた**にすぎない場合は、物上代位により目的債権を差し押さえた動産先取特権者に公示はないけれども優先権を認めて差し支えないが、この目的債権が**第三者に譲渡され対抗要件が備えられた場合**には、もはや動産売買先取特権者の物上代位権は追及力がなく（動産売買先取特権の追及力につき定める333条参照）、したがって優先弁済を受けられないと考えているのではないかと思われる。抵当権に基づく目的債権への物上代位の場合も、〔ケースⅠ〕について同様に考えるとすると、優先権保全説は、**物上代位権**を、**法定担保物権である動産先取特権**のような、**公示はないが優先弁済権を有する権利**のように考えており（物上代位の目的債権を複数の抵当権者が差し押さえた場合は、その優先順位は抵当権の順位に従って決まることになる）、したがって目的債権を譲り受け対抗要件を取得した者や目的債権に質権の設定を受けた者などの第三者には優先弁済権を主張し得ない（追及効はない）という結論になるのではないかと考えられる（生熊・物上代位と収益管理177頁以下参照）。

　(d)対抗要件説　　この説は、**304条1項但書の差押えは、物上代位権の公示方法（対抗要件）**であるとする（高島平蔵『物的担保法論Ⅰ』64頁以下〔成文堂・1977年〕、近江Ⅲ・149頁など）。この説によると、〔ケースⅠ〕においては、抵当権者Aが差押えにより物上代位の目的債権につき対抗要件を備える前に設定者Bの一般債権者Dが目的債権を差し押さえてしまったので、抵当権者はもはや物上代位権につき対抗要件を備えることはできず、したがって目的債権から優先弁済を受けることはできない。〔ケースⅡ〕～〔ケースⅣ〕においても、抵

当権者が差押えにより目的債権上の物上代位権につき対抗要件を備える前に第三者が目的債権につき譲渡や質権の設定等を受け対抗要件を備えてしまったので、抵当権者は、もはや物上代位権を行使して優先弁済を受けることはできないことになる。

　　《展開》優先権保全説と対抗要件説との違い　　304条1項但書の差押えの趣旨に関する諸説に対する学説上の理解は、実は必ずしも一致しているわけではない。例えば、髙橋眞教授は、優先権保全説は、差押えを物上代位権の公示方法（対抗要件）としているとする（髙橋・121頁）。これに対して、本書で筆者は、差押えを物上代位権の公示方法（対抗要件）としている説を、「対抗要件説（(d)説）」としており、また、判例が抵当権に基づく物上代位の差押えにつき第三債務者保護説に立つより前の判例の考え方（動産売買先取特権に基づく物上代位においては判例は現在もこの考え方である。☞(4)(e)）を「優先権保全説（(c)説）」と呼んでいる。
　　この優先権保全説と対抗要件説とどこが違うかというと、両者は、〔ケースⅠ──債権差押えと物上代位〕において違いを生ずる。すなわち、対抗要件説に立つと、〔ケースⅠ〕では、物上代位の目的債権をすでに一般債権者Dが差し押さえており、その後で、抵当権者Aが物上代位権に基づいて目的債権を差し押さえても、Dの差押え後に目的債権につき抵当権者Aが物上代位権につき対抗要件を備えたことになるから、Aは物上代位権に基づく優先弁済権を差押債権者Dに対抗できない、ということにならざるを得ない。もっとも、近江教授は、物上代位権は抵当権（物権）から派生した権利であり、物上代位権の行使は担保権の実行の一形態であるということを理由に、抵当権者Aの物上代位権を優先させる（近江Ⅲ・146頁）。
　　それでは、304条1項但書の差押えを物上代位権の対抗要件とは考えない優先権保全説は、〔ケースⅠ〕で、何故に差押債権者より物上代位権者を優先させるのか、この点が難題となる。これにつき、筆者は、本文の(c)優先権保全説の説明において述べたように、従来の判例のとる優先権保全説は、物上代位権を、法定担保物権である動産先取特権のような、公示はないが優先弁済権を有する権利（動産先取特権の場合、公示がないので、333条により目的動産が第三者に譲渡され引き渡されたとき、もはや第三者に対して先取特権を主張し得ない）のように理解しているのではないか、と考えるのである。このように考えれば、〔ケースⅠ〕では、差押債権者に物上代位権者が優先するという結論を導くことができ、〔ケースⅡ〕～〔ケースⅣ〕では、物上代位権者は、目的債権を譲り受け対抗要件を備えた者、転付命令を取得した債権者や目的債権に質権の設定を受け対抗要件を備えた者には、優先弁済権を主張し得ない（追及効はない）という結論になるのである。

(3)第三債務者保護説に立つ平成10年最高裁判例の登場　　以上のような判例（優先権保全説に立っていた）・学説の状況のもとで、突如、**第三債務者保護説に**

立つ最高裁判例（最判平10・1・30民集52-1-1〔百選Ⅰ・88事件〕。「平成10年最高裁判例」という）が登場した（清原教授は、古くからこの判例と同様の考えを主張していた。清原泰司「抵当権の物上代位性をめぐる実体法上の問題点」林良平ほか編『担保法大系』第1巻〔きんざい・1984年〕）。この判例においては、抵当権設定登記後に抵当不動産について今後3年分の賃料債権が抵当権設定者により第三者への代物弁済として譲渡され、債権譲渡の第三者対抗要件が備えられた後に、多額の債権を有する抵当権者が物上代位に基づき将来発生する賃料債権を自己の債権額に満つるまで差し押さえた場合、抵当権者はなお物上代位により賃料債権から優先弁済を受けることができるかが問題となった（事案を簡略化すると、上記の〔ケースⅡ〕で、設定者Bが第三債務者Cに対して有する債権が抵当不動産の賃料債権であり、設定者が今後3年分の賃料債権をDに譲渡し債権譲渡につき対抗要件を備えたというもの）。本事案における抵当権設定者Bから第三者Dへの3年分の賃料債権の譲渡は、明らかに抵当権者Aの賃料債権への物上代位を妨害しようとしたものであり（抵当不動産は共同住宅店舗であり、従来の賃料月額の合計額は700万円ほどであったが、従来からの複数の賃借人を新たな賃借人からの転借人として、新たな賃借人の賃料を200万円に下げ〔したがって抵当権者が物上代位し得る賃料債権の額が減少する。☞第4節3(2)(b)ⅱ〕、しかも今後3年分の賃料債権を他の債権者からの新たな借入れの代物弁済としたもの）、**権利濫用や公序良俗違反**によってこのような賃料債権譲渡を無効とすることもできたと思われるが（第1審は、権利濫用にあたるとして抵当権者の物上代位を認めた。これに対し原審は、優先権保全説に立って抵当権者はもはや物上代位をなし得ないとした）、最高裁は、304条1項但書の差押えにつき、第三債務者保護説をとり事案を一挙に解決しようとしたものである。

最高裁は、**304条1項但書の差押えの趣旨目的**は、主として、抵当権の効力が物上代位の目的となる債権にも及ぶことから、この債権の債務者（＝第三債務者）は、抵当権設定者に弁済をしても弁済による目的債権の消滅の効果を抵当権者に対抗できないという不安定な地位に置かれる可能性があるため、差押えを物上代位権行使の要件とし、第三債務者は、差押命令の送達を受ける前には抵当権設定者に弁済をすれば足り、この弁済による目的債権消滅の効果を抵当権者にも対抗することができることにして、**二重弁済を強いられる危険から第**

三債務者を保護するという点にあるとした（第三債務者保護説）。そして、このような304条1項の趣旨目的に照らすと、同項の「払渡し又は引渡し」には債権譲渡は含まれず、抵当権者は、物上代位の目的債権が譲渡され第三者対抗要件が備えられた後においても、自ら目的債権を差し押さえて物上代位権を行使することができるものと解するのが相当である、としたのである。

この最高裁判例は、その理由として、①304条1項但書の「払渡し又は引渡し」という言葉には当然には債権譲渡を含むものとは解されないし、物上代位の目的債権が譲渡されたことから必然的に抵当権の効力がその目的債権に及ばなくなるものと解すべき理由はないこと、②抵当権者に目的債権の譲渡後における物上代位権の行使を認めても、第三債務者の利益が害されることにはならないこと、③抵当権の効力が物上代位の目的債権についても及ぶことは抵当権設定登記により公示されているとみることができること、および④対抗要件を備えた債権譲渡が物上代位権に優先するものと解するならば、抵当権設定者は、抵当権者からの差押えの前に債権譲渡をすることによって容易に物上代位権の行使を免れることができるが、このことは抵当権者の利益を不当に害するものというべきであること、の4点をあげた。この判例の理由を、この判例の後に登場した動産売買先取特権に基づく物上代位に関する後掲の最高裁判例（後掲最判平17・2・22。☞(4)(e)）と対比すると、この判例の理由の中で最も中心的な理由は、③の抵当権の効力が物上代位の目的債権についても及ぶことは抵当権設定登記により公示されているとみることができるという点にあることが、明らかになる。

《展開》第三債務者保護説の問題点　第三債務者保護説に立った前掲最判平10・1・30は、抵当権設定者が将来にわたる賃料債権を第三者に包括的に譲渡し、抵当権者の賃料債権への物上代位を妨害しようとしたケースであり、結論としては妥当であるが、判例のあげる理由は、説得力のあるものではない。

　特に問題となるのは、理由の③の抵当権の効力が物上代位の目的債権についても及ぶことは抵当権設定登記により公示されているとみることができるという点である。この点については、第1に、抵当権の登記は、不動産に抵当権者が優先弁済権を有していることを公示するものであって、物上代位の目的債権の上に抵当権者が優先権を有していることを公示するものではないこと（わが国では、質権のような債権の上の優先権の第三者対抗要件は、確定日付のある証書による第三債務者への通知または承諾

〔364条・467条〕、もしくは動産債権譲渡特例法〔14条・4条〕による質権設定登記または債権譲渡登記である）、第2に、そもそも何が抵当権に基づく物上代位の目的債権になるかについても争いがあるのであり（抵当権不動産の売買代金債権、火災保険金請求権、仮差押解放金の供託金還付請求権などについても異論がある。☞第4節3(2)）、抵当権の登記により目的債権の上への抵当権者の優先権が公示されているというのは無理な理屈であること、第3に、仮に抵当権登記による目的債権上の物上代位権の公示を認めると考えたとしても、例えば抵当建物が焼失し、抵当権者が火災保険金請求権に物上代位する場合、すでに抵当建物は焼失し、建物所有権登記・抵当権設定登記は実体を欠く無効の登記となっており（借地借家10条参照）、そのような登記でもって物上代位の目的債権につき抵当権者が優先権を有することが公示されているとはいえないこと等の問題がある。

また、判例のあげる理由の④について言えば、民法における物上代位の場合、第三債務者が抵当権設定者に弁済してしまったらもはや物上代位権を行使し得ないのであって（304条1項但書）、抵当権者の物上代位権はそれほど保護されているわけではないとの反論が可能である（生熊・物上代位と収益管理190頁以下）。抵当権者が目的債権から確実に優先弁済を受けようと思えば、あらかじめ火災保険請求権などについては質権の設定を受けておき、賃料債権については、集合債権譲渡担保の設定を受けておくべきであろう。

平成10年最高裁判例で問題となったのは、抵当権設定者による**将来にわたる賃料債権の第三者への包括的譲渡**であり、これについては、**権利の濫用**により無効とする取扱い、あるいは、弁済期既到来の賃料債権については、賃料債権譲渡後の物上代位はなし得ないが、弁済期未到来の賃料債権については譲渡後もなお抵当権者は物上代位し得るとする解決策もあり得るのではないか、と思われる。

また、第三債務者保護説に立つ判例は、第三債務者が二重の支払いを強制されることを阻止するためとしているが、道垣内教授や髙橋眞教授は、そもそも第三債務者は二重の弁済を強制されることはないと主張する（例えば、道垣内・154頁は、第三債務者に債権譲渡通知や質権設定通知がなされているわけではないことなどを理由とする。また、髙橋・122頁参照）。

この点に関しては、差押えの趣旨についての民法典の立法過程に遡って見てみる必要がある。ボアソナード草案においては、差押えという用語は登場せず、抵当権者は第三債務者の設定者への「弁済ニ付キ異議ヲ述フルコトヲ要ス」とされ、次いで旧民法においては、抵当権者は「払渡差押ヲ為スコトヲ要ス」とされていたが、「異議」または「払渡差押」はいずれにしても、**二重弁済の危険に陥る可能性のある第三債務者を保護**するためのものと理解されていたようであり、ここでは、担保物権の効力は物上代位の目的債権に及び、そのことを**公示なしに第三者（第三債務者を含む）に対抗し得るという考え（公示不要説）**がその前提にあったと考えられる。

他方、現行304条1項但書の差押えの趣旨については、立法者（梅博士）は、二重弁済の危険に陥る可能性のある「第三債務者の保護」をあげず、「代位の目的債権の特定性の維持」のみをあげている。後者は、債務者の一般債権者の立場を配慮したものと

いえる。何故に民法典の制定の際に、差押えの趣旨として「目的債権の特定性の維持」だけが取り上げられることになったかについては、資料が見あたらない。これについては2つの解釈論が可能である。その1は、民法典制定過程においては、物上代位権についての公示不要説が捨て去られ、物上代位権の行使前に第三債務者が債務者に弁済しても、もはや第三債務者は物上代位権者から二重に弁済を強いられることはないということになったのではないか（公示必要説）、というものであり（前記の道垣内教授や髙橋教授の考えにつながる）、その2は、民法典制定の段階でもなお公示不要説がとられていたが、単に立法理由では、債務者の一般債権者の保護の理由から「特定性の維持」だけが取り上げられたにすぎないというものである。

詳細は別稿に譲るが（生熊・物上代位と収益管理15～18頁参照）、筆者は、民法典の立法者が差押えの趣旨として「第三債務者保護」をあげていないこと、および、民法典の立法者が差押えの趣旨として「目的債権の特定性の維持」をあげているが、これは民法典の立法者が、債務者の一般債権者との関係ではあるにせよ、物上代位権者は第三債務者以外の第三者との関係でも公示なしには優先弁済権を主張できないという考えを有していたと見られることから、民法典は、**公示なしには第三者（第三債務者を含む）に対抗し得ないという考え（公示必要説）** に立って制定されたと見ることができるのではないか、と考えている。このような理解によれば、道垣内教授や髙橋教授の主張のように、第三債務者は二重の弁済を強いられることはないことになる。

(4)平成10年最高裁判例以降の最高裁判例　(a)他の債権者の債権差押え後に登記を経由した抵当権者の物上代位　物上代位の目的債権上に抵当権者が優先権を有することは、抵当権設定登記により公示されているとする考え方は、平成10年最高裁判例の2か月ほど後の最高裁判例にも現れている。この最高裁判例（最判平10・3・26民集52-2-483）は、抵当権の設定のない債務者所有の**不動産の法定果実である賃料債権につき一般債権者による差押えがなされた後**に、当該不動産に抵当権の設定を受けた抵当権者が**抵当権設定登記を経由**して物上代位に基づき賃料債権を差し押さえた場合については、抵当権者が抵当権を第三者に対抗するには抵当権設定登記を経由することが必要であるから、両者の優劣は一般債権者の申立てによる差押命令の第三債務者への送達（差押命令の効力は、差押命令が第三債務者に送達された時に生ずる。民執145条4項）と抵当権設定登記の先後によって決せられ、この差押命令の第三債務者への送達が抵当権者の抵当権設定登記より先であれば、抵当権者は配当を受けることができない、としたのである（一般債権者が2億2000万円ほどの債権額に満つるまで債務者所有の不動産から生ずる賃料債権を差し押さえ、それから1か月ほど後に他の債権者が当該不動産に根抵当権の設定および登記を受けて、1年ほど後に被担保債権額

5900万円に満つるまで同じ賃料債権を物上代位に基づき差し押さえたケース)。

(b)**転付命令と物上代位（〔ケースⅢ〕）についての平成14年最高裁判例の登場とその位置付け**　抵当権に基づく物上代位の目的債権につき、すでに一般債権者Dが**転付命令**を受け（転付命令は確定）、転付命令が第三債務者Cに送達されたが、**まだ第三債務者Cが転付債権者Dに支払いをしていない場合**、抵当権者Aは、目的債権に対し物上代位に基づく差押えをして、優先弁済を受けることができるかにつき（〔ケースⅢ〕）、これまでの判例は、優先権保全説の立場から、もはや抵当権者は物上代位し得ないとしてきた（☞(2)(c)）。

しかしながら、抵当権に基づく物上代位における304条1項但書の差押えの趣旨について平成10年最高裁判例は、**第三債務者保護説**に立つ。そうとすると、物上代位の目的債権の上に抵当権者が優先権を有することは、抵当権設定登記により公示されているということになり、このような債権が第三者に転付されても、**抵当権者はなお物上代位権を行使し得る**ということになるはずである。ちなみに、質権が設定され対抗要件が備えられた債権が第三者に転付されたケースにつき、最高裁判例（最決平12・4・7民集54-4-1355）は、債権質権者は、転付債権につきなお**質権を行使して優先弁済を受けることができる**としている。

ところが、最判平14・3・12民集56-3-555は、民事執行法159条3項により、物上代位の目的債権につき、転付命令が第三債務者に送達される時までに抵当権者が物上代位権による差押えをしなかった以上、転付債権につき物上代位権を行使することはできないとした。しかし、平成10年最高裁判例のように抵当権設定登記により目的債権の上に抵当権者が優先権を有することが公示されているという考えに立つならば、前掲最決平12・4・7と同様に処理すべきであり、一般債権者のする差押えや仮差押えを前提とする**民事執行法159条3項を適用することはできない**というべきであろう（生熊・民執271頁、髙橋・128頁。道垣内・159頁は、2つの最高裁の判例には、矛盾はないとする）。これに対して、優先権保全説に立てば、転付命令が第三債務者に送達された後は、第三債務者が転付債権者に弁済をしていなくても、抵当権者はもはや物上代位権を行使し得ないことになる。

(c)**賃貸人に対する金銭債権による賃料債務との相殺と抵当権者による賃料債権への物上代位**　このような問題がしばしば生ずるのは、テナントビルの賃貸借などにおいてである。すなわち、この種の賃貸借においては、入居時に賃借人が賃貸人に敷金以外に多額の**保証金**を預けることが慣行的に行われている（後掲最判平21・7・3の事案では、保証金3億1500万円、敷金1億3500万円、賃料月額700万円）。保証金授受の法的性質は、**金銭消費貸借**であり、賃借人から賃貸人への貸金の交付である。賃貸人が賃貸ビルを建設する場合、建設される賃貸ビルの入居予定者から賃貸ビルの建設資金の調達目的で保証金の授受が行われることも多く、この場合この保証金を「**建設協力金**」と呼ぶこともある。賃貸人が借り受けた保証金は、通常無利息であるから、賃貸人はこれでもって金融機関からの利息つきの貸金債権の返済をすることもできる。保証金の返済については、例えば、テナントビルの賃貸借期間を20年とした場合、賃貸借開始日から10年が経過した後である11年目から10年間にわたり均等に分割して返還するといった約定がなされる。また、賃貸人につき差押えの申立てや破産等倒産手続開始の申立てがなされたときは、賃貸人は保証金返還債務につき期限の利益を喪失し（**期限の利益喪失特約**）、賃借人は、保証金返還請求権と賃料債務とを対当額で相殺したものとみなすことができるとする約定（**相殺予約・停止条件付相殺契約**）がなされることもある。

　そこで例えば、テナントビル甲の所有者で賃貸人をB、テナントの賃借人をCおよびDとし、賃貸人Bが銀行Aから融資（2億円とする）を受け、Aのためにテナントビル甲に抵当権の設定をしていたとする（抵当権設定登記経由）。また、CがBに保証金（1億円とする）を預けた時期は、Aの抵当権設定登記の前であり、DがBに保証金（1億円とする）を預けた時期は、Aの抵当権設定登記の後であったとする。BのA銀行に対する融資の返済が滞り、AがBの有する賃料債権につきAの有する被担保債権額に満つるまで抵当権に基づく物上代位による差押えを申し立て、差押命令が賃借人CおよびDに送達されて、AがCおよびDに対して賃料債権（いずれも月額賃料250万円とする）の支払いを求めた場合、賃借人は、期限の利益喪失特約による**保証金返還請求権と賃料債務との相殺**を主張して、Aからの賃料の取立てを拒むことができるかが問題となる。

Aが抵当権者ではなく、**一般債権者である場合**については、いわゆる**差押えと相殺の問題**となる。すなわち判例は、債務者Bが第三債務者Cに対して有する債権（「甲債権」とする）を一般債権者Aが差し押さえた時点で、第三債務者Cが債務者Bに対して債権（「乙債権」とする）を有している限り、双方の債権の弁済期の先後を問わず、また甲債権の差押えの時点で乙債権の弁済期が到来していなくとも、第三債務者Cは、乙債権の弁済期の到来を待って甲債権と相殺をすることができ、この相殺を差押債権者Aに対抗し得るとする見解（「**無制限説**」といわれるもので、旧511条の文字通りの反対解釈である）をとり（最大判昭45・6・24民集24-6-587〔百選Ⅱ・39事件〕。511条1項により無制限説を採用することを明らかにした）。しかも、この判例は、**相殺予約**の効力を第三者との関係でも認めているから、一般債権者Aが、BがCに対して有する賃料債権の差押えの申立てをした時点で、CがBに対して有する保証金返還請求権とBがCに対して有する賃料債権とは対当額で相殺されたものとみなされ、賃借人Cは賃料債権の消滅を差押債権者Aに対抗し得ることになる可能性は高い。

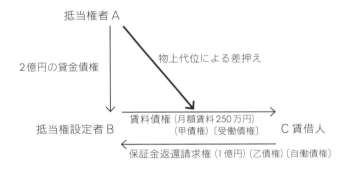

これに対して、抵当権に基づく物上代位の場合には、判例（最判平13・3・13民集55-2-363）は、304条1項但書の差押えの趣旨に関する**第三債務者保護説**の考え方を発展させ、抵当権者Aが物上代位権に基づき賃料債権の差押えをした後は、第三債務者にあたる抵当不動産の賃借人は、**抵当権設定登記の後に賃貸人に対して取得した債権**（保証金返還請求権など）**を自働債権とする賃料債権との相殺**をもって、抵当権者に対抗することはできない、とした。この判例は、その理由として、物上代位権の行使としての差押えのされる前においては、賃

借人のする相殺は何ら制限されるものではないが、①物上代位権の行使としての差押えがされた後においては、抵当権の効力が物上代位の目的となった賃料債権にも及ぶ、そして、②物上代位により抵当権の効力が賃料債権に及ぶことは**抵当権設定登記により公示**されているとみることができるから、抵当権設定登記の後に取得した賃貸人に対する債権と物上代位の目的となった賃料債権とを相殺することに対する賃借人の期待を、物上代位権の行使により賃料債権に及んでいる抵当権の効力に優先させる理由はない、ということをあげている。またこの判例は、以上の説示からすれば、抵当不動産の賃借人が賃貸人に対して有する債権と賃料債権とを対当額で相殺する旨を賃貸人と賃借人とであらかじめ合意（**相殺予約**）していた場合においても、賃借人が賃貸人に対する債権を抵当権設定登記の後に取得したものであるときは、物上代位権の行使としての差押えがされた後に発生する賃料債権については、物上代位をした抵当権者Aに対して相殺合意の効力を対抗することができないと解すべきである、としている。

そうとすると先の例において、賃借人Dが保証金を賃貸人Bに預けたのは抵当権設定登記後であるから、賃借人Dは、この保証金返還請求権を自働債権とする賃料債権との相殺をもって抵当権者Aに対抗することはできないことになる（相殺予約をもってしても抵当権者Aに対抗できない）。これとは反対に、賃借人Cが保証金を賃貸人Bに預けたのは抵当権設定登記前であるから（賃借人が賃貸人に対して保証返還請求権を取得するのは、保証金返還請求権の弁済期ではなく、賃借人が保証金を賃貸人に支払った時〔期限および停止条件付きに保証金返還請求権を取得〕）、賃借人Cは、保証金返還請求権を自働債権とする賃料債権との相殺をもって抵当権者Aに対抗することができるということになる（担保不動産収益執行に関するものであるが、後掲最判平21・7・3参照。☞第11節3）。

このように見てくると、**判例**は、賃料債権も抵当権に基づく物上代位の目的となるとしただけではなく、304条1項但書の差押えの趣旨につき**第三債務者保護説**に立ち、しかも、抵当権設定登記により賃料債権の上に抵当権者が優先権を有することが公示されているという理論を採用したことにより、抵当権設定登記後に賃料債権を譲り受けた第三者との関係においてだけではなく、**抵当権設定登記後に賃貸人に対して債権を取得した第三債務者である賃借人の相殺を**

抵当権者に対抗し得ないとしたことにより、第三債務者との関係においても、抵当権に極めて大きな効力を与えたことになる。抵当権設定登記により賃料債権の上に抵当権者が優先権を有することが公示されているという考え方は、抵当権者の保護にはなるが、抵当権登記に後れて登場する第三債務者の保護にはならないのである。

　賃貸借関係においては、**保証金**や**敷金**のように、**賃貸借契約を締結しようとすれば賃借人としては賃貸人に預託しなければならない金銭**があり、将来的には賃借人はこれらにつき返還請求権を行使し得る。ところが、賃貸人の抵当権者に対する債務の弁済が滞る事態になった場合、賃貸人の資力に不安が生じているのであるから、賃借人としても保証金返還請求権と賃料債務との相殺を期待するのは当然である。抵当権者としては、被担保債権につき履行遅滞が生じれば、担保不動産競売により被担保債権の回収を図る方法がある（この方法がとられると、現行法では、抵当権設定登記に後れて賃借権に対抗要件を備えた賃借人は、競売における買受人が代金を納付すると建物賃借権を失い〔☞第6節1(1)(a)〕、保証金返還請求権と賃料債務との相殺も問題にならなくなる）。第三債務者保護説を前提としても、抵当権に基づく賃料債権への物上代位を、保証金返還請求権と賃料債務との相殺に優先させるべきかは疑問といわざるを得ない。

　《展開》**必要費償還請求権と賃料債務との相殺**　　賃貸借契約の存続中に、賃借人が賃貸人に対して賃貸家屋の修繕費のような必要費の償還請求権を取得することがある。賃料債務と必要費償還請求権との相殺については、判例理論を前提としても、抵当権に基づく物上代位による賃料債権の差押えに対して対抗できると解すべきではなかろうか。
　　賃貸不動産の修繕による必要費償還請求権については、判例（大判大10・9・26民録27-1627）は、賃貸人の修繕義務が賃料支払期以前に発生したが、賃貸人がこれを履行しないため目的物が使用収益に適する状態に回復しない間は、賃借人は賃料支払を拒絶することができるとする。賃料債権への物上代位は、賃貸人が賃借人に対して請求し得る賃料債権から抵当権者が被担保債権の優先弁済を受けるものであるから、賃貸人の修繕義務が賃料支払期以前に発生したが、賃貸人が修繕しないため目的物が使用収益に適する状態に回復しない間は、抵当権者の賃料債権への物上代位に対して、賃借人は賃料の支払いを拒むことができると解されよう。そうとすると、賃借人が目的建物を修繕して必要費償還請求権を賃貸人に対して取得したが賃貸人から必要費の償還を得ていない場合には、必要費償還請求権と賃料債務との相殺を、賃料債権に物上代位した抵当権者に対抗できると解してよいのではなかろうか（なお後述の担保不

動産収益執行の場合には、賃借人は管理人に対して必要費償還請求権を行使でき、管理人はその支払いに応じ、収益から不動産の管理に必要な費用を控除したものを抵当権者の配当に充てることになる)。仮に必要費償還請求権と賃料債務との相殺を賃料債権に物上代位した抵当権者に対抗できないとした場合、その後抵当不動産が競売にかけられた場合、賃借人は必要費償還請求権を被担保債権として**留置権**を行使し得るから、このような抵当不動産の買受申出価額は、必要費の支払いに充てられる価額分低くなることになる（☞第4章第3節3(2)(b)）。

(d)抵当権者による賃料債権への物上代位と未払賃料の敷金による当然充当

(c)の冒頭の例と同様、AはBに対して500万円を貸し付け（利息や遅延損害金については省略する）、その担保としてB所有の甲建物に抵当権の設定を受け（抵当権設定登記経由）、次いで、CがBから甲建物を賃借して甲建物に居住していたところ（賃料月額20万円、敷金80万円とする）、BのAに対する債務不履行のため、抵当権者Aが物上代位によりBのCに対する賃料債権を差し押さえ、Cに対して取立権に基づき賃料債権の支払いを求めたとする。Cは、Bには資力がなく、賃貸借終了後もBから敷金の返還を求めることは困難であると考え、Bに対して4か月後に退去する旨の賃貸借契約の解約の申入れをして、その後4か月間Aからの賃料の取立てには応じないまま甲建物から退去した。抵当権者Aは、Cに対して物上代位に基づき4か月分の未納賃料の支払いを求めたところ、Cは4か月分の賃料債務は80万円の敷金により充当されており、未納の賃料は存在しないと主張した。

Aの抵当権設定登記後に賃借人Cが賃貸人Bに預けた敷金の返還請求権と賃料債権との関係は、(c)とは異なる取扱いを受けるか。

これについて判例（最判平14・3・28民集56-3-689）は、①目的物の返還時に残存する賃料債権等は敷金が存在する限度において**敷金の充当により当然に消滅**することになること、②このような敷金の充当による未払賃料等の消滅は、敷金契約から発生する効果であって、相殺のように**当事者の意思表示を必要とするものではない**から、511条によって上記当然消滅の効果が妨げられないことは明らかであること、③抵当権者は、物上代位権を行使して賃料債権を差し押さえる前は、原則として抵当不動産の用益関係に介入できないのであるから、抵当不動産の所有者等は、賃貸借契約に付随する契約として**敷金契約を**

締結するか否かを自由に決定することができるのであり、したがって、**敷金契約が締結された場合は、賃料債権は敷金の充当を予定した債権**になり、このことを抵当権者に主張することができるというべきこと、を理由に、敷金返還請求権と賃料債務との相殺ではなく、敷金の賃料債務への当然充当を肯定している。前掲最判平13・3・13とのバランスを欠くともいえるが、理論的にはもっともであり、また、395条の改正（短期賃貸借保護制度の廃止）や、(c)の判例（前掲最判平13・3・13）により、抵当権との関係で賃借権の効力は非常に弱められており、賃借人の損失を少しでも防ぐことに寄与するこの判例は妥当であるというべきである。

　(e)動産売買先取特権に基づく物上代位については優先権保全説　　ところで、平成10年最高裁判例（☞(3)）登場後、**動産売買先取特権に基づく物上代位**につき**優先権保全説**に立つ最高裁判例が再び登場することとなった（☞第3章第4節2(4)）。すなわち、最判平17・2・22民集59-2-314は、304条1項但書は、先取特権者が物上代位権を行使するには払渡しまたは引渡しの前に差押えをすることを要する旨を規定しているが、この規定は、抵当権とは異なり**公示方法が存在しない動産売買の先取特権**については、**物上代位の目的債権の譲受人等の第三者の利益を保護する趣旨を含むもの**というべきであるから、動産売買の先取特権者は、物上代位の目的債権が譲渡され第三者対抗要件が備えられた後においては、目的債権を差し押さえて物上代位権を行使することはできない、としたのである。

　したがって、現在の判例理論は、304条1項但書の差押えの趣旨につき、動産売買先取特権に基づく物上代位については優先権保全説に立ち、抵当権に基づく物上代位については第三債務者保護説に立っていることになり、両者の違いは、**物上代位の基になっている担保物権が公示されているか否か**に求められているといえる。

(5)304条1項但書の差押えについての最近の学説　　学説上は、304条1項但書の趣旨につき、判例理論（抵当権に基づく物上代位と動産先取特権に基づく物上代位とで、差押えの趣旨を別に解する立場）を支持する説もあるが（道垣内・153頁以下、68頁など）、優先権保全説をとるべきであるとする説もなお有力である（高木・150頁、内田Ⅲ・414頁など。筆者もこの立場である。生熊・物上代位と

収益管理190頁以下、202頁など)。ほかに、対抗要件説も主張されている（近江Ⅲ・149頁、松井・47頁）。また、火災保険金請求権のような目的物の価値変形物である代償的価値に対する物上代位と賃料債権のような派生的価値に対する物上代位とで、別個に検討する説も見られる（もっとも、道垣内・158頁以下は、いずれの場合についても、抵当権設定登記により目的債権の上への優先権が公示されているとする判例理論に結論的には賛成するが、髙橋・124頁以下は、代償的価値については、厳密に考えると判例理論は否定されるべきであり、派生的価値については、債権譲渡通知と物上代位の差押えの前後により優劣を決めるべきである〔優先権保全説〕とする)。

5. 配当要求による物上代位権者の優先弁済権の行使の否定

すでに物上代位の目的債権が他の債権者により差し押さえられている場合、抵当権者は、配当要求（民執154条・165条参照）の方法で優先弁済を受けることができるかが問題となるが、判例は、**抵当権者は自ら差押えをしなければ優先弁済を受けられない**とし（最判平13・10・25民集55-6-975）、その理由として、372条において準用する304条1項但書の「差押え」に配当要求を含むものと解することはできず、民事執行法154条および同法193条1項は抵当権に基づき物上代位を行使する債権者が配当要求をすることは予定していないということをあげている。かつては、物上代位権は、法律が特に抵当権者に目的債権への優先弁済権を認めたものであるとする物上代位権特権論の立場から、抵当権者は自ら目的債権を差し押さえなければ優先弁済を受けられないとの主張も見られたが（逆に、抵当権者は目的債権に当然に優先弁済権が認められるとする価値権論の立場から、他の債権者の差押えにより特定性が維持されれば自ら差押えをする必要はないとの主張も見られた〔柚木＝高木・272頁〕)、物上代位権特権論か価値権論かの議論は、現在意味を失っている。解釈論としては、配当要求でも物上代位権者は優先弁済を受けることができるとする考えもあり得ようが、いずれにしても、優先弁済を受ける手続の問題であり、大きな問題ではない。

《展開》**第三債務者に供託義務を要求する特別法と差押え** 土地区画整理法や土地改良法においては、補償金・清算金などにつき抵当権者等の**物上代位権者から供託をしなくてもよい旨の申出のない限り、支払義務者（第三債務者）はこれを供託しなければな**

らない旨を定めている（土地区画整理112条1項、土地改良123条1項等）。これにより、抵当権者の物上代位権の行使の機会が確保されている。

　そこで、土地区画整理法により抵当権設定者Bが換地処分施行者Cに対して有する清算金請求権につき、抵当権設定者Bの一般債権者Dが差押命令および転付命令を取得し、次いで換地処分施行者Cが抵当権設定者Bおよび抵当権者Aを被供託者として清算金を供託した場合、一般債権者Dは換地処分施行者Cに対して、一般債権者Dが転付命令により清算金請求権を有効に取得した後でなされたCの前記供託は無効であるとして清算金を請求し得るかが問題となる。判例（最判昭58・12・8民集37-10-1517）は、抵当権設定者Bは換地処分施行者Cに対し直接清算金の支払いを請求することができず、単に清算金の供託を請求し得るにすぎないから、抵当権者A等が物上代位権を行使して差押えをする以前に清算金請求権を譲渡・転付等により取得した者（一般債権者D）も、Cに対し直接清算金の支払いを請求することはできない、としている。

第11節　担保不動産収益執行

1. 担保不動産収益執行の創設

　2003（平15）年の担保執行法制の改正により、抵当権者は、担保不動産競売の方法以外に、裁判所により選任された管理人が、抵当不動産の賃借人から賃料を回収して抵当権者等に配当する**担保不動産収益執行**の方法によっても被担保債権の優先弁済を受けることができることになった。すなわち、従来は金銭債権を有する一般債権者については、不動産に対する強制執行の方法として、強制競売とともに強制管理が認められていたが（民執43条1項）、担保権の実行の方法としては、担保不動産競売が認められるだけで、強制管理に準じた実行方法は認められていなかった。

　しかし、抵当不動産が賃貸ビルや賃貸マンションなどの場合、バブル経済の崩壊により抵当不動産の価格が暴落したため、競売によっては債権の回収が困難となり、抵当権に基づく賃料債権への物上代位が広く行われるようになる中で、**賃料債権への物上代位の問題点**も明らかになった。問題点としては、①賃借人がたくさん入居している抵当不動産の場合に、抵当権者がこれらの賃料債権に個別に物上代位権を行使しなければならない点での煩わしさ、②抵当権者

がたくさんの賃料債権のすべてに物上代位して優先弁済を受けると、設定者のもとに固定資産税の支払いや物件の維持管理に必要な資金が残らなくなり、不動産が荒廃する可能性、③抵当不動産に複数の抵当権が設定されている場合、物上代位により優先弁済を受ける順位は、抵当権の優先順位によるのではなく、賃料債権を先に差し押さえて転付命令を取得した抵当権者が事実上優先弁済を受けられること、などが指摘された。

そこで、民事執行法が改正されて、担保権者の申立てにより、担保不動産を管理人に管理させて、その不動産が生み出す収益（賃料等の法定果実が一般的であるが、天然果実を管理人が収取することもできる）から被担保債権の優先弁済を受ける「担保不動産収益執行」の制度が創設され（民執180条2号）、抵当権者はこの方法を選択することもできることとなったのである。

抵当権者は、担保不動産競売の手続と担保不動産収益執行の手続を併用することも可能であり、この場合、担保不動産競売の手続において抵当不動産の買受人が現れて抵当不動産の代金を納付するまでの間（一般に数か月から1年ぐらいの期間）、担保不動産収益執行の手続により管理人が賃料を集めて、一定期間ごとに抵当権者の被担保債権に配当することになる。

2. 担保不動産収益執行の手続の概要

担保不動産収益執行の手続には、金銭債権を有する一般債権者による不動産に対する強制執行のひとつである強制管理の手続が基本的に準用される（民執188条）。

抵当権者は、被担保債権の履行遅滞後、執行裁判所に担保不動産収益執行の申立てをすることができる（371条、民執180条2号・188条・44条）。申立てのために、抵当権者は、一般に抵当権の登記に関する登記事項証明書を執行裁判所に提出することになる（民執181条1項参照。強制執行ではないので債務名義不要）。執行裁判所により収益執行開始決定がなされ、この開始決定は、債務者、抵当権設定者、および賃借人に送達される（民執188条・93条参照）とともに、差押えの登記がなされる（民執111条による同法48条の準用）。その後は、賃借人は収益執行管理人に賃料を支払うことになる（民執93条1項・95条）。

管理人は、収益から**不動産の管理に必要な費用**（固定資産税や都市計画税など

も）を控除した後（民執188条・106条）、**執行裁判所の定める期間ごとに配当等を実施**するが、債権者間の協議が調わない場合は、執行裁判所により配当等が実施される（民執188条・107条・109条準用）。抵当権者は、**自ら収益執行の申立をしないと配当を受けられない**（民執188条・107条4項1号ハ）。複数の抵当権者が担保不動産収益執行の申立をし、二重に手続開始決定がなされた場合には、**抵当権の優先順位**に従い配当を受ける。

　賃料債権に対する物上代位の場合と異なり、現在、抵当不動産が賃貸借に供されていない場合であっても、管理人はこの不動産を第三者に賃貸し、賃料を収取することができる（民執188条・95条1項）。また、抵当権設定者が使用している建物であっても、管理人は、抵当権設定者の占有を排除して第三者に賃貸し、賃料を収取することができる（民執188条・96条・97条準用）。収益執行が行われている抵当建物について担保不動産競売が行われたときは、抵当権に後れて設定された賃借権は、管理人により設定された賃借権といえども競売により消滅し、賃借人は、買受人の買受け後6か月の明渡猶予期間は認められているが、その後は建物を明け渡すべきことになる（395条。☞第6節1(2)(a)ⅱ）。

3. 賃貸人に対する債権と賃料債務との相殺の管理人への対抗

　賃借人が賃貸人に対して貸金債権を有しており、管理人が賃借人に賃料の支払いを請求してきたとき、賃借人は、**貸金債権を自働債権とし賃料債権を受働債権とする相殺を管理人に対抗できる**かが問題となる。これについては、抵当権者の賃料債権への物上代位に基づく賃料請求に対して、賃借人が抵当不動産所有者に対して有する債権との相殺の主張の問題と同様に考えることができる（☞第10節4(4)(c)）。

　判例（最判平21・7・3民集63-6-1047）は、物上代位における相殺に関する前掲最判平13・3・13を引用して（☞第10節4(4)(c)）、被担保債権について不履行があったときは抵当権の効力は担保不動産の収益（賃料債権等）に及ぶが、そのことは**抵当権設定登記によって公示されている**と解されるから、**賃借人が抵当権設定登記の前に取得した賃貸人に対する債権**については、賃料債権と相殺することに対する賃借人の期待が抵当権の効力に優先して保護されるべきであり、したがって、賃借人は、抵当権に基づく収益執行開始決定の効力が生じ

た後においても、抵当権設定登記の前に取得した賃貸人に対する債権を自働債権とし、賃料債権を受働債権とする相殺をもって管理人に対抗することができるとしている（この判例は、管理人は、賃料債権等の権利自体を取得するのではなく、その権利を行使する権限を取得するにとどまるとして、収益執行開始決定が効力を生じた後も、抵当不動産所有者に対してなされた相殺の意思表示は有効であるとする）。前掲最判平21・7・3のケースにおける賃借人の賃貸人に対する自働債権は、賃貸借契約締結にあたり賃貸人の求めに応じて支払った保証金（3億1500万円）の返還請求権（無利息。貸金債権としての性質を有する。賃借人が返還請求権を取得するのは、保証金を支払った時であり〔期限および停止条件付き返還請求権であるが〕、保証金返還請求権の弁済期ではない）であり、抵当権設定登記前に支払ったか、抵当権設定登記後に支払ったかで、相殺を管理人に対抗できるか否かが決まることになる。抵当権に基づく賃料債権への物上代位の場合にも述べたように（☞第10節4(4)(c)）、このような取扱いが妥当であるか否かについては、検討の必要があるといえるであろう。

4．担保不動産収益執行と物上代位との関係

　担保不動産収益執行の制度を設ける以上、賃料債権への物上代位は認めるべきではないという見解も有力であったが、抵当権者はどちらの手段も選択できることになった。その結果、同じ抵当不動産の生み出す賃料債権につき物上代位と収益執行の競合が生じ得るが、**収益執行の方が優先**し、収益執行開始決定の効力が給付義務者である賃借人に対して生じたときは、すでに効力を生じていた賃料債権への物上代位による差押えは効力を停止し、物上代位による差押えをしていた者は、収益執行において配当等を受けることになる（民執188条・93条の4第1項・3項）。

第12節　抵当権の侵害

1. 抵当権の侵害

　抵当権は、被担保債権の履行期到来にもかかわらず任意の弁済がなされない場合に、目的不動産から担保不動産競売や担保不動産収益執行などの方法で被担保債権の優先弁済を受けることのできる権利であり、担保権者が目的不動産を占有しない非占有担保であることを特色とする。

　このような抵当不動産を第三者や抵当権設定者（債務者を含む）が損傷したり滅失しようとしている場合、これを放置すると、抵当不動産から被担保債権の優先弁済を受けることができなくなるおそれがあるから、抵当権者は、このような第三者や抵当権設定者などの行為を**抵当権の侵害**として、**抵当権に基づく妨害排除請求権**（物権的請求権）を行使し、これらの損傷・滅失の行為の停止を求めることができる。また、第三者や抵当権設定者等の故意または過失による侵害行為により、抵当権者が受けることのできるはずであった被担保債権の優先弁済の額が減少し、抵当権者が損害を被るに至ったときは、これらの第三者または抵当権設定者等に対して、抵当権者は**不法行為に基づく損害賠償請求権**を行使することもできる（709条）。

> 《展開》抵当権設定者による抵当不動産の滅失・損傷と担保価値維持請求権　　抵当権設定者が抵当不動産を滅失・損傷する場合に、抵当権者は、**抵当権（物権）に基づく妨害排除請求権**を行使できるというのがこれまでの通説であるが、抵当権設定者には、抵当権者との関係で担保価値維持義務があり、抵当権設定者の抵当不動産の損傷・滅失の場合には、**担保価値維持義務違反を理由に妨害排除請求権**が生ずるとする説が登場している（近江Ⅲ・174頁）。この説は、担保価値維持義務は、信義則の支配する担保関係から生ずるとする。
>
> 　この担保価値維持義務という考え方は、後述の最大判平11・11・24（☞2(5)(e)）に現れたもので（内田Ⅲ・439頁も、これは本判決で初めて登場した未知の概念であるとする）、抵当権者に抵当権設定者の有する無権原占有者に対する妨害排除請求権の代位行使（423条参照）を認める関係で、抵当権者は抵当権設定者に対して**担保価値維持請求権**を有するとしたものである（大法廷判決は、「抵当不動産維持・保存請求権」と述べ、奥田昌道補足意見は、これを「担保価値維持請求権」という）。これが**債権なのか**

物権なのか明らかではない。
　しかし、物権には、物権設定の当事者を含め誰に対してでも物権の内容の実現を請求する権利（物権的請求権）があるとされており、担保不動産競売手続による被担保債権の回収にとって妨害となる抵当不動産の無権原占有者に対しては、抵当権者に抵当権に基づく物権的請求権としての妨害排除請求権を認めればよいのであるから、抵当権者は、抵当権設定者に対して担保価値維持請求権を有するとすることには疑問もある。
　なお、鈴木禄弥博士は、制限物権一般について、それを単なる債権と峻別して物権であることを強調することの意味はあまり明白でないとし、地上権者が地上権設定者に対して行使する妨害排除請求権（通説からすると物権的請求権）につき、地上権設定当事者間には地上権関係とでもいうべき一種の継続的契約関係が存続し、両者の間の関係はやはり契約に基づく権利・義務の関係として処理されるべきだということになろうとし、近江教授と同様の考えを表明している（鈴木・462頁以下）。これが債権なのかは定かではないが、鈴木博士は、物権・債権峻別論に対する批判的な立場から、上記の主張をしているのであるから、地上権者のこの権利が債権か物権かを論じること自体意味がないということになるのであろう。他方、近江教授は、わが国の民法は、物権・債権の峻別構成に立つという理解を前提に、解釈論を展開しているのであり（近江Ⅱ・52頁参照）、この点には両者の大きな違いが見られる。

2．抵当権に基づく物権的請求権

(1)**抵当不動産の滅失・損傷**　　第三者や抵当権設定者等により抵当不動産が滅失・損傷させられようとしている場合は、たとえ抵当不動産がなお被担保債権の弁済に十分な価値を有していると評価されるときであっても、抵当権に基づく妨害排除請求権は生じ、妨害行為の停止を請求することができる（**抵当権の不可分性**。372条による296条の準用）。抵当山林上の立木を無権限の第三者が伐採しているときや、抵当権設定者が通常の収益として認められる伐採の範囲を超えて伐採しているときは、**抵当権の侵害**として、抵当権者は抵当山林の伐採の禁止を請求することができるし、伐採された木材の山林からの搬出の禁止を請求することもできる（大判昭7・4・20新聞3407-15）。このように、滅失・損傷等の**事実上の行為**をもって抵当不動産に対する侵害を行う場合においては、その侵害行為の時期が被担保債権の弁済期の前であれ後であれ、また、競売開始決定がなされているか否かを問わず、抵当権者は物権である抵当権の効力としてその妨害排除請求訴訟を提起し得る（大判昭6・10・21民集10-913）。

(2)抵当不動産からの従物や付合物の分離・搬出　(a)無権限者による分離・搬出
　抵当権の効力の及ぶ抵当不動産の従物や付合物が、抵当権の実行前に、無権限者により抵当不動産から分離され、さらに搬出された場合、抵当権の効力はこれらの従・付合物（抵当山林の伐木など）になお及ぶから、抵当権者は、**物権的請求権**に基づき、無権限者に対しこれらの**従物・付合物を元の場所に戻すよう請求できる**（無権限者からこれらの物を譲り受けた者につき192条の即時取得の要件が充たされるときは、その者に対しては返還を請求し得ない）。

　(b)抵当権設定者による権限外の分離・搬出　抵当権の効力の及ぶ抵当不動産の従物や付合物が、抵当権の実行前に、抵当権設定者Bにより抵当不動産から分離され、さらに搬出された場合、抵当権の効力はこれらの従物・付合物になお及ぶかが問題となる。抵当権の効力がなお及ぶとすれば、抵当権者Aは物権的請求権に基づき搬出された従物・付合物を元の場所に戻すよう請求できる。

　ところで、抵当山林の場合に、山林所有者である抵当権設定者が、通常の使用収益の範囲で山林を伐採し（輪伐）、山林から分離した伐木を第三者に売却することは、抵当不動産の**通常の使用収益**として認められており、このようなケースでは、抵当権者からの伐木の返還請求は問題にならない。抵当山林の伐採の場合には、通常の使用収益の範囲を超えて伐採・搬出されたときが問題となる。

　したがって、ここで問題となるのは、抵当権の効力の及ぶ付合物または従物につき**設定者Bが分離・搬出する権限を有しないにもかかわらず、分離・搬出した場合**であり、特にこれを第三者Cが買い受けて搬出したときに、Cに対して抵当権者Aが元の場所への返還を請求し得るかにつき見解が分かれている。以下、場合を分けて考える（以下では、分離・搬出された物が動産であることを前提とする）。

　ⅰ　**抵当権設定者による従物・付合物の分離・搬出後も抵当権設定者が所有している場合**　この場合には、抵当権設定当事者間での問題だから、従物・付合物についての抵当権の対抗力の問題は生じず、従物・付合物が分離・搬出されてもなお抵当権の効力が及ぶ。抵当権者Aは、設定者Bに対して、**抵当権に基づき分離物の搬出の禁止・搬出物の元の場所への搬入**を請求し得る（物権的

妨害排除請求権の行使。抵当権は非占有担保であるから、物権的返還請求権の行使ではない)。

ⅱ　**抵当権設定者により第三者に売却された従物または分離した付合物が、抵当不動産上にある場合**　この場合には、なお抵当権の効力がこれらの従物・付合物（伐採された木材など）に及んでいるとする点については、異論はないようである（我妻Ⅲ・268頁）。買主は、現実の引渡しを受けていないから、従物・付合物を即時取得（192条）することもできない。これらの従物・付合物が搬出されそうなときには、抵当権者Aは搬出しようとする者に対して搬出の禁止を請求できる（**物権的妨害予防請求権**または**物権的妨害排除請求権**の行使）。

見解の対立が生ずるのは、次のⅲの各場合である。

ⅲ　**抵当不動産上から搬出された従物または分離した付合物を第三者が抵当権設定者から買い受けていた場合**

(α)**対抗力消滅説**　我妻博士は、従物、分離した付合物が**抵当不動産の上に存在し、抵当権の登記による公示の衣に包まれている限りにおいてだけ**従物・分離物の上の抵当権の効力を第三者に対抗し得るが、そこから搬出されたときは、もはや第三者に対抗できなくなるとする（対抗力は消滅する）。そこで、博士は、抵当権設定者による従物または分離物の第三者への売却後にこれらの物が搬出された場合も（我妻Ⅲ・268頁、271頁）、抵当権設定者による従物・分離物の搬出後にこれらの物が第三者に売却された場合も（我妻Ⅲ・268頁、272頁）、これらの従物または分離物に抵当権の効力は及ばないとする（第三者は、抵当権の効力の及ぶ従物・分離物であったことにつき悪意であっても、抵当権の負担のない従物・分離物を承継取得する）。

(β)**対抗力存続説**　これに対して有力学説は、設定者Bにより**抵当不動産の所在場所から従物・分離物が搬出されてもなお従物・分離物に抵当権の効力・対抗力は及んでいる**と考える（**対抗力存続説**）。すなわちこの有力学説は、抵当権設定者による従物または分離物の第三者への売却後にこれらの物が搬出された場合も、抵当権設定者による従物・分離物の搬出後に第三者に売却された場合も、なおこれらの従物または分離物に抵当権の対抗力が及ぶので、設定者Bからの買主は、抵当権の効力の及ぶ従物・分離物を取得（承継取得）するが、抵当権の効力が及ぶ従物・分離物であることにつき善意無過失で買い受けて（抵

当不動産上にある時に買い受けたときは、多くは有過失とされよう）、現実の引渡しを受けた場合には、192条により抵当権の効力の及ばない従物・分離物を**即時取得**するとする。したがって、この説によると、抵当権者Aは、悪意または善意有過失の買主Cに対しては、搬出後も元の場所への返還を請求し得ることになる（星野Ⅱ・252頁、内田Ⅲ・444頁など）。この説は、抵当権の効力の及ぶ従物・分離物であったことにつき悪意または善意有過失の買主まで保護する必要はない、という考えに立つ。この説を支持したい。

なお、**工場抵当法の目的物とされた動産の搬出**のケースについてであるが、最判昭57・3・12民集36-3-349（百選Ⅰ・90事件）は、工場抵当法2条により工場に属する土地または建物とともに抵当権の目的とされた動産が、抵当権者の同意を得ないで工場から搬出されたケースについて、(β)説と同様、抵当権者は、第三者が**即時取得**しない限り動産の元の場所への返還を請求できる、としている。

(β)説に対して(α)説および次にあげる(γ)説からは、工場抵当権の場合は、工場抵当権の効力の及ぶ供用物件は登記事項とされているのであり、ここでの問題のように、従物・付合物が登記されていない場合にはそれと同様には解せないとする批判がある。

(γ)売却後の搬出と搬出後の売却とで区別する学説　　近時の有力学説は、抵当権設定者による従物または分離物の第三者への売却後にこれらの物が搬出された場合と、抵当権設定者による従物・分離物の搬出後に第三者に売却された場合とで、取扱いを異にすべきだとする。すなわち、前者においては、抵当権の効力が従物・分離物に及んでいるときに売買されたのであるから、搬出後もなお抵当権者は抵当権の効力を主張できると解すべきであるが（ただし、第三者が、抵当権の及ぶ動産であることにつき、あるいは、従物・分離物の売買が通常の使用・収益の範囲外であることにつき、善意無過失で、現実の引渡しを受けた場合には、抵当権の負担のない動産所有権を即時取得する）、後者においては、搬出により抵当権の対抗力は従物・分離物に及ばなくなり（対抗力消滅）、抵当権者は抵当権の効力を主張できなくなると解すべきである（ただし、第三者が背信的悪意者の場合は別）、とする（道垣内・184頁以下、安永・266頁以下）。

(3)抵当不動産の従物のみに対してなされた強制執行に対する第三者異議の訴え　抵当権の効力の及ぶ抵当不動産の従物（建物抵当権の場合の畳・建具など）のみに対して強制執行がなされている場合、抵当権者が第三者異議の訴え（民執38条）を提起して強制執行の手続の停止・取消しを求めることも、抵当権に基づく妨害排除請求権の行使として認められる。

(4)抵当権の実行にとって事実上の障害となる無効な登記が存在するとき　先順位抵当権が債務の弁済等により消滅したが、なお抵当権登記が抹消されずに残っている場合、この抵当権登記は無効な登記だからその抹消を求めなくても後順位抵当権者にとって法律的には不都合があるわけではないが、事実上抵当権の行使の障害となり得ると考えられる。そこで、後順位抵当権者は、抵当権に基づく妨害排除請求として無効となった先順位抵当権登記の抹消登記手続請求をなし得るとされている（大判大8・10・8民録25-1859など）。なお、甲建物について、滅失の事実がないのにその旨の登記がされて登記用紙が閉鎖された後、別の乙建物として表示の登記および所有権保存登記がされた場合、登記を経由していた甲建物の根抵当権者は、乙建物の所有名義人に対しては乙建物の表示の登記および所有権保存登記の抹消登記手続を、甲建物の所有名義人であった者に対しては甲建物の滅失の登記の抹消登記手続を、それぞれ請求することができる（最判平6・5・12民集48-4-1005）。

(5)抵当不動産の占有による抵当権者の価値の実現の妨害　ⓐ正常な占有と抵当権実行妨害目的の占有　抵当権は、**非占有担保**であるから、不動産、例えば、建物に抵当権が設定されても、抵当権設定者は抵当建物をこれまで通り使用・収益できるし、抵当建物を第三者に賃貸して収益を得ることもできる。抵当権設定者自身による抵当建物の占有や抵当建物賃借人による抵当建物の占有は、抵当権の侵害とは評価されないのが原則である。例えば、甲土地所有者Bが遊休地となっていた甲土地に賃貸マンション乙を建築し賃料を得て余生を過ごそうと考え、銀行Aから10億円の融資を受けて乙を建築し、乙竣工と同時に、乙にAのために抵当権を設定したとする（抵当権設定登記経由）。その後、賃貸マンション乙の入居者を募集し、50組の入居者があり、毎月750万円ほどの賃料収入があって、その中からBは500万円ほどをA銀行からの借入金の返済に充てていたとする。このような場合、賃借人による抵当建物乙の占有は、抵

当権の侵害と評価されないのは当然であり、それどころかむしろ抵当権の被担保債権の弁済資金の源泉となっているといえる。

しかしながら、わが国では、被担保債権につき履行遅滞が生じ抵当権実行が予想される局面になると、抵当不動産を**無権原で占有している**者や、**抵当権実行妨害目的で抵当権設定者から占有権原**（賃借権や使用借権など）**を取得し占有している者**が、しばしば見受けられるようになった。そこで、このような者（いわゆる**占有屋**）による占有が存在する場合、これを**抵当権侵害**と評価して、抵当権者はこれらの占有者に対して**抵当権に基づく妨害排除請求権**（物権的請求権）としての明渡請求権を行使し得るかが大きな問題となったのである（☞第6節1(2)の《展開》従来の短期賃貸借保護制度とその廃止の経緯(2)」）。

なお、従来実務では、抵当権設定後これらの占有者が現れたときに抵当権者がこれらの占有を排除し得るように、抵当権者自身が、抵当権設定を受けるのと同時に、あらかじめ抵当権設定者と抵当不動産につき賃借権設定予約契約（または停止条件付き賃貸借契約）をし、予約の権利（または停止条件付き賃借権）につき仮登記を備えておくことがしばしば行われていた（「**併用賃借権**」と呼ばれた）。しかし、最判平1・6・5民集43-6-355は、このような**併用賃借権**は、抵当不動産の用益を目的とする真正な賃借権ということはできないから、予約完結権を行使して賃借権の本登記を経由しても、対抗要件を具備した後順位の短期賃借権（抵当権実行妨害目的の賃借権であっても）を排除する効力を認める余地はないとしたから、抵当権者は新たな方策を考えなくてはならなくなった。

(b)伝統的な考え方　従来の伝統的な考え方からすると、抵当権は価値権であり、**非占有担保権**であるから、抵当権設定者が抵当不動産を第三者に不法に用益させたり第三者が抵当不動産を不法占拠したりしていても、それだけでは抵当不動産の価値が損傷されたとはいえず、抵当権者はこれらの者に対して妨害排除請求をなし得ないということになる（大判昭5・4・16新聞3121-7等）。

併用賃貸借の効力を否定した前掲最判平1・6・5に続き登場した最判平3・3・22民集45-3-268も、この考え方に立つものであった。事案は、執行妨害目的の**濫用的短期賃貸借**（☞第6節1(2)の《展開》従来の短期賃借権保護制度とその廃止の経緯(2)」）による占有の典型的なケースである。すなわち、AからBが

金銭を借り受けその担保としてB所有の甲土地および乙建物（以下、「本件土地建物」という）に抵当権を設定したが（抵当権設定登記経由）、その後Bは本件土地建物につきCとDに期間3年の短期賃借権を設定した（同日CおよびDのために賃借権設定仮登記経由）。それから2か月ほど後に、CおよびDは、各自の賃借した本件土地建物をEに対していずれも期間3年の約定で転貸し（仮登記賃借権移転の付記登記経由）、それからさらに3か月ほど後に、Eは転借した本件土地建物をF総業に期間3年の約定で転貸し（仮登記賃借権移転の付記登記経由）、本件建物はF総業が占有している。Bの連帯保証人Gが、Aに対しBの借受金の残元金（2530万円ほど）、利息、遅延損害金を支払い、弁済による代位（499条・501条）によりAの抵当権につき抵当権移転の付記登記が経由された。本件土地建物につき担保不動産競売が開始され、本件土地建物の鑑定評価額は1027万円であったが、本件各短期賃貸借が付着することを前提にすると820万円となり、本件各短期賃貸借の存在はAの抵当権に代位したGに損害を及ぼすことになる。そこで、Gは、第1審において、B、CおよびDを共同被告として、395条但書（平成15年改正前）に基づき本件各短期賃貸借の解除を求めるとともに（平成15年改正前395条は、本文で抵当権に後れて設定された短期賃貸借の保護を規定し、その但書で、その賃貸借が抵当権者に損害を及ぼすときは、裁判所は抵当権者の請求によりその解除を命ずることができる、としていた。改正された395条には、短期賃貸借解除請求訴訟についての規定はない。☞第6節1(2)「《展開》従来の短期賃借権保護制度とその廃止の経緯(1)」）、その解除を命ずる判決の確定を条件に、本件**抵当権に基づく妨害排除請求**としてEおよびF総業に対して仮登記賃借権移転の付記登記の抹消登記手続およびF総業に対して本件建物の明渡しを求めた。

　第1審は、本件各短期賃貸借の解除を命じた上、GのEおよびF総業に対する上記請求を認容した。EおよびF総業が控訴したのに対し、Gは、原審において、本件建物の明渡請求につき、第1審における本件抵当権に基づく妨害排除請求としての明渡しを求める訴え（以下「**物上請求**」という）と選択的に、本件抵当権の被担保債権を保全するため債務者であるBのF総業に対する本件建物の所有権に基づく返還請求権を代位行使して明渡しを求める訴え（以下「**代位請求**」という）を追加した。原審は、GのEおよびF総業に対する仮登記賃

借権移転の付記登記の抹消登記手続請求およびF総業に対する代位請求を認容すべきものと判断して、EおよびF総業の控訴を棄却した。

これに対して、最高裁は、次のような理由をあげて本件建物の明渡請求に関する原審の判断は是認することができないとしたのである。①抵当権は、抵当不動産の**占有権原を包含するものではなく、抵当不動産の占有はその所有者に委ねられている**（非占有担保）、②抵当不動産所有者が自ら占有しまたは第三者に賃貸するなどして抵当不動産を占有している場合のみならず、第三者が抵当不動産を無権原で占有している場合においても、**抵当権者は抵当不動産の占有関係について干渉し得る余地はない**のであって、第三者が抵当不動産を権原により占有しまたは不法に占有しているというだけでは**抵当権が侵害されるわけではない**、③395条但書（平成15年改正前）による短期賃貸借の解除は、その短期賃貸借の内容（賃料の額または前払いの有無、敷金または保証金の有無、その額等）により、これを抵当権者に対抗し得るものとすれば抵当権者に損害を及ぼすこととなる場合に認められるのであって、短期賃貸借に基づく**抵当不動産の占有それ自体**が抵当不動産の担保価値を減少させ、抵当権者に損害を及ぼすものとして認められているものではない、④短期賃貸借が395条但書（平成15年改正前）により解除され無権原占有者となった者に対しては、抵当権者にその占有を排除する権原が付与されなくても、担保不動産競売における抵当不動産の買受人が、民事執行法83条（民執188条による準用）による**引渡命令または訴えによる判決に基づきその占有を排除することができる**のであり、そのことによって、結局抵当不動産の担保価値の保存、したがって抵当権者の保護が図られているものと観念されている、というものである。

以上の理由によりこの判例は、抵当権者は、短期賃貸借が解除された後、賃借人等が抵当不動産の占有を継続していても、抵当権に基づく妨害排除請求（物上請求権＝物権的請求権の行使）としてその占有の排除を求め得るものでないことはもちろん、賃借人等の占有それ自体が抵当不動産の担保価値を減少させるものでない以上、抵当権者が、これによって担保価値が減少するものとしてその被担保債権を保全するため債務者たる所有者の所有権に基づく返還請求権を代位行使して（代位請求）、その明渡しを求めることも、その前提を欠くのであって、これを是認することができない、としたのである（原審の明渡請

求に関する部分を破棄し、第1審判決を取り消し、Ｇの代位請求および物上請求はいずれも棄却すべきものであるとした）。

　(c)占有屋の存在と担保不動産競売　　ここで問題となるのは、わが国における担保不動産競売の実情である（強制競売の場合も同様）。すなわち、債務者が被担保債権の弁済を到底なし得ない経済的破綻状態に陥った場合、**暴力団**やそれに近い筋の者達（**街の金融業者＝街金**など。これらの者は「**占有屋**」と呼ばれる）が、債務者になにがしかの金員を与えて賃借権等の設定を受け（これは、通常の賃借権ではなく、執行妨害目的の賃借権であるから、「濫用的短期賃貸借」あるいは「詐害的短期賃貸借」と呼ばれた。☞第6節1(2)《展開》従来の短期賃借権保護制度とその廃止の経緯(2)）、あるいは**無権原**で、抵当不動産を占有するケースが見られた。前掲最判平3・3・22のケースもこれにあたる。

　このような**抵当権実行妨害目的の占有**があっても、担保不動産競売がなされれば、前掲最判平3・3・22が指摘するように、**買受人**は、直ちに（執行裁判所が、濫用的賃借権は無効であり、占有者は不法占有者であると判断するのが一般的なため）、もしくは少なくとも一定の期間経過後（従来の短期賃貸借保護の制度のもとでは、短期賃貸借の期間経過後、現行法のもとでは、395条1項の6か月の明渡猶予期間経過後）は、これらの占有者に対して**所有権に基づく返還請求権**の行使としての**不動産の明渡請求権**を行使でき、これらの占有者が任意に明渡しに応じなければ**強制執行**により明渡しを実現できるのであるが（民執168条・168条の2。民執83条の引渡命令は、建物明渡執行の債務名義となるから、建物明渡執行のための債務名義の取得に時間や多くの費用がかかることは通常はない）、わが国の一般市民は、このような暴力団等が占有している物件を競売で買い受けて、これらの者に対して強制執行を申し立て明渡しを求めることを敬遠する。

　そのため、抵当権実行妨害目的の占有のある抵当不動産については一般市民の入札への参加がほとんど期待できないので、これらの占有者と内通した関係者、またはこれらの占有者に一定のお金を支払って明渡しを実現しようとする不動産業者が、競売において極めて安い価額でこの不動産を買い受け、その結果、抵当権者の被担保債権の回収に支障を来すことがしばしば見られることになったのである。

　(d)執行妨害目的の占有の排除を認める学説の増大と執行実務　　確かに法律

の建前としては前掲最判平3・3・22の述べる通りであるといえる。しかし、わが国の担保不動産競売の実情を前提とすると、**かかる第三者の不法占有は抵当権の侵害にあたり、抵当権者はかかる第三者に対して抵当権に基づく妨害排除請求権としての不動産の明渡請求権を行使できるし**（物権的請求権の行使・物上請求）、**所有者に代位して明渡しを求めることもできる**（債権者代位権の転用・代位請求）と解すべきであるとする学説が次第に有力になった（椿寿夫「抵当権にもとづく妨害排除請求への道」ジュリ963号93頁以下〔1990年〕、生熊・執行妨害と短期賃貸借59頁以下、158頁以下、173頁以下など）。**執行実務**も、抵当権者が民事執行法55条の売却のための保全処分や同法187条の担保不動産競売開始決定前の保全処分（平8法108により創設）の申立てをすれば、これらの執行妨害目的の占有者の排除を認めるようになり（執行妨害者から執行官が抵当不動産を取り上げて執行官保管とすることも認められた。民執55条1項2号・187条1項参照）、前掲最判平3・3・22の考え方との乖離が大きくなった。

　(e)**最大判平11・11・24の登場**　このような中で、前掲最判平3・3・22の考え方を否定する最大判平11・11・24民集53-8-1899が登場し、判例は大きく転換することになった。この判例は、抵当不動産を無権原者が占有しているケースについてであるが、**抵当権設定者の有する無権原占有者に対する抵当不動産明渡請求権の抵当権者による代位行使**を認め、また**抵当権者自身への明渡しを容認**したのである。この判例は、まず、①第三者が抵当不動産を不法占有することにより、競売手続の進行が害され適正な価額よりも売却価額が下落するおそれがあるなど、抵当不動産の交換価値の実現が妨げられ抵当権者の**優先弁済請求権の行使が困難となるような状態**があるときは、これを**抵当権に対する侵害と評価することを妨げるものではない**とする。その上で、この判例は、②抵当権者は、抵当不動産所有者に対して抵当不動産の維持・保存請求権を有するから、抵当権者は、**抵当不動産の維持・保存請求権を保全する必要**があるときは、**423条の法意**に従い、所有者の不法占有者に対する**妨害排除請求権を代位行使**することができるとし（代位請求の肯定）、③抵当不動産所有者のために**本件建物を管理することを目的として**、建物の無権原占有者に対し、**直接抵当権者に本件建物を明け渡すよう求める**ことができるとした。さらに、この判例は、傍論ではあるが、④第三者が抵当不動産を不法占有することにより抵当不

動産の交換価値の実現が妨げられ抵当権者の優先弁済請求権の行使が困難となるような状態があるときは、抵当権に基づく妨害排除請求として、抵当権者がこの状態の排除を求めることも許されると述べ、**抵当権に基づく物権的請求権の行使の可能性**についても肯定的判断をしたのである。

次いで、最判平17・3・10民集59-2-356（百選Ⅰ・89事件）は、抵当権に後れて設定された執行妨害目的の期間5年の建物賃貸借（長期賃貸借による担保不動産競売の妨害の事例もあった）の賃借人に対する抵当権者による妨害排除請求のケースにつき、抵当権設定登記後に抵当不動産の所有者から占有権原の設定を受けてこれを占有する者についても、①その**占有権原の設定に抵当権の実行としての競売手続を妨害する目的**が認められ、②その**占有により抵当不動産の交換価値の実現が妨げられて抵当権者の優先弁済請求権の行使が困難となるような状態**があるときは、抵当権者は、当該占有者に対し、**抵当権に基づく妨害排除請求**として、上記状態の排除を求めることができるとして、抵当権自体に基づく妨害排除請求権（物権的請求権）としての明渡請求権を認めた。また、この判例は、非占有担保権者である**抵当権者への目的不動産の明渡し**についてもこれを認め、「抵当権に基づく妨害排除請求権の行使にあたり、抵当不動産の所有者において抵当権に対する侵害が生じないように抵当不動産を適切に維持管理することが期待できない場合」には、抵当権者は、占有者に対し、直接自己への抵当不動産の明渡しを求めることができるとしたのである。

(f)抵当不動産占有者に対する抵当権に基づく妨害排除請求権行使の要件と効果　ⅰ　妨害排除請求権行使の要件　抵当権者Aが抵当不動産占有者Cに対して妨害排除請求権（物権的請求権）を行使するためには次の要件が必要となる。

まず、Cが**無権原占有者**の場合は、①第三者Cの占有が**無権原占有（不法占有）**であること、②第三者Cのこの占有により、**抵当不動産の交換価値の実現が妨げられ抵当権者Aの優先弁済請求権の行使が困難となる状態**があること、である。抵当権者Aは、設定者Bから抵当権の設定を受けたこと、被担保債権の存在、および②を主張・立証すればよい。これに対して、第三者Cが、抵当不動産所有者Bから賃借権や地上権などの不動産利用権の設定を受けたことを主張・立証できないと、①の要件が充たされたことになり、抵当権者Aの請求は認められる。被担保債権についての**履行遅滞**やすでに**競売開始決定**がなされたことは、

要件とはならないと考えてよい。実際問題としては、抵当権者は、債務（利息や元金の支払債務）の弁済がきちんとなされている間は、抵当不動産の占有関係には関心を払わないのであり、債務の履行遅滞が生じるようになり、競売の申立ての必要性を感じてから無権原占有者に対して妨害排除請求権を行使することになろう。しかし、債務者の履行遅滞や競売開始決定は、抵当権に基づく妨害排除請求権行使の要件とする必要はないと考える（反対：松岡・109頁）。

　抵当権が設定された（抵当権設定登記が経由されていることが前提である）後に抵当不動産所有者Ｂから賃借権や地上権などの設定を受けて、**占有権原に基づいて抵当不動産を占有している者**Ｃに対して、抵当権者Ａが抵当権に基づき妨害排除請求権（物権的請求権）を行使するためには、次の要件が必要となる。①第三者Ｃが抵当権設定後に抵当不動産所有者から賃借権や地上権などの占有権原の設定を受けて抵当不動産を占有していること、②これらの占有権原の設定を受けてＣが抵当不動産を占有することに、**競売手続妨害目的**が認められること、③第三者Ｃの**占有により抵当不動産の交換価値の実現が妨げられて抵当権者の優先弁済請求権の行使が困難となる状態**があること、である。

　抵当権者Ａが占有者Ｃに対して抵当不動産の明渡請求訴訟を提起した場合、Ａは、設定者Ｂから抵当権の設定を受けたこと、被担保債権の存在、および③を主張・立証すればよい。これに対して被告である占有者Ｃは、抗弁として①（Ｃに抵当不動産の占有権原があること）を主張・立証することになる。Ｃの①の主張・立証が認められた場合には、抵当権者Ａは、②の**競売手続妨害目的の占有**であることを主張・立証することになり、その立証ができた場合には、Ａの請求が認められ、その立証できなければ、Ａの請求は棄却される。②の要件は、不要であるとする見解も存在するが（松岡久和「判批」平成17年度重判77頁〔2006年〕）、執行妨害目的の濫用的賃借人ではなく正常な賃借人であっても、その占有により③の要件が充たされることがあり（賃貸マンションや賃貸ビルなど収益物件の場合には、正常な賃借人の占有により、③の要件が充たされるとは通常考えられないが、ないわけではない）、妨害排除請求が認められてしまうことが生じ得るので、②の要件は必要と解すべきである（道垣内・187頁、安永・296頁）。なお、**競売手続妨害目的**は、その占有者の占有の形態（実際には、建物の使用・収益をするのではなく、占有者らしい外観を作り出しているだけの場合が多い

〔しかも暴力団風の者、日本語を話せない外国人、あるいは高齢の病人などによる占有が多い〕。電気・水道・ガスなどのライフラインの利用状況などによっても使用状況は判断し得る）、賃借権の登記または仮登記がなされていること、賃借権の譲渡・転貸を許す旨の特約があること、異常に高額な敷金の差入れの主張（実際には預託されていない）、異常に低廉な賃料の主張など当事者の主観ではなく、通常の賃貸借には見られないこれらの事実の存在（☞第6節1(2)《展開》(2)）を主張・立証することにより、競売手続妨害目的の存在が肯定される。競売妨害目的の賃借人等に対する妨害排除請求権の行使においても、競売開始決定後であることなどの**時間的制約**はないと考える（反対：松岡・109頁）。

ⅱ **妨害排除請求権行使の効果**　抵当権者は、妨害排除請求権を行使して、上記の無権原占有者や競売妨害目的の占有者に対して抵当不動産の明渡しを請求できる。この明渡しの相手方は、非占有担保であることから、原則は抵当不動産所有者であるが、抵当不動産所有者において「抵当権に対する侵害が生じないように**抵当不動産を適切に維持管理することが期待できない場合**」には、**抵当権者への明渡し**も認められている（前掲最大判平11・11・24、最判平17・3・10）。これは、抵当不動産所有者が再び第三者に占有させることも考えられるし、不動産明渡しの執行には、明渡しを受ける者が立ち会わなければならないが（民執168条3項参照）、抵当不動産所有者が立ち会わない（行方不明の場合もある）ことも考えられるからである。

　抵当権者による抵当不動産の占有は、担保不動産競売が行われるまでの**管理占有**であって、抵当権者がこれを使用収益できるわけではない（したがって、銀行などの抵当権者としては、むしろ(d)で述べた民事執行法55条または同法187条により執行官保管の仮処分を求めた方が負担は少なくてすむ。同旨：安永・298頁）。民事執行法55条等の保全処分の実情については、生熊・執行妨害と短期賃貸借233頁以下参照）。なお、前掲最判平17・3・10は、抵当権者が競売妨害目的の占有者に対して、この者の占有により**抵当権者に賃料額相当の損害が生じた**として、抵当権侵害による**不法行為に基づく賃料相当損害金の支払いを請求**したケースでもある。原審はこれを認容したが、最高裁はこの請求を認めなかった。次の理由があげられている。すなわち、①抵当権者は、抵当不動産を自ら使用することはできず、民事執行法上の手続等（担保不動産収益執行や賃料債権への物

上代位) によらずにその使用による利益を取得することもできないこと、②抵当権者が抵当権に基づく妨害排除請求により取得する占有は、抵当不動産所有者に代わり抵当不動産を維持管理することを目的とするもの (**管理占有**) であって、抵当不動産の使用およびその使用による利益の取得を目的とするものではないこと、である。

　(g)**代位請求**　　前掲最大判平11・11・24は、抵当不動産を無権原者が占有しているケースについて、抵当権設定者の有する無権原占有者に対する抵当不動産明渡請求権の抵当権者による代位行使（債権者代位権の転用ケース）を認めたものであるが、前掲最判平17・3・10のケースのように、抵当不動産所有者が第三者に執行妨害目的であれ占有権原を与えて占有させているケースにおいては、この方法を抵当権者は取り得ない。しかしこれらの判例は、抵当権者に無権原占有者に対してのみならず執行妨害目的の賃借人等に対する物権的請求権（妨害排除請求権）の行使も認めているのだから、今では**代位請求は意味がなくなった**といえよう（ほぼ同旨：道垣内・186頁、内田Ⅲ・439頁）。

3．抵当権侵害の不法行為に基づく損害賠償請求権

(1)709条の要件が充たされること　　第三者または抵当権設定者が、故意または過失により抵当権を侵害し、その結果抵当権者が損害を被ったときは、抵当権者は、これらの者に対して不法行為に基づく損害賠償請求権を行使し得る（709条）。抵当権の侵害の態様は、上記のように、第三者または抵当権設定者が抵当不動産を滅失・損傷させた場合のほか、抵当権の効力の及ぶ従物を抵当権設定者が第三者に譲渡し、第三者が即時取得（192条）した場合や、抵当不動産の占有による抵当権実行妨害のため抵当不動産の価額が大きく下落した場合など、さまざまである。もっとも、現に抵当権の侵害があり目的不動産の価値が一部減少しても、抵当権者がその抵当不動産の競売によりなお**被担保債権の回収を十分図ることができた場合**には損害は生ぜず、したがって損害賠償請求権は発生しない（大判昭3・8・1民集7-671）。

(2)損害賠償請求権行使の時期　　抵当権の侵害があっても、実際に担保不動産競売を行い配当をしてはじめて抵当権者の損害額が確定するから、それまでは抵当権者は損害賠償請求権を行使し得ないとする考え方が有力に存在する（鈴

木・252頁など）。これに対して、判例（大判昭11・4・13民集15-630。大判昭7・5・27民集11-1289は、損害額は、抵当権の侵害の時ではなく抵当権実行の時、抵当権実行前の損害賠償請求権行使の場合は、損害賠償請求権行使の時、を基準とするとする）・通説（我妻Ⅲ・386頁、近江Ⅲ・182頁など）は、当時の経済状勢からみて不法行為以前の交換価値を回復し競売により被担保債権を回収できる見込みが到底ないと考えられるときは、**通常であれば競売がなされるべき時期以後**は抵当権者は損害賠償請求権を行使し得るとする。抵当権侵害者から支払われた損害賠償金は、被担保債権に充当される。

(3)損害賠償請求権に対する物上代位との関係 もっとも、第三者Cが抵当不動産を故意・過失により滅失・損傷した場合には（抵当権設定者による滅失・損傷の場合には、物上代位は問題とはならない）、抵当不動産所有者Bも第三者Cに対して損害賠償請求権を取得し、抵当権者Aはこれに物上代位して被担保債権の優先弁済を受けることができる（372条・304条。☞第4節3(2)(c)）。このように抵当権者Aが抵当不動産所有者の取得した損害賠償請求権に物上代位できるときでも、抵当権者Aは第三者Cに対して物上代位ではなく直接損害賠償請求権を行使し得るかが問題となる。これを肯定すると、抵当不動産所有者Bおよび抵当権者Aがそれぞれ第三者Cに対して有する損害賠償請求権相互の関係、およびAのCに対する損害賠償請求権とBのCに対する損害賠償請求権の上にAが有する物上代位権との関係が、錯綜する。そこで、このような場合には、抵当権者には**物上代位のみ**を認め、直接の損害賠償請求権を認めるべきではないとする説が多数となっており、この説が妥当であろう（鈴木・253頁、道垣内・191頁など。反対：川井Ⅱ・391頁など）。

4．期限の利益の喪失・増担保請求

(1)期限の利益の喪失 137条2号は、債務者（物上保証人は含まれない趣旨と解されるが、異論もある）が担保（抵当不動産）を滅失・損傷または減少させたときは、債務者は期限の利益を主張することができない旨規定する。被担保債権の弁済期が数年先であり、債務者がこれまで遅滞なく元金と利息（元金について分割弁済の場合）を支払ってきていても、債務者が抵当不動産を滅失・損傷等させると、期限の利益を喪失し、直ちに残りの被担保債権全額を弁済しな

ければならなくなり、任意にこの弁済をしなければ、抵当権者は抵当権を実行することができる趣旨である。抵当不動産の滅失等につき、**債務者の故意・過失を必要としない**。もっとも、銀行取引においては、債務者以外の者による担保目的物の滅失・損傷等のある場合も、被担保債権の**期限の利益を失わせる旨の特約**のあることが多い。

(2)増担保請求　　銀行取引では、抵当不動産が滅失・損傷または減少したときは、銀行は債務者に**増担保**(追加担保)を請求し得る旨の特約が存在するのが一般的である。増担保の特約(黙示の特約を含む)がないときは、抵当不動産の滅失等につき債務者が不法行為上の責任を負うべき場合(故意・過失)などに限り増担保請求をなし得るとする説が有力であり(我妻Ⅲ・388頁)、妥当な説であると考える。債務者に故意・過失がない場合であっても、また第三者による滅失等であっても、抵当不動産の滅失・損傷があれば当然に増担保請求をなし得るとの説も見受けられるが(川井Ⅱ・391頁)、この説によると、債務者が増担保を提供できない場合は(提供したくてもそのような財産を有していない個人や中小企業は極めて多い)、当然に被担保債権についての期限の利益喪失が生ずると解するようであるから、この説には賛同できない(結論同旨：鈴木・253頁。なお、東京高判平19・1・30判タ1252-252参照)。もっとも、債務者自身による抵当不動産の滅失等は、債務者の故意・過失を問わず期限の利益の喪失事由となるから(☞(1))、この場合に債務者は、増担保をして期限の利益の喪失を免れることはできると解する(高木・167頁)。

第13節　抵当権の消滅

1．抵当権の消滅

　抵当権は物権であるから、**物権共通の消滅原因**(抵当不動産の滅失、抵当不動産につき第三者の取得時効の完成、混同〔179条〕、放棄〔絶対的放棄。376条1項の抵当権の放棄ではない〕など)および**担保物権共通の消滅原因**(被担保債権の消滅など付従性による消滅)で消滅するほか、**代価弁済**(378条。☞第7節2)、**抵当権**

消滅請求（379条。☞第7節3）、競売（担保不動産競売または一般債権者の申立てによる強制競売。☞第5節2(2)(c)(α)①）により消滅する。民法は、抵当権の消滅の節に、以下の規定を置く。

2. 抵当権の時効消滅

396条は、抵当権は、債務者および抵当権設定者（物上保証人）に対しては、被担保債権と同時でなければ、時効によって消滅しない旨規定する。この規定と397条の規定の理解をめぐり、判例・多数学説と有力学説とは立場を異にする（有力学説については、☞3の《展開》で取り上げる）。判例・多数学説は、抵当権についても166条2項の適用があり、**抵当権も権利を行使することができる時から20年間行使しないときは、被担保債権とは独立に時効消滅する**と考える。

そこで**判例・多数学説**は、債務者が弁済期到来後20年間以上被担保債権を弁済しないでいるが、その間、被担保債権については時効の更新（147条2項・148条2項本文・152条。特に152条の権利の承認による時効の更新が多い）がたびたび行われたため、また、時効の完成猶予（147条1項、148条1項、149条、150条1項、151条1項・2項・4項、158条〜161条）により、まだ被担保債権は消滅時効にかかっていないのに、**債務者または抵当権設定者**が、被担保債権の弁済期到来（＝抵当権実行可）後20年間抵当権が行使されていないとして166条2項により抵当権の消滅時効を援用することは**信義則に反する**ため、396条の規定が設けられたと理解する。その結果、**抵当不動産の第三取得者や後順位抵当権者**にも396条が類推適用されるかという問題については、判例（大判昭15・11・26民集19-2100）・多数学説（我妻Ⅲ・422頁など）は、抵当不動産の第三取得者や後順位抵当権者との関係では396条は類推適用されず、被担保債権が消滅時効にかからず存在していても、抵当権は166条2項により被担保債権の弁済期到来後**20年間の不行使により時効消滅する**とする。もっとも、これについては、抵当権者としては抵当権の消滅時効の更新を生じさせるためには、これらの者から抵当権の存在についての承認（152条）を得られなければ、これらの者に対して抵当権存在確認訴訟を提起するほかないから、抵当権者にとって酷であり妥当ではないとする有力学説からの批判がある（道垣内・236頁、

内田Ⅲ・473頁など。☞3「《展開》396条・397条の解釈についての有力学説」）。

3. 抵当不動産の時効取得による抵当権の消滅

　397条は、債務者または抵当権設定者（物上保証人）でない者が、抵当不動産を10年または20年に渡り、時効取得に必要な要件（162条）を充たす自主占有をしたときは、抵当権はこれによって消滅する旨を規定する。

　上記の判例・多数学説は、第三者が抵当不動産を時効取得する場合、**時効取得は原始取得**であるから（大判大7・3・2民録24-423）、**その反射として抵当不動産上に存在した抵当権は当然に消滅**する（後掲最判平24・3・16。我妻Ⅰ・481頁、鈴木・234頁など）のであり、397条は当然のことを規定したにすぎない、ただ、**債務者または抵当権設定者**が、抵当不動産（自己所有の不動産であるときと他人所有の不動産であるときがある）を時効取得の要件を充たす期間自主占有したとして抵当不動産の時効取得を理由に抵当権の消滅を主張することは**信義則に反する**ので、これらの者の場合には抵当権は消滅しないことを明らかにした点に397条の意義があるとする。

　それでは、判例・多数学説は、抵当権設定登記のなされている抵当不動産を設定者から買い受けた**抵当不動産の第三取得者**に**397条が適用されると考えているか**。判例（大判昭15・8・12民集19-1338）は、397条の「債務者又は抵当権設定者でない者」とは、所有者ではない「債務者又は抵当権設定者でない者」を指していることは、397条の文理上も取得時効の性質からも明らかであるから（判例上、現在では自己の物についても取得時効が認められているが〔最判昭42・7・21民集21-6-1643（百選Ⅰ・45事件）〕、当時は所有者による自己の物についての取得時効は考えられていなかった）、抵当不動産を買い受けその所有者となった**第三取得者**には、買受け当時、抵当権の設定のある不動産であることを知っていたか否かにかかわらず、**397条の規定は適用されず**、第三取得者が取得時効に必要な要件を具備する占有をしても、抵当権は消滅しないとする（これに対して、安永・338頁、松岡・177頁は、次の《展開》に掲記の最判昭43・12・14を引用して、判例は、第三取得者の場合には、抵当権は消滅すると判示していると解している。この判例については、☞《展開》396条・397条の解釈についての有力学説」）。多数学説は、判例の理由とは異なるが、抵当不動産の第三取

得者は、抵当権設定登記のなされている不動産を買い受けるのであるから（未登記抵当権であれば第三取得者に対抗できない）、時効取得の要件を充たす期間の自主占有により**抵当不動産の所有権自体は時効取得**することができるが（抵当不動産を売買契約により取得したが、売買契約が無効であったときなど）、これにより**抵当権は消滅せず、抵当権の負担の付いた不動産を時効取得**するとする（鈴木・234頁、近江Ⅲ・258頁など）。したがって、**判例・多数学説**の立場から**397条が適用される場合**とは、抵当不動産の全部または一部について、**外形上も取引がなく**（したがって、抵当不動産の第三取得者は、これに入らない）、**占有権原を有しない第三者が自主占有を継続し、取得時効の要件を充たすときなど**に限定される（我妻Ⅲ・423頁、鈴木・234頁など。鈴木・235頁は、この他、抵当権の登記が登記官の過失により抹消された状況で、第三者が抵当権の存在を知らずに買い受けた場合も、この第三取得者の取得時効により抵当権は消滅するとする。類似の例は、梅Ⅱ・591頁にも見られる）。

《展開》未登記譲受人の再度の取得時効完成と抵当権の消滅　　抵当不動産の第三取得者による時効取得・抵当権消滅の事案ではなく、A所有の不動産甲（抵当権の設定はなかった）の未登記譲受人Bが、取得時効が完成したが時効取得を原因とする所有権移転登記を経由しないうちに、Aが第三者Cのために甲に抵当権を設定して抵当権設定登記を経由し、その後抵当権者Cの申立てにより抵当権の実行としての競売手続が開始されたため、BがCの抵当権設定登記時を起算点とする甲の再取得時効完成による抵当権消滅を理由に第三者異議の訴え（民執38条）を提起した事案につき、判例（最判平24・3・16民集66-5-2321〔百選Ⅰ・58事件〕）は、次のように述べている。すなわち、この判例は、未登記譲受人BがCの抵当権設定登記の時より甲につき引き続き取得時効に必要な占有を継続したときは、BがCの抵当権の存在を容認していたなど抵当権の消滅を妨げる特段の事情がない限り、Bは、甲不動産を時効取得し（抵当権設定登記時において、Bが甲を所有すると信じたことにつき善意無過失であり、Cの抵当権および抵当権設定登記を知らないまま10年間占有を継続したため10年で取得時効が完成）、その結果Cの抵当権は消滅するから、BはCの申し立てた担保不動産競売の手続に対して第三者異議の訴え（民執38条）を提起して競売手続の取消しを求めることができるとした。その理由としては、①長期間にわたる継続的な占有を占有の態様に応じて保護すべきものとする**時効制度の趣旨**、および②判例（最判昭36・7・20民集15-7-1903）によれば、A'所有の不動産甲の未登記譲受人B'が、甲につき取得時効が完成したが時効取得を原因とする所有権移転登記を経由しないうちに、A'が甲を第三者C'に二重に譲渡しC'への所有権移転登記がなされた場合、第三者C'への所有権移転登記後、未登記譲受人B'が甲につき引き続き時効取得に必要な期間の占有を継続し

た場合に，C'が**所有権を失うことがあることとのバランス**、があげられている。

　この判例では、抵当権の設定のない不動産の時効取得者の、抵当権設定登記の時から取得時効に必要な期間の占有継続による当該不動産の再取得時効完成、その結果としての抵当権の消滅が問題となったのであり、**抵当不動産の第三取得者の、時効取得に必要な期間の占有継続による当該不動産の時効取得、その結果としての抵当権の消滅が問題となったものではない**（この判例については、☞生熊・物権227頁《展開》）。

《展開》**396条・397条の解釈についての有力学説**　　本文に述べた判例・多数学説とは異なり、有力学説は、396条は、抵当権は債権に付従するものだから、被担保債権が消滅時効にかからないのに、単に抵当権の不行使だけで被担保債権から独立して消滅時効にかかることはないといっているにすぎないのであり、抵当権には166条2項は適用されない（20年間の抵当権の不行使により抵当権は時効消滅しない）、もっとも397条は、抵当権が被担保債権から独立して時効消滅する場合について規定したもので、債務者または設定者から第三取得者に抵当不動産の占有が移転した場合には、第三取得者が一定の占有を継続したときは、**被担保債権から独立して抵当権が時効消滅する**とする（来栖三郎・判民〔昭和15年度〕76事件・117事件、道垣内・237頁など）。

　すなわち有力学説は、本文にあげた判例・多数学説とは異なり、397条は、抵当不動産の時効取得の反射的効果としての抵当権の消滅を規定しているのではなく、**抵当権自体の一種の消滅時効を規定している**とする（289条・290条参照）。つまり、397条の規定により、**抵当不動産の第三取得者が、抵当権の存在につき善意無過失で占有を開始したとき**は、10年の継続占有で抵当権は時効消滅するが、悪意または有過失で占有を開始したときは、20年の継続占有により抵当権は時効消滅するとするのである。もっとも抵当権設定登記がされている不動産を第三取得者は買い受けるから、実際には、**悪意または有過失で占有を開始したこととなり、20年の継続占有により抵当権は時効消滅する**としている（道垣内・237頁、内田Ⅲ・474頁など。なお、来栖・前掲判民〔昭和15年度〕76事件は、第三取得者が抵当権の存在を承認して占有するときは、397条にもかかわらず抵当権は消滅しないとすべきであろうかとする）。判例・多数学説が、抵当不動産の第三取得者には397条の適用を認めないのと大きく異なる。

　我妻博士は、この見解は、旧民法の規定（旧民法債権担保編295条・296条・297条）およびその母法であるフランス民法（旧2180条）の沿革に即して構成されたものであるだけではなく、民法は、制限物権の客体について第三者の一定の占有状態が継続する結果としてその制限物権が消滅することを消滅時効の一様と考えたと推測されるから（289条・290条）、民法の体系としても合理性があるとした（我妻Ⅲ・422頁）。もっとも我妻博士は、判例理論の方が簡明であり、必ずしも不当な結果ともならないと思うとし、判例の考えを支持する。

　なおこの有力学説の中には、最高裁判例（最判昭43・12・24民集22-13-3366）は、抵当不動産の第三取得者（所有権移転登記未経由）が自らに所有権があると無過失で信じていたときは、抵当権の存在について悪意であっても、10年の取得時効による抵当権の消滅を認めているが、10年の取得時効で抵当権の付かない所有権の取得を主張できるのは不合理であるとするものが見られる（内田Ⅲ・474頁）。しかし、この判例

は、第三取得者の時効取得の結果抵当権の消滅を認めた判例ではない（本文の判例・多数説参照）。この判例は次のようなケースに関するものである。Bから抵当権者Aの抵当権設定登記のある抵当不動産甲の贈与を受けた第三取得者Cが、所有権移転登記を経由しないまま自主占有を開始し継続占有をしていたところ、抵当権に基づく競売によりDが甲を買い受けて所有権移転登記を経由した。その後甲につきCの10年の取得時効が完成した。時効完成時の甲の所有者は買受人Dである。そこで第三取得者Cは、買受人Dに対して甲の時効取得を理由にDからCへの所有権移転登記手続を請求した。このケースにおいては、第三取得者Cが162条2項の10年の継続占有で甲を時効取得し得るか等が争われ、最高裁は、第三取得者が占有の目的物件に対し抵当権が設定されていることを知り、または不注意により知らなかったような場合でも、162条2項にいう善意無過失の占有というのを妨げないとして、10年の継続占有の間に担保不動産競売により差押えの効力が生じたことが占有者に通知されていなかった場合には時効の更新は生ぜず（☞改正154条）、第三取得者Cの10年の継続占有による甲の時効取得を認め、時効完成時に所有者であった者に対しては登記なしに時効取得を主張し得るという判例理論（大判大7・3・2民録24-423）を前提に、Cの請求を認めたものであって、第三取得者の10年の取得時効による抵当権の消滅を認めたものではない。判例が、第三取得者に397条の適用を認めないことには変わりはないというべきであろう。

4. 抵当権の目的である用益権の放棄

　398条は、地上権または永小作権につき抵当権を設定した者は、これらの用益権を放棄しても、これを抵当権者に対抗し得ないとする。**抵当権の目的であるこれらの用益権の放棄を認めると、抵当権も消滅する**ので、これを認めない趣旨である。借地上の建物に抵当権を設定した者が、借地権を放棄したり借地契約を合意解約しても、398条の類推適用によりこれらを抵当権者および競売における買受人に対抗し得ない（大判大11・11・24民集1-738、通説）。借地上の建物に対する抵当権の効力は、建物の従たる権利である借地権にも及んでいるからである。

第14節　根抵当権

1. 根抵当権の意義と性質

(1)**根抵当権の意義**　(a)**意義**　根抵当権とは、「一定の範囲に属する不特定の債権を極度額の限度において担保する」抵当権である（398条の2第1項）。これまで説明してきた抵当権（根抵当権との対比で「**普通抵当権**」ともいう）は、特定の債権を担保するためのもので、その特定の被担保債権が消滅すれば、抵当権も消滅するが（付従性）、根抵当権の場合は、被担保債権の範囲に入る個々の債権が消滅しても、根抵当権自体は消滅しない。例えば、中小企業B社は、事業の必要上、銀行Aから何度にも渡り融資を受けることが多いが、その度に抵当権設定契約を締結し抵当権設定登記手続をし、また個々の融資を返済する度に抵当権設定登記の抹消登記手続をすることは、費用の点でも手数の点でも大変である。そこで、このような継続的取引が予定され、債権の発生や消滅の繰返しが予想されるような場合などに、1つの抵当権でもって、一定の継続的な取引から発生する不特定の債権を、一定の枠（これを「**極度額**」という。☞2(2)(b)）内で担保させ、個々の債権の弁済により抵当権自体は消滅しない制度が望まれ、このような期待に応えるものとして根抵当権の制度が認められている。この根抵当権は、**商取引において古くから慣行的に行われ**、**判例法上もその効力**が認められてきたのであるが、1971（昭46）年には根抵当制度が**立法化**され、民法典（第2編第10章第4節）の中にその規定が設けられるに至ったものである。

　(b)**不特定の債権**　398条の2第1項にいう「**不特定の債権**」を担保するとは、個々に発生する債権のうちどの債権が根抵当権により担保されることになるかが、根抵当権設定時には、特定していないことをいう。継続的取引において、債務者Bが個々に発生する債権につき弁済を続けてきたが、**根抵当権の確定**（☞4）の時において存在する一定の範囲に属する債権のうち、弁済のなされていない債権が根抵当権により担保されることになる。つまり、根抵当権の確定により、**担保される元本債権が特定**することになり、それまでは個々の債権の発生・消滅により根抵当権は影響を受けないのである（**付従性がない**）。

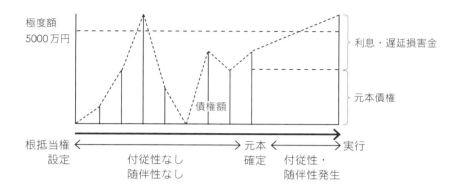

(2)根抵当権の性質　根抵当権は確定するまでは、被担保債権につき**付従性・随伴性**を有しない。すなわち、根抵当権の被担保債権に入る個々の債権が消滅しても根抵当権は消滅しないし、個々の債権が譲渡されても根抵当権はこれに随伴しない。**不可分性・物上代位性**（☞第1編第4章、本章第1節2。ただし398条の20第1項1号参照）は、根抵当権にも認められる。

2．根抵当権の設定契約とその内容

(1)根抵当権の設定契約・対抗要件　**(a)諾成・不要式の契約**　根抵当権設定契約は、根抵当権設定者Bと抵当権者Aとの合意により成立するので、諾成・不要式の契約である。

　(b)根抵当権設定契約の要件　根抵当権設定契約も物権契約であるから、①根抵当権の**目的物が特定**していること、②根抵当権の目的物につき根抵当権者が**処分権限を有する**こと、が必要であることは、抵当権設定契約の場合と同様である（☞第2節1(2)）。他方、根抵当権設定契約においては、③**被担保債権の範囲**、および④**極度額**、を定めなければならない（398条の2第1項）。また、根抵当権設定契約において、⑤**元本確定期日**が定められることもある（398条の6）が、これは必須の要件ではない。

　(c)根抵当権の対抗要件　根抵当権の対抗要件は、**根抵当権設定登記**である。設定登記には前記(b)の③④の事項を記載する（不登88条2項1号。ほかに59条1項各号・83条1項2号〔債務者の氏名または名称及び住所〕～5号）。前記(b)の⑤の

元本確定期日が定められた場合には、これも登記される（不登88条2項3号）。

(2)根抵当権の内容　　根抵当権の内容は、次の3つ（☞(a)被担保債権の範囲、(b)極度額、および(c)確定期日）により定まる。

　(a)被担保債権の範囲　　被担保債権の範囲を定めるには、いかなる債務者に対する、いかなる種類の債権であるかを明らかにする必要がある。

　　ⅰ　**債務者との一定の種類の取引によって生ずる債権（原則）**　　根抵当権によって担保される**不特定の債権**は、一定の範囲に属するものでなければならず（398条の2第1項。**包括根抵当の禁止**を意味する。包括根抵当とは、不法行為に基づく損害賠償請求権などを含め当事者間で発生するすべての債権を担保する根抵当権である）、しかも原則として、根抵当権者Ａと債務者Ｂとの**特定の継続的取引契約（基本契約）によって生ずるもの、その他債務者Ｂとの一定の種類の取引（基本契約を必要としない）によって生ずるもの**に限定される（398条の2第2項）。

　特定の継続的取引契約の例としては、電気製品供給契約、石油販売特約店契約、当座貸越契約などがあげられ、一定の種類の取引の例としては、売買取引、電気製品売買取引、石油供給取引、当座貸越取引、銀行取引（最判平5・1・19民集47-1-41は、被担保債権の範囲が「信用金庫取引による債権」とされた場合、信用金庫の根抵当債務者に対する保証債権も被担保債権に含まれるとした）などがあげられる。なお、商社取引、問屋取引などは、債権の範囲が特定できないとして、登記実務上、登記は受理されない（松尾英夫「根抵当権の登記における留意点(1)」金法774号11頁〔1975年〕）。

　第三者Ｃと債務者Ｂとの取引によって第三者Ｃが取得した債権を、その後根抵当権者Ａが譲り受けても、被担保債権の範囲には入らない。

　　＊　**「保証委託取引」における被担保債権**　　最判平19・7・5判時1985-58は、被担保債権の範囲を、根抵当権者である信用保証協会Ａと根抵当債務者Ｂとの「保証委託取引」によって生ずるものとした場合、この保証委託取引とは、信用保証協会Ａが根抵当債務者Ｂの依頼を受けてＢを主債務者とする債務について保証人となる（保証契約を締結する）こと、それに伴って信用保証協会ＡがＢに対して委託を受けた保証人として求償権を取得すること等を主たる内容とする取引を指すものと理解され、根抵当債務者でない者Ｃが信用保証協会Ａに対して負担する債務についての根抵当債務者Ｂの保証債務は、上記「保証委託取引」とは関係がなく被担保債権とはならない、とした。

ⅱ 取引によって生ずる債権ではないが、被担保債権となし得るもの（例外）
　債務者Ｂとの取引によって生ずる債権ではないが、例外的に、契約により根抵当権の被担保債権となし得るものが存在する（398条の2第3項）。
　(α)特定の原因に基づき債務者との間に継続して生ずる債権　Ｂ工場の有害物質を含んだ排水により継続的に生ずる不法行為に基づくＡの損害賠償請求権などがこれにあたる。これらも、根抵当権により担保させることが妥当と考えられるからである。
　(β)手形上または小切手上の請求権　これは、いわゆる「回り手形（または小切手）」上の請求権であり、Ｂが第三者Ｃのために振り出し・裏書し、Ｃ→Ｄ→Ｅと転々流通した手形（または小切手）を根抵当権者ＡがＥから取得した場合、ＡのＢに対する手形（または小切手）上の請求権（回り手形上の請求権）を、ＡがＢとの**取引によって生じた債権**ではないが、ＡＢ間の契約により根抵当権によって担保させることができる。これについては、**極度額**に余裕のある場合、手形振出人Ｂの信用状態が悪化した後に根抵当権者ＡがＢを債務者とする手形を安く買い集め、これを根抵当権で担保させる弊害もあり、この規定は立法論上問題があるとする指摘がある（鈴木・285頁）。そのため、398条の3第2項は、Ｂに対して破産や民事再生手続開始の申立てや抵当不動産に対する競売申立てなどがあったときは、これらの事由を知って手形上または小切手上の請求権を取得したＡは、これを根抵当権によって担保させることができないとしているが、その実効性にも疑問が提起されている（鈴木・286頁）。
　(γ)電子記録債権　「電子記録債権」とは、その発生または譲渡について電子記録債権法の規定による電子記録を要件とする金銭債権である（同法2条）。ＡがＢとの**取引によらずに取得した電子記録債権**（回り電子記録債権）も、ＡＢ間の**契約により**根抵当権によって担保させることができる。ただし、回り手形上の請求権等と同様、398条の3第2項による制限がある。
　ⅲ **特定の債権**　ⅰ・ⅱの債権には入らないが、根抵当権者Ａが債務者Ｂに対して有する特定の債権（特定の貸金債権、特定の売買代金債権など）も、ⅰ・ⅱの債権と一緒にであれば、根抵当権の被担保債権に入れることはできる（鈴木・286頁、安永・360頁など）。
　(b)極度額　根抵当権の実行により根抵当権者が抵当不動産から優先弁済を

受けることができる被担保債権の上限額を**極度額**という。根抵当権者Aは、被担保債権の範囲に入る債権の元本、利息その他の定期金および債務不履行による損害賠償の全部につき極度額を限度として優先弁済を受ける（398条の3第1項）。極度額の範囲内であれば、375条の制限を受けずに優先弁済を受けることができる。すなわち、民法は、元本極度額（元本債権は極度額まで担保され、375条の最後の2年分の遅延損害金等については極度額の枠外となっても担保されるとする扱い）ではなく、**債権極度額**の考えに立っている。

　(c)確定期日　　根抵当権は、確定した時に存在した元本債権およびそれから生ずる利息・遅延損害金を担保するが、**根抵当権の確定すべき期日（確定期日）**を、当事者（AとB）は5年以内の日においてあらかじめ定めることができる（398条の6第1項・3項。なお398条の19参照）。

3．確定前の根抵当権の内容の変更、当事者の相続・合併など

(1)確定前の根抵当権の内容の変更　　根抵当権の確定前には、根抵当権の内容は、根抵当権者Aと根抵当権設定者Bとの合意によってこれを変更することができる。もっとも、極度額の変更は、根抵当権の確定後も可能である。

　(a)被担保債権の範囲および債務者の変更　　これについては、後順位抵当権者その他の第三者の承諾を必要としないが（398条の4第1項・2項）、**元本確定前に登記をすることが必要であり、登記をしないと、これらの変更がなされなかったものとみなされる**（同条3項）。**変更登記**は、これを対抗要件と解すると複雑な権利関係が生ずるので、**効力発生要件**と解される（通説）。変更前の被担保債権の範囲に属する債権は、変更前に発生していたものであっても、変更後は担保されなくなる。債務者の変更の場合には、旧債務者との間で変更前に発生していた債務であっても、変更後は担保されなくなる。

　(b)極度額の変更　　これについては、**利害関係人**（例えば、極度額の増額の場合には後順位抵当権者・差押債権者、減額の場合には転根抵当権者など、極度額の増額・減額により不利益を受ける者）の**全員の承諾**が必要となる（398条の5）。**極度額の変更の登記も、効力発生要件**と解される（通説）。

　(c)確定期日の変更　　確定期日の定めがあるときは、5年以内の日において確定期日を変更することができる（398条の6第1項・3項）。また確定期日を廃

止することもできる。確定期日の変更については、後順位抵当権者等の承諾を必要としないが（398条の6第2項）、**変更前の期日より前の登記が必要であり、登記をしなかったときは、変更前の期日に確定する**（398条の6第4項）。**確定期日の変更の登記も、効力発生要件**となる。

(2)確定前の被担保債権の譲渡・質入れなどと根抵当権の随伴性の否定 **(a)元本確定前の被担保債権の譲渡** 根抵当権者Aの債務者Bに対する被担保債権をCが譲り受けても、根抵当権はこの債権に**随伴しない**（398条の7第1項前段）。根抵当権者Aの債務者Bに対する被担保債権を、Bのためにまたはに代わってAに弁済したCも、AのBに対して有する債権には代位するが、Aの根抵当権には代位し得ない（398条の7第1項後段。499条～501条参照）。

(b)元本確定前の被担保債権の質入れ・差押え 根抵当権者AがBに対して有する被担保債権がAの債権者Cに質入れされたり差し押さえられたりした場合の根抵当権の随伴性については、規定がなく争われている。債権が依然として根抵当権者に帰属していることから肯定する見解も有力であるが、否定する見解がやや多い。

(c)被担保債権の債務引受 元本確定前に根抵当権者Aの債務者Bに対する被担保債権をCが引き受けたとき、根抵当権者Aはその債務につき根抵当権を行うことができない（398条の7第2項）。特定債権の担保である普通抵当の被担保債権につき、免責的債務引受がなされた場合は、抵当権者は、抵当権を引受人が負担する債務に移すことができるが（472条の4第1項）、元本の確定前に免責的債務引受があった場合における根抵当権者Aは、根抵当権を引受人Cが負担する債務に移すことはできない（398条の7第3項）。

(d)債権者または債務者の交替による更改 普通抵当にあっては、債権者の交替による更改の場合、更改前の債権者（抵当権者）は、更改前の債務の目的の限度において、抵当権を更改後の債務に移すことができるが（518条1項）、元本の確定前に債権者の交替による更改があった場合における更改前の債権者（根抵当権者A）は、根抵当権を更改後の債務に移すことができない（398条の7第4項前段）。元本の確定前に債務者の交替による更改があった場合における債権者も同様である（同項後段）。

(3)確定前の根抵当権者または債務者の相続・合併 **(a)根抵当権者の相続** 元

本確定前に根抵当権者Aにつき相続が開始したときは（(3)では、説明の便宜上、物上保証を前提とし、債務者をb、設定者をBとする）、相続開始時点でAのもとで発生していた債務者bに対する債権を根抵当権が担保するのは当然であるが、**Aの相続人**（ここではA1・A2・A3の3人とする）**と設定者Bとの合意**がなされれば、例えば合意によって定められた相続人A1が相続開始後に債務者bに対して取得した債権も担保する（398条の8第1項）。ここで両者の合意を必要としたのは、合併の場合と異なり、根抵当権者の相続人が複数いるとき（A1・A2・A3）はどの相続人が継続的取引関係を引き継ぐかを明らかにする必要があるし、またそもそもいずれかの相続人が継続的取引関係を引き継ぐことを相続人（A1・A2・A3）、あるいは逆に設定者Bが望まないこともあるからである。この合意には後順位抵当権者などの承諾を必要としないが、**合意につき相続開始後6か月以内に登記をしないときは、元本は相続開始の時に確定したものとみなされる**（398条の8第3項・4項）。

　(b)**債務者の相続**　元本確定前に債務者bにつき相続が開始したときは（bの相続人をb1・b2・b3の3人とする）、相続開始時点でbのもとで発生していた債務を根抵当権が担保するのは当然であるが、**根抵当権者Aと設定者Bとの合意**がなされれば、合意によって定められた相続人（例えば、b1）が相続開始後にAに対して負担した債務も担保する（398条の8第2項）。なお、継続的取引関係の引継ぎについては、Aと相続人との合意が必要である。後順位抵当権者等の承諾を必要としないことや、6か月以内に登記をすることが必要であることは、(a)と同様である（398条の8第3項・4項）。

　(c)**根抵当権者の合併**　元本確定前に根抵当権者であるA法人につき合併がありA1法人となったときは、根抵当権は、合併の時に存する債権のほか合併後にA1法人が取得した債権も**当然に担保**する（398条の9第1項）。設定者BとA1法人の合意を不要としたのは、合併の場合は相続の場合と異なり、従来からの取引が新法人A1にそのまま引き継がれるのが一般的だからである。ただし**設定者B**（債務者が設定者であるときでもよい）**がこれを望まないとき**は、設定者Bは元本の確定を請求することができる（同条3項・4項。なお5項の期間の制限参照）。会社分割の場合については398条の10第1項・3項を参照のこと。

　(d)**債務者の合併**　元本確定前に債務者b法人につき合併がありb1法人と

なったときは、根抵当権は、合併の時に存する債務のほか、b1法人が合併後に負担する債務も当然に担保する（398条の9第2項）。ただし**債務者以外の設定者Bは、これを望まないときは元本の確定を請求することができる**（同条3項～5項）。債務者b1法人が設定者である場合に確定請求ができないのは、設定者b1法人の側の都合で合併がなされたからである。会社分割の場合については398条の10第2項・3項を参照のこと。

(4)確定前の根抵当権の処分　転抵当以外の376条1項の処分（相対的効力を有する処分）は、元本の確定前にはなし得ない（398条の11第1項）。転抵当、および根抵当権を被担保債権から完全に切り離した絶対的効力を有する処分である以下の(b)(c)(d)は、元本の確定前は可能である。根抵当権の順位の変更（374条1項。絶対的効力を有する）は、元本の確定の前後を問わず認められる。

　(a)**根抵当権の転抵当（転根抵当）**　根抵当権者AのCに対する債務（300万円）を担保するために、Aは債務者Bに対する根抵当権を担保に入れることができる（398条の11第1項但書＝**転根抵当**）。被担保債権が増減変動する根抵当権の特質上、債務者Bは転抵当権者の承諾なしにした弁済は転抵当権者に対抗し得ないとする377条2項は、転根抵当権には適用されない（398条の11第2項）。したがって、転根抵当権実行時には、AのBに対する債権がわずかになってしまっているということもあり、転根抵当権は確実な担保方法とはいえない。

　(b)**根抵当権の全部譲渡**　元本確定前には、例えば、根抵当権者Aは極度額5000万円の根抵当権を**設定者Bの承諾**を得て、Cに譲渡することができる（398条の12第1項＝**根抵当権の全部譲渡**。登記が第三者対抗要件）。この根抵当権の全部譲渡は、根抵当権を被担保債権から完全に切り離した**絶対的効力**を有する処分である。この場合、根抵当権者だったAの債権は無担保債権になる。

　根抵当権譲受人CのBに対する債権で被担保債権の範囲に属するものは、根抵当権によって担保される。CがすでにBに対して取得していた債権も、被担保債権の範囲に属するものであれば、担保されると解する。

　例えば、売却代金が6000万円で、債権額がA 2000万円、C 8000万円であれば、Cが極度額の5000万円の配当を受け、Aは、優先弁済を受けられない（一般債権者として配当を受けることはある）。

これに対して、AのBに対する債権がCに譲渡されても、この債権は根抵当権によっては当然には担保されない（特定の債権であるが、被担保債権の範囲の変更によりこれを範囲に加え得る）。

　根抵当権の全部譲渡には、譲渡人Aと設定者Bとの合意により、被担保債権の範囲の変更や債務者の変更を伴うことが多い。

　(c)根抵当権の分割譲渡　　元本確定前には、例えば根抵当権者Aが極度額5000万円の根抵当権を、**設定者Bの承諾**を得て極度額4000万円と1000万円の根抵当権に分割し、極度額1000万円の根抵当権をCに譲渡することができる（398条の12第2項。登記が第三者対抗要件である点は(b)と同様）。Aの**根抵当権を目的とする権利者がいるときはその承諾**が必要である（同条3項）。根抵当権の分割譲渡の場合、AとCとはそれぞれ**独立した同順位の抵当権者**となる。競売においては、AとCとはそれぞれの極度額を限度として配当を受ける。したがって、売却代金がAとCの極度額の合計額（5000万円）より多くても（例えば6000万円）、債権額がA 2000万円、C 8000万円であれば、A 2000万円、C 1000万円の配当を受けるにすぎない。Aの根抵当権の上の権利は、Cに譲り渡した根抵当権については消滅する（同条2項後段）。

　(d)根抵当権の一部譲渡　　根抵当権の一部譲渡とは、分割譲渡と異なり、例えば根抵当権者Aが極度額5000万円の根抵当権を、**設定者Bの承諾**を得てAと譲受人Cとで**準共有**することをいう（398条の13）。担保不動産競売の場合、AとCは極度額（5000万円）を限度として配当を受け、AとCの**各債権額に応じて割り振られる**（398条の14第1項）。売却代金が極度額（5000万円）より多く（例えば6000万円）、債権額がA 2000万円、C 8000万円であれば、AとCは極度額5000万円の限度で配当を受けるから、A 1000万円、C 4000万円の配当を受ける（ただし元本確定前にこれと異なる割合を定め、あるいは一方が他方に優先して弁済を受けるべきことを定めたときは、それによる。398条の14第1項但書。この特約については登記が必要。不登88条2項4号・89条2項。また民法398条の14第2項参照）。

根抵当権の全部譲渡・分割譲渡・一部譲渡（売却代金6000万円の場合）

譲渡前の根抵当権	AからCへの根抵当権の全部譲渡（398条の12第1項）			AからCへの根抵当権の分割譲渡（398条の12第2項）			AからCへの根抵当権の一部譲渡（398条の13）		
		債権額	売却代金6000万円の配当		債権額	売却代金6000万円の配当		債権額	売却代金6000万円の配当
1番根抵当権者A（極度額5000万円）	C＝1番根抵当権者(極度額5000万円)	C 8000万円	C 5000万円	A＝1番根抵当権者(極度額4000万円)	A 2000万円	A 2000万円	A・C＝1番根抵当権者(極度額5000万円) 準共有	A 2000万円	A 1000万円
	A＝無担保債権者	A 2000万円	A 優先弁済は受けられない	C＝1番根抵当権者(極度額1000万円)	C 8000万円	C 1000万円		C 8000万円	C 4000万円

(e)**抵当権の順位の譲渡などを受けた根抵当権の譲渡**　元本確定前にも、根抵当権者が普通抵当権者から抵当権の順位の譲渡または放棄（☞第8節3(1)(2)）を受けることは可能である（398条の15）。このような処分の利益を受けた根抵当権者が、根抵当権の譲渡または一部譲渡（☞(b)(c)(d)）をしたときは、譲受人もその処分の利益を受けることができる（同条）。

4．根抵当権の確定

(1)**根抵当権の確定の意義**　根抵当権の確定とは、根抵当権によって**担保される元本債権が特定**することである。したがって、その後に発生する元本債権は根抵当権により担保されなくなる。民法は、根抵当権の確定を「**元本の確定**」という。根抵当権の確定により、根抵当権はほぼ普通抵当権と同様になるが、利息その他の定期金および遅延損害金についてはなお極度額まで担保される。

(2)**根抵当権の確定を生ずる場合**　次の事由が生じたとき根抵当権は確定する。

(a)確定期日の定めのある場合にその期日が到来したとき

(b)**根抵当権設定後3年経過による設定者の確定請求**　確定期日の定めのない場合に、根抵当権設定後3年を経過してから、設定者Bが根抵当権の確定請求をし、2週間を経過したとき、担保すべき元本は確定する（398条の19第1項・

3項)。これは、根抵当権設定者B(とくに物上保証人)が長期間根抵当権に拘束されることを防ぐためである。

(c)根抵当権者による確定請求　確定期日の定めのない場合は、根抵当権者Aはいつでも根抵当権の確定を請求でき、この場合において、担保すべき元本は、その請求の時に確定する(398条の19第2項・3項〔平15法134により新設〕)。

(d)398条の20第1項各号に掲げる確定事由が発生したとき　根抵当権者が、抵当不動産につき競売、担保不動産収益執行、または物上代位に基づく差押えを申し立てたときや、債務者または根抵当権設定者が破産手続開始決定を受けたとき、などが確定事由にあたる。

(e)根抵当権者または債務者につき相続の開始　根抵当権者または債務者につき相続が開始されたが、398条の8第1項または同条2項の合意が相続開始後6か月以内に登記されないときは、根抵当権は相続開始の時に確定したものとみなされる(398条の8第4項。☞3(3)(a)(b))。

(f)合併の場合の物上保証人からの確定請求　法人の合併の場合に物上保証人である根抵当権設定者から確定請求があったときは、根抵当権は、合併の時に確定したものとみなされる(398条の9第3項・4項。☞3(3)(c)(d))。

(3)根抵当権の確定の効果　**(a)確定の効果**　根抵当権の確定により、**担保されるべき元本債権が確定(特定)**する。それ以後に発生した元本債権は担保されないことになる。ただし利息その他の定期金および遅延損害金については、確定後に発生したものでも極度額までは担保される(375条の適用はない)。

　確定により根抵当権は、普通抵当と同じようになる。すなわち、確定前にはできた根抵当権の内容の変更(☞3(1)参照。極度額の変更は可能)や根抵当権の処分(☞3(4)の(b)(c)(d))などができなくなるが、逆に確定前にはできなかった転抵当以外の376条1項の処分ができるようになる。また、付従性・随伴性が認められるようになる。

　この他、設定者あるいは利害関係人のために確定後には次の(b)・(c)の権利が認められている。

　(b)極度額減額請求権　これは、元本確定時に存在する**債権額が極度額を大きく下回っている場合**の問題である(例えば、債権額2000万円、極度額5000万円)。根抵当権者Aは、利息・遅延損害金を極度額まで担保させるために抵当

権の実行をしないでいることがあるが、これは担保価値の有効利用とはいえない（この不動産に後順位抵当権を設定して、新たな融資を受ける道を狭める）。そこで、根抵当権設定者Bに極度額減額請求権を認めたのである。すなわち、根抵当権設定者Bは、根抵当権の極度額を現に存在する債務の額とその後2年間に生ずる利息や遅延損害金の額（例えば、極度額2600万円。375条参照）に減額するよう請求できる（398条の21第1項）。この請求権は、根抵当権設定者Bから根抵当権者Aへの**一方的意思表示**により効力を生ずる。後述の共同根抵当（☞5(1)）の場合は、この請求は1つの不動産について行えばよい（398条の21第2項）。

(c)根抵当権消滅請求権　これは、(b)とは反対に、元本確定時に存在する**債権額が極度額を上回っている場合**の問題である（例えば、債権額8000万円、極度額5000万円）。398条の22の根抵当権消滅請求権がないとすると、物上保証人または抵当不動産について所有権、地上権、永小作権もしくは対抗力のある賃借権を取得した第三者は、担保不動産競売による所有権や用益権の喪失を避けるためには、極度額を超える債権全額（上の例で8000万円）を支払って根抵当権を消滅させる必要がある。しかし、根抵当権者は、極度額の限度でしか被担保債権の優先弁済を受けられないのであるから、物上保証人、抵当不動産の第三取得者、抵当権に後れて権利の設定を受けた地上権者、賃借人などは、極度額に相当する金額（上の例で5000万円）を根抵当権者に支払うか供託することにより、根抵当権の消滅請求をすることができることとしたのである（398条の22第1項前段）。この例で、5000万円の支払いまたは供託は、被担保債権の弁済の効力を有し（同項後段）、残りの3000万円は無担保債権となる。この根抵当権消滅請求は、普通抵当の場合の抵当権消滅請求に類似するものであるから（ただし抵当権消滅請求権者は、抵当不動産の第三取得者に限定されている。379条。☞第7節3(2)）、抵当権消滅請求をなし得ない者（380条〔抵当不動産の第三取得者となった主たる債務者および保証人〕・381条〔抵当不動産の停止条件付き第三取得者〕）は、この請求をなし得ない（398条の22第3項）。共同根抵当の場合は、この請求は1つの不動産について行えばよい（同条2項）。

5. 累積根抵当と共同根抵当

　ＡＢ間の電気製品取引によりＡがＢに対して取得する不特定の代金債権を被担保債権として、Ｂ所有の甲土地と乙土地につきＡＢ間で極度額を5000万円とする根抵当権設定契約がなされたとする。根抵当権が確定しＡはＢに対して7000万円の代金債権を有していた場合、普通抵当権における共同抵当（392条・393条）と同様、Ａは甲土地および乙土地から合わせて5000万円の優先弁済を受けることになるのか（**共同根抵当**〔**純粋共同根抵当**〕）、それとも甲土地・乙土地それぞれから極度額5000万円の限度で合わせて7000万円の優先弁済を受けることができるのか（**累積根抵当**）、が問題となる。

　民法は、根抵当権については**累積根抵当権を原則**としており、一定の要件を充たした場合に限り、共同根抵当（純粋共同根抵当）になるとする。

(1)共同根抵当（純粋共同根抵当）の要件と効果　　共同根抵当（純粋共同根抵当）とは、１つの根抵当権の目的不動産が複数存在するものであり、根抵当権者は極度額の範囲で被担保債権の優先弁済を受けることができるが、代価の配当につき普通抵当権の共同抵当における392条および393条の規定が適用されるものである。共同根抵当の場合は、上の例で、Ａは甲土地および乙土地から**合わせて極度額の5000万円の限度で**優先弁済を受けることになる。

　次の①②の要件を充たしているときに限り、共同根抵当となる（398条の18参照）。すなわち、①根抵当権設定と同時に**共同担保である旨の登記**がなされなければならず（398条の16）、また②**被担保債権の範囲、債務者および極度額が各不動産について同一**でなければならないのである。なお、根抵当権設定と同時に、とは、例えば甲土地につき根抵当権の設定があり（根抵当権設定登記経由）、その後追加的に甲土地上に建築された乙建物にも根抵当権の設定をし、両者を共同根抵当の目的とする場合には、乙建物に根抵当権の設定登記をすると同時に共同担保の登記をすればよいという趣旨である（我妻Ⅲ・530頁、高木・280頁）。

　共同根抵当の場合、次のような効果が生ずる。①被担保債権の範囲、債務者もしくは極度額の変更、または根抵当権の譲渡・一部譲渡は、**すべての不動産について同一に行わなければならないし、またその登記をしなければ効力を生**

じない（398条の17第1項）。②**1つの不動産について確定事由**（☞4(2)）が生じたときも、共同根抵当の担保すべき元本は確定する（同条2項）。③共同根抵当については、共同抵当に関する392条・393条の規定が適用される（398条の16）。

(2)累積根抵当　累積根抵当とは、共同根抵当権者がそれぞれの不動産の代価からそれぞれの不動産の極度額（前記の例で各5000万円）を限度として被担保債権の優先弁済を受けることのできる根抵当権であり（前記の例で両不動産合わせて1億円）、それぞれの不動産ごとの独立した根抵当権であるといえる。

　共同根抵当の**上記①および②の要件が充たされない限り、累積根抵当**となる（398条の18）。したがって、共同担保である旨の登記は不要であり、被担保債権の範囲、債務者および極度額が各不動産について異なっていてもよい。累積根抵当については、共同根抵当の上記の効果は生じない。

第2章 質　権

第1節 序　説

　民法は、質権の章の第1節に総則を置き、動産質権・不動産質権などに共通に適用される規定を置いているので、それにつき、まず説明する。

1．質権の意義

　質権は、約定担保物権のひとつであるが、抵当権と異なり、質権の成立のためには質権設定者Bは質権の目的物を質権者Aに現実に引き渡すことを要する（184条の指図による占有移転は可）ものであり（342条・344条・345条）、被担保債権の弁済が得られない場合、質権者Aは目的物を**留置**することにより債務者Bに被担保債権の弁済を間接的に促すことができるほか（347条）、目的物を換価して被担保債権の**優先弁済**を受けることもできる担保物権である（342条）。質権設定者は、債務者である場合と物上保証人である場合とがあるが、以下、特に断らない限り債務者である場合を前提とする。

2．質権の機能

　質権設定者Bは、前述のように、質権設定のためには質権者Aに目的物を現実に引き渡さなければならないので（もしくは指図による占有移転）、質権設定後引き続き目的物を利用することはできない。そこで、担保目的物が不動産の場合には、抵当権が利用されることが圧倒的に多く（債権者が、担保目的不動産の使用・収益を望むときは、不動産質権が利用される）、また、担保目的物が動産

であり、引き続き設定者Ｂがその動産を使用したい場合は、後述の譲渡担保（☞第3編第3章）が利用される。担保目的物が動産であって、設定者Ｂが債務の返済までその物を利用しなくてもよいような場合には、質権が利用される（街の質屋からお金を借りるような場合。街の質屋については、質屋営業法の適用がある）。また、権利（金銭債権その他の財産権）を目的とする担保の分野では、質権の利用が多い。

3．質権の効力および性質

(1)**質権の効力**　　質権には、**留置的効力**（347条）および**優先弁済的効力**（342条）がある（☞第1編第3章第2節）。**収益的効力**は、**不動産質権**についてのみ認められる。

(2)**質権の性質**　　質権には、抵当権と同様、**付従性・随伴性・不可分性**（350条・296条）**・物上代位性**（350条・304条）が認められる（☞第1編第4章）。

4．質権設定契約

(1)**質権設定契約——要物契約**　　質権の設定は、債権者Ａにその目的物を引き渡すことによってその効力を生ずるとされているので（344条）、質権設定の合意だけでは質権は成立せず、質権の目的物の引渡しがあって初めて質権が成立する（梅Ⅱ・434頁は、これが当事者の意思に合致し、実際の便宜にも適するとする）。したがって、質権設定契約は**要物契約**であり、またこの契約により質権という物権を直接成立させるものであるから、物権契約である。

　通常は、質権設定契約書が作成されるが、これは質権設定契約の成立要件ではなく、質権設定の合意成立の証明手段として利用されるものである。

　質権設定契約書に記載される内容は、抵当権設定契約書（☞第1章第2節1(1)）におけるのと特段の違いはない。質権設定当事者の氏名・住所、被担保債権の成立原因（例えば、平成〇〇年〇月〇日消費貸借契約に基づく貸金債権）、被担保債権の額・弁済期・利率・遅延損害金、債務者の氏名・住所、質権の目的物、などが記載される。

　もっとも、不動産質権の効力につき設定当事者間で以下のような特別の約定をするときは、不動産質権設定契約書にその旨の記載がなされる。すなわち、

不動産質においては質権者の使用収益を伴うのが原則であるから（356条）、約定により使用収益を伴わない質権の設定とするときには、その旨の記載がなされる。また、不動産質権においては、管理費用その他不動産に関する負担（固定資産税・都市計画税など）は質権者が支払うべきものとされているから（357条）、約定によりこれらの負担を質権設定者が負担すべきものとするときには、その旨の記載がなされる。不動産質権者は、債権の利息を請求できないとされるから（358条）、約定により質権者が債権の利息を請求できるものとするときには、その旨および利率が記載される。不動産質権には被担保債権とは独立した存続期間があり、存続期間は10年以内とされているから（360条）、10年より短い存続期間が定められたときはその旨が契約書に記載されるし、更新（360条2項）についての定めが記載されることもある。

(2)質権の成立要件　　質権の成立要件は、以下の通りである。すなわち、①質権の**目的物が特定**していること、②質権の目的物につき質権設定者が**処分権限**（所有権・地上権・永小作権またはこれらの共有持分権など）を有していること、③**被担保債権の存在**、④質権設定者Bは債権者Aに対する③の債務を担保するために本件目的物に**質権を設定**したこと（質権設定の合意）、⑤質権の**目的物の引渡し**がなされたこと（344条）、である。もっとも、質権者が質権の実行として競売を申し立てる場合には、後述の要件（☞第2節4(2)(a)、第3節5(2)(a)、第4節2(5)）が充たされれば足り、質権の消滅や不存在（例えば、被担保債権の消滅または不存在、質権設定契約の不存在など）の場合は、設定者（所有者または債権その他の権利者）の側が執行抗告や執行異議の申立てにより手続の停止・取消しを求めることになる（民執182条・191条・193条2項）。

(3)質権設定における目的物の引渡しの態様（占有改定による引渡しの禁止）

　質権の成立要件としての「引渡し」（☞(2)⑤）は、現実の引渡し（182条1項）、簡易の引渡し（同条2項）、または指図による占有移転（184条）のいずれかであることを要し、**占有改定による引渡し**（183条）**は禁止されている**（345条）。その理由としては、①**質権公示の理念の貫徹**、および②**留置的効力の確保**があげられている。しかし、①は、動産所有権移転の対抗要件としての引渡しでさえも占有改定で足りるとされ、また動産の占有の継続は不要とされているので、①をあげることは、民法の理論体系としては一貫していないとされる。そ

こで、②の留置的効力の確保をその理由としてあげるべきだとする学説が多い。なお、前述のように**指図による占有移転**により質権設定が可能であるから、**二重の質権設定**があり得る（動産質権の優先順位は、設定〔合意と引渡し〕の前後により〔355条〕、不動産質権の優先順位は、登記の前後による〔361条・373条〕）。

(4)質権設定契約の当事者と目的物の処分権限　**(a)契約当事者**　質権設定者となるのは、債務者または第三者（物上保証人）である。物上保証人が債務者に代わって債務を弁済したとき、または質権の実行により提供した質物が換価されて債務者の債務の弁済に充てられたときは、物上保証人は保証債務に関する規定に従い、債務者に対して求償権を取得する（351条。弁済による法定代位〔499条・501条〕も認められる）。

　(b)処分権限　質権設定契約は、当事者に債権・債務を生じさせる債権契約ではなく、債権者に質権という物権を直接取得させる**物権契約**であるので、質権設定者は、質権の目的物につき**処分権限**（所有権・地上権・永小作権など）を有する必要がある。もっとも、債務者BがC所有の動産をBの所有物としてこれに債権者Aのために質権を設定することにし、この動産をAに現実に引き渡した場合、Aがこの動産をB所有のものと過失なく信じて（＝善意無過失）質権の設定を受けたときは、Aは、C所有の動産につき**質権を即時取得**することになる（192条）。Cは、物上保証人の立場に立つ（AはCの動産の質権者となる）。不動産質権設定の場合には、登記に公信力がないので、**94条2項が類推適用**されるような場合でないと、Aは第三者C所有の不動産に質権を取得し得ない。

(5)質権の目的物　質権の目的物にすることのできるものの範囲は広く、動産、不動産および債権その他の財産権が質権の目的物になり得る。ただし、質権は譲り渡すことができない物をその目的とすることができない（343条）。詳細については、後述する（☞第2節1）。

(6)質権の被担保債権　質権により担保される債権は、通常は債権者Aが債務者Bに対して有する貸金債権などの**金銭債権**であるが、**非金銭債権**であっても、それにつき債務不履行が生ずると、その債権は金銭債権である損害賠償請求権に原則として転換するから、抵当権の被担保債権とすることができる。条件付きまたは期限付きの債権のためにも質権を設定し得る。継続的な取引関係等一

定の範囲に属する不特定の債権を担保するためにも質権を設定することができる（根質権）。根抵当権に関する規定が根質権に準用される（361条）。

(7)流質契約等の契約による質物の処分の禁止　質権設定者Bは、設定行為または債務の弁済期前の契約において、質権者Aに質物（通常、被担保債権額を大きく上回る価額の物）の所有権を取得させ、その他法律に定める方法によらないで質物を処分させることを約することができない（349条。**流質契約の禁止**。**流質契約**とは、債務の弁済がなされないときは、債権の弁済に代えて質権者が質物の所有権を取得する旨の契約である）。これは、金銭の融資を受けることを必要とする債務者Bの窮迫に乗じて、債権者Aが債務者Bに不利な特約を締結させることが多いからである。

　他方で、**弁済期到来後の流質契約等**は有効である（349条の反対解釈）。これは、弁済期到来後は、債務者Bも質権者Aの申し出てきた質物の換価方法が自己に不利なものであればこれを拒否して、質権に予定された法律上の換価方法を質権者に選択させることが実際上も可能となるからである。

　流質契約の認められる例外として、商行為により生じた債権を担保するための質権（商515条）や営業質屋の質権（質屋営業法19条1項）がある。なお、抵当権設定の場合は、流抵当の特約は禁止されていない（しかし、現在では、これは仮登記担保として扱われ〔☞第3編第2章〕、債務者に不利な方法での担保権の行使は認められていない）。

5．質権の公示

　質権は物権であるから、**第三者対抗要件**を備えないと質権者は質権を第三者に対抗し得ない。質権の目的物の種類（動産、不動産、または債権その他の財産権）によって引渡しや登記など対抗要件具備の方法が異なるから、後述する（☞第2節2、第3節1、第4節2(3)）。

6．質権者の権利義務・目的物の設定者への返還

　(1)質権者の果実収取権　質権者は、質物から生ずる天然果実・法定果実（賃料債権など）を収取して、他の債権者に先立って、これを自己の債権の弁済に充当することができる（350条・297条1項）。質物が鶏の場合の鶏卵などがそ

れにあたる。質物が動産である場合、これが**質権設定より前**に第三者に賃貸されていたときは（賃貸物につき指図による占有移転により質権の設定を受けることができる）、質権者は法定果実である賃料を収取できるが（指図による占有移転の関係上、賃貸人の地位を質権者に移転させる必要があるとされる。我妻Ⅲ・130頁。高木・65頁は、物上代位の問題として解決すべきとするが、質権者の果実収取権は、履行遅滞以前の問題なので、物上代位によるべきではない〔同旨：近江Ⅲ・102頁、内田Ⅲ・494頁〕）、**賃貸されていない質物**のときは、動産質権者には収益権が認められていないので、設定者の承諾があった場合に限り質物を第三者に賃貸して賃料を収取することができる（☞(3)）。

　質権者の収取した果実は、まず**利息の債権に充当**し、なお残余があるときは**元本に充当**しなければならない（350条・297条2項）。質権者の果実の収取および利息債権等への充当には、被担保債権の弁済期到来を必要としない。なお、**不動産質権の場合**は、**収益権**があるから（その反面、利息債権は特約がなければ発生しないし、管理費用や固定資産税等は質権者が負担する）、果実を被担保債権に充当する必要はなく、350条・297条の適用はないと解される（高木・79頁、道垣内・103頁など）。

⑵善管注意義務　質権者は、善良な管理者の注意をもって質物を保管しなければならない（350条・298条1項）。善管注意義務違反があったときは、設定者は**質権消滅請求権**を行使し得る（350条・298条3項）。

⑶無断使用・賃貸・担保設定の禁止　質権者は、**設定者の承諾**を得なければ、質物を使用し、賃貸し、または担保に供することができない（350条・298条2項）。これに違反したときは、設定者は**質権消滅請求権**を行使し得る（350条・298条3項）。質物の保存に必要な使用は可能である（350条・298条2項但書）。もっとも**不動産質権の場合**は、質権者は原則として使用・収益権限を有するから、質権の設定を受けた時から質権の目的不動産を収益して天然果実を収取し、または第三者に賃貸して法定果実（賃料債権）を収取することもできる（356条。☞第3節4(3)(a)）。

⑷必要費・有益費償還請求権　質権者が質物につき必要費または有益費を支出したときは、質権設定者に対して必要費償還請求権または有益費償還請求権を取得する（350条・299条）。

《展開》質権者による設定者への目的物の任意の返還　　345条は、質権者Aは、質権設定者Bに自己に代わって質物の占有をさせることができないとする（質権設定者による代理占有・占有改定による引渡しの禁止）。そこで、いったんBから引渡しを受けて質権成立後に、質権者Aが設定者Bに目的物を任意に返還した場合、質権は消滅するのかが問題となる。質権の有する留置的効力をどの程度重視するかにより、見解が分かれる。

判例（大判大5・12・25民録22-2509）は、**動産質権の場合**については、**対抗力消滅説**をとり、この場合、対抗力が消滅するにすぎず**質権はなお存続する**とし、**不動産質権の場合**については、**質権・対抗要件存続説**をとり、不動産質権の対抗要件は継続占有ではなく登記であるから、質権は消滅しないし、対抗力も失わないとする。従来の多数学説も、判例を支持していた。

他方で、現在の多数学説は、動産質権の場合も不動産質権の場合も、345条の質権設定者による代理占有の禁止の趣旨は、質権の有する**留置的効力の確保**にあることを理由に、質物の任意の返還により質権自体が消滅するとする**質権消滅説**をとっているといえる（我妻Ⅲ・131頁、近江Ⅲ・90頁など）。

しかし、なお**判例を支持する説**も有力である（山野目・263頁、安永・375頁など）。この有力説によれば、動産質権の場合は、第三者に優先弁済権を対抗できないが**質権は存続する**から、質権者は、動産執行（強制執行）の手続（民執122条以下）ではなく、動産競売（担保権の実行）の手続（民執190条以下）により換価し得る点に、多数学説との違いがあるということになる（債務名義は不要であるが、質権者が動産を占有していないので、民執190条2項の動産競売開始許可決定が必要となろう）。もっとも、この説は、動産質権がなお存在する以上、質権者Aは質権設定者Bに**再度質物の返還を請求し得る**とするが（川井Ⅱ・282頁。鈴木・324頁参照）、質権者Aは質物の返還により留置的効力を放棄したと解すれば、質物の返還を請求し得ないことになろう。また、この説は、**不動産質権の場合**は、設定者への目的不動産の返還により、質権も消滅しないし、対抗要件（質権設定登記）も喪失しないと考える。この説は、不動産質権がなお存在する以上、質権者Aは、質権設定者Bに**再度目的不動産の返還を請求し得る**とするが、質権者Aによる目的不動産の任意の返還は、留置的効力および使用収益権限（356条）の放棄と解すれば、質物の返還を請求し得ないことになろう。

質権者が、質権自体を放棄する趣旨ではなく目的物を任意に返還する趣旨だけで返還する場合については、質権を消滅させる必要はないので、判例および有力学説を支持してよいのではないかと考える。もっとも、質権者Aの**再度の返還請求**については、質権者Aの収益的効力・留置的効力の放棄はすでになされたとみて（一時的に設定者に返還する旨の合意があれば別である）、原則としてこれを否定すべきではなかろうか。この考え方によると、不動産質権者の目的不動産の任意の返還により、不動産質権はほぼ抵当権に準じて取り扱われることになる。

7. 質権の効力の及ぶ範囲

(1)質権の効力の及ぶ被担保債権の範囲　　質権の場合、抵当権の場合と異な

り、元本、利息、違約金、質権実行の費用、質物の保存の費用および被担保債権の債務不履行または質物の隠れた瑕疵によって生じた損害の賠償も、質権の被担保債権となる（346条本文）。不動産質権の場合を除き、利息や遅延損害金につき375条のような制限はない。これは、質権の場合、質権者が目的物の現実の引渡しを受けて占有するのが原則であるので（345条）、後順位担保権者などの出現があまり考えられないからである。ただし、設定契約において別段の定めをすれば、被担保債権の範囲を変更し得る（346条但書）。

不動産質権の場合は、質権者に使用収益権が認められるので、元本債権の利息を請求し得ないのが原則であるが（358条）、別段の定めがあるときは、利息を請求し得る（359条）。この場合は、利息債権も質権の効力の及ぶ被担保債権に入る。ただし、不動産質権については、361条により375条が準用されるから、利息および遅延損害金については、最後の2年分に限って質権により担保されることになる。また、利息や遅延損害金の債権については、登記をしないとその優先弁済権を第三者に対抗し得ない（不登95条1項）。

(2)質権の効力の及ぶ目的物の範囲　(a)付加物・従物・従たる権利　質権の効力は、質物に付加されて一体になっているもの（付加物）に及ぶ（☞第1章第4節1）。もっとも**従物**の場合、質権の目的であるその主物とともに質権者に引き渡されている必要がある。借地上の建物につき質権の設定がなされたときは、質権の効力は、建物だけではなく、**従たる権利**としての借地権にも及ぶ。

　(b)物上代位　質権についても、物上代位性が認められる（350条・304条）。質物の滅失・損傷により設定者が第三者に対して取得する債権（火災保険金債権や損害賠償請求権など）に質権者が物上代位し得ることについては、異論がない。しかし、質物の**売却代金への物上代位**については、質権者が質物を占有しており（不動産質権の場合は、さらに質権設定登記を備えており）、第三者への売却により質権は消滅せずまた対抗力を有するから（質権の負担のついた物の売却となる）、抵当権の場合と同様、これを認める必要はない。また、質物から生ずる**賃料債権への物上代位**については、質物が動産である場合は、質物が質権設定より前に第三者に賃貸されていたときは、質権設定の時から質権者は賃貸人の地位において法定果実である賃料を収取できるし（☞6(1)）、質物が不動産である場合は、質権設定の時から質権者に収益権があるから、物上代位の問題

は生じない（☞第3節4(3)(a)。近江Ⅲ・102頁、道垣内・91頁など）。

8. 質権の処分（転質）

(1)転質権の意義と法的性質　(a)転質権の意義　AがBに対して500万円の貸金債権（甲債権）を有し、その担保としてB所有の動産乙につき質権の設定を受けていたところ（BからAへ乙引渡し）、Aも第三者Cから300万円を借り入れる必要が生じた場合、Cの貸金債権（丙債権）の担保としてAがBに対して有する甲債権に質権（債権質）の設定をすることがある（債権質権の第三者対抗要件は、確定日付のある証書による債務者への質権設定通知または債務者の承諾。☞第4節2(3)）。この場合、Cが設定を受けた債権質の効力は、Aの有している乙上の動産質権にも及ぶ（付従性。ただし、乙のCへの引渡しが必要となる）。

　これに対して、348条は、質権者は、自己の責任で、質物について、**転質**をすることができるとする。転質とは、上の例と同様に、質権者A自身が第三者Cから金銭を借り受ける場合に、その貸金債権（丙債権）の担保として質権設定者Bから預かっている質物を自己の責任において第三者Cに質入れすることであり（**責任転質**。348条前段）、質権者による質権の処分である。転質は、債権質権の場合と異なり、債権質権の設定に付従して質物乙がCの丙債権の担保となるのではなく、Cの丙債権の担保として、Bの提供した質物を質権者Aが直接Cに質入れするものである。この場合において、質権者Aは、転質をしたことによって生じた損失については、不可抗力によるものであってもBに対してその責任を負う（同条後段）。なお、質権設定者Bの承諾を得て行われる「**承諾転質**」の設定も可能であり、その内容は契約により定まる。以下では、責任転質につき説明する。

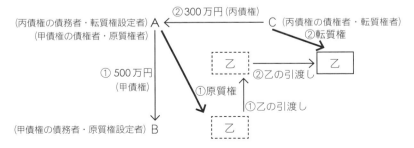

(b)転質の法的性質　転質の法的性質については、①債権・質権共同質入説（原質権者AのBに対して有する債権と質権の双方をCに質入れすることであるとする説）、②**質権単独質入説**（原質権の被担保債権と切り離して、原質権者Aの有する質権のみを質入れすることであるとする説）、③**質物再度質入説**（転質とは、質物そのものが再度質入れされることであり、厳密には原質権によって把握された担保価値が質入れされることであるとする説）などに見解が分かれている。①説は、前記の質権付き債権質の設定とあまり変わらないことから、支持者は少なく、348条の文言からも③説が多数説である（鈴木・272頁、道垣内・101頁など）。転質の詳細については、紙幅の関係で転抵当の説明に譲る（☞第1章第8節4）。

(2)転質権の設定　**(a)転質権の設定**　転質権は、転質権設定者（原質権者）Aと転質権者Cとの転質権設定の合意と、質物のAからCへの引渡しにより成立する（**要物契約**）。責任転質であるから、原質権設定者Bの承諾を必要としない。348条の規定の存在により350条・298条2項の無断担保権設定禁止の適用を免れる。

(b)原質権と転質権の被担保債権の額・弁済期の関係　348条は、原質権の存続期間内において、転質の設定ができるとするが、原質権の被担保債権の弁済期よりも転質権の被担保債権の弁済期が後に到来する場合にも、転質権の設定ができるかが問題となる。このような転質権の設定も有効であり、原質権の弁済期が先に到来したときは、366条3項により転質権者は、原質権設定者に、転質権の被担保債権額の範囲で、金銭を供託させればよい。不動産の転質の場合は、10年以下の存続期間（360条）との関係が問題となるが、原質権の存続期間より後に転質権の被担保債権の弁済期が到来する場合で、原質権が存続期間満了により消滅したときは、転質権も消滅すると解すればよいから、このような転質権の設定も可能である。また、原質権の被担保債権額が転質権の被担保債権額より小さい場合でも、転質権者は、原質権の被担保債権額の範囲内で優先弁済を受ければよいから、転質権の設定は可能である。

(c)転質権の対抗要件　転質権の対抗要件は、動産転質権の場合は、転質権者による目的動産の継続占有であり（352条）、不動産転質の場合は、登記である（361条・177条、不登3条6号・83条・95条。原質権設定登記への付記登記の方法による）。原質権の債務者Bとの関係では、Bへの転質権設定の通知または

Bの承諾が必要となる（転抵当に関する377条、または債権質に関する364条の類推適用）。

(3)目的物の不可抗力による損失　前述（☞(1)）のように、原質権者Aは、転質をしたことによって生じた損失については、不可抗力によるものであっても原質権設定者Bに対してその責任を負う（348条後段）。

(4)転質の効果　これについては、転抵当に準じる（☞第1章第8節4(5)）。

以下、動産質・不動産質・権利質にそれぞれ特有な点につき、述べる。

第2節　動産質

1．動産質権の目的物になり得るもの

動産質権の目的となり得る動産は、被担保債権の履行遅滞の場合にはその動産が換価されることになるから、**譲渡可能な動産**である必要がある（343条。麻薬などの禁制品は、質権の目的になし得ない）。民事執行法上、債務者の最低限度の生活や宗教・文化などを保護するために差押禁止動産が定められているが（同法131条）、債務者の受けた勲章や、祭祀に直接供するため欠くことができない債務者所有の仏像などの**差押禁止動産**に質権の設定をすることは妨げられない（これらの動産の所有者の意思により質権の設定がなされる点で、差押えとは異なる）。

譲渡可能な動産であっても、登記または登録制度があり、**登記または登録のなされた建設機械・自動車・船舶**などについては、抵当権の設定が可能であり（建抵5条、自抵3条、商848条）、設定者の利用ができなくなる質権の設定は認められない（建抵25条、自抵20条、商850条）。

2．動産質権の成立要件と対抗要件（質物の継続占有）

動産質権の成立要件としては、設定者Bから質権者Aへの**質物の引渡し**が必要とされ（344条。**要物契約**）、しかも、この引渡しは、**占有改定による引渡し以外の引渡し**（現実の引渡し、簡易の引渡し、または指図による占有移転）であるこ

とを要するとされている（345条）。このように動産質権にあっては、質物の引渡しが質権の成立要件となっており、単なる対抗要件とはされていない。その上で、352条は、**質物の継続占有**が動産質権の第三者対抗要件であるとしている。そして、それに続く353条は、動産質権者が質物の占有を奪われたときは、占有回収の訴えによってのみ質物を回復することができるとしている。そこで、352条の**質物の継続占有が動産質権の第三者対抗要件であるとされていることの意味**が問題となる。

　質物の継続占有が、動産物権譲渡における対抗要件（178条）と同様、競合する取引関係に立つ第三者との関係での権利の優劣の主張という意味での対抗要件であれば、動産質権者が質物の占有を奪われたときは、占有を伴う担保物権である質権に基づき侵奪者に対する質物の返還請求（物権的請求権）が認められるはずであるが、353条はこれを認めない趣旨である。そうとすると、352条が質物の継続占有を動産質権の第三者対抗要件であるとしている趣旨は、継続占有なしに動産質権者はおよそ動産質権を**対世的に主張することができない**ことを意味していることになる。つまり、352条にいう第三者とは、競合する取引関係に立つ第三者にとどまらず、**債務者・設定者以外のすべての第三者**を指すことになる（窃取者のような不法行為者なども含まれる）。

　そこで、**質物を第三者に奪われた場合**は、質権者は、**占有回収の訴え**（200条）によって質物の返還を請求し得るが（353条）、質物を第三者に**詐取**されたり**遺失**した場合は、質権者は、その返還を詐取者や遺失物拾得者に請求し得ないことになる（もちろん質権設定者は、所有権に基づいて返還を請求し得る）。もっとも第三者に詐取された場合において質権者に損害が生ずれば、質権者は詐取した第三者に対して質権侵害の不法行為に基づく損害賠償請求権を行使することは可能である。

3．動産質権の効力の及ぶ範囲

(1)動産質権の効力の及ぶ被担保債権の範囲　　これについては、☞第1節7(1)を参照されたい。

(2)動産質権の効力の及ぶ目的物の範囲　　動産質権の効力は、**付合物**について及ぶのは当然であるが、**従物**については、従物が質権者に引き渡されたときに

限り質権の効力が及ぶ。

　天然果実および法定果実にも、動産質権の効力が及び（350条・297条）、動産質権者は、質権設定の時からこれらの果実を収取し、被担保債権の優先弁済に充てることができる（☞第1節6(1)）。

　動産質権に基づく物上代位については、☞第1節7(2)(b)を参照のこと。

4. 動産質権による被担保債権の回収

(1)**留置的効力**　　動産質権者は、質物を留置することにより間接的に債務者に対し被担保債権の弁済を促すことができる（347条）。質権者が質物を留置している以上、設定者の一般債権者の申立てによる差押えは生じない。

(2)**優先弁済権**　(a)**動産競売の申立て・配当要求**　　質権者は、被担保債権の弁済が得られない場合、民事執行法による**動産競売の申立て**をし（民執190条。一般には、同条1項1号により質権者から執行官への**質物である動産の提出**により動産競売手続が開始される）、換価代金から優先弁済を受けることができる。質物につき設定者に対する一般先取特権者または動産先取特権者の申立てに係る動産競売が行われているときは（同条1項2号参照）、質権者は、**配当要求**の方法で優先弁済を受けることもできる（民執133条、民334条・330条1項）。

　(b)**簡易な弁済充当方法**　　動産質権者は、**正当な理由がある場合**に限り、鑑定人の評価に従い質物をもって直ちに弁済に充てることを裁判所に請求することができる（**簡易な弁済充当方法**。354条前段、非訟93条）。正当な理由がある場合とは、質物の性質上、競売に付しても十分な代価を得る見込みのない場合や質権者が債務者の親戚などで質物が債務者の家宝であるような場合などである。簡易な弁済充当を裁判所に請求する場合は、動産質権者はあらかじめ、その旨を債務者に通知しなければならない（354条後段）。

5. 動産質権の侵害

(1)**質物の占有侵奪**　(a)**債務者・質権設定者による質物の占有侵奪**　　この場合は、質権者Aは債務者または設定者Bに対して**質権に基づく物権的返還請求権**を行使し得る。債務者または設定者Bのこの行為が不法行為の要件（709条）を充たすときは、質権者AはBに対して損害賠償請求権を行使し得る。

(b)**第三者による質物の占有侵奪**　　第三者が質物の占有を奪った場合、質権者は第三者に対して質権に基づく返還請求権は行使し得ず、**占有回収の訴えによってのみ**質物の返還を請求し得る（353条。☞2）。したがって、侵奪時から1年以内の占有回収の訴えの提起が必要となるし（201条3項）、また、侵奪者からの善意の特定承継人に対しては返還を請求することができない（200条2項）。第三者の行為が不法行為の要件を充たすときは、質権者は第三者に対して損害賠償請求権を行使し得る。

(2)**質物の滅失・損傷・減少**　　質権者は、第三者が質物につき滅失・損傷・減少行為をするときは、質権に基づいて妨害排除請求権（物権的請求権）を行使し得る。債務者・設定者がこれらの行為をしたときも同様である。また、債務者がこれらの行為をしたときは、債務者は被担保債権につき期限の利益を喪失する（137条2号。☞第1章第12節4）。

6．動産質権の消滅

　動産質権は、**物権の一般的消滅原因**（目的物の滅失、質権の放棄、混同など）、および**担保物権の一般的消滅原因**（被担保債権の弁済などによる消滅）によって消滅するほか、①質権者の質物保管義務違反や質物の無断使用・賃貸・担保権設定による設定者の質権消滅請求権行使（350条・298条3項。☞第1節6(2)(3)）や、②質権者が設定者に**質物を任意に返還**することによっても質権は消滅する（②の点に争いがあることにつき☞第1節6「《展開》質権者による設定者への目的物の任意の返還」）。

第3節　不動産質

1．不動産質権の成立要件と対抗要件

　不動産質権の成立要件としては、設定者から質権者への目的不動産の引渡しが必要とされ（344条。**要物契約**）、しかもこの引渡しは、**占有改定による引渡し以外**の引渡しであることが必要である（345条）。

不動産質権の対抗要件は、**不動産質権設定登記**であり（361条・177条）、動産質権の場合と異なり、質物の継続占有（352条）を必要としない。そのため、質権の目的不動産を設定者に返還しても、質権は消滅しないし、対抗要件も存続するとするのが、判例である（☞第1節6「《展開》質権者による設定者への目的物の任意の返還」）。

質権設定登記には、不動産登記法59条各号、83条1項各号、95条1項各号により、登記原因として、例えば平成〇〇年〇月〇日金銭消費貸借同日設定、権利者その他の事項として、質権者、債務者、債権額、存続期間があるときはその定め、利息、違約金または遅延損害金の定めがあるときはその定め、356条および357条の規定と異なる定めがあるときはその定め等が記載される（☞第1節4(1)）。

2. 不動産質権の存続期間

不動産質権の場合、その存続期間は**10年以下**とされ、これより長い期間を定めたときも10年とされる（360条1項）。質権設定契約の更新がなされるときも、更新の時から10年以内とされている（同条2項）。これは、質権の設定により不動産は質権者に引き渡されるから、存続期間が長期にわたると不動産の荒廃が生じる可能性があるからであるとされている。存続期間を定めなかったときは、10年の存続期間となる（通説）。

3. 不動産質権の目的物

不動産質権の目的物は、土地または建物である。立木法により樹木の集団も登記されると独立の不動産となり、抵当権の設定はなし得るが、質権の設定はなし得ない。

4. 不動産質権の効力

(1)**不動産質権の効力の及ぶ被担保債権の範囲**　これについては、序説を参照されたい（☞第1節7(1)）。

(2)**不動産質権の効力の及ぶ目的物の範囲**　これについては、付加一体物に及ぶとする抵当権に関する370条が準用される（361条・370条。☞第1章第4節

1)。そこで、不動産質権の効力は、**付合物**について及ぶのは当然であるが、**従物**については、質権者に引き渡されたときに限り質権の効力が及ぶ。

不動産質権にも**物上代位**が認められるが、質物の売却代金および賃料債権への物上代位は問題とならない（☞第1節7(2)(b)および次の(3)）。

(3)不動産質権者の権利・義務　(a)使用・収益権、管理費用や租税等の支払義務

不動産質権者は、質権設定の時から目的不動産の用法に従い不動産を**使用・収益**できる（356条）。例えば、質権者は、目的不動産が農地であるときは農地を耕作して農作物を収穫することができ、また、目的不動産が賃貸ビルや賃貸マンションなどであるときは、質権者は、すでにこれらの建物に賃借権の設定を受けている賃借人から賃貸人の地位で賃料を収取することができるし、空室につき賃借権を設定し新たな賃借人から賃貸人の地位で賃料を収取することもできる（もっとも後者の場合、質権者により設定された賃借権は、不動産質権が存続する限りで存続するとされる）。これらの収益を被担保債権に充当する必要はない（☞第1節6(1)）。したがって、使用・収益権を行使している不動産質権の場合は、被担保債権の履行遅滞後の賃料債権への物上代位は問題とならない。その反面、不動産質権者は、不動産の管理費用を支払い、また不動産に関する負担（固定資産税・都市計画税の支払いなど）を負う（357条）。もっとも、質権設定契約において質権者は目的不動産を使用・収益しない旨の定めをしたときや、担保不動産収益執行の開始があったときは、質権者は目的不動産を使用・収益できないが、他方でこれらの負担の支払義務も負わない（359条）。

(b)利息の請求の禁止　不動産質権の場合は、質権者は被担保債権の利息を請求できないのが原則である（358条）。これは、(a)で見たように不動産質権者には原則として目的不動産の使用・収益権が認められているためである。**利息について特約**があるときは、利息の請求は可能である（359条）。利息や遅延損害金の定めがある場合は、担保不動産競売において375条が準用される（361条）。

5. 不動産質権による被担保債権の回収

(1)留置的効力　不動産質権者Aは、被担保債権の弁済がなされていないにもかかわらず設定者Bが目的不動産の引渡しを求めてきたときは、目的不動産に

つき留置的効力を主張し引渡しを拒み、**間接的に被担保債権の弁済を促す**ことができる（347条）。ただし、質権者も、先順位の抵当権者に対しては留置的効力を対抗できないから（同条但書）、抵当権者の申立てによる競売の買受人には留置的効力を対抗できず、優先弁済を受けるのみである（☞(2)(a)）。

(2)優先弁済権　(a)担保不動産競売における配当など　質権者は、被担保債権の履行遅滞後は、民事執行法による**担保不動産競売の申立て**をし（民執180条1号・181条1項〔一般に質権設定登記に関する登記事項証明書を執行裁判所に提出すれば足りる〕）、競売手続において換価代金から優先順位に従い優先弁済を受けることができる（民執188条・87条1項1号）。不動産質権と抵当権の優先弁済の順序は、登記の前後による（361条・373条）。

　不動産質権の場合、質権者Aが目的不動産を占有していても、設定者Bの一般債権者Cの申立てによる強制競売が行われ（目的不動産の所有権の登記は設定者Bにある）、また、他の担保権者（抵当権者・二重質権者・先取特権者など）Dの申立てによる担保不動産競売が行われることがある。**使用収益をしない旨の定めのない**（通常の不動産質権はこれである）**最先順位の不動産質権**は、競売により消滅せず、不動産の買受人は不動産質権の負担の付いた不動産を買い受ける（民執59条4項）。質権者Aはこの競売の売却代金からは被担保債権の優先弁済を受けない。これに対して、抵当権のような競売により消滅する担保権に後れて設定された使用収益をしない旨の定めのない不動産質権、および使用収益をしない旨の定めのある不動産質権は、目的不動産の競売により消滅し、質権者は売却代金から優先順位に従い被担保債権の優先弁済（配当）を受ける（民執87条1項4号）。

　(b)担保不動産収益執行の申立て　不動産質権者は、原則として質権の設定を受けた時から質権の目的不動産を収益することができるが（☞4(3)(a)）、被担保債権の履行遅滞後は、**担保不動産収益執行の申立て**をし（民執180条2号）、管理人が収取した賃料等の果実から被担保債権の優先弁済を受けることもできる（民執188条・93条～111条）。

6．不動産質権の侵害

(1)質物の占有侵奪　不動産質権の場合には、質物の継続占有を第三者対抗要

件とする動産質権についての352条、および第三者による占有侵奪につき質権者は占有回収の訴えによってのみ質物の返還を請求し得るとする動産質権についての353条の準用はない。そこで、第三者により不動産質権の目的不動産が侵奪されたときも、債務者または質権設定者により不動産質権の目的不動産が侵奪されたときも、質権者は**質権に基づき**目的不動産の返還を請求できる（物権的請求権）。この場合、質権者は、対抗要件としての登記を備えていなくてもよい。これらの第三者や質権設定者などの行為が不法行為の要件を充たすときは、質権者Aは損害賠償請求権を行使し得る。

(2)質物の滅失・損傷・減少　　動産質権の場合と同様である（☞第2節5(2)）。

7. 不動産質権の消滅

　動産質権の場合と同様（もっとも不動産質権には原則として使用収益権が認められるから、無断使用・賃貸を理由とする質権消滅請求権は生じない）のほか、①不動産質権の存続期間（360条により原則として10年）の経過、②抵当権規定の準用（361条）による代価弁済（378条）および質権消滅請求（379条～386条準用）により（☞第1章第7節2・3）、不動産質権は消滅する。

第4節　権利質

1. 権利質の意義と性質・作用

　権利質とは、動産および不動産以外の財産権を目的とする質権である（362条1項）。具体的には、**債権**（貸金債権、売買代金債権、請負代金債権、銀行預金債権、火災保険金請求権など）、**有価証券**（指図証券、記名式所持人払証券など520条の2から520条の20に規定する有価証券、株券、手形、倉荷証券〔商600条～608条〕など。貨物引換証は、実際の利用もないし、現在の運送実態から現実的でないとして、商法の規定から削除された〔平30法29〕）、**不動産用益物権**（地上権・永小作権など）、**知的財産権**（特許権・実用新案権など）などの財産権が目的となる。権利質もその目的である財産権の交換価値を優先的に把握する権利として、他の

質権と同様の性質を有する。これらの財産権は、抵当権によっては担保の目的とすることができないことが多いので（地上権および永小作権は抵当権の目的となる。369条2項）、この分野では質権が重要な役割を果たしている。財産権の種類により、成立要件・対抗要件・効力などにつき大きな差異がある。なお、従来の民法は、債権者が誰であるかが債権者の名前によって特定されていて、債権の発生、行使、移転に証書の作成・交付を必要としない債権を「指名債権」、債権の発生、行使、移転に証書の作成・交付を必要とし、債権と証券が結合した債権を「証券的債権」としていたが、後者の規定は理論上の問題を抱えていた。平成29年改正法は、後者については、「証券的債権」に関する規定を廃止して、「**有価証券**」に関する一般的規定を新設したので（520条の2〜520条の20）、前者を単に「債権」と呼ぶことにした。

ここでは、**債権質**および**有価証券質**を中心に簡単に説明する。

2．債権質

(1)債権質の目的となる債権　債権質の目的となるのは、譲渡可能な債権である（343条）。したがって、法律により譲渡あるいは担保に供することを禁止された債権は、質権の目的となり得ない（881条〔扶養を受ける権利〕、国健保67条〔保険給付を受ける権利〕。なお恩給を受ける権利につき恩給11条1項但書参照）。現に発生していない債権（将来債権）も、債権質の目的とすることができる（346条括弧書き）。

平成29年改正法は、当事者が債権の譲渡を禁止し、または制限する旨の意思表示（ここでは以下「譲渡制限特約」という）をしたときであっても、債権の譲渡は、その効力を妨げられないとしたので（466条2項）、譲渡制限特約のある債権（請負報酬債権、売掛代金債権、保証金返還請求権など）についても、質権は有効に成立する。しかし、質権者が譲渡制限特約の存在につき**悪意または善意重過失**である場合には、第三債務者は**履行を拒む**ことができ、かつ、質権設定者に対する弁済、相殺その他の債務を消滅させる事由をもって、質権者に対抗することができる（同条3項）。もっとも、第三債務者が債務を履行しない場合において、悪意または重過失の質権者が相当の期間を定めて質権設定者への**履行の催告**をし、その期間内に履行がないときは、466条3項の規定は、その

第三債務者については、適用しない（同条4項類推適用）。これに対して、**預貯金債権**につき譲渡制限特約がある場合については、改正法は、譲渡制限特約を、悪意または善意重過失の譲受人その他の第三者に対抗することができる（当該債権の債権者は、譲渡人であって、譲受人ではない）としたので（466条の5）、譲渡制限特約のある預貯金債権につき、悪意または善意重過失の債権者が質権の設定を受けても、質権は成立しない。

(2) 債権質権の成立要件　債権質権設定契約においては、要物契約につき規定する344条は適用されない。平成15年法改正前の363条は、債権証書のあるときは、その証書の交付により質権が設定されるとしていたが、権利が証券に化体されていない普通の債権の場合は、必ずしも債権証書が存在するとは限らず、その場合には質権設定契約は、諾成契約とならざるを得ないし、関係する債権証書が複数あるような場合、どの証書が平成15年法改正前の363条の証書にあたるのかについても争いが生じ得た。そこで、債権質権は、設定者と債権者間の質権設定の合意で成立するものとし、債権質権設定契約は、**諾成契約**となった（平成29年改正により363条は削除された）。

(3) 債権質の対抗要件　債権質（将来債権に対する質権も同様）の対抗要件は、債権譲渡の対抗要件に関する467条の規定に従ってなされる設定者から第三債務者への**質権設定の通知**または第三債務者の**承諾**である（364条・467条1項）。第三債務者は、**対抗要件具備時**までに質権設定者に生じた事由（弁済による債務の消滅、債権の不存在、引換給付の抗弁など）をもって、質権者に対抗することができる（468条1項類推適用。改正前と異なり、**異議を留めない承諾**であっても同様である）。質権設定と第三債務者による**相殺との優劣**については、債権質権の対抗要件具備時と第三債務者の自働債権取得時との先後により、優劣が決まると解される（その根拠については、債権譲渡と相殺に関する469条〔無制限説に立つ〕の類推適用に求める説と、差押えと相殺に関する511条〔無制限説に立つ〕の類推適用に求める説とに分かれる〔潮見佳男『新債権総論Ⅱ』450頁〔信山社・2017年〕参照〕）。質権設定を第三債務者以外の第三者（債権の譲受人や二重に質権設定を受けた者など）に対抗するためには、この通知または承諾が**確定日付のある証書**（内容証明郵便や公正証書など）によりなされていることを要する（364条・467条2項）。二重の債権質の優先順位や、債権質と債権譲渡との優劣は、**確定**

日付のある証書の第三債務者への到達時の先後で決まることは、二重の債権譲渡の優劣の場合（最判昭49・3・7民集28-2-174〔百選Ⅱ・29事件〕、最判平5・3・30民集47-4-3334〔百選Ⅱ・30事件〕）と同様である。法人が債権質権を設定する場合には、動産債権譲渡特例法による質権設定登記も対抗要件となる（同法14条・4条）。

(4)債権質の効力　(a)債権質の効力の及ぶ被担保債権の範囲　これについては序説を参照されたい（☞第1節7(1)）。

　(b)債権質の効力の及ぶ目的物の範囲　債権質権の効力は、質入れされた元本債権（次の図の乙債権）のほか、元本債権の利息・担保物権・保証債務などにも及ぶ。担保物権や保証債務にも及ぶというのは、質入れされた元本債権のために担保物権（次の図の丙土地の抵当権）が設定されている場合や保証人（次の図のD）が付いている場合には、債権質権者（次の図のC）は、被担保債権（次の図の甲債権）の任意の弁済が得られないとき、後述のように質入債権（次の図の乙債権）の取立てなどにより被担保債権の優先弁済を受けることができるが、質入債権の任意の弁済が得られなければ、丙土地の抵当権を実行して優先弁済を受けたり、保証人Dから債務の弁済を受けることもできるということである。

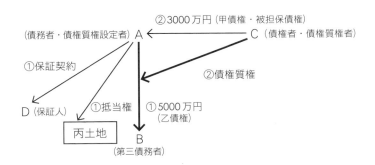

　ただし、担保物権にも効力を及ぼすためには、質入れされた債権の担保物権が動産質権または不動産質権であるときは、目的物を債権質権者Cに引き渡させる必要がある（☞第1節4(2)(3)）。さらに、第三者対抗要件としては、質入れされた債権の担保物権が抵当権または不動産質権であるときは、被担保債権の

質入れの付記登記が必要になる。また、保証債務に効力を及ぼすためには、債務者Aが保証人Dに対して有する保証債権につき債権者Cは、質権設定の第三者対抗要件（確定日付のある証書による通知・承諾）を備える必要があろう（道垣内・114頁は、保証債務の随伴性の帰結だから、対抗要件は不要とする）。

　(c)**債権質の留置的効力**　質権の留置的効力は、有価証券（☞3）においては意義を有するが、その譲渡に証書の交付を要しない債権質においては意義はない。

　(d)**利息債権の取立権**　債権質は、利息債権にもその効力を及ぼすが、質権者はこの法定果実である利息を直接取り立て、優先弁済にあてることができる（350条・297条1項参照）。

　(e)**質権設定者の目的債権の担保価値維持義務**　債権質権設定者は、質権者に対し、目的債権の担保価値を維持すべき義務を負い、債権の放棄・免除・相殺等目的債権を消滅・変更させる一切の行為、その他目的債権の担保価値を害するような行為を行うことは、同義務に違反するものとして許されない（最判平18・12・21民集60-10-3964〔百選Ⅰ・83事件〕。この判例は、したがって、不動産賃貸借における条件付き債権としての敷金返還請求権に質権を設定した場合において、質権設定者である賃借人が、正当な理由に基づかずに賃貸人に対し未払債務を生じさせて敷金による当然充当でもって敷金返還請求権の発生を阻害することは、質権者に対する担保価値維持義務に違反するとした）。

(5)債権質の実行　被担保債権の弁済期が到来しても弁済が得られない場合、債権質権者は、債権質権に基づく優先弁済権の行使として次のいずれかの方法を選択できる。

　(a)**直接取立て**　債権質権者は、自己の名において第三債務者に対して債権の目的物を**直接取り立て**自己に引き渡すよう請求でき（366条1項）、引き渡された物を自己の債権の優先弁済に充てることができる（**直接取立権**）。直接取り立てることができるというのは、第三債務者に対する債務名義、民事執行法による取立権の取得（☞(b)）、質権設定者の取立委任などを必要としないということである。債権質権の目的債権が金銭債権であるときは、質権者は自己の債権に相応する部分に限り、取り立てることができる（同条2項）。債権質の目的である債権の弁済期が質権者の有する被担保債権の弁済期より早く到来したと

きは、質権者は第三債務者にその弁済をすべき金額を供託させることができる（同条3項前段）。この場合において、質権はその供託金について存在する（同条3項後段）。被担保債権の弁済期到来後、質権者は供託金の還付を受けることができる。

　質権の目的が金銭債権でないときは（例えば、賃貸人である設定者が賃借人に対して有する賃貸動産の返還請求権であるとき）、質権者は弁済として受けた物について質権を有する（366条4項）。以後の質権の実行は、動産質権の実行方法による（注民(8)〔林良平〕363頁）。

　第三債務者が任意に引き渡さないときは、債権質権者は第三債務者に対して質権に基づいて自己への目的物の引渡しを求めて訴えを提起して勝訴判決を取得することができ、なお第三債務者が引渡しに応じないときは、第三債務者に対して引渡しの強制執行をすることになる。

(b)民事執行法に定める方法　　債権質権者は、民事執行法193条により質権の目的債権につき執行裁判所に**差押命令**を申し立て（質権の存在を証する文書の提出が必要である）、**取立権**を取得して第三債務者に対して取立権を行使し（民執193条2項・155条）、被担保債権の優先弁済に充てることができる。第三債務者が取立権の行使に応じないときは、債権質権者は第三債務者に対して**取立訴訟**を提起し（民執157条）、勝訴判決を取得して、第三債務者がなお履行に応じないときは、確定した勝訴判決を債務名義として第三債務者の責任財産に対して強制執行をすることになる。また、質入債権が金銭債権のように券面額のある債権（例えば、5000万円の貸金債権）であるときは、差押命令とともに**転付命令**を申し立て、被担保債権（例えば、3000万円の売買代金債権）の弁済に代えて、例えば、5000万円の貸金債権のうち3000万円分を自己の債権にすることもできる（民執159条・160条）。この他、質権の目的債権が条件付きや期限付きなどで取立てが困難であるような場合、債権質権者は売却命令や譲渡命令を発するよう執行裁判所に申し立てる方法で、被担保債権の優先弁済を受けることもできる（民執193条2項・161条）。

3. 有価証券を目的とする質権

　有価証券とは、財産権を表章する証券であって、その権利の発生、行使、移

転が証券によってされることを必要とするものである。有価証券を質権の目的とする場合には、債権質（☞2）とは設定方法が大きく異なる。

(1)指図証券の質入れ　指図証券とは、証券において権利者として指定された者またはその者が証券上の記載によって指定（指図）した者を権利者とする有価証券である（証券の発行者の意思によって指図証券となるものと、手形、小切手、倉荷証券〔商606条〕などのように、法律の規定によって当然に指図証券となるものとがある）。指図証券を目的とする質権の設定については、520条の2から520条の6までの規定が準用されるから（520条の7）、証券に**質入裏書**をして**質権者に交付**することが、質権の**効力発生要件**である（520条の7による520条の2の準用。証書への質入裏書を指図債権の質入れの第三者対抗要件としていた従来の365条は、平成29年改正により削除された）。善意取得や抗弁の制限も認められる（520条の5・520条の6）。

(2)記名式所持人払証券の質入れ　記名式所持人払証券とは、証券に債権者を指名する記載がされているものであって、その証券の所持人に弁済をすべき旨が記載されている証券をいう（520条の13括弧書き参照）。記名式所持人払証券を目的とする質権の設定については、520条の13から520条の16までが準用されるから（520条の17）、記名式所持人払証券を**質権者に交付**することが、質権の**効力発生要件**である（520条の17による520条の13の準用）。善意取得や抗弁の制限も認められる（520条の15・520条の16）。

(3)その他の記名証券の質入れ　債権者を指名する記載がされている証券であって指図証券および記名式所持人払証券以外のもの（裏書禁止手形〔手11条2項〕、裏書禁止倉荷証券〔商606条但書〕など）を目的とする質権の設定は、債権質（☞2）の設定に関する方式に従い、かつ、その効力をもってのみ質権の目的とすることができる（520条の19）。

(4)無記名証券　無記名証券とは、証券上に特定の権利者が表示されておらず、その所持人が権利者としての資格をもつ有価証券である（入場券、乗車券、商品券、コンサート入場券、無記名社債券、国立大学法人等債券など）。平成29年改正前の86条3項は、無記名債権を動産とみなすとしていたが、この項と平成29年改正前の473条を削除し、520条の20は、**記名式所持人払証券についての規定を無記名証券に準用**することとした。したがって、無記名証券を目的

とする質権の設定は、無記名証券を**質権者**に**交付**することが、質権の**効力発生要件**である（520条の20による520条の17・520条の13の準用）。善意取得や抗弁の制限も認められる（520条の20による520条の17・520条の15・520条の16の準用）。この点で動産取引の場合より取引の安全が保護される。

4．その他の権利を目的とする質権

　株式質（会社146条〜154条）や、特許権・実用新案権・意匠権・著作権などを目的とする知的財産権質については、それぞれ上記の質権とは異なる取扱いがなされる。地上権や永小作権を目的とする不動産物権質は、不動産を目的とする質権として扱われ（民執180条・43条2項）、質権者は、担保不動産競売もしくは担保不動産収益執行の方法で、被担保債権の優先弁済を受ける（民執180条）。

第3章 先取特権

第1節 序　説

1. 先取特権の意義

　先取特権は、法律の定める一定の債権を有する者が、債務者の財産（一般財産の場合と特定の財産の場合とがある）から他の債権者に優先してその債権の弁済を受けることのできる**法定の担保物権**である（債権者平等の原則の例外）。法律が一定の債権に優先弁済権を与えてその債権を特に保護する理由はさまざまであり、先取特権の種類により、**公平の理念**、**社会政策的見地**、**当事者の意思の推測**などがその理由としてあげられる。先取特権は、不動産先取特権を除くと、公示なしに優先弁済権が認められるので、取引上注意が必要である。

2. 先取特権の法的性質

　先取特権には、**付従性・随伴性・不可分性**（305条・296条）・**物上代位性**（304条。ただし一般先取特権を除く）が認められる（☞第1編第4章1～4）。

第2節　先取特権の種類と目的物

　先取特権は、先取特権者が優先弁済を受けることができる目的物の違いにより、**一般先取特権**、**動産先取特権**、および**不動産先取特権**に分類される。動産

先取特権および不動産先取特権は、特定の物について優先弁済権を認められるものであるから、債務者の一般財産について優先弁済権を認められる一般先取特権との対比で**特別の先取特権**と呼ばれる（329条2項参照）。

〔先取特権の種類と優先順位〕

目的物の違いによる先取特権の分類	先取特権の目的物	債権の発生原因の違いによる先取特権の種類		根拠条文
		優先順位		
一般先取特権 (306条〜310条)	債務者の総財産（一般財産） (306条) 329条	1	共益費用	306条1号・307条
		2	雇用関係	306条2号・308条
		3	葬式費用	306条3号・309条
		4	日用品供給	306条4号・310条
動産先取特権 (311条〜324条)	債務者の特定の動産 (311条) 330条	1	不動産賃貸借	311条1号・312〜316条・319条
			旅館宿泊	311条2号・317条・319条
			旅客または荷物の運輸	311条3号・318条・319条
		2	動産保存	311条4号・320条
		3	動産売買	311条5号・321条
			種苗または肥料の供給	311条6号・322条
			農業労務	311条7号・323条
			工業労務	311条8号・324条
不動産先取特権 (325条〜328条)	債務者の特定の不動産 (325条) 331条	1	不動産保存	325条1号・326条
		2	不動産工事	325条2号・327条
		3	不動産売買	325条3号・328条

＊優先順位については、☞第3節1。

1. 一般先取特権の種類と目的物および公示方法

(1)一般先取特権の目的物　一般先取特権は、**債務者の総財産**（一般財産〔責任財産〕）の上に優先弁済権を有する（306条）。

(2)一般先取特権の種類　民法上、一般先取特権には、以下の4種類があり、それぞれ下記のような債権が被担保債権となる。

(a)**共益費用先取特権**（**306条1号・307条**）　各債権者の共同の利益のためにされた**債務者の財産の保存**（423条から423条の7の債権者代位権の行使、424条から426条の詐害行為取消請求、債務者不在中の財産管理〔27条・29条〕、債務者の財産の物理的滅失・損傷の防止に要した費用など）、**清算**（債務者の死亡・破産、法人の清算などの場合に行われる財産関係の整理〔財産目録の作成、債権の取立て、財産の換価、債務の弁済など〕に要した費用など）または**配当**（配当表の作成や配当の実施に要する費用など）**に関して支出した費用の債権**が被担保債権となる（307条1項。注民(8)〔甲斐道太郎〕110頁参照）。もっとも、これらの費用の多くは、それぞれの手続の中で優先的に支払われるから（強制競売や担保不動産競売の場合、他の債権者にも利益となる共益費用にあたる部分〔これを「手続費用」という〕は、売却代金の配当において優先的に配当される〔生熊・民執65頁参照〕。破産の場合には、破産財団の管理、換価および配当に関する費用の請求権などは、財団債権として破産債権に優先して弁済される〔破148条1項1号・2号・151条参照〕)、この先取特権が実際に行使されることはあまりない。また、共益費用の支出がすべての債権者ではなく**特定の債権者にとってのみ有益**であった場合は、共益費用の先取特権者は、利益を受けた特定の債権者に対してのみ優先弁済権を主張できる（307条2項）。

(b)**雇用関係先取特権**（**306条2号・308条**）　給料債権その他債務者と使用人との間の雇用関係に基づいて生じた債権が被担保債権となる（会社更生手続においては、更生手続開始前6か月間の給料債権が共益債権とされ〔会更130条1項〕、破産手続においては、破産手続開始前3か月間の給料債権が財団債権とされる〔破149条1項〕)。従来は、被担保債権は最後の6か月間の給料債権とされていたが（旧308条)、2003（平15）年担保執行法制の改正により期間制限や給料債権という制限はなくなった（2003〔平15〕年改正の経緯については、道垣内・

51頁参照）。退職金債権もこれに含まれる。また、債務者と**請負契約**や**委任契約**を締結していた者であっても、その**実質**が**雇用関係**と認められる場合には、その対価につきこの先取特権を主張し得る。雇用関係先取特権は、働く人にとって重要な意味を有するが、一般先取特権の優先順位は、抵当権や質権などの登記を備えた約定担保物権に劣後するので（336条但書。☞第3節2(2)(c)ⅱ）、実際にこれにより優先弁済を受けられる例は少ない。

使用人の身元保証人が雇主に預けていた**身元保証金返還債権**についてもこの先取特権が認められるかについては、肯定説と否定説とに分かれているが（肯定説として、上柳克郎ほか編・新版注釈会社法(9)〔森本滋〕260頁〔有斐閣・1988年〕、安永・475頁など、否定説として、道垣内・53頁）、肯定説が妥当であろう。

＊**身元金保証金返還債権に、雇用関係先取特権は存在するか**　2003（平15）年担保執行法制の改正の際に、「身元保証金ノ返還ヲ目的トスル債権其ノ他会社ト使用人トノ間ノ雇傭関係ニ基キ生ジタル債権ヲ有スル者ハ会社ノ総財産ノ上ニ先取特権ヲ有ス」としていた会社法制定前の商法295条は削除され、民法306条2号に統合された。これは、旧306条2号は最後の6か月間の給料に限定していたためこれらの制限を外すことに主眼があったのであり、身元保証金返還債権も被担保債権から外す趣旨ではなかった。身元保証金返還債権は、雇用関係に伴う使用人側（主として使用人の親族）の債権であるから、肯定説をとるべきものと考える。

(c)葬式費用先取特権（306条3号・309条）　債務者のためにされた葬式費用または債務者が扶養すべき親族のためにした葬式費用のうちいずれも相当な額の債権が被担保債権となる。もっとも、生活保護法などにより葬式費用の手当てがなされていることなどもあり、この先取特権が行使される例は見あたらないようである。

(d)日用品供給先取特権（306条4号・310条）　債務者または債務者が扶養すべき同居の親族および家事使用人の生活に必要な6か月間の飲食料品供給債権、燃料および電気の供給債権が被担保債権となる。

(3)一般先取特権の公示方法　一般先取特権の目的物は、債務者の総財産であるから、動産、不動産、その他の財産権がその目的になる。一般先取特権は、社会的に保護に値する前記の債権に認められており、一般に少額であり、また債権者の経済的な力もあまり強くないことが多いから、**公示方法なしに優先弁**

済が受けられる。不動産については、一般先取特権の登記をなし得ることになっているが（336条本文参照）、上記のような事情で実際上は登記がされることはほとんどないし、登記がなされても、抵当権者等の担保権につき先に抵当権等の登記がなされていると（これが通常である）、これらの権利には劣後することになる（336条但書）。したがって、後述（☞第3節1・2）のように、共益費用の先取特権を除くと一般先取特権の効力はあまり強くはない。

2．動産先取特権の種類と目的物および公示方法

(1)動産先取特権の種類と目的物　311条1号から8号に規定されている原因（不動産賃貸借〔312条〜316条〕、旅館宿泊〔317条〕、旅客または荷物の運輸〔318条〕、動産保存〔320条〕、動産売買〔321条〕、種苗または肥料の供給〔322条〕、農業労務〔323条〕、工業労務〔324条〕）によって生じた債権を有する債権者は、債務者の特定の動産の上に優先弁済権を有する（☞本節冒頭の表）。以下、主な動産先取特権について説明する。

　(a)不動産賃貸借先取特権（311条1号・312条〜316条）　不動産の賃貸借から生じた賃借人の債務（賃料債務や賃借不動産損傷による損害賠償債務など）につき、賃貸人は、賃借人の動産の上に先取特権を有し（312条）、これらから優先弁済を受け得る。**当事者の意思の推測**がその理由となる。

　被担保債権の範囲については、賃借人の財産のすべてを清算する場合（破産や法人の解散など）には、前期、当期および次期の賃料債権等に限定される（315条）。また、賃貸人が622条の2第1項に規定する敷金を受け取っている場合には、その敷金で充当されない未払賃料や損害賠償請求権についてのみ先取特権の被担保債権となる（316条）。

　不動産賃貸借先取特権の目的となる動産の範囲については、土地賃貸借の場合につき313条1項が規定し、建物賃貸借の場合につき313条2項が規定している。313条2項の**「賃借人がその建物に備え付けた動産」**の範囲が問題となる。古い判例（大判大3・7・4民録20-587）には、先取特権の目的となる動産は、その建物の常用に供するためのものに限られず、ある時間継続して存置するために持ち込んだものでもよい（したがって、建物に持ち込まれた金銭、有価証券、懐中時計、宝石類等でもよい）としたものがある。しかし、通説は、当事者の意

思の推測という立法趣旨から、目的となる動産は従物（畳・建具など）よりは広いが、建物の利用に関連して常置されたもの（一切の家具調度・機械器具・営業用什器など）に限るとしている。通説の理解が妥当である。

賃借権の譲渡または転貸があった場合、先取特権は賃借権の譲受人または転借人の動産等にも及ぶほか、譲渡人または転貸人が受けるべき金銭にも及ぶとしているが（314条）、前者については、立法論として批判が多い。

賃借人が他人の動産を備え付けた場合は、賃貸人に即時取得の要件が備われば、先取特権が他人の動産の上にも成立する（319条）。なお、319条の規定は、旅館宿泊先取特権および運輸先取特権にも適用される。

(b)動産保存先取特権（311条4号・320条）　動産の保存のために要した費用または動産に関する権利の保存、承認もしくは実行のために要した費用に関して、その動産について動産保存先取特権が認められる（320条）。**公平の理念**に基づく。保存の費用とは、動産を修理するなど物質的に保存するのに要した費用のことである。動産に関する権利の保存とは、債務者の動産が第三者に盗まれそうになっているのを阻止したり、第三者に時効取得されそうになっているのを阻止（時効の完成猶予・時効の更新）したりすることである。権利の承認とは、債務者所有の動産を占有している第三者に動産が債務者所有であることを訴訟手続などにより承認させることである。権利の実行とは、第三者から債務者所有の動産を債務者に返還させることなどである（我妻Ⅲ・84頁、川井Ⅱ・260頁など）。

(c)動産売買先取特権（311条5号・321条）　動産の売主は、動産の代価およびその利息につき、売買の目的動産の上に動産売買先取特権を有し、売主はこの動産から優先弁済権を受けることができる（321条）。**公平の理念**からこの先取特権は認められる。

動産先取特権の実行としての動産競売手続は、先取特権者の申立てにより執行官が行うが、従来は、動産競売の申立てには、先取特権者である売主が売買の目的物を執行官に提出するか、買主が占有しているときは買主の承諾書を執行官に提出することが必要であったため（民執190条1項1号・2号〔これらの規定は現行法も変わりはない〕）、すでに買主に引き渡された売買の目的物に対する動産売買先取特権の実行は実際には困難であった（売主が転売代金債権へ物上代

位をするのも、ここに一因があった〔☞第4節2〕)。そこで、2003（平15）年担保執行法制改正により、動産売買先取特権者である売主は、動産売買先取特権の存在を証する文書（売買契約書や買主作成の注文書と商品受領書など）を執行裁判所に提出して**動産競売開始許可決定を申し立て**、許可決定の買主（債務者）への送達と売主による許可決定書の謄本の執行官への提出がなされれば、買主の占有下にある売買の目的動産につき動産売買先取特権に基づく動産競売手続が開始されることになった（民執190条1項3号・2項・3項）。

(2)動産先取特権の公示　動産先取特権は、物権ではあるが、債権者による目的動産の占有などの**公示なしに第三者に対抗し得る**のが原則である。債権者が目的動産を占有している場合もあるが（運輸先取特権など）、債務者が目的動産を占有している場合の方が多い（動産売買先取特権ほか大部分の動産先取特権）。そこで、動産先取特権の目的動産が、債務者から第三者に譲渡されて第三者に引き渡された場合には、動産先取特権者はもはやその動産につき先取特権を行使し得ないとしている（333条。☞第4節3）。

3．不動産先取特権の種類と目的物および公示方法

(1)不動産先取特権の種類と目的物　不動産保存、不動産工事、または不動産売買によって生じた債権を有する債権者は、債務者の特定の不動産の上に以下の(a)～(c)の不動産先取特権を有し、その債権の履行がなされないときは、その不動産につき担保不動産競売または担保不動産収益執行を申し立て、その債権の優先弁済を受けることができる（325条～328条）。

　(a)不動産保存先取特権（325条1号・326条）　不動産の保存のために要した費用（建物の大修繕や耐震補強に要した費用など）または不動産に関する権利の保存、承認もしくは実行のために要した費用に関して、その不動産につき不動産保存先取特権が認められる（326条）。**公平の理念**に基づく。不動産保存先取特権の内容は、動産保存先取特権の内容に準ずる（☞2(1)(b)）。未完成建物を完成させるための費用は、不動産保存先取特権ではなく、(b)の不動産工事先取特権の被担保債権となる（大判明43・10・18民録16-699）。

　(b)不動産工事先取特権（325条2号・327条）　不動産の工事の設計、施工または監理をする者が債務者の不動産に関してした工事の費用に関して、その

不動産につき不動産工事先取特権が認められる（327条1項）。例えば、オフィスビル・マンション・1戸建て建物などの建築請負代金債権や団地の造成工事の請負代金債権などが、不動産工事先取特権によって担保される。もっとも不動産工事先取特権の被担保債権は、工事によって生じた現存する**増価額に限定**される（同条2項）。したがって、建物の増築工事をしてなお1棟の建物と認められる場合、費用の弁済が得られない債権者はこの先取特権に基づいて建物全部を競売にかけることができるが、優先弁済を受けることができるのは増価額に限られる（我妻Ⅲ・87頁）。この増価額は、裁判所が選任した鑑定人により評価される（338条2項）。

　(c)不動産売買先取特権（325条3号・328条）　甲不動産の売主Aは、買主Bが弁済期到来にもかかわらず代金を支払わないときは、甲の代価およびその利息につき甲に不動産先取特権を取得する。

(2)不動産先取特権の公示方法　民法は、以上の3つの不動産先取特権のいずれについても、不動産先取特権の効力を保存するためには登記をしなければならないとしている（337条・338条1項・340条。共通の登記事項につき、不登83条）。登記をすべき時期および登記の効力（対抗要件か否か）については、不動産先取特権の種類により違いがある。

　(a)不動産保存先取特権の登記　**i　登記の時期**　この登記は、**保存行為が完了した後直ちに**なされなければならない（337条）。「直ちに」とは、遅滞なくという意味である。もっとも、遅れて登記された場合の取扱いにつき見解が分かれる（☞ ii）。

　ii　不動産保存先取特権の登記の効力　保存行為完了後直ちに登記がなされると、この先取特権は、すでに不動産に設定され登記を備えていた**抵当権や質権**にも優先して、保存費用債権につき配当を受けることができる（339条・361条）。この点では、直ちになされた不動産保存先取特権登記は、対抗要件以上の意味を有する。これは、債権者の不動産保存行為により抵当権者なども利益を受けると考えられるためである。同様に、同じ不動産に不動産工事先取特権や不動産売買先取特権が存在するときも、**不動産保存先取特権が優先**する（331条1項）。

　この登記がなされないと先取特権の効力が発生しないとする**効力要件**説もあ

るが(道垣内・63頁)、この登記は**対抗要件**であり、第三者に対して優先弁済権を主張し得ないだけだとする対抗要件説が多数学説である。対抗要件説によると、この登記がなされない場合、目的不動産につき担保不動産競売の申立てはなし得るが(民執181条1項1号または2号の謄本は必要である)、優先弁済を受け得ず、一般債権者と同じ立場で配当を受けることになる(我妻Ⅲ・98頁、鈴木・321頁など)。

　不動産保存先取特権の登記が**保存行為完了後直ちに**にはなされず、その後その不動産に1番抵当権が設定された後(登記経由)、2番抵当権設定(登記経由)前に不動産保存先取特権の登記がなされたときはどうなるか。効力要件説からすると、先取特権の効力は発生せず、一般債権者の立場でも売却代金からの配当を受けることができないということになるが、対抗要件説によると、1番抵当権には後れるが、2番抵当権よりは優先して被担保債権につき配当を受け得ることになる。遅れたとはいえ登記がなされているのだから、対抗要件説が妥当であろう(鈴木・321頁、安永・483頁注8)など)。

　(b)不動産工事先取特権の登記　ⅰ　登記の時期　この登記は、**工事を始める前にその費用の予算額を登記**しなければならないとされており(338条1項前段。不登85条参照)、また、工事の費用が予算額を超えるときは、先取特権はその超過額については存在しないとされている(338条1項後段)。建物の新築工事の場合には、建物が存在しない時点で、不動産工事先取特権の登記をすることになる(登記手続については、不登86条・87条など参照)。(1)(b)にあげたオフィスビルの建築請負契約が締結された場合を例に見ると、請負人(建設会社)Aとしては、建築工事を始める前に不動産工事先取特権の登記(不登86条参照)の申請に協力するよう注文者Bに請求できるのであるが(共同申請。Aに不動産工事先取特権登記請求権はある)、実際には顧客である注文者Bにこのような協力を求めることは難しい。したがって、この先取特権の利用も少ない。そのため、完成したオフィスビルを注文者Bに引き渡そうとしてもBが請負代金の支払いに応じない場合、Aは、請負代金の確保のために完成したオフィスビルに請負代金債権を被担保債権とする1番抵当権の設定をBに求め、Bがこれに応じれば抵当権設定登記を受けた上でこのビルをBに引き渡すことになろうが、Bが抵当権の設定に応じないときは、請負代金の支払いを受けるまで同時

履行の抗弁権（633条）あるいは留置権（295条1項）により不動産の引渡しを拒むことで請負代金債権の履行を促すことになる。

　ⅱ　**不動産工事先取特権の登記の効力**　この登記が工事を始める前になされていると、先取特権の登記前に登記を経由していた**抵当権や質権に対しても**、不動産工事先取特権は目的不動産の売却代金から**優先**して配当を受けることができる（339条・361条。増築工事などの場合は、不動産工事先取特権の登記より前に元の建物に抵当権が設定され抵当権設定登記が経由されていることがある）。

　この登記が、不動産工事先取特権の効力要件なのか対抗要件なのかについては、不動産保存先取特権の場合と同様の争いがある（大判大6・2・9民録23-244は、工事開始後になされた登記の場合、先取特権は発生しないとしたが、多数学説は、対抗要件と解すべきであるとする）。工事開始後に登記がなされた不動産工事先取特権は、その登記前にすでに登記がされていた抵当権や質権などには優先権を対抗できないが、登記に後れた抵当権等には優先権を対抗し得るとする**対抗要件説**が妥当であろう（鈴木・321頁、安永・484頁など多数。道垣内・64頁は、工事開始後に登記をしても先取特権の効力は発生しないとする）。

　(c)**不動産売買先取特権の登記**　ⅰ　**登記の時期**　この登記は、**売買契約と同時に**、不動産の代価またはその利息の弁済がされていない旨を登記しなければならないとされている（340条）。これによれば、買主Bが代金未払いのまま売主Aから所有権移転登記を受ける場合、同時にAのために不動産売買先取特権の登記がなされる必要がある。

　ⅱ　**不動産売買先取特権の登記の効力**　(a)および(b)の不動産先取特権登記と異なり、売買の目的不動産にすでに抵当権が設定されている場合（登記経由）、不動産売買先取特権登記が売買契約と同時になされてもすでに登記がされていた抵当権に優先するわけではない。したがって、この登記は、通常の**対抗要件**としての登記（177条）であり（我妻Ⅲ・98頁、安永・484頁など）、売買契約に後れてこの先取特権登記がなされたとしても、これを無効とすることなく、それより前に登記を経た抵当権には優先し得ないものとして扱えばよいであろう。

第3節　先取特権の優先順位

　先取特権の目的物につき、他の債権者の先取特権が存在する場合や、他の債権者の質権・抵当権などが存在する場合に、被担保債権の優先弁済を受ける順位はどのようになるか。

1. 先取特権相互の優先順位

　同一の目的物の上に複数の先取特権が成立した場合（例えば、宿泊客の手荷物につき317条の旅館宿泊先取特権と321条の動産売買先取特権とが成立）、両者の優先順位が問題となる。民法は、その債権の保護の必要性の度合を考慮して優先順位を定めている。

(1)一般先取特権相互間　債務者の総財産のうちのいずれか特定の財産について一般先取特権同士の競合が生じ得るが、優先順位は、306条に掲げられた順序による（329条1項。☞第2節冒頭の表）。

(2)一般先取特権と特別先取特権との優劣　特別先取特権の目的物について一般先取特権と特別先取特権とが競合した場合、特別先取特権が一般先取特権に優先する（329条2項本文）。ただし、一般先取特権である**共益費用の先取特権**（306条1号）は例外で、その利益を受けた総債権者に対して優先する（329条2項但書）。

(3)動産先取特権相互間　複数の動産先取特権の目的動産が同一である場合に、動産先取特権同士の競合が生ずる。330条1項によると、動産先取特権を第1順位、第2順位、および第3順位の**3つのグループ**に分け、いずれのグループに属する動産先取特権であるかにより優先順位が決まる（☞第2節冒頭の表）。第1順位のグループには、不動産賃貸、旅館宿泊および運輸の先取特権が、第2順位のグループには、動産保存先取特権が、第3順位のグループには、動産売買、種苗肥料供給、農業労務および工業労務の先取特権が、それぞれ属する（330条1項）。第2順位のグループの動産保存先取特権については、これにつき別々の数人が保存行為をしているときは、後の保存者が前の保存者に優先する（同項後段）。

もっとも、第1順位に属する動産先取特権者が、その債権取得の時において、第2順位または第3順位に属する先取特権が存在することを**知っていたとき**は、これらの者に対して優先権を行使することができない（330条2項前段）。第1順位に属する先取特権者のために**物を保存した者**に対しても、同様に優先権を行使することができない（同条2項後段）。優先権を行使することができないということの意味が問題となるが、同順位になるのではなく、後順位になるとされている（我妻Ⅲ・90頁、高木・52頁など）。

　そこで、例えば、BがA所有の甲建物を賃借し、甲建物にCから買い入れた家具乙を備え付けた場合において、Bが売主Cに家具乙の代金を支払っておらず、またAに家賃3か月分を滞納しているとき（敷金は考慮に入れないで考える）、家具乙の上には、Aが第1順位に属する不動産賃貸先取特権を、またCが第3順位に属する動産売買先取特権を有することになる。しかし、家主AがBに対する賃料債権取得の時に、家具乙につきBが代金未納で動産売買先取特権が存在することを知っていたときは、Cの動産売買先取特権がAの不動産賃貸先取特権に優先することになる。

　なお、果実を目的とする3つの動産先取特権者相互間の優先順位については、330条3項に特別の規定があり、農業労務従事者、種苗肥料供給者、土地賃貸人の順位になる。

(4)不動産先取特権相互間　　同一の不動産について、不動産先取特権が競合する場合には、その優先順位は、**325条各号に掲げる順序**になる（第1順位：不動産保存、第2順位：不動産工事、第3順位：不動産売買〔331条1項〕。☞第2節冒頭の表）。同一の不動産について売買が順次された場合は、売主相互間における不動産売買先取特権の優先権の順位は、売買の前後による（同条2項）。

(5)同一順位の先取特権相互間　　同一の目的物について同一順位の先取特権者が複数存在するときは、各先取特権者は、その債権額の割合に応じて優先弁済を受ける（332条）。

2．先取特権と他の担保物権の優劣

　同一の物について先取特権と他の担保物権とが競合するときの目的不動産の配当における優先順位は次のようになる。

(1)**質権との優劣** (a)**動産質権と先取特権（一般先取特権または動産先取特権）との競合**　動産質権は、330条1項に掲げた第1順位のグループの動産の先取特権と同順位になる（334条）。一般先取特権は、動産質権、動産先取特権に劣後するが（329条2項本文）、一般先取特権である**共益費用の先取特権**（306条1号）は例外で、その利益を受けた総債権者に対して優先する（329条2項但書）。

(b)**不動産質権と一般先取特権または不動産先取特権との優劣**　不動産質権には抵当権の規定が準用されるから（361条）、次の(2)と同様になる。

(2)**抵当権との優劣**　(a)**不動産保存・不動産工事先取特権と抵当権**　先取特権につき337条または338条の要件を備えた登記がされていれば、先に登記された抵当権にも先取特権が優先する（339条）。これらの不動産先取特権者の行為は、抵当権者にも利益を与えているからである（国税の滞納処分の場合も、法定納期限後にこれらの不動産先取特権が発生し登記が備えられたときは、先取特権が国税債権に優先する〔税徴19条〕）。

(b)**不動産売買先取特権と抵当権**　不動産売買先取特権については339条のような規定がない。そこで、抵当権との優劣は登記の前後によって定まると解される。例えば、Cの抵当権（登記経由）の負担のある甲不動産を所有者AがBに売買し、代金未払いのためAのために不動産売買先取特権の登記をしたときは、甲不動産の競売において、換価代金は抵当権者C、次いで売主である不動産売買先取特権者Aに配当される。

(c)**一般先取特権と抵当権（質権も同様）**　ⅰ　**抵当権も一般先取特権も未登記のとき**　未登記抵当権は、対抗力がないので優先弁済権が認められないが、一般先取特権は、未登記でも優先弁済権が認められるので（336条本文）、未登記抵当権に優先する。

ⅱ　**抵当権に登記があり一般先取特権が未登記であるとき**　これが通常見られるケースであり、抵当権が優先する（336条但書）。

ⅲ　**両者に登記があるとき**　登記の前後によって優先順位が決まる。もっとも、一般先取特権につき登記がなされることは、ほとんどない。

(3)**譲渡担保権との優劣**　これについては、第三取得者との関係についての項で述べる（☞第4節3(1)(b)・(2)）。

第4節　先取特権の効力

1. 優先弁済権

　先取特権が認められる債権につき、弁済期到来後も弁済がなされないときは、先取特権者は、目的物につき民事執行法の定める方法に従い優先弁済権を行使し得る（303条）。304条は、先取特権者の物上代位の方法による優先弁済について規定しているので、これについては、次の2で述べる。

(1)目的物が不動産である場合　(a)担保不動産競売または担保不動産収益執行による優先弁済　　不動産先取特権者および一般先取特権者は、債務者の不動産に対して、民事執行法180条・181条により先取特権を実行し、担保不動産競売または担保不動産収益執行の方法で、被担保債権の優先弁済を受けることができる。これらの先取特権者が登記を備えているときは、先取特権の登記に関する登記事項証明書を執行裁判所に提出することにより（民執181条1項3号）、容易に競売開始決定または収益執行開始決定を受けることができる（強制執行ではないので、債務名義〔民執22条〕を必要としない）。一般先取特権者の場合は、一般に登記を備えていないし、保護の必要性も高いので、一般先取特権の存在を証する文書（雇用関係の先取特権であれば、雇用契約書や最近の給料の明細書など）を提出すれば、競売開始決定または収益執行開始決定がなされる（民執181条1項4号）。目的不動産につき他の債権者の申立てによる競売手続において、登記を備えた先取特権者は、優先順位に従い被担保債権の優先弁済を受けることができ（民執87条1項4号）、また一般先取特権者は配当要求をすることによって、優先順位に従い被担保債権の優先弁済を受けることができる（民執51条・87条1項2号）。

　不動産先取特権者が登記を備えていない場合は、先取特権は認められないとする考え方からすれば、競売などの申立てもなし得ないが、第三者に対抗し得ないだけであるとする考え方からすれば、民事執行法181条1項1号または2号の文書を執行裁判所に提出できれば（これは実際には困難であるが）、競売開始決定または収益執行開始決定がなされる（被担保債権につき一般債権者の立場

で配当を受ける）。

担保不動産競売および担保不動産収益執行の手続については、☞第1章第5節2および第11節2参照。

(b)一般先取特権者の優先弁済権行使方法についての制約　なお、一般先取特権者の場合には、被担保債権につき履行遅滞があったとき、債務者のいずれの不動産に対しても自由に先取特権の実行をなし得るとは限らない。すなわち、一般先取特権者は、債務者の総財産から優先弁済を受けることができるが、**他の債権者や債務者の保護**のために、**優先弁済を受けることのできる財産の順序が定められている**のである。335条によると次のような扱いになる。

すなわち、一般先取特権者は、まず**不動産以外の財産**（つまり動産または債権その他の財産権）につき一般先取特権を行使して優先弁済を受け、なお弁済を受けられない債権について初めて不動産に対して一般先取特権の実行をなし得る（335条1項）。一般先取特権者が、不動産に対して権利を行使し得る場合も、まず、**特別担保**（抵当権・質権・不動産先取特権・仮登記担保など）**の目的となっていない不動産**につき一般先取特権の行使をし、これによりなお優先弁済を受けられないときに、特別担保の目的となっている不動産につき一般先取特権の行使をなし得る（同条2項）。335条1項・2項の規定に従わないでなされる一般先取特権の行使に対しては、債務者または抵当権者などは、不服を申し立て、手続を取り消させることができる。これは、一般先取特権の被担保債権額が少額である場合にも、一般先取特権者が、債務者に不動産以外の財産があるにもかかわらず、最初から債務者の不動産につき競売の申立てをなし得るとすると、重要な財産である不動産を競売により失い債務者が不利益を被ることが考えられるし、抵当権など特別担保の目的不動産につき先に一般先取特権者が競売の申立てをなし得るとすると、一般先取特権者が抵当権者などに優先するときは、抵当権者などが被担保債権につき十分な弁済を受けられないことが生じ得るからである。もっとも、不動産以外の財産の代価に先立って不動産の代価が配当され、または他の不動産の代価に先立って特別担保の目的不動産の代価が配当される場合には、一般先取特権者は、債務者の他の財産の存在を考慮する必要はなく、これらの手続において優先順位に従って（一般先取特権の登記がなされているときは、当然に〔民執87条1項4号〕、登記がなされていないときは、

配当要求をすることによって〔同項2号〕配当を受けることができる（335条4項）。これは、この場合には、同条1項や2項の立法趣旨が妥当せず、また、これを認めないと、一般先取特権者が優先弁済を受ける機会を失する危険があるからである。

《展開》**335条3項の規定の理解**　これに対して、335条3項の規定の理解は、かなり困難である。これは、本条が、そもそも一般先取特権は登記なしにすべての者に優先するとするフランス民法にならって規定されたからである（梅Ⅱ・413頁）。すなわち、同条3項は、「一般の先取特権者は、前二項の規定に従って配当に加入することを怠ったときは、その配当加入をしたならば弁済を受けることができた額については、登記をした第三者に対してその先取特権を行使することができない。」とする。登記をした第三者とは、抵当権者などの特別担保権者や第三取得者をいう（梅Ⅱ・413頁、我妻Ⅲ・96頁）。

　ところで、一般先取特権の登記がなされていないとき、または一般先取特権の登記が抵当権者など第三者の登記に後れるときは、一般先取特権者は、そもそもこれらの第三者に優先弁済権を対抗できないのであるから、335条3項の規定を必要としない。したがって、わが国で同条3項の規定を必要とするのは、抵当権者などの**特別担保権者や第三取得者が目的不動産につき登記を備えるより前に、一般先取特権者が登記を備えた場合**である。この場合には、登記を備えた一般先取特権者は、本来であれば、その後に登記を備えた抵当権者や第三取得者に一般先取特権を対抗でき、優先弁済を受けることができるのであるが、同条3項の存在により、動産または債権その他の財産権、特別担保の目的ではない不動産につき一般先取特権を行使すれば優先弁済を受けることができた額については、これらの第三者に優先弁済権を対抗できないことになる。もっとも、一般先取特権が債務者の不動産につき登記されること、しかも抵当権などの登記に先立って登記されることは、ほとんどないのであるから、335条3項が適用されることは**実際には希有**であるといえる（梅Ⅱ・413頁、我妻Ⅲ・96頁）。なお、同項は、「配当に加入することを怠ったとき」とするが、他の債権者が、不動産以外の財産につき、強制執行や担保権の実行をしても、一般先取特権者はそのことを知り得ないから、それらの手続に一般先取特権者が配当要求（民執133条・192条・154条・193条2項）をしなくても、「配当に加入することを怠った」とはいえないこと、および、335条4項は、他の債権者が行う担保権の実行手続や強制執行の手続に、一般先取特権者が配当要求をして優先弁済を受ける場合には、同条1項・2項の規定に従うことを要しないとしていることから、同条3項の「配当加入」は、「配当要求」の趣旨ではなく、一般債権者が自ら行う「一般先取特権の行使」（具体的には、一般先取特権に基づく競売の申立て）の趣旨と解すべきものと考える。

(2)目的物が動産である場合　一般先取特権者および動産先取特権者は、執行官に対して、目的動産、動産占有者の差押承諾書、または民事執行法190条2

項の裁判所の動産競売開始許可決定書の謄本のいずれかを提出することにより（民執190条。強制執行ではないので債務名義は不要）、**動産競売手続の開始**を受けることができ、目的動産の換価代金からこれらの先取特権者は優先順位に従い弁済を受ける。先取特権の目的動産につき他の債権者の申し立てた競売の手続が開始されたとき、これらの先取特権者は、民事執行法の定める手続に従い先取特権の存在を証する文書を提出し、配当要求の方法で優先弁済を受けることもできる（配当要求につき民執133条・140条）。

(3)目的物が債権その他の財産権である場合　この場合は、一般先取特権者が執行裁判所に一般先取特権の「存在を証する文書」を提出することによって手続が開始され（民執193条1項前段。強制執行ではないので債務名義は不要）、ほぼ強制執行に準じた手続により、被担保債権の優先弁済を受ける（同条2項）。

2．物上代位

(1)先取特権に基づく物上代位の意義　物上代位とは、担保物権の目的物の売却、賃貸、滅失または損傷によって債務者が受けるべき金銭その他の物、あるいは目的物の上に設定した物権の対価に対しても、担保権者が優先弁済権を及ぼすことができることであるが、304条は、先取特権に基づく物上代位を認める。

(2)物上代位の認められる先取特権とその目的物　**(a)物上代位の認められる先取特権**　一般先取特権の場合は、債務者の総財産を目的とするものだから、物上代位の問題は生じない。なぜなら、例えば第三者Cが債務者Bの総財産の一部を滅失させ、BがCに対して不法行為に基づく損害賠償請求権を取得したとき、この請求権もBの総財産の一部を構成することになるので、Bに対する一般先取特権者Aは、先取特権の実行としてこの請求権を差し押さえればよいからである。したがって、動産先取特権および不動産先取特権の場合に、物上代位が問題となる。

　(b)先取特権に基づく物上代位の目的物　304条は、先取特権に基づく物上代位の目的物として、前記の(1)に記載したものをあげている。

　　i　**不動産先取特権の場合**　不動産先取特権の場合は、登記がなされると追及力があり、目的不動産が第三者に譲渡されてもなお先取特権を行使し得る

から、売買代金債権への物上代位は、抵当権の場合と同様、重要ではない。しかし、不動産先取特権の目的建物が滅失または損傷して、債務者が第三者に対して損害賠償請求権を取得したときや火災保険会社に対して保険金請求権を取得したときには、抵当権の場合と同様、物上代位は意味がある。

　ⅱ **動産先取特権の場合**　動産先取特権の場合は、債務者が動産先取特権の**目的動産を第三取得者に引き渡した**ときは、もはや動産先取特権を行使し得ないので（333条。追及効がない。☞3(1)(a))、債務者が目的動産の第三取得者に対して取得した売買代金債権への物上代位を動産先取特権者に認める（304条参照）ことには意義がある（鈴木・343頁は、動産売買代金債権担保のためには、所有権留保が用いられるべきであって、動産売買先取特権に基づく転売代金債権への物上代位の効力を強めるべきではないとする）。特に動産売買先取特権に基づく物上代位は、利用が多い。

　請負人Ｂが、請負工事に必要な材料（動産）をＡから買い受けて、注文者Ｃから請け負った工事を完成したが、ＢがＡに材料（動産）の代金を支払わない場合、ＢがＣに対して有する請負代金債権に、Ａが動産売買先取特権に基づき物上代位をなし得るかが問題となる。これにつき判例（最決平10・12・18民集52-9-2024〔百選Ⅰ・81事件〕）は、①請負工事に用いられた動産の売主は、原則として、請負人が注文者に対して有する請負代金債権に対して動産売買先取特権に基づく物上代位権を行使することはできない、しかし、②請負代金全体に占める当該動産の価額の割合や請負契約における請負人の債務の内容等に照らして請負代金債権の全部または一部を当該動産の転売による代金債権と同視するに足りる特段の事情がある場合には、その部分の請負代金債権に対して動産売買先取特権に基づく物上代位権を行使することができる、としている。このケースは、機械の設置工事の請負契約であって、ＢのＣに対する請負代金債権2080万円のうち1740万円がＡのＢに対する機械の売買代金債権に相当するものであったというもので、限りなく動産売買先取特権に基づく物上代位に近いケースであった。

(3)物上代位権の行使手続　例えば、売主Ａが買主Ｂに動産である工作機械甲を500万円で売って引き渡し、次いで、買主Ｂが甲をＣに転売して引き渡し、ＢはＣに対して550万円の転売代金債権を取得したが、弁済期の到来したＡの

Bに対する500万円の代金債権がまだ弁済されていない場合、売主Aは、買主Bの取得した転売代金債権に物上代位して、被担保債権（この例では、代金債権）の優先弁済に充てることができる（304条1項本文）。

この物上代位権の行使手続については、民事執行法193条1項後段および2項に規定されており、債権に対する担保権（債権質権など）の実行手続に準じて行われ、手続の大部分について債権執行の規定が準用されている（☞第1章第10節2(2)・3）。以下、利用の最も多い動産売買先取特権に基づく物上代位権の行使手続につき説明する。

売主Aは、執行裁判所に「担保権の存在を証する文書」を提出して（債務名義ではない）、BのCに対する550万円の転売代金債権につき差押命令を申し立てることになるが（民執193条1項後段・2項・143条）、動産売買先取特権に基づく物上代位の場合は、債権者Aと債務者Bとの間の工作機械甲の売買と、債務者Bから第三債務者Cへの甲の転売を、文書によって証明することが必要となる（AB間の売買については、甲についてのAB間の売買契約書や買主Bの甲の注文書と甲の受取書など、BC間の売買についても同様の文書）。もっとも、下級審裁判例には、この文書は、複数の文書を総合して自由心証によって担保権の存在が認定できる文書で足りるとし、また、現在の商品取引社会においては、売買契約書、注文書などの書面を省略して売買契約をする商品取引が多く存在し、また、債務者Bは、物上代位権の行使としての差押命令等に対して執行抗告をすることができることなどからすれば、債務者Bが作成に関与した文書の提出を常に要求することは債権者Aにとって酷にすぎ、かつ取引の実情にもそぐわない、とするものが見られる（名古屋高決昭62・6・23判時1244-89）。妥当な判断といえよう。

(4) 304条1項但書の差押えの趣旨　304条1項但書は、「先取特権者は、その払渡し又は引渡しの前に差押えをしなければならない。」とする。抵当権に基づく物上代位の場合と同様、先取特権に基づく物上代位の場合にも、この**304条1項但書の差押えの趣旨**が問題となる。なお、この差押えは、(3)の物上代位の行使手続においてなされる執行裁判所の差押命令（民執193条2項・143条・145条）を指すものと現在では考えられている（ただし、☞第1章第10節4「《展開》民法304条1項但書の差押えと民事執行法193条の差押えとの関係」）。

304条1項但書の差押えの趣旨については、ここでも、①第三債務者保護説、②特定性維持説、③優先権保全説などの対立がある（これらの説については、☞第1章第10節4(2)）。

(a)動産先取特権に基づく物上代位の場合　例えば、(3)の例と同様、売主Aが買主Bに動産である工作機械甲を500万円で売って引き渡し、次いで、買主Bが甲をCに転売して引き渡し、BはCに対して550万円の転売代金債権を取得したが、弁済期の到来したAのBに対する500万円の代金債権がまだ弁済されていないとする。以下の〔ケースⅠ〕〜〔ケースⅣ〕において、なお売主Aは、動産売買先取特権に基づく物上代位により買主Bの転得者C（Aから見ると、Bが債務者、Cは第三債務者）に対する転売代金債権を差し押さえて、Cから500万円の代金債権の優先弁済を受けられるかが問題となる。なお、以下の〔ケースⅠ〕〜〔ケースⅣ〕において、売主Aによる**物上代位に基づく転売代金債権の差押え前に**、Dが転得者（第三債務者）Cより転売代金債権の支払いを受けてしまった場合には、売主Aはもはや転売代金債権に物上代位できないことについては、304条1項但書の規定の存在により異論がない。そこで、解釈論としては、差押え、債権譲渡、転付命令、または質権設定を、304条1項但書の「払渡し又は引渡し」と同様に扱うべきかということになる。

〔**ケースⅠ──債権差押えと物上代位による差押え**〕　物上代位の目的債権（転売代金債権）につき買主Bの一般債権者Dが差押え（または仮差押え）をしただけで（強制執行による差押え〔民執143条〜145条参照〕または強制執行の保全手続としての仮差押え〔民保50条〕）、まだ第三債務者Cが差押債権者Dに代金の支払いをしていないケースである（なお、差押命令がBに送達された日から1週間が経過すると、民執155条により差押債権者DはCに対する取立権を取得する）。

〔**ケースⅡ──債権譲渡と物上代位による差押え**〕　物上代位の目的債権（転売代金債権）につき買主Bから第三者Dが債権譲渡を受け、第三債務者Cその他の第三者に対する対抗要件（確定日付のある証書による第三債務者への債権譲渡通知または第三債務者の承諾による〔467条1項・2項〕）を備えたが、まだ第三債務者Cが債権譲受人Dに転売代金債権の支払いをしていないケースである。

〔ケースⅡ——債権譲渡と物上代位による差押え〕

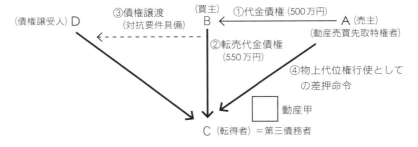

〔ケースⅢ——転付命令と物上代位による差押え〕　物上代位の目的債権（転売代金債権）につき買主Bの一般債権者Dが転付命令を受け、転付命令がBおよび第三債務者Cに送達され、転付命令は確定したが（民執159条・160条参照）、まだ第三債務者Cが転付債権者Dに転売代金債権の支払いをしていないケースである。

〔ケースⅣ——債権質権設定と物上代位による差押え〕　物上代位の目的債権（転売代金債権）につき買主Bの債権者Dが質権の設定を受け、第三債務者Cその他の第三者に対する対抗要件を備えたが（364条により上記の債権譲渡の対抗要件についての467条1項・2項に準ずる）、まだ第三債務者Cが質権者Dに支払いをしていないケースである。

　抵当権に基づく物上代位における304条1項但書の差押えの趣旨について判例は、先に述べた通り、優先権保全説から突如として第三債務者保護説に転換したのであるが（前掲最判平10・1・30〔百選Ⅰ・88事件〕。☞第1章第10節4⑶））、**動産売買先取特権に基づく転売債権への物上代位**における304条1項但書の差押えの趣旨については、判例は、抵当権に基づく物上代位についての前掲最判平10・1・30登場の前も後も一貫して**優先権保全説**に立っている。

　判例は、抵当権に基づく物上代位については、抵当権設定登記により物上代位の目的債権について抵当権者が優先権を有することは公示されているから、〔ケースⅠ〕についてだけではなく〔ケースⅡ〕についても、抵当権者はなお物上代位することができるのであり、304条1項但書の差押えの趣旨は、二重

弁済を強いられる危険から第三債務者を保護する点にあるとしたのである（詳しくは、☞第1章第10節4(3)(4)）。

　これに対して、動産売買先取特権に基づく物上代位については、判例は、この差押えは、物上代位の**目的債権の特定性の維持**、および、**第三債務者のみならず、物上代位の目的債権の譲受人や転付債権者の利益を保護**する趣旨を含むとしているのである。すなわち、前掲最判昭60・7・19民集39-5-1326（百選Ⅰ・79事件。前掲最判昭59・2・2民集38-3-431も同旨）は、この差押えの趣旨につき、①先取特権者がした304条1項但書の差押えによって、第三債務者に対する債務者への弁済の禁止と債務者に対する債権の取立て、譲渡その他の処分の禁止の効力が生じ（民執145条1項参照）、物上代位の**目的債権の特定性が保持**され、これにより**物上代位権の効力が保全**されること、他面、②この差押えは、**目的債権の弁済をした第三債務者または目的債権を譲り受けもしくは目的債権につき転付命令を得た第三者等が不測の損害を被ることを防止**しようとすることにある、として**優先権保全説**に立つことを明らかにしている（安永・489頁、276頁は、これらの判例を特定性維持説に位置付けるようであるが、この判例は、差押えの趣旨として第三者の不測の損害の防止もあげていることから、優先権保全説に位置付けるべきであろう）。

　さらに、抵当権に基づく物上代位における差押えの趣旨につき判例が第三債務者保護説に立った後に現れた前掲最判平17・2・22は、〔ケースⅡ〕につき、304条1項但書の規定は、**抵当権とは異なり公示方法が存在しない動産売買の先取特権については、物上代位の目的債権の譲受人等の第三者の利益を保護する趣旨を含む**ものというべきであるとして、**優先権保全説**に立つことを確認し、したがって、動産売買先取特権者は、物上代位の目的債権が譲渡され、第三者に対する対抗要件（467条1項・2項）が備えられた後においては、もはや目的債権を差し押さえて物上代位権を行使することはできないとしたのである。

　結局、先にあげた〔ケースⅠ〕〜〔ケースⅣ〕についての判例の判断は、次のようになる。〔ケースⅠ〕については、前掲最判昭60・7・19がなお動産売買先取特権に基づく物上代位をなし得るとし、〔ケースⅡ〕については、上記のように前掲最判平17・2・22が、もはや物上代位をなし得ないとし、〔ケースⅢ〕については、傍論ではあるが、前掲最判昭59・2・2が、〔ケースⅡ〕

と同様、もはや物上代位をなし得ないとしている。これらの判断については、学説の多くもこれを是認しているものと思われる。なお、〔ケースⅣ〕については、判例は存在しない。優先権保全説からすれば、質権者Ｄが優先弁済を受けることができるということになるのではなかろうか。

このように判例理論は、同じ**304条1項但書の差押えの趣旨**につき、**抵当権に基づく物上代位の場合は、第三債務者保護説**をとり、**動産売買先取特権に基づく物上代位の場合は、優先権保全説**をとるという状況にある。前者については、理論的に多くの問題を抱えていることは前述の通りである（☞第1章第10節4(3)の《展開》第三債務者保護説の問題点」）。

(b)**不動産先取特権に基づく物上代位の場合**　不動産先取特権に基づく物上代位における差押えの趣旨については、物上代位の目的債権に抵当権者が優先権を有することは、抵当権の登記により公示されているという判例の考え方からすると、不動産先取特権の登記により物上代位の目的債権に不動産先取特権者が優先権を有することは公示されていることを理由として、**第三債務者保護説**がとられることになろう。例えば、Ｂから甲建物の建築を頼まれた工務店Ａは、不動産工事先取特権保存の登記を済ませてから（338条1項）甲建物を建築し、完成後これをＢへ引き渡したが、Ｂから請負代金の半分の支払いしか受けていないうちにＣの放火により甲建物が焼失し、ＢがＣに対して不法行為に基づく損害賠償金請求権を取得したとする。その後、この損害賠償請求権がＢからＤへ譲渡され債権譲渡につき第三者対抗要件が備えられたが、Ｃがまだ譲受人Ｄに損害賠償請求権の支払いをしていなかったとき、Ａは不動産工事先取特権に基づく物上代位によりなおこの損害賠償請求権を差し押さえて、請負残代金債権の優先弁済を受けることができるか。判例の考え方からすれば、第三債務者保護説がとられ、第三債務者Ｃが支払いをしていない以上、Ａはなお物上代位権を行使し得るということになり、優先権保全説からすれば、Ａはもはや物上代位権を行使し得ないということになろう。

3．第三取得者との関係

(1)動産先取特権の場合　(a)動産の第三取得者との関係　333条は、先取特権は、債務者がその**目的動産を第三取得者**（賃借人や質権者は含まない）**に引き渡**

した後は、その動産についてもはや**先取特権を行使できない**として、動産先取特権には**追及力がない**旨を規定する。動産先取特権は、目的動産上にその存在が公示されていないからである。目的動産が第三取得者に引き渡された場合、動産先取特権は消滅するのか、それとも追及力を失うだけなのかについては見解が分かれるが（後者の考えによると、その後債務者が再び目的動産の所有権および占有を回復したときは、動産先取特権の行使が可能である）、現在では**消滅説**が多数である。

なお、333条の「引渡し」には**占有改定による引渡し（183条）**を含むかも問題となるが、判例（大判大6・7・26民録23-1203）は、これを**肯定**する。通説は、公示のない動産上の先取特権の追及力を制限し、動産取引の安全を図るという本条の趣旨をあげて、この判例を支持している。

(b)動産の譲渡担保権者との関係 後述のように、動産譲渡担保権につき所有権的構成をとり、譲渡担保権者を333条の第三取得者と解すれば、売主Aの有する動産売買先取特権の目的動産につき買主Bが、債権者Cのために譲渡担保権を設定しCが占有改定による引渡しを受けたときは、売主Aはもはや譲渡担保の目的となった動産につき先取特権を主張し得ないということになる（最判昭62・11・10民集41-8-1559〔集合動産譲渡担保に関する判例〕）。これについては、譲渡担保の箇所で検討する（☞第3編第3章第4節2(1)(d)）。

(2)不動産の第三取得者との関係 一般先取特権者が債務者の特定の不動産につき先取特権の登記を経由したとき、または不動産先取特権者が先取特権の目的不動産につき先取特権の登記を経由したときは、その後にその不動産が第三者に譲渡され（譲渡担保権が設定されたときも同様）、所有権移転登記がなされたときも、なお先取特権を行使してその不動産から優先弁済を受けることができる（**追及力がある**）。

4．債務者につき破産等の倒産手続が開始した場合の効力

(1)破産または民事再生手続開始の場合 債務者につき破産手続または民事再生手続が開始したときは、**一般先取特権**は、破産手続においては優先的破産債権となり（破98条。破産債権には優先する）、民事再生手続においては一般優先債権となる（民再122条1項・2項。再生手続によらないで随時弁済される）。**特別**

の先取特権者（不動産先取特権者・動産先取特権者）は、**別除権者**となり（破2条9項・10項）、破産手続や民事再生手続によらないで、先取特権の実行ができる（破65条1項、民再53条）。**特別先取特権に基づく物上代位権の行使手続**も同様であり、破産手続や民事再生手続によって妨げられず、物上代位権者は物上代位により被担保債権の優先弁済を受けることができる（前掲最判昭59・2・2）。

(2)会社更生手続開始の場合　債務者につき会社更生手続が開始したときは、特別の先取特権（不動産先取特権・動産先取特権）の被担保債権は更生担保権となり（会更2条10項）、また一般先取特権の被担保債権は優先的更生債権となり（会更168条1項2号）、いずれも個別の権利行使は禁止され（会更47条1項・50条1項）、会社更生手続の拘束に服することになる。

第5節　先取特権の消滅

先取特権は、**物権および担保物権一般の消滅原因**によって消滅する。また、動産先取特権は、目的物が**第三取得者に引き渡された**ときには消滅する（333条）。不動産先取特権は、抵当権に関する規定が準用される（341条）から、代価弁済（378条準用）や先取特権消滅請求（379条～386条準用）によっても消滅する。

第4章 留置権

第1節 序　説

1．留置権の意義

　例えば、3年前に購入した大型液晶テレビが故障したので、BがA電気店にテレビを持ち込んでその修理を依頼し（修理代金2万円とする）、テレビの修理が終わった場合、Bが2万円の修理代金の支払いをしないまま所有権に基づきAにテレビの返還を請求しても、AはBが修理代金を支払うまで修理代金債権を被担保債権としてテレビの引渡しを拒む（留置する）ことができる（295条1項本文）。これは、Bが修理代金を支払わないにもかかわらずAはBにテレビを引き渡さなければならないとしたら、Bが修理代金の支払いに応じない以上、Aはわずかの額の修理代金のためにBを相手に修理代金（請負代金）請求訴訟を提起し、2万円の支払いを命じる判決を得（民訴368条以下の少額訴訟や民訴382条以下の支払督促によることは可能）、なおBが任意に2万円を支払わないときは、Bの財産に対して強制執行をしなければならないという大きな負担を負わせられることになる。そこで、このような場合、Bが修理代金を支払うまでAにテレビの引渡しを拒絶する権利（**留置権**）を認めることが**公平**にかなうといえる。

　このように、**他人**（A以外の者）**の物**（前の例でテレビ）**の占有者**（前の例で電気店A）**が、その物に関して生じた債権**（前の例で請負代金債権）**を有するときに、その債権の弁済を受けるまでその物を留置することによって**、債務者（B）に

対して**債権の弁済を間接的に強制することのできる権利**を留置権という（295条1項）。留置権は、**当事者間の公平を図るため法律上当然に**認められるもので、先取特権と同様、**法定担保物権**である（留置権制度の歴史的な展開過程について、清水元『留置権概念の再構成』8頁以下〔一粒社・1998年〕）。

2. 留置権と同時履行の抗弁権との異同および競合的発生の有無

前記の例において、295条によれば、電気店Aは、修理したテレビにつきBが修理代金を支払うまで留置権を行使し、引渡しを拒むことができるように考えられる。他方、Aによるテレビの修理は、AB間のテレビの修理についての**請負契約**（632条）に基づいてなされたものであるから、テレビの引渡しと修理代金の支払いとは同時履行の関係に立つといえる（633条本文。大判大5・11・27民録22-2120）。このように、請負契約や売買契約に基づいて物の引渡しの義務を負う者（A）が、相手方（B）に対して請負代金債権や売買代金債権などを有する場合、この者に代金支払いと物の引渡しとの**同時履行の抗弁権**および代金支払いを受けるまでの**留置権**の双方が成立するように考えられるが、両者の競合的発生を認めるべきかが問題となる。そこで、まず同時履行の抗弁権と留置権との異同、次いで両者の競合的発生の有無につき検討する。

(1)同時履行の抗弁権と留置権との異同　　同時履行の抗弁権（533条）も、留置権と同様、**公平の原則**から認められるものであるが（通説）、留置権は、同時履行の抗弁権と次の点で違いがある。

　(a)**発生原因を問わない**　　留置権はその発生原因を問うことがない（例えば、ラジコン飛行機が家の窓ガラスを破り飛び込んできたとき、その家の所有者は、窓ガラスの修理代金の支払い〔不法行為に基づく損害賠償請求権〕を受けるまで、ラジコン飛行機の返還を拒むことができる）のに対して、**同時履行の抗弁権**は、債権契約である双務契約（売買契約や請負契約など）から生じた対価的な給付義務の間で問題となる（533条）。もっとも、明文上（546条等）あるいは解釈論上（契約の無効や取消しによる原状回復義務〔給付不当利得返還義務〕相互間など。最判昭47・9・7民集26-7-1327）、同時履行の抗弁権の生ずる範囲は、それよりもやや広くなっている。

　(b)**物の引渡しを拒絶し得る権利**　　留置権は、物に関して生じた債権（売買

代金債権・請負代金債権・不法行為に基づく損害賠償請求権など）が弁済されるまでその物の引渡しを拒絶し得る権利である。他方、**同時履行の抗弁権**は、一方の債務が履行されるまで他方の債務の履行を拒絶し得る抗弁権であり、物の引渡しの履行に限定されない（不動産買主の代金支払義務と売主の所有権移転登記義務の同時履行〔大判大7・8・14民録24-1650〕など）。

　(c)**物権としての効力**　　留置権は、物権であるから、誰に対しても（留置権の目的物の譲受人など）これを行使できるが、同時履行の抗弁権は、契約の相手方に対してのみ行使することができる。

　なお、修繕を依頼したBがテレビの引渡しを求めて電気店Aに対して訴訟を提起し、Aに修理代金の支払いとの同時履行の抗弁権が認められる場合も、修理代金債権を被担保債権とする留置権が認められる場合も、Aがこれらの抗弁権を提出すると**引換給付の判決**がなされる（同時履行の抗弁権につき、大判明44・12・11民録17-772、留置権につき、最判昭33・3・13民集12-3-524。「被告Aは、原告Bに対し、原告Bから2万円の支払いを受けるのと引換えに別紙物件目録記載のテレビを引き渡せ。」）。

(2)同時履行の抗弁権と留置権との競合的発生の有無　　このように留置権と同時履行の抗弁権とには異同があるが、前記のテレビの修理代金債権のように**契約関係から発生する債権**については、留置権と同時履行の抗弁権とが競合的に発生するのか否かにつき見解の対立がある。判例（最判昭47・11・16民集26-9-1619〔百選Ⅰ・79事件〕）・通説（道垣内・15頁、内田Ⅲ・502頁など）は、競合的発生を**肯定**する（**請求権競合説**）。これに対して、契約関係にある両当事者間には同時履行の抗弁権ないしそれに準ずる関係を認め、契約関係にない者との関係でのみ留置権を認めるべきである（例えば、飛びこんできたラジコン飛行機で窓ガラスを割られた者が損害賠償を受けるまでラジコン飛行機の返還を拒絶するような場合や、A所有の甲土地を買い受け、代金未払いのまま甲につき所有権移転登記を備えた買主Bから甲を譲り受けたCのAに対する甲土地引渡請求に対して、売主Aが代金の支払いを受けるまで甲の引渡しを拒絶する場合など）とする説（**法条競合説＝請求権非競合説**）も存在する（鈴木・420頁など）。

　しかし、1の冒頭にあげたケースのように、請負契約のような双務契約の当事者間でも、注文者Bが所有権に基づきテレビの返還を請求してきた場合、電

気店Aには留置権を認めざるを得ないこと、また、留置権の妥当する領域と同時履行の抗弁権の妥当する領域を厳格に分けることは必ずしも容易ではないことなどから、判例を支持する説が多い（高木・21頁、内田Ⅲ・502頁など）。

3．留置権の性質

　留置権には、担保物権として**付従性**（物と牽連性のある債権の発生により留置権は成立し、債権の消滅により消滅する）、**随伴性**（被担保債権の譲渡とともに目的物の占有が債権譲受人に移転したときは、留置権も移転する）、**不可分性**（296条。最判平3・7・16民集45-6-1101）が認められるが、留置権は、優先弁済的効力を有せず、物の交換価値を把握するものではないから、**物上代位性は認められない**。

4．民事留置権と商事留置権

　民法上の留置権を**民事留置権**、商法または会社法上の留置権を**商事留置権**という。民事留置権と商法521条の商事留置権とを比較すると、商事留置権においては、債権と物との「牽連性」（「その物に関して生じた債権」〔民295条〕。☞第2節2）は要求されていないが、その反面、債務者所有の物についてのみ留置権が成立する。

　債務者についての**破産手続開始**の時において破産財団に属する財産につき存する民事留置権は、債務者につき破産手続開始決定がなされると破産財団に対して効力を失うが（破66条3項）、商事留置権は、特別の先取特権とみなされる（別除権。破66条1項・2項・65条。もっとも、最判平10・7・14民集52-5-1261は、手形につき商事留置権を有する者は、債務者が破産手続開始決定を受けた後においても、この手形を留置する権能を有し、破産管財人からの手形の返還請求を拒むことができる、とする）。

　債務者について民事再生手続や会社更生手続が開始された場合は、民事留置権は、これらの手続では清算手続が行われないので存続する（山本和彦＝中西正ほか『倒産法概説』〔第2版補訂版〕〔沖野眞已〕119頁〔弘文堂・2015年〕など）。商事留置権は、民事再生手続においては、破産手続におけるのと同様、別除権が認められ（民再53条1項・2項）、会社更生手続においては、被担保債権が更

生担保権になる（会更2条10項・11項）とともに、留置権能もなお認められる。なお、商事留置権については、民事再生手続においては再生債務者等の申立てに基づき、また、会社更生手続においては管財人の申立てに基づき、目的物の価額に相当する金銭を裁判所に納付させ、裁判所は、商事留置権消滅許可決定をすることができる（民再148条、会更104条）。

	民事留置権	商法521条の商事留置権
債権と物との牽連性	あり	なし
留置権の成立する物	他人の物（債務者所有の物に限らない）	債務者所有の物
債務者破産の場合の留置権の効力	効力を失う（破66条3項）	特別の先取特権としての効力（破66条1項・2項）（別除権　破65条）

《展開》**商事留置権による土地の留置**　　次のような事例において、建物建築請負人は債務者所有の土地につき商事留置権を行使し得るか。すなわち、すでにAが抵当権の設定を受けているB所有の甲土地上に、B（商人とする）は、C建設会社に乙ビルの建築を請け負わせ、乙ビルが竣工した。Bが請負代金をCに支払わないので、Cは乙ビルを留置している。甲土地の抵当権者A（債権額5億円）が甲土地につき担保不動産競売を申し立て、Dが甲土地を買い受けた。Dは、BおよびCに対して乙ビル収去甲土地明渡しを請求した。これに対して、Cは、Bに対する請負代金債権（8億円）を被担保債権とする**甲土地の留置権（商事留置権）**を主張することはできるか。

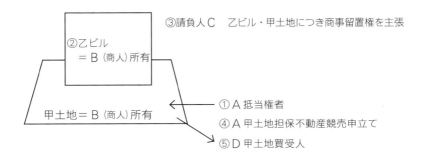

このケースにおいて、請負代金債権（8億円）は乙ビルに関して生じた債権であるから、Cは、295条により乙ビルにつき民事留置権を行使し得るが、甲土地につき民事留置権を行使し得るわけではない。これに対して商法521条は、債権者（C）は、その

債権の弁済を受けるまで、その債務者（B）との間における**商行為（乙ビル建築請負契約）によって自己の占有に属した債務者（B）所有の物**を留置することができるとするから、Cは甲土地について商事留置権を有することになりそうである。そうすると、甲土地買受人Dは、Bの未払いの請負代金（8億円）の支払いと引換えでないと、Cに対して乙ビル収去甲土地明渡しを請求できないことになるから、甲土地の買受申出価額は、甲土地の価額（10億円とする）からBの未払いの請負代金額（8億円）を控除したもの（2億円程度）となり、甲土地の抵当権者A（債権額5億円）は**不測の損害**を被ることになる。

そこで、**商事留置権は土地については認められない**ものとするなどの解釈論が現れている（高木・20頁、浅生重機「建物建築請負人の建物敷地に対する商事留置権の成否」金法1452号16頁以下〔1996年〕など。鈴木・422頁は、立法論としては不動産商事留置権の制度は廃止すべきとする）。近時の下級審裁判例においても、東京高決平22・7・26金法1906-75が、立法の経緯などから商事留置権は動産を対象としたもので不動産には認められないと解すべきであり、仮に不動産についても商事留置権が認められるとしても、建物建築請負契約の実現の際に請負人がたまたま債務者所有の土地を占有したとしても、「商行為によって自己の占有に属した」（商521条）とはいえないとするなど、否定説が多い。もっともこのような考え方をとると、Aが抵当権の設定を受けたのがCの乙ビル建築後であった場合でも、乙ビルの所有権は引渡しまではまだ請負人に帰属しているとする説（大判明37・6・22民録10-861）に立つならば、法定地上権の成立要件（388条）を充たさないから、Aの被担保債権の弁済がなされないためAの申立てにかかる甲土地担保不動産競売における甲土地買受人Dは、BおよびCに対して乙建物収去甲土地明渡しを請求し得ることになる。

そのため、甲土地上の**商事留置権の成立と抵当権設定登記の先後**により優劣を決定すべきではないかとする説も登場した（秦光昭「不動産留置権と抵当権の優劣を決定する基準」金法1437号4頁以下〔1995年〕、生熊長幸「建築請負代金債権による敷地への留置権と抵当権（上）（下）」金法1446号6頁以下、1447号29頁以下〔1996年〕。松岡久和「留置権に関する立法論」別冊NBL69号88頁以下〔2002年〕参照）。

しかし、問題はむしろ更地に抵当権が設定されると、その後その土地に土地所有者が建物を建てても、その建物のためには抵当権に対抗し得る土地利用権が認められないということにあり（388条の法定地上権の不成立。☞第1章第6節2(3)）。更地に抵当権を設定する場合には、土地所有者は**自己借地権**の設定をすることができるとすることにより（**立法的解決**）、抵当権者・土地所有者・建物建築請負人間の利害の調整を図るべきではないかと考える（商事留置権は土地には成立しないとする考えが前提となる）。

第2節　留置権の成立要件

留置権の成立要件としては、①債権者が「他人の物を占有」していること、

②債権と物とに**牽連性**があること、③被担保債権の**弁済期**が到来したこと、④**占有が不法行為によって始まったものではない**こと、が必要となる。

《展開》留置権の成立に関する主張・立証責任　留置権に関する訴訟における主張・立証責任について触れておく。

　第1節1冒頭の例において、仮にBがテレビの修理代金の支払いをしないまま、電気店Aに対してテレビの引渡しを求めて訴訟を提起する場合、Bとしては、所有権に基づく返還請求権の行使として、そのテレビがB所有であること、およびそのテレビをAが占有していることを主張・立証することになり（司法研修所編『改訂紛争類型別の要件事実』109頁〔法曹会・2006年〕）、これに対してAは、何の主張もしないでいるとBの主張通り無条件でテレビを引き渡さなければならなくなるから、テレビについての留置権の成立を主張（抗弁）することになる。

　Aがこの留置権を主張する場合、留置権の成立要件の前記①に関しては、Aがテレビを占有していることはBがすでに主張・立証しているので、留置権の成立要件の前記②に関して、AがBに対して2万円の修理代金債権を有していることと、修理代金債権とテレビとの間に牽連性があることを主張・立証すれば足りる。留置権の成立要件の前記③に関しては、修理代金支払義務とテレビ引渡義務は、通常同時履行だから、修理代金後払いの約定があるときは、Bの側からそのことを主張・立証し（再抗弁）、留置権の抗弁を喪失させることになる。

　また、留置権の成立要件の前記④については、占有が不法行為により始まったものであるときは、Bの側が主張・立証（再抗弁）することになる。上記の例では、Aは修理のために適法に占有しており、この点は問題にならない。

1. 債権者が他人の物を占有していること

　第1の要件は、債権者が他人の物を占有していることである。留置権の目的物は、債権者以外の他人の物であればよいから（295条1項）、債務者Bの所有物である必要はない（商事留置権との違い）。したがって、第1節1の冒頭のテレビの修理のケースで、Bが友人Cから借りていたテレビを修理に出し、CのテレビをAが占有している場合であったとしても、そのテレビはBに対する修理代金債権を被担保債権とする留置権の目的物となるから、テレビの所有者である友人Cが**所有権に基づいて返還を請求**してきたときも、AはCのテレビにつき留置権を行使し得る。

　債権者Aの占有は、直接の占有には限らず、**占有代理人Dによる占有**であっても、債権者Aに間接占有が認められるから留置権は認められる。例えば、売

買の目的物甲を売主Aが友人Dに預けており、買主Bが代金を支払わないままAまたはDに引渡しを求めても、Dはもちろんのこと、Aも甲につき間接占有を有しているから、留置権に基づいて甲の引渡しを拒むことができる。

2. 債権と物とに牽連性があること

第2の要件は、他人の物の占有者が「その物に関して生じた債権」を有することである（295条1項本文）。これを**債権と物との牽連性**という。しかし、「その物に関して生じた債権」とは、非常に漠然とした概念であるから、いかなる債権がそれにあたるかは一目瞭然ではない。学説の多数は、債権と物との間に牽連性が認められる場合の具体的な例につき、以下に見るように、(1)**債権が物自体から生じた場合**と、(2)**債権が物の返還（引渡し）請求権と同一の法律関係または同一の生活関係（あるいは事実関係）から生じた場合**とに分けて、整理している。

(1)債権が物自体から生じた場合　　賃借物の瑕疵により賃借人に発生した損害賠償請求権や、賃貸不動産につき賃借人が支払った必要費（608条1項）や有益費（同条2項。有益費につき期限の許与がなされたときは、留置権は認められない）の償還請求権（必要費につき大判昭14・4・28民集18-484、有益費につき大判昭10・5・13民集14-876）などがこれにあたる。

(2)債権が物の返還請求権と同一の法律関係または同一の生活関係から生じた場合　**(a)同一の法律関係から生じた場合**

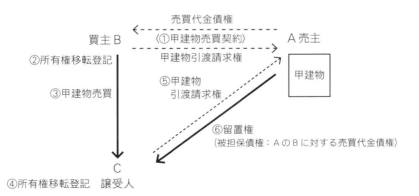

債権が物の返還（引渡し）請求権と同一の法律関係から生じた場合の例として、売買契約から生じた売買代金債権と売買の目的物の引渡請求権（前掲最判昭47・11・16は、前の図のように、物とその物の代金債権との間に牽連性を認め、不動産甲の買主Bが代金未払いのままその不動産を第三者Cに転売したときには、売主Aは、転得者Cからの引渡請求に対して、未払代金債権を被担保債権として不動産甲につき留置権を行使できるとする）、請負契約から生じたテレビの修理代金債権とテレビの返還請求権（☞第1節1の例）、仮登記担保権の実行における清算金請求権と目的不動産の引渡請求権（後掲最判昭58・3・31民集37-2-152。☞第3編第2章第4節6(2)(b)。譲渡担保につき後掲最判平9・4・11裁判集民事183-241。☞第3編第3章第5節5）、売買契約の取消しという同一の法律関係から生じた買主の代金返還請求権と売主の目的物返還請求権などがある。これらはいずれも売買や仮登記担保設定の**当事者間**では、一般に**同時履行の抗弁権**を主張し得るケースであるが、売買や仮登記担保などの目的不動産が、債務者B（代金債務者や清算金支払い義務者など）から第三者Cに譲渡され（所有権移転登記具備）、第三者Cが売主Aや仮登記担保権設定者Aなどに、目的不動産の引渡しを求めてきたときに、Aに留置権が認められることには意義がある。

　判例は、**建物買取請求権**（借地借家13条・14条）の行使による建物代金債権の場合には、建物との牽連性を認めて建物につき留置権を認めるけれども、敷地については留置権は認めないが、建物留置権に基づき建物の引渡しを拒絶して**建物を占有する必要上**、敷地を占有することは**違法とはいえない**とする（大判昭14・8・24民集18-877。もっとも土地の賃料相当額の不当利得返還義務を負うとする。この部分につき、同旨：最判昭35・9・20民集14-11-2227）。もっとも、敷地の占有は敷地の留置権に基づくものではないから、第三者には対抗できないことになりそうである（☞第1節4の「《展開》商事留置権による土地の留置」）。造作買取請求権（借地借家33条）の行使による**造作代金債権**の場合には、造作に関して生じた債権であり、建物に関して生じた債権ではないとして、**建物との牽連性を否定**し、賃借人は、建物を留置することはできず、建物を明け渡さなければならないとしている（最判昭29・1・14民集8-1-16）。後者については、論理的には造作買取請求権と造作との間にのみ牽連性があるといえるが、造作部分のみを留置することは事実上不可能であり、留置権や造作買取請求権の趣

旨および有益費（608条2項）との均衡などから、通説は建物についても留置権を認めるべきであるとする。

(b)同一の生活関係から生じた場合　債権が相手方の物の返還請求権と同一の生活関係（事実関係）から生じた場合の例として、AとBとが傘を取り違えて持ち帰った場合があげられる。

(c)不動産の二重譲渡における未登記第1譲受人の留置権行使の可否など

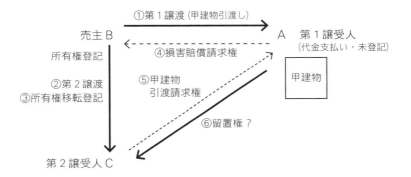

　B所有の甲建物をBがAとCに**二重に譲渡**したケースにおいて、所有権移転登記を経由した第2譲受人Cが、甲建物所有権に基づく返還請求権としての引渡請求権を、甲建物の引渡しを受けたが未登記の第1譲受人Aに対して行使した場合、AはBに対する**履行不能による損害賠償請求権を被担保債権**として甲建物につき留置権を行使し得るかが問題となる（上の図参照）。ここでは、BからCへの甲建物の二重譲渡とCへの所有権移転登記により、AからBへの履行不能による損害賠償請求権が発生し、他方、CからAへの甲建物引渡請求権が発生するので、履行不能による**損害賠償請求権と物（甲建物）との牽連性**が肯定されるように見えるが、これを**否定**するのが通説・判例である（最判昭34・9・3民集13-11-1357〔譲渡担保権者Bが契約に反して目的不動産甲を第三者Cに譲渡（所有権移転登記経由）したケース（Bには、設定者Aに対して甲を返還する債務と、Cに対して甲の所有権を移転する債務があるので、二重譲渡と同様のケースといえる）において、AはBに対する損害賠償請求権を被担保債権としてCからの引渡請求に対し留置権を行使し得ないとした〕、最判昭43・11・21民集22-12-2765、最判昭

51・6・17民集30-6-616。これに対して留置権の成立を認めるべきとする説として、加賀山・202頁以下）。

　未登記の第1譲受人Aに留置権を認めると、対抗関係では第1譲受人Aに対抗できる第2譲受人Cに大きな負担（実質的には二重の代金支払い。二重の売主（B）の多くは無資力のため）を負わせることになるから、通説・判例の結論はもちろん妥当であるが、どのような理由をあげるかにつき議論がある。

　判例の理由はさまざまであり、①このようなケースでは、履行不能による損害賠償請求権と物との間には、牽連性がないとするもの（前掲最判昭34・9・3）、②履行不能を理由とする損害賠償請求権は、物自体を目的とする債権がその態様を変じたものであり、このような債権はその物に関して生じた債権とはいえないとするもの（前掲最判昭43・11・21）、③売主Bは、第1譲受人Aに対して不動産の返還を請求する関係にはなく（BはAに対する売主であるから）、したがって、第1譲受人Aが第2譲受人Cに対する不動産の引渡しを拒絶することによって売主Bが第1譲受人Aに対して負う**損害賠償債務の履行を間接に強制する関係を生じない**とするもの（前掲最判昭51・6・17）が見られた。

　これらのケースの特色は、物の引渡請求権成立と同時に、引渡債務者に債権が成立するのではあるが（第2譲受人Cが甲建物所有権につき対抗要件を備えることにより、未登記第1譲受人Aへの甲建物引渡請求権が認められると同時に、引渡債務者である第1譲受人Aに二重譲渡人Bに対する履行不能による損害賠償請求権が成立する）、その**引渡債務者**（第1譲受人A）**の債権**（履行不能による損害賠償請求権）**成立の時点で、その債権の債務者**（二重譲渡人B）**は、その債権の債権者**（第1譲受人A）**に対して物の引渡請求権**（甲建物引渡請求権）**を有していない**（BはAに甲を譲渡したのであるから）という点にある。このような場合には、第1譲受人Aに第2譲受人Cの甲建物引渡請求権に対する留置権の成立を認めても、二重譲渡人Bに対して損害賠償義務の履行を間接的に強制することにはならない（前記の判例の理由の③と同じ）。結局、留置権は物の引渡拒絶により債務の履行を間接的に強制する制度であるから、留置権の発生が認められるのは、**被担保債権の債務者が、被担保債権成立の時点で、被担保債権の債権者に対してその物の引渡請求権を有している場合に限られる**（被担保債権成立の時点で、被担保債権の債務者と物の引渡請求権者とが同一人である場合）、ということになる（これに

対して、道垣内・24頁、31頁以下は、第1譲受人Aと二重譲渡人Bとの間では、留置権が成立するとする）。したがって、上記のケースにおいては留置権は成立しないことになる（高木・24頁、安永・461頁など）。

同様に、B所有の甲土地の賃借人Aが賃借権につき対抗要件を備えていなかったところ、Bが甲土地をCに売却し、所有権移転登記を備えたCが賃借人Aに対して甲土地の明渡しを請求した場合も、AはBに対する履行不能に基づく損害賠償請求権を被担保債権として、Cに対して**留置権を行使することはできない**（甲土地賃借権の履行不能による損害賠償請求をAがBに対して取得した時点で、BはAに対して甲土地引渡請求権を有していない）。

また、A所有の甲土地につきAB間で売買契約が締結され、Bに所有権移転登記が経由されたが（甲土地はまだBに引き渡されていない）、Bの代金不払いのため債務不履行解除（541条）がなされ、Aに登記が戻されないうちにBが甲土地をCに売却してCへの所有権移転登記が経由され（したがって、CはAに所有権取得を対抗し得る。最判昭35・11・29民集14-13-2869〔百選Ⅰ・56事件〕）、CがAに対して甲土地の引渡しを請求した場合も、Aは、Bに対する甲土地返還請求権履行不能による代償請求権を被担保債権として、Cに対して**留置権を行使することはできない**ことになる（AがBに対して代償請求権を取得した時点で、BはAに対して甲土地引渡請求権を有していない）。このようなケースにつき、判例（最判昭62・7・10金法1180-36）は、前掲最判昭43・11・21を引用し、上記代償請求権は、本件土地に関して生じた債権とはいえないとして、留置権の成立を否定した。

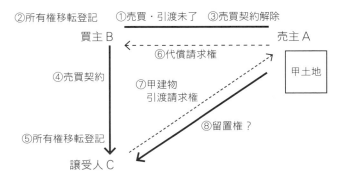

3. 被担保債権の弁済期の到来

第3の要件は、**被担保債権の弁済期の到来**である（295条1項但書）。被担保債権の弁済期到来前には、債務者に対し債務の履行を間接的にせよ強制し得ないから、弁済期が到来した債権についてのみ留置権を行使し得る。先にあげた賃貸借終了の時に賃借人が賃貸人に**有益費償還請求権**を行使する場合、その支払いを受けるまで賃借物につき留置権を行使し得るが、賃貸人の申立てにより裁判所が賃貸人に有益費の支払いについて**相当の期限の許与**をしたとき（608条2項但書参照）は、有益費償還請求権の弁済期が到来していないことになるから、賃借人は留置権を行使し得ない。したがって、賃借人は賃借物を賃貸人に返還し、弁済期到来後、別途有益費償還請求権を行使することになる。

4. 占有が不法行為によって始まったものではないこと

留置権の成立の第4の要件として、**占有が不法行為によって始まったものではないこと**が要求されている（295条2項）。例えば、B所有の甲建物を不法占有した者Aが、台風で飛ばされた屋根の修理に100万円を支出した場合、甲建物を所有者Bに返還するとき、必要費100万円（これは196条1項但書の「通常の必要費」ではない）の償還請求権をBに対して行使し得るが（196条1項）、この必要費償還請求権を被担保債権として甲につき留置権を行使することはできず、甲をBに返還し、別途必要費償還請求権を行使することになる。

問題は、占有開始時には占有権原があったが、**必要費や有益費を投下した時点では結果的には権原を失っていたとき**なども、295条2項を類推適用し、留置権は成立しないと解すべきかである。判例は、**占有権原のないことについて債権者が悪意**である場合（賃料不払いによる建物賃貸借契約解除後に修繕費や有益費を支出した事案〔前者につき大判大10・12・23民録27-2175、後者につき最判昭46・7・16民集25-5-749（百選I・80事件）〕や、代金不払いによる建物売買契約解除後に修繕費や有益費を支出した事案〔最判昭41・3・3民集20-3-386〕）はもちろんのこと、**善意・有過失で有益費を投下した場合**（前掲最判昭51・6・17）にも、**留置権は成立しない**とする。この最判昭51・6・17のケースは、国が自作農創設特別措置法に基づき、農地として買収した上で売り渡した土地を、被売渡人

Bから買い受けその引渡しを受けたAが、土地の被買収者Cから買収・売渡処分の無効を主張され所有権に基づく土地返還訴訟を提起された後、この土地につき有益費を支出したというものである。本判決は、その後この買収・売渡処分が買収計画取消判決の確定により当初に遡って無効とされ、かつ、買主Aが有益費を支出した当時この買収・売渡処分が無効に帰するかもしれないことを疑わなかったことに**過失**がある場合には、買主Aは、**295条2項の類推適用**により、上記有益費償還請求権に基づき土地の留置権を主張することはできないと解するのが相当としたものである。

判例に賛成する説も多いが、**批判的な見解も有力**である（鈴木・427頁、近江Ⅲ・31頁など。民法典の起草者も同様の立場である。梅Ⅱ・75頁）。悪意占有者に有益費償還請求権を認めるが回復者の請求により裁判所が期限を許与する196条2項との関係から、占有開始後悪意となった場合には、196条2項を適用し裁判所の期限許与によって留置権を排除できるが、善意・有過失の場合には留置権を認めるべきだとする見解などがそれである。

この有力説に対して、判例支持説の側からは、196条は費用償還請求権の発生原因のみに関する規定であり、留置権が認められるかどうかは295条によって判断されるべきこと、悪意占有者に有益費につき留置権を認めると、裁判所による期限の許与を得ないと留置権を否定できなくなり不便なこと、善意有過失の占有者も不法占有者と同様に扱ってよいこと、などが主張されている（川井Ⅱ・243頁、道垣内・28頁など）。

事後的に無権原となる態様は、**強度の悪意から軽度の過失までさまざま**であるので、これに一律に295条2項を類推適用するのは問題であり、占有開始後に悪意となった占有者に著しい不信行為があったような場合についてこの規定を類推適用するのが妥当であるが（同旨：我妻Ⅲ・36頁、近江Ⅲ・31頁。近江教授は、不信行為の例として、嫌がらせのために有益費を支出した場合をあげる）、前掲最判昭51・6・17のような善意有過失のケースにおいては、留置権の成立を認めるべきではなかろうか。有力説を支持したい。

第3節 留置権の効力

1. 留置的効力と第三者に対する対抗力

(1)留置的効力　留置権者は、債権の**全部の弁済**を受けるまで、その目的物を留置できる（295条1項）。すなわち目的物の引渡しの拒絶により、間接的に債務の履行を促すことが、留置権の基本的効力である。したがって、宅地造成工事を請け負ったAが、造成工事の完了した土地部分を順次注文者Bに引き渡す形で、宅地造成工事請負代金債権を被担保債権とする留置権の目的物の一部を引き渡した場合においても、Aがこの引渡しに伴い宅地造成工事代金の一部につき留置権による担保を失うことを承認した等の特段の事情がない限り、Aは、宅地造成工事残代金の全額の支払いを受けるに至るまで、留置物の残部であるまだ引き渡していない残余の土地につきその留置権を行使することができる（前掲最判平3・7・16民集45-6-1101）。

(2)留置権の第三者に対する対抗力　留置権は、**物権**であるから、**第三者に対してもその効力を主張できる**（☞第1節2(1)(c)）。留置権を第三者に対抗するためには、留置権者がその物を留置していることで足りる。目的物が不動産であっても、登記は不要である（留置権の登記は認められていない。不登3条参照）。A所有の甲不動産をBが買い受けて所有権移転登記を受け、代金未払いのままこれをCに譲渡して所有権移転登記を経由し、Cが甲をなお占有しているAに引渡しを求めてきても、代金債権を被担保債権としてAはCに留置権を行使し得るのである（前掲最判昭47・11・16民集26-9-1619〔百選Ⅰ・79事件〕）。さらに、Cが甲をDに譲渡し、Dが所有権移転登記を経由してAに甲の引渡しを求めてきても、代金債権を被担保債権としてAはDに留置権を行使し得る。

　留置物に対する第三者の侵害に対して、留置権者が**物権的請求権**を行使し得るかが問題となる。留置権者が留置物の占有を喪失したときは留置権が消滅するから（302条）、物権的返還請求権は行使し得ない。占有が侵奪された場合にあたれば、留置権者は占有回収の訴えによりその物の返還を請求できる。そもそも留置権には占有訴権しか認められず物権的請求権は認められないとする見

解（道垣内・37頁など）もあるが、**留置権者が留置物を占有している場合**には、物権的請求権（妨害排除請求権および妨害予防請求権）が認められると解すべきであろう（同旨：星野Ⅱ・195頁、山野目・239頁など）。

2. 留置物についての留置権者の権利・義務

(1)善管注意義務　留置権者には、留置物の保管につき**善管注意義務**がある（298条1項）。これに違反した場合は、**債務者**は**留置権消滅請求**をなし得る（同条3項）。なお、債務者がその物の所有者ではない場合、**所有者も**留置権消滅請求権を行使し得る（判例〔最判昭40・7・15民集19-5-1275〕・通説）。例えば、賃借人BがCから借りたテレビの修理をAに依頼し、これを預かって修理したAがBに対する修理代金債権を被担保債権としてテレビを留置している場合のCや、B所有のテレビの修理をBがAに依頼し、これを預かって修理したAがBに対する修理代金債権を被担保債権としてテレビを留置しているが、そのテレビがBからCに譲渡された場合などのCも留置権の消滅を請求し得る。

(2)無断使用・賃貸・担保供与の禁止　留置権者は、**債務者の承諾なしに**留置物の使用・賃貸・担保供与をなし得ない（298条2項本文）。債務者が留置物の所有者でないときは、承諾を与えることができるのは、所有者である（道垣内・37頁は、債務者に使用権原があるときは、債務者とする）。これに違反した場合は、債務者および所有者は、留置権消滅請求をなし得る（同条3項）。

　(a)**留置物の保存に必要な使用**　留置権者は、債務者の承諾なしに留置物の使用をなし得ないが、**留置物の保存に必要な使用**はなし得る（298条2項但書）。そこで例えば、借家人は、必要費の償還が得られない場合（608条1項）、賃貸借契約終了後も借家を留置することができるが、借家を引き続き使用することができるかが問題となる。この場合、元借家人は、**借家の保存に必要な使用**として引き続き従来の借家に居住することができる（大判昭10・5・13民集14-876）。もっとも、家屋の使用によって得られた利益（家賃相当額）は**不当利得**となり、所有者にそれを返還する義務が生ずる（前掲大判昭10・5・13。☞(3)）。他方、借地契約終了の場合に土地埋立改良費請求権に基づく留置権の目的である借地の上の借地人所有の建物を第三者に賃貸すること（大判昭10・12・24新聞3939-17）や、船舶修理代金債権に基づく留置権の目的である木造帆船（総

屯数46tほど、昭和8年2月進水）につき遠距離航行（名古屋－大阪－山口）による貨物の運送業務を行うこと（最判昭30・3・4民集9-3-229。航行の危険性等から保存に必要な限度を超えているとされる）は、留置物の保存に必要な使用とはいえないとされ、留置権消滅請求が認められることになる。

(b)**使用・賃貸・担保供与についての承諾と留置物の譲受人との関係**　留置権者Ａが、留置物の所有者である債務者Ｂの承諾を得て留置物の使用、賃貸または担保供与をしていたところ、留置物がＢから第三者Ｃに譲渡されＣが所有権移転につき対抗要件を備えた場合、Ｃは、Ａに対して無断使用・賃貸などを理由に留置権消滅請求をなし得るかが問題となる。判例（最判平9・7・3民集51-6-2500）は、ＡがＢに対する甲建物の建築請負残代金債権に基づき甲建物につき留置権を有し、甲建物所有者である債務者Ｂから甲建物の使用等について包括的な承諾を受けていたところ、その後甲建物につき担保不動産競売がなされ、Ｃが甲建物を買い受けて所有権移転登記を経由したケースにおいて、留置物の所有権移転につき第三者Ｃが対抗要件を備えるよりも前に留置権者Ａが298条2項の留置物の使用または賃貸についての承諾を所有者である債務者から受けていたときには、留置権者Ａはこの承諾の効果を新所有者Ｃに対抗することができ、**新所有者ＣはＡの使用等を理由に同条3項による留置権の消滅請求をすることができない**とした。留置権者Ａが甲を留置しているだけの場合には留置権を甲建物買受人Ｃに対抗できるが、債務者Ｂの承諾を得て使用・賃貸していた場合にはＣからの留置権消滅請求が認められＡの留置権が消滅するとするのは妥当ではないので、消滅請求を認めないこの判例は適切である。

(3)**果実収取権**　留置権者は、留置物を換価して換価代金から被担保債権の優先弁済を受けることはできないが、留置権者には果実収取権が認められ、留置物から生ずる**果実を他の債権者に先立って自己の債権の弁済に充当できる**（297条1項）。**天然果実**（換価は民執195条の手続による）・**法定果実**（従来から留置物が第三者に賃貸されていた場合の賃料債権や、留置物の賃貸につき債務者の承諾を得て、留置物の賃借人になった者に対して取得することになった賃料債権など）を含む。留置権者が留置物の保存に必要な使用（☞(2)(a)）として借家を引き続き利用しているときは、賃料相当額の不当利得返還義務が留置権者に生ずるが、この使用利益を留置権の被担保債権の弁済に充てることもできると解されている

（大判大7・10・29新聞1498-21・通説。建物所有者からの留置権者に対する建物使用による不当利得返還請求権を自働債権とし、留置権者の有益費償還請求権を受働債権とする相殺を認めたものとして、大判昭13・4・19民集17-758）。

　収取された果実は、留置権の**被担保債権の利息**にまず充当し、なお余りがあるときは元本債権に充当する（297条2項）。

(4)費用償還請求権　　留置権者が留置物に**必要費**あるいは**有益費**を支出したときは、所有者に対しその償還を求めることができる（299条。ただし、有益費償還請求権については、その額および期限の許与につき同条2項参照）。そこで、留置権者は、留置権発生のもととなった費用償還請求権とともに、留置物につき支出した必要費償還請求権の弁済を受けるまでは、留置権の目的建物の明渡しを拒み得る（最判昭33・1・17民集12-1-55）。

(5)換価のための競売権　　留置権者にも、競売申立権は認められている（民執195条）。もっとも、留置権には優先弁済権がないので、この競売は、被担保債権の優先弁済を受けるための担保不動産競売ではなく、留置権の目的物をお金に換える「**換価のための競売**」（＝形式競売）である。このような競売を認めたのは、留置権者にとっては物のままで留置を続けることが大きな負担になることもあり、換価のための競売により得られた**換価代金の形で留置**を認める必要があるからである。

　その後は留置権は、換価代金の上に存在することになるが（最判平23・12・15民集65-9-3511）、留置権者は、留置権の**被担保債権とこの留置物所有者への換価代金返還債務とを相殺**（505条）することができるから、留置権者は、被担保債権につき**事実上の優先弁済**を受けることができる。

(6)留置権の行使と被担保債権の消滅時効　　留置権の行使をしても被担保債権についての消滅時効更新の効力はない（300条）。ただし、留置権者が**訴訟において留置権の抗弁を提出する場合**には、被担保債権が履行されるべきものであることの権利主張の意思が表示されているものということができるから、この抗弁を撤回しない限り、訴訟係属中継続して時効完成猶予の効力（150条の「催告」としての効力）が認められる（最大判昭38・10・30民集17-9-1252）。

3. 留置権者が被担保債権の弁済を受ける方法

(1)間接的に債務の履行を強制する方法　債務者、債務者ではない留置物所有者、または留置物所有者からの目的物の譲受人は、目的物を利用しようとして留置権者に留置物の引渡しを求めても、留置権を行使されて引渡しを受けることができないから、目的物を利用しようとする場合には、被担保債権を弁済して留置権を消滅させる必要がある。そのような意味において、**留置権には間接的に債務の弁済を強制する効力がある**といえる。しかし、優先弁済権を有する他の担保物権者と異なり、留置権者は、目的物につき担保権の実行としての競売の申立てをして積極的に債権の実現を図ることはできない。

(2)他の債権者の申立てにかかる競売の場合（事実上の優先弁済権）　留置権の目的物の所有者に対する他の債権者が留置権の目的物につき競売の申立てをした場合に、留置権者はどのような取扱いを受けるか。

　(a)留置物が動産である場合　留置権の目的物が動産であるときは、目的動産の所有者に対する他の債権者は、留置権者が留置している動産につき、執行官に**動産執行（＝強制執行）の申立てをすることは困難**である。これは、債務者である所有者以外の第三者（留置権者）が目的物を占有している場合には、第三者（留置権者）が執行官に目的物を提出するときでないと執行官はこれを差し押さえることができないのであるが（民執124条）、留置権者が目的物を執行官に提出することは期待できないからである。留置権者は被担保債権の弁済を受けるまで目的物を留置し得ることになる。

　(b)留置物が不動産である場合　留置権の目的物が不動産であるときは、この不動産につき抵当権の設定を受けている債権者の申立てによる担保不動産競売または一般債権者の申立てによる強制競売が**可能**である。これらの競売においては、留置権者が不動産を留置したまま競売手続が進められ、買受人の代金納付により買受人は不動産を取得する。留置権は、競売により消滅せず、買受人は**留置権の負担のある不動産を取得する**（☞第1章第5節2(2)(c)ⅰ(α)③)。

　留置権は、物権であるから何人に対してもこれを主張することができるので、買受人は、留置権の被担保債権の弁済をして留置権を消滅させないと、不動産の引渡しを受けられない（民執59条4項）。例えば、担保不動産競売にか

けられた抵当建物につき、抵当権に後れて賃借権の設定を受けた賃借人が必要費を投下していた場合、この建物の買受人に対して、**賃借権は対抗し得ないが**（395条により6か月間の明渡猶予期間は認められる）、必要費償還請求権（例えば、200万円）を被担保債権として**留置権を行使し得る**（競売にかけられた不動産につき、執行妨害目的で留置権を主張する占有者もいるので、正当な留置権かどうかの判断が必要となる）。抵当権者の被担保債権額が3400万円でこの建物の時価が3500万円であり、買受申出をしようとする者が3400万円でこの建物を手に入れようと思う場合、必要費を抵当権設定者が支払わない以上、買受人が200万円を賃借人に支払わないと賃借人の留置権を消滅させられないから、それを考慮して買受申出人は例えば3200万円で買受申出をすることになる。そして、首尾よく落札できたとすると、買受人は、3200万円を裁判所に納付し、200万円を賃借人に支払って**留置権を消滅させて**、この建物の**引渡しを受ける**。したがって、抵当権者は被担保債権額3400万円のうち3200万円以下の配当（納付された3200万円から手続に要した費用などが控除されるため）を受けるのに対して、留置権者は被担保債権額200万円全額の弁済を受けることになり、留置権者が**事実上抵当権者に優先して弁済**を受けた結果となる。そこで、留置権には、優先弁済権はないが、**事実上の優先弁済権**があるといわれるのである。

(3)その他の事実上の優先弁済　2(5)の換価のための競売においても、留置権者に事実上の優先弁済が生じ得ることはすでに述べた。

第4節　留置権の消滅

留置権は、物権および担保物権一般の消滅原因により消滅するほか、次の事由がある場合に消滅する。

(1)債務者等による留置権消滅請求　留置権者に298条の善管注意義務違反、留置物の無断使用・賃貸・担保供与があり、債務者または留置物の所有者が留置権消滅請求をしたとき、留置権は消滅する（298条3項）。留置権消滅請求権は、**形成権**であり、債務者または留置物の所有者の意思表示により留置権は当然に消滅する。

(2)相当な担保提供による留置権消滅請求　債務者が相当の担保を提供して留置権消滅請求をしたとき、留置権は消滅する（301条）。この担保は、物的担保であっても人的担保であってもよい（抵当権設定契約、保証契約の締結など）。留置権を消滅させるためには、**留置権者の承諾が必要**であるが、相当の担保を提供したにもかかわらず留置権者が承諾をしないときは、債務者または留置物所有者は、留置権者に対して**承諾を求めて訴えを提起**し（414条1項・民執174条）、勝訴判決を取得することによって、留置権を消滅させることができる。

(3)留置権者が留置物の占有を喪失したとき　留置権は、留置権者が物を占有していることが前提となるから、留置権者が**留置物の占有を失うと留置権は消滅**する（302条本文）。ただし、留置権者が債務者の承諾を得て賃貸または質入れをしたときは、代理人による占有があるから留置権は消滅しない（同条但書）。

　なお、留置権者が**占有を奪われた場合**には、**占有回収の訴え**によって奪われた目的物を取り戻せば、**占有が継続**していたものとして扱われ（203条但書）、留置権は消滅しない。もっとも、**占有侵奪者が所有者**であるときは、占有回収の訴えに対して、所有者が所有権に基づく返還請求訴訟を反訴または別訴として提起することが考えられるが、この訴えを認めると、単に所有者の自力救済を追認することになるにとどまらず、被担保債権が弁済されないままに留置権者の留置権を消滅させることになるから、権利の濫用として認めるべきではなかろう（道垣内・44頁もほぼ同じ）。

　留置権者が留置物を債務者または所有者に**任意に返還**したが、留置権を放棄する意図があったと認められない限り、再びその物の占有を取得し、なお被担保債権が存在するときは、**留置権の再成立**を認めてよいであろう（道垣内・45頁、仙台高判平6・2・28判時1552-62〔被担保債権は請負人Aの注文者Bに対する建物建築請負代金債権であり、銀行から融資を受けるというBの要請に基づいてAがBに目的建物をいったん引き渡し所有権保存登記を経由させ、再びAがこの建物を占有しているケース〕）。

(4)債務者が破産したとき　債務者（ここでは留置物の所有者を意味する）につき破産手続開始の時において破産財団に属する財産につき存する**民事留置権**は、破産財団に対して**効力を失う**（破66条3項）。民事留置権者は、単なる破産

債権者となる。ただし**商事留置権**（商法または会社法の規定による留置権）は、前述（☞第1節4）のように**特別の先取特権**とみなされ、**別除権**が与えられている（破66条1項・2条9項・65条）だけではなく、留置権も認められるとする判例（前掲最判平10・7・14）が存在する（債務者倒産と留置権の関係については、☞第1節4）。

第3編

非典型担保

第1章 非典型担保概説

第1節 非典型担保の意義と種類

1. 非典型担保の意義

　民法典には規定がないが、実務界の要請から生まれ、現在、**特別法（仮登記担保法）または判例によりその効力が認められ**、国家の執行機関（執行裁判所または執行官）の手によるのではなく、**担保権者自らの私的実行により担保権を実行し得る担保物権**を、一般に「**非典型担保**」と呼んでいる（従来は、変則担保〔近江Ⅲ・273頁参照〕または変態担保という呼称も使用されていた）。

　これらの担保物権は、第2編第1章および第2章に取り上げた民法典上に規定されている約定の担保物権（抵当権と質権）と比べると、典型担保の規制を嫌った実務界から生み出されてきたこともあり、融資をする側にとって極めて有利なものであったため、**判例・学説により担保として合理的なものに規制されてきた**という経緯がある。

2. 非典型担保の種類

　非典型担保にはさまざまなものがあるが、ここでは、代表的なものとして**仮登記担保、譲渡担保、**および**所有権留保**の3つを取り上げる。本編で**仮登記担保**をまず取り上げるのは、従来これは「**代物弁済の予約**」と呼ばれて、これに関する判例が積み重ねられてきたのであるが（画期的判例としては、債権者に清算義務を認めた最判昭42・11・16民集21-9-2430、および、清算金の支払いの相手

方は債務者であって、債権者は後順位抵当権者等には清算金の支払義務を負わないなどとした最大判昭49・10・23民集28-7-1473がある）、1978（昭53）年に**「仮登記担保契約に関する法律」**として立法化されて条文上の根拠を持つことになり、また、法律関係が比較的簡明であるからである（対抗要件は仮登記または仮登録であり、また仮登記担保の目的物はほぼ不動産に限られる）。これに対して、**譲渡担保**については、立法化の試みがなされてきたものの、譲渡担保の目的物はさまざまであり、また公示方法が担保権という実体とは大きく異なっていることなどから、いまだ立法化には至らず、法律関係をめぐって判例・学説上なお争われている点が多いのが現状である。したがって、仮登記担保の法的構成を理解した上でそれと比較しながら譲渡担保を学習することが効率的であると考えられる。

なお、**代理受領**および**振込指定**も、一種の担保として位置付けることもできるので、本章第4節において簡単に説明する。

第2節　非典型担保の特色と機能

1．非典型担保の特色

前掲の3つの非典型担保の共通の特色として、次の点をあげることができる。

(1)非占有担保　　これらの非典型担保はいずれも、原則として債権者が目的物を直接占有しない**非占有担保**であり、この点で抵当権と共通している。融資を受けた債務者側が、担保目的物を直接に占有しこれを使用・収益しながら債務を弁済していくことができる点で、**事業活動や日常生活に必要な物**を担保の目的にしようとする債務者にとって大変便利な担保である。

(2)権利移転型（所有権移転型）担保　　抵当権などの典型担保においては、担保権設定後も担保権設定者に目的物の所有権（あるいは目的債権等）は存在し、その所有権（あるいは債権等）に対して**制限物権**（抵当権、質権）を設定するという法形式をとる。これに対して、前掲の3つの非典型担保においては、被担

保債権の履行遅滞後に担保権の実行がなされると、担保目的物は確定的に債権者に帰属することになるが、担保権設定の時点では、債権者が**担保目的物の権利移転（所有権移転・債権移転など）のプロセスにおけるある段階の権利（所有権移転請求権・停止条件付き所有権・所有権など）を債権担保目的で把握**するという法形式をとる。その意味でこれらの非典型担保は、**権利移転型（所有権移転型）担保**といわれる。

(3)私的実行（帰属清算・処分清算）　典型担保の実行方法は、原則として公の機関（執行機関〔執行裁判所または執行官〕）による競売で得られた金銭から優先弁済を受けるという方法であるが、非典型担保の実行方法は、原則として債権者に目的物を確定的に帰属させ、目的物の価額と債務額とに差額があるときは、当事者間でその清算をするという方法である。これを「帰属清算」という。その他、債権者が目的物を第三者に売却し、その換価代金と被担保債権額との差額を清算金として設定者に支払う方法もある。これを「処分清算」という。非典型担保においては、このように**公の機関の手を借りずに担保権の実行がなされる**ので、帰属清算や処分清算による担保権の実行を担保権の**私的実行**という。

2. 非典型担保の機能

典型担保の機能としては、被担保債権の優先弁済を受けることがその中心となるが（留置権の場合は、留置的機能による履行の間接的強制または事実上の優先弁済）、非典型担保の場合は、私的実行による被担保債権の**優先弁済の機能**とともに、担保目的物の**所有権（またはその他の財産権）取得の機能**もあるといえる。

第3節　非典型担保の存在理由

1. 非典型担保による担保設定が意味のある担保目的物の存在

(1)動産　動産の場合、典型担保としては質権の設定が用意されているが、質権の設定の場合は質権者への質物の引渡しが要求され（占有改定による引渡し〔183条〕の禁止。345条）、設定者が目的物を引き続き利用できなくなる。これ

に対して、動産譲渡担保の場合には、引渡しが第三者対抗要件ではあるが、占有改定による引渡しで足りるとされているから、設定者も**引き続き目的動産を使用**できる。したがって、動産の非占有担保として譲渡担保が広く利用されている。

(2)典型担保の設定が困難な財産権　典型担保の方法では担保権の設定が困難な、**集合動産**や**集合債権**（☞第3章第9節）、契約上の地位である預託金会員組織ゴルフ会員権（最判昭50・7・25民集29-6-1147）、**形成途上にある財産権**（暖簾やソフトウェアなど）など、譲渡が可能であるものは、譲渡担保の目的にすることができる。

(3)譲渡制限特約の付された債権　譲渡制限特約の付された債権であっても、原則として典型担保や譲渡担保の目的とすることができるが、特約の存在につき、悪意・善意重過失の担保権者にとっては、大きな制約がある（☞第2編第2章第4節2(1)、本編第3章第2節1(4)）。本章第4節の**代理受領**や**振込指定**などの方法をとれば、担保の目的とすることが可能である（もっともこの方法を、第三者には対抗できないので確実な担保とはいえない）。

2. 担保目的物の取得

　被担保債権の弁済がなされない場合、債権者としては、非典型担保の設定であれば、私的実行により担保目的物を取得できる点（☞第2節2の所有権取得機能）も、その目的物を手に入れたかった債権者にとってメリットがある。典型担保の場合には、競売手続により換価がなされるので、担保目的物を債権者が手に入れようと思ってもその願いが実現するとは限らないのである。

3. 競売手続の回避

　競売手続による換価の場合、かなりの**時間**がかかったり（最近では換価に要する期間はかなり短縮され、大半は、数か月から1年ぐらいで換価されるようになった）、売却価額が市場価格と比べて相当**低廉**になったりする（これは設定者にとって不利益であるのみならず、債権者にとっても被担保債権の回収が十分果たせないことになる点で問題であるが、競売手続促進の政策のもとで売却価額の一層の低廉化がもたらされている）。また、競売手続による換価の場合、建物抵当権に後れて設定された賃借権に基づく建物賃借人に認められる6か月の明渡猶予期間

(395条)、第三取得者による抵当権消滅請求（379条～386条）、優先弁済を受けることのできる被担保債権の範囲の制限（375条〔利息等につき2年分の優先弁済権〕）などの**制約**が、抵当権者に生ずる（これらも抵当権者と他の権利者との利害の調整の方法として設けられているのではあるが）。これらの不都合を回避しようとして、債権者が非典型担保を選択することもある。

第4節　代理受領および振込指定

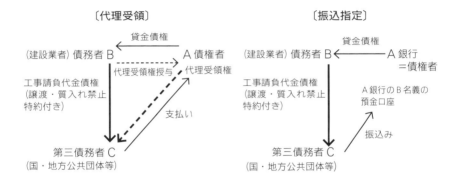

1. 代理受領

代理受領とは、債務者Bが、債権者Aに対する債務の担保として、Bが第三債務者Cに対して有する**債権（例えば、工事請負代金債権）の支払いを受領する権限を債権者Aに授与**することであり、**第三債務者Cがこれを承認**することにより成立する。

国や地方公共団体等から建設業者等が**公共工事**などを請け負う場合、請負代金債権には一般に**譲渡および質入禁止の特約**が付けられている（事務の煩雑化や過誤払いの回避などがその理由）。したがって建設業者等は、請負代金債権に質権を設定したり譲渡担保権を設定する方法で金融機関から融資を受けることが困難である（☞第2編第2章第4節2(1)、本編第3章第2節1(4)。譲渡制限特約の存在につき、悪意・善意重過失の金融機関は、Cから弁済を受けられない）。そこで、

代理受領といった担保方法が用いられるのである。

　債権者Aが債務者Bに代理して工事請負代金を第三債務者Cから受領した場合、この**代金を債務者Bに引き渡す債務**と、債権者Aが債務者Bに対して有する**貸金債権とを対当額で相殺して**（505条1項）、債権者Aは貸金債権を回収することができる。なお、第三債務者Cが代理受領を承認したにもかかわらず、過失により請負代金を債務者Bに支払った場合につき、最判昭44・3・4民集23-3-561は、この承認は単にCが代理受領を承認するというにとどまらず、承認したCには、代理受領によって得られるAの利益を害してはならない義務があるとして、CはAに対して不法行為に基づく損害賠償義務を負うとしている。

　もっとも債権者Aは、**代理受領権を第三者に対抗できないから**、債権（例えば、工事請負代金債権）がBの他の債権者Dに差し押さえられ転付された場合（差押・転付命令の場合、譲渡制限特約についての差押債権者Dの善意・悪意を問わず、転付によりDに移転する。466条の4第1項。最判昭45・4・10民集24-4-240）や、善意・無重過失の第三者に譲渡された場合（466条2項・3項）には、債権を回収し得なくなる。

2．振込指定

　振込指定とは、債権者Aが**銀行である場合**に、債務者BがAに対する債務の担保として、Bが第三債務者Cに対して有する債権（例えば、工事請負代金債権）の支払いにつき、**CにA銀行にある債務者Bの預金口座に振り込ませることであり、第三債務者Cがこの振込みを承諾することによって成立する**。

　振込指定も、国や地方公共団体等から建設業者等が公共工事などを請け負う場合、請負代金債権には一般に**譲渡および質入禁止の特約**が付けられているために行われる。

　第三債務者Cが請負代金等をA銀行の債務者Bの預金口座に振り込んだ場合、**Bの預金払戻債権とA銀行の貸金債権が対当額で相殺**され、債権者Aは貸金債権を回収することができる。振込指定の第三者に対する効力は、代理受領と同様である。

　以下、代表的な非典型担保である仮登記担保、譲渡担保、および所有権留保につき説明する。

第2章 仮登記担保

第1節 序　説

1．仮登記担保の意義

　第1章で述べたように、従来、判例によってその効力が認められてきた仮登記担保については、1978（昭53）年に「**仮登記担保契約に関する法律**」（「**仮登記担保法**」と略称する）が制定された（仮登記担保法成立後間もない時期までの判例・学説の状況につき、生熊長幸「仮登記担保」星野英一ほか編『民法講座3』241頁〔有斐閣・1984年〕以下参照）。同法1条によると、「金銭債務を担保するため、その不履行があるときは債権者に債務者又は第三者に属する所有権その他の権利の移転等をすることを目的としてされた**代物弁済の予約、停止条件付き代物弁済契約**その他の契約で、**その契約による権利について仮登記または仮登録のできるもの**」を**仮登記担保契約**といい、この契約により債権者に生ずる権利が仮登記担保権である。「代物弁済」という民法上の弁済の制度（482条）を、予約という方法を使うことによって担保に転用したものといえる。

2．仮登記担保の機能

　仮登記担保は、**非占有担保**であるから、抵当権と同様、事業活動や日常生活に必要な物を担保の目的にすることができる。ただし**仮登記または仮登録をなし得る財産**であることが必要であるから、実際上、仮登記担保の目的物となるのはほとんどが不動産である（建設機械や自動車など、仮登記または仮登録をな

し得る動産も存在するが、これらについては特別法上の抵当権が通常は使用される。(☞第2編第1章第1節3(2))。そこで以下では、不動産を目的とした仮登記担保を前提に説明する。

仮登記担保と抵当権との大きな違いは、仮登記担保の場合、被担保債権につき履行遅滞が生じたとき、仮登記担保権者が私的実行により**目的不動産を取得できる**ことであるが（☞第1章第3節2)、銀行等の金融機関にとってはこの点は一般的にはメリットはないから、これらの金融機関は通常は抵当権を利用することになる。したがって、被担保債権につき履行遅滞が生じたときに担保不動産の取得を考える金融業者や一定種類の業者などが仮登記担保を利用する。

なお、判例理論の蓄積および仮登記担保法の制定により、債権者にとって仮登記担保の設定を受けるメリット（無清算帰属＝丸取りなど）が少なくなったので、現在その利用はかなり減少している。

第2節　仮登記担保権の設定と対抗要件

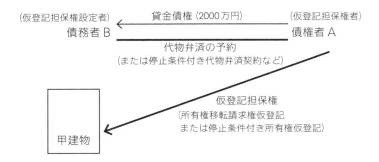

〔仮登記担保契約〕

1．仮登記担保権設定契約

例えば、AからBが2000万円の融資を受ける場合に、B所有の甲建物につき**仮登記担保権設定契約**（以下「仮登記担保契約」という）が締結されることが

ある（かつては抵当権設定契約と併用されることもあった）。この契約は、多くは**代物弁済の予約**の方法でなされるが、次のような特徴がある。

(1)予約型と停止条件付き契約型　仮登記担保契約には、予約型と停止条件付き契約型がある（仮登記担保1条）。**予約型**の場合、被担保債権の履行遅滞後、仮登記担保権者が**予約完結の意思表示**をすることにより仮登記担保権を実行し得ることになる。それに対して、**停止条件付き契約型**の場合、被担保債権の**履行遅滞**により**停止条件**が成就し、仮登記担保権者は仮登記担保権を実行し得る。

　通常は**代物弁済の予約**がなされるが、**売買の予約**の場合もある。また、停止条件付き契約型には、停止条件付き代物弁済契約のほか停止条件付き売買契約もある。

　売買の予約および**停止条件付き売買契約**の場合には、真の意味の「売買の予約」および真の意味の停止条件付き「売買契約」との区別が重要となる。**債権担保目的がある場合には、仮登記担保契約として扱われるべきである。**

(2)諾成・不要式の契約　仮登記担保契約は、合意により成立する諾成契約であり、契約書の作成も成立要件ではなく、不要式の契約である。

2. 仮登記担保権の公示方法

(1)所有権移転請求権仮登記または停止条件付き所有権仮登記　仮登記担保権も物権として扱われるから、公示方法を必要とする。登記の原因となる契約が代物弁済予約や停止条件付き代物弁済契約などであるから、仮登記担保権者の有する権利は、所有権移転請求権または停止条件付き所有権である。そこで仮登記担保権は、**所有権移転請求権仮登記**（または仮登録）もしくは**停止条件付き所有権仮登記**（または仮登録。以下「仮登録」については省略する）により公示される（不登105条2号）。仮登記担保権の実行により担保権者が目的不動産を取得すると、**仮登記に基づく本登記**（所有権移転登記）がなされる。

(2)本登記の順位保全の効力と担保物権の対抗要件としての効力　**(a)本登記の順位保全の効力**　仮登記は、一般には**本登記の順位保全の効力**（不登106条）を有するものであり、仮登記担保権者が私的実行により目的不動産を取得する場合には、この効力によることになる。例えば、債権者AがB所有の甲建物に仮登記担保権の設定を受けて所有権移転請求権仮登記を経由したが、その後Bが

甲建物をCに譲渡してBからCに所有権移転登記がなされても、被担保債権の履行遅滞によりAが仮登記担保権の実行をして甲建物を取得すると、仮登記の有する**本登記の順位保全の効力**により、AはCに対して所有権移転登記抹消登記承諾請求権を取得し、Cの承諾を得て仮登記に基づく本登記を備えることができる（不登109条。Cの登記は登記官の職権で抹消される。同条2項）。

(b)**担保物権の対抗要件としての効力**　これに対して、仮登記担保の目的不動産につき他の債権者の申し立てた競売手続においては、仮登記担保権者Aのこの所有権に関する仮登記は、**担保物権の本登記としての効力**（担保物権の対抗力）を有することになり、Aの権利は**抵当権とみなされて優先弁済を受ける**ことができるのである（仮登記担保13条1項）。抵当権の登記の場合は、登記簿の権利部の乙区になされ、被担保債権額や債務者の記載などがなされるが（不登83条1項1号・2号、88条1項1号・2号参照）、仮登記担保権の公示方法は、所有権に関する仮登記であるため、**登記簿の権利部の甲区に記載**され、被担保債権額や債務者の記載などがないので、担保権の登記であるかが明瞭ではなく、担保権の公示方法としてははなはだ不完全である。

第3節　仮登記担保権の効力

1. 所有権取得的効力と優先弁済的効力

　仮登記担保権者により目的物につき私的実行が行われると、仮登記担保権者が目的物を取得し、目的物の価額が被担保債権の額を超えると清算金を設定者に支払うことになるから、仮登記担保権には**所有権取得的効力**と**優先弁済的効力**が認められる。他方、目的物につき他の担保権者あるいは一般債権者の申立てにより担保不動産競売または強制競売が行われたときは、仮登記担保権には**優先弁済的効力のみ**が認められる。

2. 仮登記担保権の効力の及ぶ目的物の範囲

　仮登記担保権は、目的不動産のほか、抵当権についての370条が類推適用さ

れ、**付加物**にも及ぶと解される。また、仮登記担保権にも**物上代位性**が認められると解される（372条・304条類推適用）。

3. 仮登記担保権の効力の及ぶ被担保債権の範囲

(1)普通仮登記担保の場合　普通仮登記担保（被担保債権が特定の債権であるもの）の場合、**私的実行（原則として帰属清算）**によるときは仮登記担保法2条2項が適用され、優先弁済を受ける被担保債権の範囲について**375条の準用はない**。他方、他の債権者の申立てによる**競売手続において優先弁済を受けるとき**は、仮登記担保法13条2項・3項が適用され、375条と同様、優先弁済を受けることのできる利息・遅延損害金は、**最後の2年分**に制限される。後順位仮登記担保権者が清算金請求権に物上代位する場合（☞第4節7）には、仮登記担保法4条3項が適用され、375条と同様になる。

(2)根仮登記担保の場合　根仮登記担保（不特定の債権を担保するもの）においては、債権極度額の公示がないため、後順位担保権者や差押債権者等は思わぬ額の優先債権の存在により損害を被りかねない。そこで、根仮登記担保権者が、目的不動産につき他の債権者の申立てによる**競売手続において優先弁済を受けようとするとき**（仮登記担保14条）、後順位仮登記担保権者として清算金請求権に物上代位しようとするとき（同法4条2項括弧書き）、もしくは設定者につき破産手続、民事再生手続、または会社更生手続が開始されたとき（同法19条）には、根仮登記担保権は**無効**なものとして扱われる。他方、根仮登記担保権者が、**私的実行**により満足を受けようとする場合は、**根仮登記担保としての効力**が認められ、不特定の債権も被担保債権となる。もっとも、後順位抵当権者等は、それにより不利益を受けそうであれば目的不動産に対し競売を申し立てることができ、競売手続が行われることになれば、根仮登記担保は無効なものとして扱われる（同法14条）。

第4節　仮登記担保権の私的実行

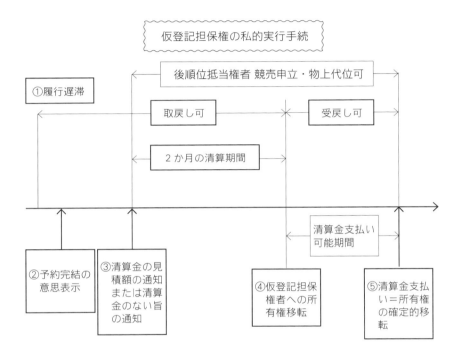

1. 私的実行開始の実体的要件＝被担保債権の履行遅滞（図の①）

　仮登記担保権者が、仮登記担保権の私的実行をするには、被担保債権の履行遅滞が生じたことが必要である。

2. 予約完結の意思表示（図の②）

　私的実行を開始するには、**予約型**の場合は、仮登記担保権者はまず設定者に対して**予約完結の意思表示**をする必要がある。**停止条件付き契約型**の場合は、**履行遅滞**により条件が成就するので（仮登記担保2条1項参照）、次の3へ進む。

3. 清算金の見積額の通知または清算金がない旨の通知（図の③）

　その後、仮登記担保権者は、設定者へ**清算金の見積額の通知**（清算金がないと認めるときは、**清算金がない旨の通知**）をしなければならない（第三取得者が現れた場合も設定者にこの通知をする。以上、仮登記担保2条1項）。この**通知が設定者に到達した日から2か月の期間**が、以下の4の「**清算期間**」となる。この見積額の通知は、清算期間が経過する時の目的物の見積価額（例えば、3000万円）ならびにその時の債権および債務者等が負担すべき費用で債権者が代わって負担したものの額（例えば、その時点での残債務が2000万円とする。この場合、清算金の見積額は1000万円となる）を明らかにしてしなければならない（仮登記担保2条2項）。

　このように、仮登記担保権の実行手続としては**帰属清算**の手続が規定されており、処分清算の手続は予定されていない。これは、仮登記担保権の私的実行により担保権者に目的不動産を帰属させるが、目的不動産の価額が被担保債権額を上回るときは、その差額を清算金として仮登記担保権者が設定者に支払うこととし（帰属清算）、清算金の支払いと目的不動産の引渡しおよび仮登記に基づく本登記手続とを**同時履行**とすることが、**合理的な担保権の実行手続**であると考えられたことによる。

4. 清算期間の存在と仮登記担保権者への所有権移転（図の④）

　仮登記担保法には、**清算期間**という制度が設けられている。清算金の見積額の通知の到達後2か月間が清算期間（仮登記担保2条1項）であるが、この期間は次のように極めて重要な意味を有する。

(1)**設定者の取戻権行使期間**　　清算期間内は、設定者は**債務を仮登記担保権者に弁済**して、仮登記担保の**目的不動産を取り戻す**ことができる（担保権者に所有権が移転する前であるから「取戻し」という。仮登記担保権者への所有権移転後は、「受戻し」という。受戻権の行使期間については、☞6）。この場合、設定者は、仮登記担保権者に対し目的不動産の所有権に基づき仮登記の抹消登記手続を請求し得る。譲渡担保の場合は、この清算期間がないことから、履行遅滞後、譲渡担保権者が客観的に正当な額の清算金を直ちに提供すれば、設定者はもはや受

戻権（譲渡担保の場合、譲渡担保の設定により所有権が譲渡担保権者に移転するという前提での用語）を行使し得ないことになる（したがって、仮登記担保法の規定を譲渡担保権にも類推適用すべきであるとする有力説も登場する〔鈴木禄弥「仮登記担保法雑考(4)」金法874号5頁以下〔1978年〕、近江Ⅲ・299頁など〕）。

(2)後順位担保権者の優先弁済権行使の機会の確保　この清算期間があることにより、後順位抵当権者等は、私的実行が開始された目的不動産につき競売の申立てをして競売手続において優先弁済を受けるか、あるいは仮登記担保権設定者の有する清算金請求権に物上代位をして優先弁済を受けるかの機会を確保できる（☞7）。

(3)仮登記担保権者への所有権移転の時期　清算期間内に債務者の取戻権行使または後順位担保権者の競売申立てがなければ、**清算期間の経過により仮登記担保権者に目的不動産の所有権が移転する**（仮登記担保2条1項。☞本節冒頭図④）。

5．帰属清算の手続

(1)清算金支払い可能時期・清算金の額　譲渡担保の場合には、履行遅滞後直ちに譲渡担保権者は設定者に清算金を支払いまたは清算金が生じない旨の通知をして、目的不動産を確定的に譲渡担保権者の物としてしまうことができるが、仮登記担保の場合は、債権者が清算金を支払うことができるのは、**2か月間の清算期間経過後**である。債権者は、清算期間が経過した時の目的不動産の価額（3の例で4000万円とする）がその時の債権等の額（3の例で2000万円）を超えるときは、その超える額に相当する金銭（**清算金**。この場合には、2000万円）を債務者等に支払わなければならない（☞本節冒頭図⑤。仮登記担保3条1項）。**清算金の額は、客観的に正当な額**であることを要し、通知された清算金の見積額（3の例で1000万円）に拘束されない。逆に、目的不動産の価額（例えば、1800万円）が被担保債権額（3の例で2000万円）を下回っているときは、債権は特約のない限り目的物の価額（1800万円）の限度でのみ消滅し（仮登記担保9条参照）、残債権（200万円）は、無担保債権となる。

(2)清算金支払義務と本登記および目的不動産の引渡義務との同時履行　債権者の清算金支払債務と設定者の仮登記に基づく本登記手続および不動産引渡し

の債務とは**同時履行の関係に立つ**（仮登記担保3条2項）。したがって先の例で被担保債権額が2000万円である場合に、仮登記担保権者が、目的不動産の時価が4000万円であるのに3000万円と評価して清算金として1000万円を提供してきたときは、設定者は**客観的に正当な額の清算金**（2000万円）**の提供がなされるまで**、本登記手続および不動産の引渡しを拒み得る。仮登記担保権者Aの提起する所有権取得を原因とする仮登記に基づく本登記手続請求および不動産引渡請求の訴訟で、Aの提供した**清算金が適正なものかどうかは裁判所が判断する**（私的実行といっても、当事者間に争いが生じたときは、結局は裁判手続に依拠することになる）。このようにして、設定者の清算金債権が確保される（先の例で、目的不動産の価額が裁判所により4000万円と評価された場合には、清算金は2000万円となり、Bの同時履行の抗弁権の行使は適切であったことになる）。

清算金の支払いおよびその手続につき締結された**仮登記担保権設定者に不利な特約**（例えば、引渡しや本登記を清算金支払い前にする旨の特約や清算をしない旨の特約など）であって、**清算期間経過以前になされたものは無効**である（仮登記担保3条3項）。

6. 受戻権の行使

(1)受戻権行使可能時期　2か月の清算期間経過後、目的不動産の所有権は仮登記担保権者に移転するとされているが（仮登記担保2条1項）、**清算期間経過後でも客観的に正当な額の清算金の支払いがなされるまでは**、設定者等は被担保債権額相当額の金銭（2か月の清算期間の経過により所有権が担保権者に移転し、被担保債権は消滅していると考えているため）を提供して**目的物を受け戻すことができる**（仮登記担保11条本文。もっとも、清算金がないときはもはや受戻権を行使し得ない）。この**受戻権**は、**形成権**であり（通説）、設定者等の受戻権行使の意思表示と被担保債権額相当額の金銭の提供により、当然に目的不動産の所有権は設定者に復帰する。

(2)清算金未払いにもかかわらず受戻権が消滅する場合　ただし、仮登記担保法11条但書は、**清算期間経過後5年を経過したとき**（この5年の期間は除斥期間とされる）、または**第三者が所有権を取得したとき**は、清算金が支払われていなくとも、設定者はもはや受け戻せないとしている（清算金請求権はなお存続す

る）。

(a)「**第三者が所有権を取得したとき**」　ここで、「第三者が所有権を取得したときは」というのは、どのような場合なのかが問題となる。清算金の支払いがあるまでは、設定者Ｂは本登記手続を拒むことができるから、通常は、目的不動産を仮登記担保権者Ａから第三者Ｃが買い受けてもＣは所有権移転登記を経由し得ないから、これにあたらない。しかし、仮登記担保権者Ａが本登記手続に必要な書類等をあらかじめ設定者Ｂから預かっていたような場合には（被担保債権の弁済期が短期間で到来するケースで見られる）、Ａが仮登記に基づく本登記を経由して第三者Ｃに譲渡し所有権移転登記を経由することが生じ得る。

　ⅰ　**清算期間経過前の第三者への譲渡**　清算期間経過前に仮登記担保権者Ａが目的不動産を第三者Ｃに譲渡し所有権移転登記を経由した場合は、Ａは目的不動産の所有権をいまだ取得していなかったのだから**無権利者による譲渡**であり、Ｃが清算期間経過前の譲渡であることにつき善意（または善意無過失）であったときは、94条2項の類推適用によりもはやＢは受戻権を行使し得ないとされる可能性があるが、Ｃが**悪意（または善意有過失）**であったときは受戻権を行使し得ると解することができよう。

　ⅱ　**清算期間経過後の第三者への譲渡**　本登記手続に必要な書類を預かっていたＡが清算期間経過後に清算未了のまま目的不動産を第三者Ｃに譲渡し所有権移転登記を経由した場合については、見解が分かれる。仮登記担保法2条1項の**清算期間経過により所有権が担保権者に移転するという点**（☞4(3)）**を重視する見解**からすれば、設定者Ｂの受戻権行使による所有権の復帰と第三者Ｃへの所有権移転とが**二重譲渡の関係**に立ち、第三者Ｃが先に所有権移転登記を備えれば、清算金未払いにつきＣが悪意であっても背信的悪意者でない限りもはや設定者Ｂは受戻権を行使し得ないということになる（法務省民事局参事官室編『仮登記担保法と実務』124頁〔キンザイ・1979年〕、道垣内・288頁など）。これに対して、清算期間が経過しても**清算金の支払いがなされるまでは実質的には仮登記担保権者Ａに所有権が移転しないという点**を重視する見解からすれば、Ａによる譲渡は、**無権利者による譲渡**であるということになり、清算期間経過前にＡが目的不動産を第三者Ｃに譲渡し所有権移転登記を経由した場合と同様になろう（鈴木・357頁。高木・327頁は、94条2項類推適用によるのではなく、仮登記

担保11条但書の制限解釈によるべしとする。生熊・前掲「仮登記担保」277頁参照)。

(b)譲受人の引渡請求に対する設定者の留置権の行使　仮登記担保権者Aが設定者Bに清算金を支払わないまま目的不動産を**第三者Cに譲渡した場合**において、Bがもはや受戻権を行使し得なくなったとしても、Cからの所有権に基づく目的不動産の引渡請求に対して、Bは**清算金請求権を被担保債権として留置権を行使**して、清算金の支払いがなされるまでは目的不動産の引渡しを拒むことができる（最判昭58・3・31民集37-2-152〔仮登記担保法施行前のケース〕）。このときのBの占有は違法ではないから、譲受人CはBに対して不法行為を理由として所有権移転時以降の目的不動産の賃料相当損害金の支払いを請求することは認められない（前掲最判昭58・3・31）。

7. 後順位担保権者の優先弁済権の行使

　仮登記担保権を担保権として考えると、目的不動産に後順位担保権（主として後順位抵当権）の設定が可能であり、後順位抵当権者も優先弁済を受け得ることになる。仮登記担保法は、後順位抵当権者の優先弁済権の行使について、次のような手当を講じている。

(1)仮登記担保権設定者が有する清算金請求権への物上代位の方法　仮登記担保法は、目的不動産の価額（例えば、目的である甲建物の価額4000万円）が仮登記担保権者Aの被担保債権額（例えば、2000万円）を上回るときは、Aは、清算期間経過後、**設定者Bに清算金（2000万円）を支払えばよい**のであって、後順位抵当権者Cにその被担保債権額（例えば1500万円）に応じた支払いをする必要はないこととした。これは、実体関係を正確に反映した配当を、私人である仮登記担保権者にさせるのは酷であるためである（抵当権に基づく競売にあっては、執行裁判所による配当手続が整備されている。民執84条～92条）。そこで、後順位抵当権者Cは、**設定者BがAに対して有する清算金請求権に物上代位**することにより、優先弁済を受けることができることとした（仮登記担保4条）。もっとも、後順位抵当権者Cが物上代位できる清算金の額は、**清算金の見積額に限定**される（同法4条1項・8条2項）。上の例で、Aが仮登記担保権を実行し、時価4000万円の甲建物を3000万円と評価して、Bに対して清算金の見積額は1000万円である旨の通知をした場合、Cが物上代位し得る清算金の額は、こ

の清算金の見積額（1000万円）に制限される（これに対して設定者Bは、客観的に正当な額の清算金を請求できる）。もしCが、Aによる甲建物の評価額（3000万円）が実際の甲建物の価額（4000万円）と比べて低く、担保不動産競売の方法による方がより高い価額で売却でき、より多くの優先弁済を得られると考える場合には、Cは次の(2)の方法により甲建物につき**担保不動産競売**を申し立て、その売却代金（仮に3500万円とする）から仮登記担保権者A（2000万円の優先弁済）に次いで優先弁済を受ける（1500万円）こともできる。

なお、この後順位抵当権者Cの**物上代位権**の行使の機会は、仮登記担保権者Aによる後順位抵当権者Cへの仮登記担保権実行開始通知（仮登記担保5条1項）、および清算期間内の清算金債権の弁済および処分の禁止（仮登記担保6条。清算期間満了までAはCに清算金2000万円を支払ってはならない）により確保されている（民法の物上代位〔304条〕には、このような手当は施されていない）。後順位抵当権者Cは、仮登記担保権者Aの**清算金払渡し前**に差押えをすることが必要である（仮登記担保4条1項後段）。物上代位による優先弁済の順序（同法4条1項）は、差押えの順序ではなく、担保の順位による。

(2)自らの競売の申立て　　後順位抵当権者Cは、**仮登記担保権者Aから設定者Bに清算金が支払われるまでは、自ら**甲建物につき**競売の申立てをしてAによる私的実行手続を排除し**（☞第6節2）、競売手続において売却代金から先順位仮登記担保権者Aに次いで優先弁済を受けることができる（仮登記担保12条・15条等参照）。なお、清算期間内は、後順位抵当権者Cは自己の被担保債権の弁済期到来前であっても、目的不動産について競売申立てをすることができる（仮登記担保12条）。

第5節　仮登記担保権の私的実行と用益権

1. 目的不動産上に存在する賃借権・地上権の取扱い

仮登記担保権設定前に設定され対抗要件を備えていた賃借権または地上権は、仮登記担保権の実行により影響を受けず、仮登記担保権者は**これらの負担**

の付いた不動産を取得する。**仮登記担保権設定後に設定された賃借権または地上権**は、仮登記担保権の実行により**消滅**し（仮登記の本登記の順位保全効。☞第2節2(2)(a)）、仮登記担保権者はこれらの負担のない不動産を取得する（☞第2編第1章第6節1）。なお、建物賃借権の場合は、395条を類推適用して、建物賃借人には6か月の明渡猶予が認められるという解釈論もあり得る（☞第2編第1章第6節1）。平成15年の395条改正前の仮登記担保権設定後に設定された短期賃借権に旧395条の保護を否定した判例（最判昭56・7・17民集35-5-950）の考え方からすると、判例上は、明渡猶予期間は認められないということになる可能性は高い。

2. 法定借地権（法定土地賃借権）

B所有の甲土地およびその上の乙建物の一方または双方に債権者Aのために仮登記担保権が設定され、一方のみについて仮登記担保権が実行されて、甲土地および乙建物の所有者が異なるに至った場合、388条と同様、建物所有者に法定地上権が認められるかが問題となる（☞第2編第1章第6節2）。仮登記担保法は、土地に仮登記担保権が設定された場合と建物に仮登記担保権が設定された場合とで、異なる取扱いをしている。

(1)土地に仮登記担保権が設定された場合　B所有の甲土地およびその上の乙建物のうち、甲土地についてのみAのために仮登記担保権を設定し、甲土地につき代物弁済の予約を登記原因とする所有権移転請求権仮登記がなされた場合は、**土地建物所有者Bは、甲土地に仮登記担保権を設定する前に、甲土地にBのための自己借地権を設定し得ない**。そこで仮登記担保法は、土地仮登記担保権の実行により仮登記担保権者Aが甲土地を取得したときには、建物所有者Bのために**法定土地賃借権**の発生を認める（仮登記担保10条）。法定地上権ではなく法定土地賃借権としたのは、わが国で建物所有を目的とする土地利用権が設定される場合、その多くは土地賃借権であるためである。

仮登記担保法10条の法定土地賃借権の成立要件は、①仮登記担保権設定時の土地の上の建物の存在、②仮登記担保権設定時の土地およびその上の建物の同一所有者帰属、③土地にのみ仮登記担保権の設定、④土地の仮登記担保権実行により、土地と建物が異なった者に帰属、の4つである。

(2)建物に仮登記担保権が設定された場合　これに対して、B所有の甲土地およびその上の乙建物のうち、乙建物についてのみBがAのために仮登記担保権を設定した場合は、その後に建物仮登記担保権の実行がなされると、目的建物を仮登記担保権者Aが取得することになる。そこで**仮登記担保権者Aは、融資の際にあらかじめ自己のためにBの履行遅滞を停止条件とする土地利用権**（例えば、停止条件付き土地賃借権）**の設定を受け、その旨の登記**（例えば、停止条件付き土地賃借権の仮登記）**を備えておくことができる。**しかも、一般的に仮登記担保権者Aは融資をする強い立場にあるから、設定者Bにこのような賃借権を設定させることが現実にも可能である。したがって仮登記担保法は、建物仮登記担保権者Aがこのような方策を講じておけば、建物仮登記担保権の実行により建物をAが取得して土地と建物の所有者が異なるに至った場合、Aには甲土地につき賃借権が認められることになるので、**法定土地賃借権の発生を認めない**こととしている。

第6節　競売手続と私的実行の優劣

　仮登記担保の目的不動産につき担保不動産競売や強制競売などの競売手続と仮登記担保権の私的実行手続が競合した場合には、仮登記担保法は原則として競売手続を優先させる立場に立っている。

1．私的実行開始前に他の債権者による競売手続が行われたとき

　仮登記担保の目的不動産につき、抵当権者の申立てによる担保不動産競売や設定者の一般債権者の申立てによる強制競売が行われたときは、**仮登記担保権は抵当権とみなされて、**仮登記担保権者も競売手続の中で優先弁済を受けることになる（仮登記担保13条）。

2．私的実行開始後に他の債権者が競売の申立てをしたとき

　私的実行開始後も、仮登記担保権者による設定者への清算金の支払い（これは仮登記担保権に基づく私的実行の最終段階にあたるのであるが）までに（清算金

がないときは清算期間経過までに）他の債権者により競売の申立てがなされれば、**競売手続が優先し**（仮登記担保権者も、競売手続の中で1の場合と同様に優先弁済を受ける）、もはや私的実行はなし得なくなる（仮登記担保15条1項）。

第7節　倒産手続開始と仮登記担保権

仮登記担保権設定者Bにつき破産手続、民事再生手続、または会社更生手続が開始された場合は、仮登記担保権は抵当権（☞第2編第1章）に準じて扱われる（仮登記担保19条）。ただし根仮登記担保権は、これらの手続開始後は効力を有しない（同法19条5項）。公示方法がはなはだ不完全であるからである。

第8節　仮登記担保権の消滅

仮登記担保権は、被担保債権の消滅・目的物の競売（仮登記担保16条1項）・目的物の滅失等により消滅する。仮登記担保の目的物の第三取得者は、被担保債権の消滅時効を援用することができ（最判昭60・11・26民集39-7-1701）、これにより仮登記担保権を消滅させることができる。

第3章 譲渡担保

第1節 序　説

1. 譲渡担保の意義

　譲渡担保とは、担保権設定者Bに属する動産、不動産、または債権などの財産権を目的物として、**担保権設定時に債権担保目的でこれらの目的物を譲渡担保権者Aに移転**させ、被担保債権の**履行遅滞が生じたとき**は、譲渡担保権者Aは、譲渡担保権の実行として、目的物の所有権または目的債権などを確定的に自己に帰属させることができるが、**目的物の価額と被担保債権額との間に差額があるときはその差額の清算を必要とする趣旨の非典型担保**であり、非典型担保の中でも最も重要な担保権である。

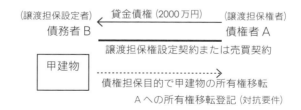

2. 譲渡担保権の有効性をめぐるかつての議論

　譲渡担保においては、前述のように譲渡担保権設定により債権担保目的で目

的物の所有権等が設定者Bから譲渡担保権者Aに移転するが、通常、担保権設定後も目的物の直接の占有は設定者Bのもとに留め置かれて設定者Bがこれを使用・収益でき、被担保債権の履行遅滞後、譲渡担保権の実行により、譲渡担保権者Aがこれを確定的に自己に帰属させることができるものである。そこで、かつては譲渡担保権の有効性をめぐって以下のような議論があった。これらは現在では主要な論点ではないが、民法の原則や他の制度に関係する問題であるから、理論的にはなお押さえておく必要があろう。

(1)虚偽表示（94条）であり無効ではないか　譲渡担保は、債権担保目的であるにもかかわらず目的物の所有権移転等の効果を生じさせる意思をもって売買をなすものであるから（かつては、譲渡担保契約ではなく売買契約の形式がとられ、不動産譲渡担保の場合は、売買を登記原因とする所有権移転登記がなされていた）、94条の虚偽表示にあたり無効ではないかとの疑問が古くは存在した。これに対して、大判大3・11・2民録20-865は、**譲渡担保は、担保の方法として所有権移転の効果を生じさせる意思をもって売買・譲渡をするものであるから、その意思表示は虚偽の意思表示にはあたらず**、有効であるとした。

(2)345条・349条の規定を潜脱する脱法行為ではないか　345条は質権設定者による代理占有を禁止し（占有改定による引渡しの禁止）、また、349条は流質契約を禁止する。そこで、譲渡担保権はこれらの規定を潜脱する脱法行為であり、無効ではないかという議論がかつては存在した。これに対して、前掲大判大3・11・2は、**譲渡担保の設定は質権や抵当権を設定する趣旨ではないし、このような譲渡担保を禁止する法規もない**として、これらの規定の脱法行為であるとする主張を斥け、この議論にも決着をつけた。

(3)物権法定主義（175条）に反するのではないか　譲渡担保権は、慣行的に成立した権利であり、物権として扱われるので、175条の**物権法定主義**に反するのではないかが問題とされた。これについては、譲渡担保権は、①慣習法と認められる程度の**法的確信**に支えられており、②その内容が**明確かつ合理的**であり、③**公示方法**が存在しているから、**慣習法上の物権**として認めてよいとされ（生熊・物権51頁）、判例もこれを有効と認めてきている。

3. 譲渡担保の機能

(1)各種の財産の担保化が可能　譲渡担保の目的とすることができる財産権は、譲渡性のある財産権であればよい。したがって、各種の財産権の担保化が可能であることについては、第1章第3節1(2)で述べた。

(2)非占有担保　譲渡担保の場合は、目的物である動産や不動産の占有が設定者Bに留められ、設定者Bが**引き続き目的物を使用し得る**のが原則である（これを「**譲渡抵当**」ともいう）。したがって、設定者が引き続き目的物を使用し続けたい場合に、譲渡担保を利用する意味がある（質権設定の場合には、設定者は目的物を利用できない）。もっとも、譲渡担保の目的物が譲渡担保権者Aに現実に引き渡される譲渡担保もあるが（これを「**譲渡質**」ともいう）、これは例外的存在である。以下では、原則として譲渡抵当型の譲渡担保を前提に説明する。

4. 譲渡担保の種類

(1)譲渡担保と売渡担保　かつては判例法上、譲渡担保と同様の意味で、「**売渡担保**」という用語が使われていたが、学説上は、早くからこの2つを区別していた。

　学説上**売渡担保**とされてきたのは、債権担保目的で売主Bと買主Aとの間で締結される「**買戻特約付き売買契約**」(579条～585条) および「**再売買予約付き売買契約**」である。**かつての多数学説**は、売渡担保の法的効力を次のように考えていた。すなわち、売買契約にこのような特約または予約がなされた場合には（例えば、甲不動産の売買代金2000万円、買戻しまたは再売買の代金2500万円〔売買代金額と異なった買戻しまたは再売買の代金額でもよい。579条前段括弧書き〕、売主Bが買戻しあるいは再売買予約完結の期限までに買戻しまたは再売買予約完結の意思表示をして、買戻しまたは再売買の代金を買主Aに提供すれば、Bは売買の目的物を取り戻すことができるが、それらの期限が過ぎると、確定的に目的物を取り戻すことができなくなり、また目的物のその時点での市場価格（例えば、5000万円）が買戻しまたは再売買の代金額（2500万円）を大きく上回っていたとしてもその差額を売主Bは買主Aに請求し得ない。また、売渡担保にあっては、買主Aから売主Bに支払われた金銭（2000万円）は、実

質的には貸金であるが、譲渡担保の場合と異なり、形式的には売買代金であるから（AはBに対して貸金返還請求権を有しない）、買主Aは、期限到来後、売主Bに代金（実質は貸金2000万円）の返還を請求し得ないし、期限までに目的物が巨大地震などの不可抗力により滅失しても、買主Aの所有物の滅失にすぎないから、買主Aは売主Bに代金（実質は貸金）の返還を求めることもできない。

〔従来の売渡担保と譲渡担保との違い〕

	貸金債権の存在	清算の必要性	期限後の受戻し	目的物滅失の場合の貸金返還請求
譲渡担保	有り	有り	清算まで可	可
売渡担保	無し	無し	不可	不可

　しかし、「売渡担保」もその実質が**債権担保目的**である以上、債権担保としてはるかに合理的な**譲渡担保として扱うべきだとする学説**（椿寿夫『集合債権担保の研究』62頁〔有斐閣・1989年〕、生熊長幸「買戻・再売買予約の機能と効用」加藤一郎＝林良平編『担保法大系』第4巻456頁〔キンザイ・1985年〕など）が次第に多数になった（現在の通説）。そのような中で、最判平18・2・7民集60-2-480（百選Ⅰ・96事件）が登場した。この判例は、「**真正な買戻特約付き売買契約**」と**債権担保目的の「買戻特約付き売買契約」**とを区別し、前者については、単なる買戻特約として扱うべきであるが、後者については、譲渡担保契約として扱うべきだとし、また、目的不動産の買主への占有移転を伴わない契約は、特段の事情のない限り、債権担保目的で締結されたものと推認される、とした。

　債権担保目的の買戻特約付き売買契約を、譲渡担保として扱ったこの判例は、もちろん妥当というべきである。もっとも、民法の**買戻し**の規定は、もともとは数か月ないし数年間の比較的短期の金銭の借入れの手段としての買戻しについてのものであって、**債権担保目的を前提**としていたのだから、本判例が、債権担保目的の「買戻特約付き売買契約」は、「真正な買戻特約付き売買契約」ではないように述べている点は、誤解を招くというべきである（生熊長幸「判批」リマークス35号22頁〔2007年〕。住宅供給公社などが土地を市民に分譲する場合に、買主が5年以内に建物を建築することなどの特約に違反したときには買い戻す

ことができるという趣旨の買戻特約付き売買契約のような場合には、債権担保目的ではない）。

また、**再売買予約付き売買契約**についても、最判平18・7・20民集60-6-2499（百選Ⅰ・99事件）は、債権担保目的の「再売買予約付き売買契約」は、**譲渡担保契約**と解するのが相当であるとした。この点も妥当な判断である。

(2)**帰属清算型譲渡担保・処分清算型譲渡担保**　　譲渡担保権の実行において、譲渡担保の目的物の価額が被担保債権額を上回るときは、譲渡担保権者Aがその差額を清算金として支払わないこと（無清算帰属＝丸取り）は認められず（**流担保**や**代物弁済の特約**などがあっても、清算が必要。最判昭46・3・25民集25-2-208〔百選Ⅰ・97事件〕。かつては特約の効力により無清算帰属が認められていた）、その差額を譲渡担保権者Aは設定者Bに清算金として支払わなければならない。

帰属清算型か処分清算型かは目的物の換価方法の違いによる区別である。**帰属清算型譲渡担保**の場合は、目的物を譲渡担保権者A自身に確定的に帰属させ（担保権者A自身が取得する）、目的物の評価額と被担保債権額との差額を清算金としてAが設定者Bに支払うものである。他方、**処分清算型譲渡担保**の場合は、目的物を譲渡担保権者Aが第三者に売り渡し、売買代金額と被担保債権額との差額を清算金としてAが設定者Bに支払うものである。後述のように、帰属清算型譲渡担保が原則的な換価方法と考えられるが、判例は、譲渡担保権者Aは、弁済期到来後は清算未了であっても第三者に有効に処分できるとしているから（☞第5節2、3(2)）、この**2つ**の区別は、判例理論を前提とする以上、あまり意味を持たなくなっている。

* **強い譲渡担保と弱い譲渡担保**　　古くは、強い譲渡担保と弱い譲渡担保という区別があった。**強い譲渡担保**とは、譲渡担保権の設定により、第三者との関係（対外関係）で目的物の所有権が譲渡担保権者Aに移転するのみならず、譲渡担保権者Aと設定者Bとの間（対内的関係）でも目的物の所有権がAに移転する譲渡担保であり、**弱い譲渡担保**とは、第三者との関係（対外関係）では目的物の所有権が譲渡担保権者Aに移転するが、譲渡担保権者Aと設定者Bとの間（対内的関係）では目的物の所有権が設定者Bにとどまっている譲渡担保である（大連判大13・12・24民集3-555。この判例は、当事者の意思が不明のときは前者と推定するとした）。しかし、現在では、譲渡担保権設定により設定者にも譲渡担保権者にも何らかの物権が帰属していると考えられており、この概念は使用されていない。

5. 譲渡担保の法的構成

　譲渡担保の法的構成については、さまざまな見解が存在するが、**所有権的構成**と**担保権的構成**の2つに大きく分けることができる。

　判例は、所有権的構成に立つとする見方もあるが、後述のように一貫してはいない。すなわち、設定当事者間の問題（対内的関係）においては原則として担保権的構成に立つ。他方で、設定当事者の一方と第三者との関係（対外的関係）においては、譲渡担保権設定者の有する権利の公示が十分にはなされないため、所有権的構成に立つことが多いが、後に見るように担保権的構成に立つ判例も見られるというべきであろう（同旨：安永・394頁、田井ほか・353頁〔松岡久和〕）。

　学説は、基本的には担保権的構成に立つといってよいが、その中にあっても所有権的構成に幾分近いものから担保権的構成を徹底させるものまで、その内容はさまざまである。なお、本書で担保権的構成に位置付けている(2)の(a)～(d)の説を所有権的構成に位置付ける学説もあり、分類自体必ずしも学説上一致しているわけではない（☞(2)「＊担保権的構成という表現の仕方」）。以下、主要な学説につき説明する。

(1)所有権的構成に立つ説　　**信託的譲渡説**といわれる説がこれであり、譲渡担保権設定により担保目的物の**所有権は完全に譲渡担保権者Aに移転して、設定者Bには物権的権利はなくなってしまい**、譲渡担保権者Aは、設定者Bに対して目的物を担保目的以外に利用しないという**債権的義務**を負っているにすぎない、と考えるものである。譲渡担保権者Aの有する所有権の対抗要件は、目的物が動産の場合は引渡し（178条。通常は183条の占有改定による引渡し）であり、不動産の場合は所有権移転登記（177条）である。

　この説によれば、譲渡担保権者Aは、目的物の完全な所有者であるから、**被担保債権の弁済期到来前**でも目的物を有効に第三者に処分することができ、目的物をAから譲り受けた第三者Cは、譲渡担保の目的物であることにつき善意であるか悪意であるかを問わず、有効に目的物を取得できる（大判大9・9・25民録26-1389。もっとも、近時の判例は、この考えから脱却する動きを見せている。☞後掲最判平18・10・20。第4節3(1)(a)ⅱ(β)）。設定者Bは第三者Cに対して目的物につき何らの権利も主張できない。譲渡担保権者Aが第三者Cに目的物を

譲渡したときは、設定者BはAに対し債務不履行責任を問うことができるにすぎない。もっとも現在では、この考え方をとる学説は存在しない。

(2)担保権的構成に立つ説　担保権的構成に立つ学説には、以下の(a)～(e)の説などがある。いずれの説も、譲渡担保権が目的物に設定された場合、譲渡担保権者は目的物の完全な所有権等を取得するわけではなく、他方、譲渡担保権設定者も目的物につき何らかの物権的権利をなお有するという点で共通する。

* **担保権的構成という表現の仕方**　本書では、以下の(a)～(e)の諸説を担保権的構成と位置付けている（近江Ⅲ・294頁、松岡・313頁も同様の分類である）。しかし、これとは異なった分類の仕方をする学説も存在する。例えば、以下の(a)～(d)の説と、譲渡担保権者には所有権は全く移転しないと考える(e)の説とを分けて、譲渡担保の法的構成については3つの考え方があるとする見解（山野目・358頁）や、担保権的構成として、譲渡担保権を抵当権と構成する説（「抵当権説」。米倉明『譲渡担保の研究』43頁以下〔有斐閣・1976年〕）をあげ、以下の(a)～(e)の諸説を折衷的構成とし、折衷説も担保権的構成の1つといえる、とする見解（内田Ⅲ・523頁）などがある。抵当権説は、譲渡担保権者に担保不動産競売の申立てを認めるなど解釈論としてはかなり独創的であるので、本書ではこれ以上立ち入らない。

(a)二段物権変動説　この説は、譲渡担保の設定により目的物の所有権は一応譲渡担保権者Aに移転するが（1段目の物権変動）、それが単純な譲渡ではなくまさに譲渡担保であるがゆえに、一応は所有権を譲り受けた譲渡担保権者Aが**「所有権マイナス担保権」**すなわち**「設定者留保権」**を設定者Bに観念的には返還し（2段目の物権変動）、その結果、設定者Bにも物権的な権利、つまり所有権マイナス担保権（＝設定者留保権）が留保されているとする学説である（鈴木〔4訂版〕・297頁）。

この説によると、譲渡担保権の対抗要件は、目的物が動産である場合は通常は占有改定による引渡し（183条）であり、不動産である場合は所有権移転登記（177条）である。設定者Bの有する設定者留保権の対抗要件は、目的物が動産である場合はAからBへの簡易の引渡しということになろうが、目的物が不動産である場合はBが所有権移転請求権仮登記を備えることである。もっともこの説は、不動産譲渡担保において、譲渡担保権者Aが目的不動産を第三者Dに譲渡した場合（以下では、譲渡担保権設定者Bからの譲受人やBに対する債権者を「C」で表現し、譲渡担保債権者Aからの譲受人やAに対する債権者を「D」で

表現する〔特に☞第4節〕、設定者Bの設定者留保権は**公示されていない**ので（Bが仮登記を備えていることは通常はないから第三者に対抗できない）、Bは設定者留保権を善意の譲受人Dには主張できないが、Dが悪意であるときはDに対して設定者留保権を主張できると解すべきであるとされている（鈴木〔4訂版〕・310頁。鈴木・388頁は、これは94条2項の拡張適用であると解することもできるとするが、むしろ背信的悪意者排除説の拡張適用というべきではなかろうか）。

もっとも、この説を提唱した鈴木禄弥博士は、直近の著作においては、譲渡担保においても、目的物所有権は、設定者Bと担保権者Aとの間を移行中であるということができ、この両者とも質的にいわば部分的な所有権であって、このような状況にあることを前提としつつ、具体的に生ずる問題ごとに、あるいは設定者Bを、あるいは譲渡担保権者Aを所有者として位置付けて、その位置付けに即してそれぞれの問題を処理することが必要である、とするのが、現在の私の考え方であるとしているので（鈴木・368頁）、二段物権変動というニュアンスが薄れ、以下の(c)説とほとんど変わらなくなったと見てよさそうである。

(b)物権的期待権説　この説は、譲渡担保権の設定により、譲渡担保権者Aは設定者Bに認められる**回復期待権の制限のある所有権**を有し、他方、設定者Bは**物権的期待権（回復期待権）**を有するとする（星野Ⅱ・319頁以下）。設定者Bの有する物権的期待権とは、弁済期までに債務を返済すれば所有権を受け戻せるという回復期待権である。この説は、二段物権変動という構成をとらないが、対内的関係および対外的関係における法律関係の処理は(a)説と基本的に同じであり、Aの譲渡担保権および設定者Bの物権的回復期待権の対抗要件も(a)説と同様である。もっともこの説は、不動産譲渡担保においては、(a)説と異なり、登記原因が譲渡担保である場合と売買である場合とで、設定者Bの回復期待権の公示につき取扱いを異にする。すなわち、**譲渡担保を登記原因として**Aに所有権移転登記がされた場合は、Bの回復期待権が公示されていると見て、AからDに不動産が譲渡されたとき、Bは回復期待権をなおDに主張できるが、**売買を登記原因**とする所有権移転登記がなされた場合は、Bの回復期待権は公示されていないと見て、Dが背信的悪意者でない限りBは回復期待権をDに主張できない（背信的悪意者排除説）とする（星野Ⅱ・324頁）。

(c)設定者留保権説　この説は、譲渡担保権の設定により目的物の所有権が

設定者Ｂから譲渡担保権者Ａに移転することを一応認めるが、ただ**Ａに移転する所有権は債権担保の目的に応じた部分に限られ**（所有権マイナス設定者留保権）、**残りの目的物に対する物権**（これを「設定者留保権」と呼ぶ）**は設定者Ｂに留保されている**、したがって、設定者Ｂも目的物に関する物権（設定者留保権）を有する、とする（道垣内・305頁以下、321頁以下、内田Ⅲ・523頁など）。この説は、(a)の二段物権変動説によると、少なくとも不動産譲渡担保においては、設定者Ｂは設定者留保権の再移転につき登記（所有権に関する仮登記など）を備えなければ第三者に対抗できないことになり（動産譲渡担保においては、Ｂは簡易の引渡しにより設定者留保権の対抗要件を備えている）、設定者Ｂは、譲渡担保権者Ａ側の第三者（Ａからの譲受人Ｄなど）との関係において極めて弱い地位に立たされることになるが、設定者留保権説によれば、**2段の物権変動はなく、「所有権マイナス設定者留保権」**が設定者Ｂから譲渡担保権者Ａに移転するだけであり（したがって、設定者留保権は、これまでの所有権移転登記による対抗力を失ったわけではないとする）、譲渡担保権者Ａが所有権移転登記を備えてもそれはＡの有する権利を超える過大な登記（虚偽表示とするが、一部虚偽表示といった所であろう）であると考える。したがって、例えば、Ａからの譲受人Ｄが取得する権利は、所有権ではなく「所有権マイナス設定者留保権」にすぎないことになるが、Ａは所有権移転登記を備えているので、Ｄにつき**94条2項の類推適用**が認められるときは、Ｄは設定者留保権の負担のない完全な所有権の取得を設定者Ｂに対して主張し得ることになる（ＢはＡからの悪意の譲受人Ｄに対しては設定者留保権を対抗し得る）。この点は、結論的には(a)説もほぼ同様である。筆者も(c)説を支持するのであるが（生熊長幸「譲渡担保権の対外的効力と二段物権変動説」太田＝荒川＝生熊編『民事法学への挑戦と新たな構築』323頁〔創文社・2008年〕）、後述（☞第4節3(1)(a)の《展開》）のように、筆者は、設定者が目的不動産を占有しているため譲渡担保権者側の第三者Ｄが94条2項の類推適用により善意の第三者として保護される可能性はほとんどないと考えている。

(d)双方物権的期待権説　この説は、譲渡担保権者Ａは、譲渡担保権の設定により実質的に所有権を取得したとはいえず、被担保債権につき履行遅滞が生じたときに所有権を取得し得る**物権的期待権**を有し、他方、設定者Ｂは、弁済期までに債務を弁済すれば所有権を復帰させ得る**物権的期待権**を有するとする

（川井Ⅱ・461頁、467頁参照）。この説も、設定者Bの物権的な権利の効力をより強く認めようとするものであり、法律関係の処理については(c)説とあまり変わらない。

(e)担保権説　この説は、譲渡担保権の設定により、**譲渡担保権者Aは譲渡担保権という担保権を取得するが、設定者Bには依然として目的物の所有権が残る**とする（高木・333頁、近江Ⅲ・295頁）。譲渡担保権者Aの有する担保権の対抗要件は、目的物が動産の場合は、占有改定による引渡しであり、不動産の場合は、所有権移転登記である。設定者Bの有する所有権の対抗要件は、目的物が動産である場合は、もともとBは所有権につき対抗要件を備えていたのだから、改めて備える必要はなく（質権設定の場合と同様）、目的物が不動産である場合は、対抗要件が欠ける状態になるという。

このように譲渡担保の法律構成については、考え方がさまざまに分かれている状態であるので、以下では、主要なテーマにつき、所有権的構成、設定者留保権説、担保権説などの構成の違いにより結論にいかなる違いが生ずるか、判例はどのように処理しているかを見ていくことにする。

第2節　譲渡担保権の設定と対抗要件

1. 譲渡担保権設定契約

〔不動産譲渡担保権設定契約〕

（消費貸借契約）
（譲渡担保権設定者）1000万円の貸付（譲渡担保権者）
債務者B ←――――― 債権者A
譲渡担保権設定契約
（または売買契約）

甲土地　　所有権移転
　　　　-------------→
　　　Aに譲渡担保または売買を
　　　原因とする所有権移転登記
　　　（Aの対抗要件）

〔動産譲渡担保権設定契約〕

（消費貸借契約）
（譲渡担保権設定者）50万円の貸付（譲渡担保権者）
債務者B ←――――― 債権者A
譲渡担保権設定契約
（または売買契約）

動産甲　　所有権移転
　　　　-------------→
　　　占有改定による引渡し
　　　（Aの対抗要件）

(1)譲渡担保権設定契約——諾成・不要式の契約　譲渡担保権設定契約は、債権者（譲渡担保権者）Ａと譲渡担保権設定者Ｂとの間の合意のみにより成立する**諾成・不要式**の契約である。譲渡担保権設定契約書には、譲渡担保権設定当事者の氏名・住所、被担保債権の成立原因（例えば、平成〇〇年〇月〇日消費貸借契約に基づく貸金債権）、被担保債権の額（例えば、1000万円）・弁済期・利率・遅延損害金、債務者の氏名・住所、譲渡担保権の目的物などが記載される。

　譲渡担保権設定契約は、**売買契約**の形式を取ることもある。この場合には、被担保債権の存在が契約書上は分かりにくいことがある。前述（☞第1節4(1)）のように、債権担保目的でなされた**買戻特約付き売買契約**や**再売買予約付き売買契約**（いわゆる**売渡担保**）も譲渡担保として扱われるべきである。

(2)譲渡担保権の成立要件　譲渡担保権の成立要件は、抵当権に準じて（☞第2編第1章第2節1(2)）以下の①〜④である。①譲渡担保権の目的物が特定していること、②譲渡担保権の目的物につき設定者Ｂが処分権限（所有権・地上権・永小作権またはこれらの共有持分権など）を有していること、③被担保債権の存在（金銭消費貸借の場合であれば、債権者Ａが債務者Ｂに対して、〇億円を、利息□％、遅延損害金△％、弁済期を平成〇〇年〇月〇日と定めて、貸し渡したこと〔要物契約である587条の消費貸借の場合も、諾成契約である587条の2の書面でする消費貸借の場合も、金銭の交付により貸金債権が成立するため、「貸し渡した」ことが必要〕）、④ＢはＡに対する③の債務を担保するために本件目的物に譲渡担保権を設定したこと、である。

(3)契約当事者と処分権限　これについては、抵当権の場合に準ずる（☞第2編第1章第2節1(3)(b)）。譲渡担保権設定契約は、債権者に譲渡担保権を直接発生させる**物権契約**であるから、設定者は目的物につき所有権や地上権などの**処分権限**を有している必要がある（☞(2)②）。したがって、動産所有者ではない者がこの動産に譲渡担保権設定契約を締結した場合、債権者はこの動産に譲渡担保権を取得できないが（割賦販売で売主に所有権が留保されている動産に買主が譲渡担保を設定したような場合）、債権者が192条の即時取得の要件を備えたときは（判例によれば、占有改定による引渡しでは足りず、目的動産の現実の引渡しを受けたことが必要）、債権者は譲渡担保権を即時取得し得る。

(4)譲渡担保の目的物　動産・不動産・債権その他の財産権（のれんや知的財

産権など）など**譲渡可能な財産権**であれば、譲渡担保の目的となる（☞第1章第3節1(2)）。譲渡禁止の特約など**譲渡制限特約**の付いている債権についても、債権譲渡担保の設定は可能である（466条2項）。ただし、譲渡担保権者が譲渡制限特約につき悪意または善意重過失であるときは、第三債務者は、その債務の履行を拒むことができるし、債務者に対する弁済その他債務を消滅させる事由をもって譲渡担保権者に対抗できる（同条3項。4項も参照）。もっとも、**預貯金債権**につき譲渡制限特約がある場合には、特約を悪意または善意重過失の譲渡担保権者に対抗できるので（466条の5）、かかる者のために債権譲渡担保は成立しない（☞第2編第2章第4節2(1)）。**集合動産**や**集合債権**も譲渡担保の目的となる（☞第9節）。

2. 公示方法

(1)不動産　　不動産譲渡担保権の対抗要件は、**所有権移転登記**（177条）であり、その登記原因（不登59条3号）は、**譲渡担保または売買**である。所有権移転の登記であるから、抵当権の登記と異なり、被担保債権額、利息・遅延損害金、債務者などは登記されないし、登記簿の**権利部（甲区）に記載**されるから（☞第2編第1章第2節4の〔土地の抵当権および譲渡担保の登記事項証明書の例〕）、公示方法としては、はなはだ不十分なものである。また、譲渡担保権が実行され、譲渡担保権者Aが確定的に不動産所有権を取得したときにも改めて所有権移転登記がなされるわけではないから、登記簿上は、当該不動産が譲渡担保権の実行前のものか実行後のものかは明らかでない。

　担保権的構成による場合の設定者Bの有する物権的権利である**物権的期待権ないし設定者留保権**は、通常、公示されていない。**二段物権変動説**や**物権的期待権説**によれば、公示方法は所有権移転請求権仮登記などであり、これを備えていない以上、設定者Bは物権的期待権を第三者に対抗し得ないとする（登記原因が譲渡担保の場合につき、☞第1節5(2)(b)）。**設定者留保権説**によれば、譲渡担保権者Aの所有権移転登記は、虚偽の外観または過大な外観であり、Aからの不動産譲受人が譲渡担保の目的不動産目的物であることにつき善意であって94条2項の類推適用により保護されない限り、設定者Bは設定者留保権をかかる不動産譲受人に対抗できると解する（☞第1節5(2)(c)）。

(2)動産　(a)占有改定による引渡し　動産譲渡担保権の対抗要件は、178条の引渡しであり、通常は**占有改定による引渡し**（183条）の方法による（最判昭30・6・2民集9-7-855〔百選Ⅰ・64事件〕。設定者は、通常目的動産の直接占有者であるが、商品の輸入にあたり、間接占有者である買主（輸入業者）が、信用状を発行する銀行に対して負担する補償債務の担保のために、輸入商品に対して譲渡担保を設定し、銀行に占有改定による引渡しをした場合について、この引渡しを有効とした最決平29・5・10民集71-5-789がある）。したがって、当該動産に譲渡担保権がAのために設定されていることは第三者にとって分かりにくく、公示方法としては不十分である。そこで、目的動産を設定者Bから第三者Cが善意無過失で譲り受けて**即時取得**（192条）することがしばしば生ずるので、譲渡担保権者Aは、目的物に**ネームプレート**を貼り付けることなどにより第三者の即時取得を阻止しようとすることもある。目的動産を設定者Bが直接占有している場合には、設定者Bの設定者留保権ないし物権的期待権は、公示されているともいえる。

(b)動産債権譲渡特例法による譲渡登記　2004（平16）年に改正された**動産債権譲渡特例法**（平16法148）は、動産譲渡登記制度を創設した。したがって、この特例法による動産譲渡担保の対抗要件も存在する（生熊・物権269頁以下参照）。

ⅰ　**特例法における動産譲渡担保の主体**　譲渡登記を利用できる**譲渡担保権設定者は、法人に限定**されている（動産債権譲渡特例1条・3条1項）。これに対して、譲渡担保権者は法人でなくてもよく、個人でも権利能力なき社団でもよい（権利能力なき社団の場合、登記は、一般に代表者の個人名義の登記となる）。

ⅱ　**動産譲渡登記の効力**　**動産譲渡登記ファイル**への譲渡の登記（登記原因は、売買のほか譲渡担保とすることも可能）がなされると、178条の引渡しがあったものとみなされ（動産債権譲渡特例3条）、動産譲渡担保につき対抗要件が具備される。法人が二重に動産譲渡（あるいは動産譲渡担保の設定）をした場合において、**動産譲渡登記と民法178条の引渡しが**競合したときは、登記のなされた時と引渡しのなされた時の先後により優劣が決せられる。したがって、登記優先主義は採用されていない。

動産譲渡担保権者が**動産譲渡登記**を備えた場合、当該動産について第三者の即

時取得を妨げることができるかが問題となる（☞第4節2(1)(a)）。BがAのために譲渡登記をした特定動産を、BからCが善意で買い受け現実の引渡しを受けた場合、一般には買主Cには**登記の有無を調査しなくても過失ありとはいえず**、192条による即時取得が成立するとされる。ただし、譲受人Cが金融機関のような金融法制の専門家であったり（高木・354頁参照）、将来的に、高額な機械などがしばしば譲渡担保の目的物として利用され、動産譲渡登記がされるという取引慣行が形成されてきた場合には、買主に過失が認定されることもあり得るとされている（植垣勝弘ほか「『債権譲渡の対抗要件に関する民法の特例等に関する法律の一部を改正する法律』の概要(2)」ＮＢＬ803号32頁以下〔2005年〕、道垣内・319頁。近江Ⅲ・312頁は、譲受人には過失があり、即時取得は認められないとする）。

(3)債権　　譲渡担保の目的が特定の債権である場合には、**債権譲渡担保権の対抗要件は**、**債権譲渡の対抗要件に準ずる**（467条1項・2項。譲渡担保が設定された債権の債務者〔＝第三債務者〕への通知または債務者〔＝第三債務者〕の承諾。債務者以外の第三者に対する対抗要件としては、この通知または承諾が確定日付ある証書によりなされていることが必要）。**法人Bが債権に譲渡担保権を設定する場合**には、動産債権譲渡特例法により、**債権譲渡登記ファイルに債権譲渡の登記**（登記原因は、売買のほか譲渡担保とすることも可能）がなされると、467条の確定日付のある証書による通知があったものとみなされ、当該登記の日付をもって確定日付とする（同法4条1項）。当該債権の債務者（＝第三債務者）に対する対抗要件は、当該債権の債務者に対する登記事項証明書を交付してする通知、または当該債務者（＝第三債務者）の承諾である（同法4条2項）。

　　＊**預託金会員制ゴルフクラブ会員権の譲渡担保の対抗要件**　　預託金会員制ゴルフクラブ会員権も譲渡担保の目的となる。ゴルフクラブ会員権の譲渡をゴルフ場経営会社以外の第三者に対抗するには、債権譲渡の場合に準じて、譲渡人が確定日付のある証書によりこれをゴルフ場経営会社に通知し、またはゴルフ場経営会社が確定日付のある証書によりこれを承諾することを要し、かつ、そのことをもって足り、ゴルフクラブ会員権の譲渡担保の対抗要件も同様の扱いになるとされている（最判平8・7・12民集50-7-1918）が、名義書換手続の完了があれば足りるとする見解なども多い（池田真朗「判批」平成8年度重判〔ジュリ1113号〕65頁〔1997年〕参照）。

第3節　譲渡担保権の設定当事者間での効力

1. 目的物の範囲

　譲渡担保の効力の及ぶ目的物の範囲につき、抵当権についての370条（**付加物に及ぶ**）が類推適用されると解する。また、譲渡担保権にも**物上代位性**が認められる。判例（最決平11・5・17民集53-5-863）は、譲渡担保権設定者Bが、譲渡担保権者Aから処分権限を与えられて譲渡担保の目的動産を第三者Cに譲渡した場合、譲渡担保権者Aは譲渡代金に対して物上代位権を行使し得るとしている（債務者である設定者Bが破産してもなお物上代位権の行使は可能とする）。譲渡担保を担保権的に構成する立場からすれば、目的物を滅失・損傷した第三者に対する損害賠償請求権や、保険会社に対する保険金請求権にも譲渡担保権者は物上代位できると解してよい（近江Ⅲ・304頁、安永・399頁など）。

2. 被担保債権の範囲

　譲渡担保の効力の及ぶ被担保債権の範囲につき、抵当権についての375条や根抵当権についての398条の3（極度額）のような制限はない。不動産譲渡担保においては、設定の際に譲渡担保権者Aへの所有権移転登記がなされるから、その後は、設定者Bはこの不動産に後順位担保権を設定することができなくなるし、設定者Bの一般債権者による差押えもなされ得ないので、このような規定の類推適用も考えられない。

3. 目的物の利用関係

　古い判例は、目的物の所有権が譲渡担保権設定当事者間でも譲渡担保権者Aに移転する（内外部とも所有権移転＝強い譲渡担保。☞第1節4(2)）と考えるため、設定者Bが目的物を使用・収益するためにAとBとの間で締結された**賃貸借契約**または**使用貸借契約**は、有効であるとした（大判大5・7・12民録22-1374）。その結果、古くは、例えば、Aから賃借権の設定を受けたBがAに対して支払う金銭は、賃料であるから利息制限法の適用を受けないし、また、Bが賃料の

不払いをした場合、譲渡担保権者Aは、債務不履行を理由に賃貸借契約を解除して目的物の引渡請求をなし得ると考えられていた。

しかし、**現在**では、担保権的構成の立場から、設定者Bの目的物の使用・収益権限は自己の所有権に基づくものであるから、契約上BがAに賃料を支払うべきものとされた場合、その**賃料は貸金債権の利息**を意味すると解すべきであるとされている。したがって、この「賃料」には**利息制限法が適用**されるし、賃料不払いは利息の不払いを意味するから、譲渡担保権者Aは、賃料不払いを理由に賃貸借契約を解除して目的物の引渡請求をすることは認められず、利息の不払いにより元本債権の期限の利益が失われて被担保債権の弁済期が到来したときに（消費貸借契約には、通常、利息の不払いによる期限の利益喪失の約定がある）、譲渡担保権を実行して目的物の引渡しを請求すべきだということになる。

4. 担保目的物の保管義務

(1)譲渡担保権設定者の義務　　担保目的物には譲渡担保権（所有権的構成によると所有権）が存在し、被担保債権の弁済がなされないときは、譲渡担保権者Aはこの目的物から被担保債権の優先弁済を受けることになるのであるから、これを占有している譲渡担保権設定者Bは、担保権者Aがその目的を達することができるように**目的物を保管する義務**がある。したがって、設定者Bが目的物を滅失・損傷しようとしているときは、譲渡担保権者Aは、**譲渡担保権（所有権的構成によると所有権）侵害**を理由として、**譲渡担保権（所有権的構成によると所有権）に基づく妨害排除請求権（物権的請求権）**を行使し得る。また、Bのこれらの行為により譲渡担保権者Aが被担保債権の優先弁済を十分に受けられなくなり損害を被った場合には、譲渡担保権（所有権的構成によると所有権）侵害を理由とする709条の**不法行為に基づく損害賠償請求権**または保管義務違反の**債務不履行に基づく損害賠償請求権**を行使し得る。なお、債務者による譲渡担保の目的物の滅失・損傷の場合には、期限の利益の喪失も生じる（137条2号）。

譲渡担保権が設定された不動産につき、設定者Bが第三者Cのために賃借権（譲渡担保権に後れる後順位賃借権）を設定してCに使用させたり、第三者Cに使用貸借により使用させることは、一般に譲渡担保設定契約において禁止されている（特約による）。もし、このような目的不動産の使用が第三者Cによりな

されたときは、担保権的構成によれば特約違反を理由に設定者Bに対してCに明け渡させるよう請求し得るし、所有権的構成によれば譲渡担保権者Aは第三者Cに対して所有権に基づく妨害排除請求権としての明渡請求権を行使し得る。

(2)譲渡担保権者の義務　譲渡担保権者Aは、譲渡担保の私的実行前に目的物を滅失・損傷したり第三者への譲渡等の処分をすることはできない。もっとも、所有権的構成によると、目的物の所有権は完全に譲渡担保権者に移転しており、譲渡担保権者Aは滅失・損傷したり第三者に譲渡等の処分をしてはならないという債権的義務（譲渡担保を一種の信託行為と捉えて、信託違反とする）を負うにすぎないと考えるから、譲渡担保権者の責任は不法行為責任ではなく債務不履行責任とされる（最判昭35・12・15民集14-14-3060）。担保権的構成の場合は、債務不履行責任と構成することも不法行為責任（設定者の有する設定者留保権、物権的期待権、または所有権の侵害を理由とする）と構成することも可能である。

5. 債務の弁済と目的物返還および所有権移転登記抹消登記手続の同時履行の否定

　譲渡担保権者Aが譲渡担保の目的物の現実の引渡しを受けている場合（譲渡質の場合）やAに所有権移転登記がなされている場合において、設定者Bは、債務の弁済と、目的物引渡しや所有権移転登記抹消登記手続との同時履行（引換給付）を主張することができるかが問題となる。**債務の弁済と譲渡担保の目的物の返還とは、前者が後者に対し先履行の関係にあり同時履行の関係に立つ**ものではない（最判平6・9・8判時1511-71〔譲渡担保の目的として株券を債権者に預けたケース〕）。抵当権の場合、被担保債権の弁済をしてから設定者は抵当権者に抵当権設定登記の抹消登記手続を請求し得るのと同じである。

第4節　譲渡担保と第三者との関係

1. 問題の所在

　譲渡担保においては、動産譲渡担保の場合、譲渡担保権者Aは占有改定による引渡しを受けるが、目的動産の直接占有は一般に設定者Bにあり（譲渡抵当）、他方、不動産譲渡担保の場合、譲渡担保権者Aに目的不動産の所有権移転登記がなされている。そこで、譲渡担保権実行により譲渡担保権者Aに担保目的物の所有権が確定的に帰属する前に、動産譲渡担保にあっては、目的動産につき設定者Bによる第三者Cへの譲渡や設定者Bの一般債権者Cによる差押えなどが生じ得るし、不動産譲渡担保にあっては、目的不動産につき譲渡担保権者Aによる第三者Dへの譲渡や譲渡担保権者Aの一般債権者Dによる差押えなどが生じ得る。このような場合、動産譲渡担保にあっては、目的動産の譲受人や差押債権者などの第三者Cと譲渡担保権者Aとの関係はどうなるか、また、不動産譲渡担保にあっては、目的不動産の譲受人や差押債権者などの第三者Dと設定者Bとの関係はどうなるか、という問題が生ずる。これらが**譲渡担保権の対外的効力の問題**といわれるものである。

　動産譲渡担保の場合と不動産譲渡担保の場合とでは、問題となる局面が異なるので、分けて説明する。以下、判例理論を中心とし、学説については簡明な叙述とするため所有権的構成と担保権的構成のうち設定者留保権説および担保権説だけを取り上げる。

2. 動産譲渡担保の場合

(1)譲渡担保権設定者側の第三者と譲渡担保権者との関係　　AのBに対する貸金債権担保のために、B所有のコピー機甲にAは譲渡担保権の設定を受け、占有改定による引渡しがなされたとする。次の各場合の法律関係はどうなるか。

　(a)設定者による目的動産の第三者への譲渡　　譲渡担保権の実行によりAが確定的に甲の所有権を取得する前に、設定者Bが甲がAの譲渡担保権の目的となっていることを隠して甲をCに譲渡し、Cが15万円の代金を支払って自宅

に持ち帰った場合、譲渡担保権者AはCに対して甲の返還を求めることができるか。

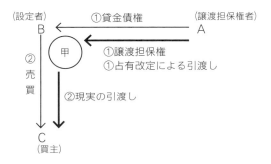

　所有権的構成によると、目的動産甲の所有権は譲渡担保権者Aにあるから、設定者Bによる第三者Cへの譲渡は**無権限者による譲渡**であり、Cは所有権を取得し得ないのが原則であるが、Cが譲渡担保の目的動産であることにつき善意無過失で譲り受け現実の引渡しを受けたときには、Cに動産甲の**即時取得**が認められる（192条）。**担保権的構成**によると、設定者Bには設定者留保権あるいは担保権の負担の付いた所有権があるから、Bは**設定者留保権等を第三者Cに有効に譲渡**することができるが、Cが譲渡担保の目的動産であることにつき善意無過失で譲り受けて現実の引渡しを受けたときには、譲渡担保権の負担のない動産の**即時取得**が認められる（同条）。いずれの説によっても譲渡担保権者Aは目的物を譲受人Cにより即時取得される可能性がある。そこで、譲渡担保権者Aは、目的動産に**ネームプレート**を貼付するなどの方法により、譲受人Cを悪意または善意有過失として、Cが即時取得できないように努めることもある（もっとも、店の商品のように、ネームプレートの貼付が困難なものも多い）。

　なお、前述のように、Aと法人Bとの間でB所有の動産につき譲渡担保権が設定され、動産債権譲渡特例法により動産譲渡登記ファイルへの譲渡の登記がなされると、178条の引渡しがあったものとみなされる（動産債権譲渡特例3条）。その後、設定者Bが譲渡担保の目的動産を第三者Cに譲渡してCが現実の引渡しを受けた場合、Cは譲渡担保の目的であることにつき善意であっても過失があるとされてCに即時取得が認められないかが問題となる（☞第2節2

(2)(b))。

(b)設定者による目的動産への第三者のための二重譲渡担保の設定　譲渡担保権の実行によりＡが確定的に甲の所有権を取得する前に、甲がＡの譲渡担保権の目的となっていることを隠して、設定者Ｂが甲にＣのために二重に譲渡担保権の設定をし、Ｃへの占有改定による引渡しをした場合（**二重譲渡担保の設定**）、Ａの譲渡担保権とＣの譲渡担保権の関係はどのようになるか。

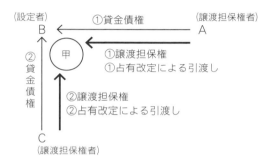

　所有権的構成によると、目的動産の所有権は譲渡担保権者Ａにあるから、設定者Ｂによる第三者Ｃのための二重の譲渡担保権設定は、**無権限者による譲渡担保設定**であり、Ｃは譲渡担保権を取得できないのが原則であるが、ＣがＡの譲渡担保の目的動産であることにつき善意無過失で譲渡担保権の設定を受けかつ目的動産の現実の引渡しを受けたときには、譲渡担保権の**即時取得**が成立し（192条）、Ａの譲渡担保権は消滅する（Ｃに所有権が移転すると考えるから。もっとも一般に譲渡担保においては占有改定による引渡しであるため譲渡担保権の即時取得は認められない〔占有改定と即時取得につき判例のとる否定説の立場〕。ただし、ＣがＡの譲渡担保権の存在につき善意無過失のまま譲渡担保権を実行しかつ現実の引渡しを受けたときは、192条の即時取得が認められ、Ａの譲渡担保権は消滅する）。

　担保権的構成によると、設定者Ｂには設定者留保権もしくは担保権の負担の付いた所有権があるから、設定者Ｂはこれらに**有効に譲渡担保権を設定**することができ（設定者Ｂに残っている物権に担保権の設定をしているから、後順位譲渡担保権の設定といえる）、第三者Ｃは、占有改定による引渡しでその対抗要件を備え、後順位譲渡担保権者になる。もしＣがＡの譲渡担保の目的動産であるこ

とにつき善意無過失で譲渡担保権の設定を受けかつ目的動産の現実の引渡しを受けたときには、譲渡担保権の**即時取得**が認められ（192条）、Cが先順位の譲渡担保者になる（もっとも一般に譲渡担保においては占有改定による引渡しであるため即時取得は認められない〔占有改定と即時取得につき判例のとる否定説の立場〕。ただし、CがAの譲渡担保権の存在につき善意無過失のまま譲渡担保権を実行しかつ現実の引渡しを受けたときは、192条の即時取得が認められ、Aの譲渡担保権は消滅する）。いずれの構成によるも、即時取得の可能性があるから、譲渡担保権者Aは、目的動産に**ネームプレート**を貼付するなどにより二重譲渡担保権設定者Cの**即時取得**が成立しないように努めることもある。

判例（前掲最判平18・7・20民集60-6-2499〔百選Ⅰ・99事件〕）は、集合動産譲渡担保のケースにおいて、設定者が二重に集合動産譲渡担保権を設定すること自体は許されるとしても、と述べ、**二重動産譲渡担保の設定を容認する可能性**を示しているから（☞第9節3(5)(d)）、判例も、この点においては担保権的構成に近付いてきているといえる。

なお、担保権的構成により二重の譲渡担保権の設定が認められる場合、後順位譲渡担保権者が自ら譲渡担保権の私的実行をすることについては、先順位譲渡担保権者が優先弁済を受ける手続が保障されていないため**否定的**に解されており（集合動産譲渡担保に関する前掲最判平18・7・20参照）、先順位譲渡担保権者Aの私的実行により、設定者BがAに対して清算金請求権を有するとき、後順位譲渡担保権者は清算金請求権に物上代位して優先弁済を受けることになろう（もっとも仮登記担保の場合と異なり、清算期間がないから、後順位譲渡担保権者の物上代位の機会が保障されているわけではない）。

(c)設定者に対する一般債権者による目的動産の差押え　譲渡担保権の実行によりAが確定的に甲の所有権を取得する前に、設定者Bに対して貸金債権を有する一般債権者Cが、甲はBの責任財産に属する物として、動産執行の申立てをし、執行官が甲を差し押さえて強制執行の手続を開始した場合（民執122条1項・123条1項）、動産譲渡担保権者Aは、「強制執行の目的物について所有権その他目的物の譲渡又は引渡しを妨げる権利を有する第三者」であるとして、Cに対して**第三者異議の訴え**（同法38条）を提起して動産執行の手続を取り消させることができるか。

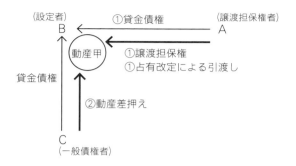

　所有権的構成によると、目的動産の所有権は譲渡担保権者Aにあり、占有改定による引渡しにより対抗要件（178条）を備えているから、Aは**第三者異議の訴え**を提起してCの申し立てた動産執行手続を取り消させることができることになる。**判例**（最判昭56・12・17民集35-9-1328、最判昭58・2・24判時1078-76）はこの立場である。

　これに対して、**担保権的構成**によると、設定者Bに対する一般債権者Cの申し立てた動産執行手続が開始された場合、譲渡担保権者Aはその手続の中で被担保債権の優先弁済を受けることができれば足りると考えられる（仮登記担保の場合は、この考え方である〔仮登記担保15条1項・13条〕。☞第2章第6節）。そこで、民事執行法施行前の多数学説は、一般債権者Cの申し立てた動産執行手続が開始された場合、譲渡担保権者Aは、旧民事訴訟法の強制執行の編（当時第6編）に存在した優先弁済請求の訴えを提起することによりこの動産執行手続の中で優先弁済を受ければ足り、第三者異議の訴えにより動産執行手続を取り消させることはできないとしていた。

　ところが1979（昭54）年に制定された民事執行法は、強制競売手続が開始された動産につき担保権を有する債権者がより容易に優先弁済を受けられるように、優先弁済請求の訴えの制度を廃止し、同法133条に「先取特権又は質権を有する者は、その権利を証する文書を提出して、**配当要求**をすることができる」とする規定を置いた。そこで、担保権的構成に立つ学説の多くは、同法133条に配当要求をなし得る担保権者として譲渡担保権者があげられていないから、譲渡担保権者Aは、**第三者異議の訴え**を提起して設定者Bに対する一般債権者Cの申し立てた動産執行手続を取り消させることができるとする見解を

とるに至っている（鈴木・303頁、内田Ⅲ・533頁など）。

しかし、担保権的構成からすれば、譲渡担保権者Aは、目的動産から優先弁済を受けることができれば十分であるから、Aは**民事執行法133条の類推適用により配当要求**をなし得るにすぎないと考えるべきであり（被担保債権が弁済期未到来であっても配当を受けることができることにつき、民執139条4項・142条2項参照）、このような見解も有力である（竹下守夫「譲渡担保と民事執行」ジュリ809号89頁、高木・356頁）。もっとも、この説によっても、目的物の価額（例えば、100万円）が譲渡担保権者Aの被担保債権額（例えば、150万円）を下回るときは、Aは第三者異議の訴えを提起し得るし（同旨：川井Ⅱ・476頁）、執行手続費用（例えば、10万円）に譲渡担保権者の被担保債権額（例えば、150万円）を加えた額が目的動産の価額（例えば、100万円）を上回るときは、一般債権者Cの申立てにかかる動産執行は、無剰余差押えとして執行官により取り消されることになる（民執129条2項）。したがって、Aには不利益は生じない。

(d)動産売買先取特権に基づく目的動産に対する動産競売の申立て　CからBが動産甲を買い受け甲の引渡しを受けた場合、CがBから売買代金の支払いを受けるまで、Cは甲につき**動産売買先取特権**を有する（311条5号・321条）。ところが、買主Bが売主Cに対する代金未払のまま、Bの債権者Aに対する貸金債務の担保のために甲に譲渡担保権の設定をしAに**占有改定による引渡し**をしたとする。この場合、Bの代金債務の履行遅滞のため売主Cが動産売買先取特権に基づき甲につき申し立てた動産競売手続（民執190条）に対して、譲渡担保権者Aは、**第三者異議の訴え**（同法38条）を提起して動産競売手続の取消しを求めることができるか。Cの動産売買先取特権とAの動産譲渡担保権の優劣が問題となる。

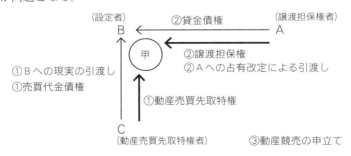

譲渡担保を**所有権的構成**の立場で考えれば、譲渡担保権の設定を受けたＡはＢから甲の所有権を取得した第三取得者であり、333条の引渡しには占有改定による引渡しが含まれるから（☞第2編第3章第4節3(1)(a)(b)）、333条によりもはや売主Ｃは甲につき動産売買先取特権を行使し得ず、したがって、特段の事情のない限り、譲渡担保権者Ａは第三者異議の訴え（民執38条）を提起して競売手続の停止・取消しを求めることができる、ということになる（集合動産譲渡担保に関する判例であるが、最判昭62・11・10民集41-8-1559は、この考えに立つ。☞第9節3(5)(c)ⅰ）。

　これに対して、**担保権的構成を徹底する**立場からすると、333条の適用の問題ではなく、譲渡担保権と動産売買先取特権の競合の問題と捉え、譲渡担保権を約定の動産担保物権である点で共通性を有する**質権と同等**の権利と見て、334条を類推適用すると、譲渡担保権は330条1項1号の権利、動産売買先取特権は同条同項3号の権利となるから、譲渡担保権が動産売買先取特権に優先するという結論を導くことができる（田原睦夫「動産の先取特権の効力に関する一試論」『現代私法学の課題と展望（上）』〔林良平還暦〕95頁〔有斐閣・1982年〕、近江幸治「動産売買先取特権をめぐる新たな問題点」『現代判例民法学の課題』〔森泉章還暦〕385頁〔法学書院・1988年〕など）。その結果、担保権的構成を徹底する立場からすると、動産競売による換価代金が譲渡担保権者の被担保債権額を超える可能性が高い場合には、動産競売手続による換価を認めて、配当要求（民執133条類推適用）をした譲渡担保権者が優先弁済を受け、換価代金が譲渡担保権者の被担保債権額を超える可能性が低い場合には、先取特権者は配当を受けることができないから、譲渡担保権者Ａは第三者異議の訴えを提起して競売手続の停止・取消しを求めることができる、という取扱いになろう。ただし、334条類推適用説による場合、**譲渡担保権者が動産売買先取特権の存在につき悪意であるときは**（実際には、代金後払いでＢが買い受けることが多いため、Ａが悪意の場合も多いであろう）、動産売買先取特権が譲渡担保権に優先する（330条2項前段）。

　(e)設定者に対する会社更生手続、民事再生手続または破産手続開始決定
譲渡担保権設定者Ｂにつき、破産手続、民事再生手続、または会社更生手続が開始された場合については、所有権的構成によれば、譲渡担保権者Ａは取戻権

を行使し得るということになるが（会更64条、民再52条、破62条）、**判例**も、学説と同様、所有権的構成をとらず、譲渡担保権者Aは**実質的**には**担保権者**であるから、Bにつき会社更生手続が開始された場合は、更生担保権者（会更2条10項・11項）に準じてその権利の届出をし、更生手続によって権利行使をすべきであって（別除権は認められず、更生手続に服する）、所有権に基づく取戻権を有するものではないとした（最判昭41・4・28民集20-4-900）。この考え方からすると、設定者Bにつき破産手続または民事再生手続が開始されたときは、譲渡担保権者Aは、抵当権者などと同様、**別除権**（破2条9項・10項、民再53条1項）を有し、破産手続また民事再生手続にはよらずに（破65条、民再53条2項）、譲渡担保権の私的実行をなし得ると解することになろう（名古屋高判昭53・5・29金判562-29参照）。

(2)**譲渡担保権者側の第三者と設定者との関係**　　動産譲渡担保の場合には、目的動産が設定者Bの直接占有下にあるのが通常だから、譲渡担保権者Aがこの動産を第三者Dに譲渡したり、第三者Dのために譲渡担保権の設定をしたり、あるいは譲渡担保権者Aの一般債権者（金銭債権者）Dがこれを差し押さえたりすることは通常生じない。譲渡担保権者に対する破産手続、民事再生手続、または会社更生手続開始決定がなされた場合については、☞3(1)(d)を参照されたい。

3. 不動産譲渡担保の場合

(1)**譲渡担保権者側の第三者と設定者との関係**　　不動産譲渡担保の場合は、通常、譲渡担保権設定の時点で譲渡担保権者Aに所有権移転登記がなされるから、譲渡担保権が実行されてAに目的不動産が確定的に帰属する前に、譲渡担保権者Aによる目的不動産の第三者Dへの譲渡や譲渡担保権者Aに対する一般債権者Dによる目的不動産への差押え（強制競売の申立て）などが生じ得る。このような場合に、譲渡担保権設定者Bは、目的不動産の譲受人Dに対して目的不動産の引渡しを拒むとともにAからDへの所有権移転登記の抹消登記手続を請求できるのか、また、Dの申し立てた強制競売の手続の取消しを求めることができるのかなどが問題となる。判例・学説上見解が分かれている問題である。

(a)譲渡担保権者による目的不動産の第三者への譲渡　譲渡担保権の実行手続をする前に、譲渡担保権者Aが甲土地を第三者Dに譲渡してAからDへの所有権移転登記がなされた場合、Dは甲土地所有権に基づき、設定者Bに対して甲土地の引渡しを求めることができるかが問題となる。被担保債権の弁済期到来前の第三者への譲渡であれば、BはDに対して甲土地の引渡しを拒み、弁済期までに被担保債権を弁済して甲土地を取り戻す（Dに対して所有権移転登記の抹消登記手続を請求する）ことができるか、という問題になる。被担保債権の**弁済期到来後**の第三者への譲渡であれば、設定者Bは清算金の支払いを受けるまで、被担保債権額相当額を譲渡担保権者Aに支払いまたは供託して、甲土地を受け戻す（AおよびDに対して所有権移転登記の抹消登記手続を請求する）ことができるか、という問題となる。

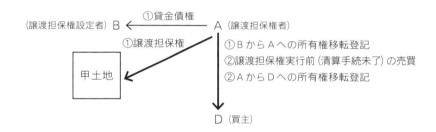

ⅰ　学説　**(α)所有権的構成**　所有権的構成によると、被担保債権の**弁済期の前後を問わず**、甲土地の所有権は譲渡担保権者Aに完全に移転しているから、Aは有効に甲土地を譲渡することができ、買い受けた第三者Dは譲渡担保の目的不動産であることにつき悪意であっても有効に所有権を取得する。**従来の判例**は、この立場であった（大判大9・9・25民録26-1389）。これによれば、設定者Bと譲受人Dは前主と後主の関係に立つから、Dは所有権移転登記を備えていなくてもBに所有権を対抗し得る。したがって、DはBに対して甲土地の引渡しを請求できる（Bには譲渡担保関係を前提とする清算金請求権を被担保債権とする留置権の行使も認められないことになろう）。

(β)設定者留保権説　担保権的構成のうち**設定者留保権説**によると（☞第1節5(2)(c)）、譲渡担保権者Aの有する権利は設定者留保権の負担のある所有権

(所有権マイナス設定者留保権)であるから、Aからの譲受人Dは設定者留保権の負担のある所有権を取得する。譲受人Dから設定者Bへの甲土地引渡請求に対して、譲渡が**弁済期の到来前であれ到来後であれ**、BはDの取得した権利が設定者留保権の負担のある所有権にすぎないことを理由に引渡しを拒むことができる。そして、弁済期到来前であれば、弁済期までに被担保債権を弁済して甲土地を取り戻すことができるし、弁済期到来後であれば、AがBとの関係で清算手続を済ませるまでは、Bは被担保債権額相当額をAに支払うか提供することにより甲土地を受け戻すことができる。これに対してDは、**94条2項の類推適用**により設定者留保権の負担のない所有権を取得したとして、Bに対して甲土地の引渡しを請求し得るかが問題となる（☞次の「《展開》」）。

　(γ)担保権説　　**担保権説**によると、譲渡担保権者Aの有する権利は担保権であるから、Aからの譲受人Dは担保権を取得する（被担保債権から切り離された担保権をDが取得するという構成になる点は、担保権の付従性に抵触することになり、この説の難点である）。譲受人Dから設定者Bへの甲土地引渡請求に対して、譲渡が弁済期の到来前であれ到来後であれ、BはDの取得した権利は譲渡担保権という担保権にすぎないことを理由に引渡しを拒むことができる。被担保債権の弁済による甲土地の取戻し、および被担保債権額相当額の支払い等による甲土地の受戻しについては、(β)と同様である。これに対してDは、94条2項の類推適用によりBの所有権は消滅し完全な甲土地所有権を取得したとして、甲土地の引渡しを請求し得るかが問題となる（高木・359頁。近江Ⅲ・306頁以下は、弁済期到来前については、高木説と同様であるが、仮登記担保法の清算期間を譲渡担保にも類推適用し、清算期間経過後については、所有権がAに移転するからDは悪意でも有効に所有権を取得するとする）。

《展開》譲渡担保権実行前の目的不動産譲受人に対する94条2項類推適用の問題
　　　　前述のように、担保権的構成をとる(β)説においても(γ)説においても、Dは、94条2項の類推適用によりBの物権的権利は消滅し完全な甲土地所有権を取得したとして、甲土地の引渡しを請求し得るかが問題となり、この点については学説は大きく分かれている（(γ)の担保権説の方が設定者Bに有利であるということでもない）。
　　　　甲土地の売主である譲渡担保権者Aの備えていた**所有権移転登記の登記簿上の登記原因は、譲渡担保の場合と売買の場合とがある**。この点に着目して、安永正昭教授は、譲渡担保が登記原因となっていた場合は、設定者Bに**帰責性**はなく、Dも甲土地が譲渡担

保の目的であることにつき善意無過失とはいえないから、Dの甲土地引渡請求は認められないが、売買が登記原因となっていた場合は、設定者Bに**帰責性**が認められ、Dが善意または善意無過失であったときは、94条2項の類推適用によりDの甲土地引渡請求は認められる（ただし、Bには清算金請求権を被担保債権とする留置権が認められる）、とする（安永・404頁。被担保債権の弁済期到来前の譲渡のケースについて）。

　これに対して、登記簿上の**登記原因がいずれであっても94条2項**の類推適用を認め、Dが善意または善意有過失である場合は、甲土地引渡請求は認められる（ただし、Bには清算金請求権を被担保債権とする留置権が認められる）とする説も多い。この説の場合、設定者Bの**帰責性**につき触れていないものが多いが、設定者Bの**帰責性**をBが所有権移転登記を自ら申請した所に求める見解も見られる（高木・359頁、髙橋・298頁注37。内田Ⅲ・536頁は、第三者は94条2項（類推）の要件を充たす限りで完全な所有権を取得できるとするのみであるので、**帰責性**をどこに求めるのか、またどのような場合に94条2項（類推）の要件が充たされるのかははっきりしない）。なおこの説にあって、譲渡担保が登記原因の場合には、譲受人Dの悪意または有過失にあたる可能性が高まる効果しか持ち得ないだろうとするものもある（道垣内・322頁。川井Ⅱ・467頁もほぼ同旨）。

　この説とは対照的に、松岡久和教授は、登記原因がいずれかであるかを問わず、設定者の**帰責性**は乏しく、帰責性の高い外観作出者に責任を負わせるという94条2項の本来の発想とは遠く、類推適用の根拠は危ういとする（田井ほか・370頁〔松岡久和〕）。

　この点については、筆者は松岡教授または安永教授の説が妥当であると考える。譲渡担保が登記原因となっていた場合は、設定者Bに**帰責性**はない（登記原因まで含めて考えると、譲渡担保の公示方法として過不足はない）から、94条2項類推適用の余地はなく、Dの甲土地引渡請求は認められるべきではないし、弁済期到来後であれば、Bは清算金が支払われるまで被担保債権額相当額をAに支払いまたは供託をして、受戻権を行使し得ると解すべきである。売買が登記原因となっていた場合も、設定者Bが登記原因を売買とすることを望んだわけではなく、金銭を借り受ける弱い立場にある設定者Bに**帰責性**があるとはいえないと思われるが（登記に公信力を認めないわが国で、94条2項により第三者を保護するときの判例の要件は、かなり厳格である。この点で筆者は松岡教授と認識を共有する。もっとも、松岡・342頁では、教授の見解は不明）、仮にBに帰責性があるという見解を受け入れたとしても、通常は譲受人Dは悪意または善意有過失であって、94条2項類推適用によりDが保護されることはほとんどないというべきである。なぜなら、不動産譲渡担保にあっては通常設定者Bが目的不動産である甲土地を直接占有しているのであるから、甲土地を譲り受けようとするDは、Bがいかなる権原に基づいて甲土地を占有しているのかを実際に調査すべきであり、したがって譲渡担保実行前の譲受人Dは、甲土地が譲渡担保の目的であることにつき**一般に悪意または善意有過失**といえるからである（例外的に設定者Bによる目的不動産占有の実態がない場合には、Dが保護されることがある）。したがって、登記原因が売買であっても、原則として、被担保債権の弁済期到来前はもちろんのこと、弁済期到来後は清算金が設定者Bに支払われるまでは、譲受人Dの甲土地引渡請求は認められるべきではないし、弁済期到来後は、Bは清算金が支払われるまでは被担保債

権額相当額をAに支払いまたは供託をして、受戻権を行使し得る（DおよびAに対して所有権移転登記の抹消登記手続を請求し得る）と解すべきであろう。

　ⅱ　**判例理論**　　判例は、学説の多数とは異なり、譲渡担保権者Aから第三者Dへの**譲渡の時期が被担保債権の弁済期の前と後とで取扱いを異にする**（弁済期到来前については担保権的構成とほぼ同様であるが、弁済期到来後についてはほぼ所有権的構成である）。弁済期到来後、譲渡担保権実行（清算手続終了）前の第三者への譲渡については、判例が確立しているので、これから先に見ていくことにする。

　(α)弁済期到来後の第三者への譲渡　　判例は、被担保債権の弁済期到来後、譲渡担保権者Aが清算金の支払いやその提供または清算金が生じない旨の通知をせず（すなわち、譲渡担保権の実行手続を行わず）、かつ、債務者も債務の弁済をしないうちに、Aが目的不動産を第三者Dに売却したときは、原則として譲受人Dは目的物の所有権を確定的に取得し、設定者Bは清算金請求権を行使し得るにとどまり、もはや被担保債権額相当額をAに弁済または供託して**目的物を受け戻すことはできなくなる**としている（最判昭62・2・12民集41-1-67〔理由はあげていない〕、最判平6・2・22民集48-2-414〔百選Ⅰ・98事件〕）。

　その理由として判例（前掲最判平6・2・22）は、**弁済期到来後**は、譲渡担保権者Aは、帰属清算型譲渡担保であると処分清算型譲渡担保であるとを問わず、目的物の**「処分権能」を取得する**ということをあげているが、何故に私的実行にあたらない一般的な「処分権能」まで取得するかについては触れていない（前掲最判昭62・2・12の調査官解説も同様である。最高裁判例解説〔民事篇・昭和62年度〕47頁〔魚住庸夫〕参照）。

　さらにこの最判平6・2・22は、この理は、譲渡を受けた第三者Dがいわゆる**背信的悪意者にあたる場合であっても異なるところはない**、とする。その理由としてこの判例は、①そのように解さないと、**権利関係の確定しない状態**が続くこと、および②譲受人Dが背信的悪意者にあたるかどうかを確知し得る立場にあるとは限らない債権者（譲渡担保権者）Aに、**不測の損害**を被らせるおそれを生ずること、をあげている。

　(β)弁済期到来前の第三者への譲渡　　弁済期到来後の第三者への譲渡に関

する前掲最判昭62・2・12以降、弁済期到来前の譲渡担保権者Ａによる第三者への譲渡についての判例は現れていないが、最近の判例（最判平18・10・20民集60-8-3098）は、傍論であるが（後述の(c)のケースに関するものであるから）、被担保債権の弁済期到来前においては、譲渡担保権者Ａは、債権担保の目的を達するのに必要な範囲内で目的不動産の所有権を有するにすぎず、目的不動産**を処分する権能を有しない**とする（☞(c)）。この判例からすると、被担保債権の弁済期到来前に譲渡担保権者Ａが甲土地を第三者Ｄに譲渡した場合、処分権限を有しない者による譲渡であるから、所有権的構成（☞ⅰ(α)）とは異なり、Ｄによる所有権取得については94条2項の類推適用の可否の問題が生じ得るように思われる（少なくとも弁済期までに設定者Ｂが被担保債権を弁済すれば、甲土地が譲渡担保の目的物であることにつき譲受人Ｄが善意または善意無過失でないときには、ＢはＤに所有権の回復（受戻し）を主張できるということになりそうである。同旨：安永・403頁）。

ⅲ 判例理論の問題点　これらの判例理論に賛成する学説もあるが（道垣内・327頁以下）、反対する学説も多い（鈴木・388頁、374頁以下、内田Ⅲ・536頁以下など。詳細については、生熊長幸「譲渡担保権の対外的効力と二段物権変動説」太田＝荒川＝生熊編『民事法学への挑戦と新たな構築』338頁以下〔創文社・2008年〕参照）。これは、上記の判例理論は、被担保債権の弁済期到来後は、譲渡担保権者は目的不動産の「処分権能」を取得するから、帰属清算型の場合であっても、目的物が第三者に処分されたときは完全に有効な処分であり、設定者はもはや受戻権を行使し得ないとしているが、担保権的構成からすれば、このようには理解すべきではないからである（☞ⅰ(β)(γ)）。

すなわち、**被担保債権の弁済期到来後、譲渡担保権者が取得する処分権能というのは譲渡担保権の実行のための換価処分権**（帰属清算型であれば自己に確定的に帰属させる権利、処分清算型であれば換価のために第三者に処分する権利）であり、それと無関係な処分権までもが譲渡担保権者に認められるわけではない。したがって、当該譲渡担保が帰属清算型であるにもかかわらず、清算手続を行わないまま譲渡担保権者Ａが第三者Ｄに目的不動産を譲渡した場合、例えば、**設定者留保権説**によれば、これは**設定者留保権の負担のある不動産の譲渡**であり、譲受人Ｄは設定者留保権の負担のある不動産しか取得し得ず、設定者Ｂは**なお**

受戻権を行使し得るのが原則であるが、譲受人Dに94条2項の類推適用が認められるとする説に立つときは、譲受人Dが設定者留保権の存在につき善意または善意無過失であれば、Dは設定者留保権の負担のない不動産を取得でき、設定者Bはもはや受戻権を行使できないということになる（☞ i (β)）。そこで、担保権的構成によれば、少なくともDが悪意の譲受人であるときには、Bはなお設定者留保権を主張でき、Dからの引渡請求に応ずる必要はないし、Bは清算金の支払いを受けるまでは被担保債権額相当額をAに支払うか供託をして受戻権を行使し得ることになるのである（生熊長幸「仮登記担保および譲渡担保における弁済期到来後の受戻権の行使」立命館法学2010年5=6号75頁〔2011年〕）。

　また、上記判例が、弁済期到来後に**背信的悪意者**であるDが目的不動産を譲り受けた場合にも、設定者Bはもはや**受戻権を行使し得ない**としている点については、学説からの批判は一層強い。担保権的構成からすれば、前述のように、そもそも悪意者は設定者留保権の負担のある不動産しか取得できないことになる。また、判例のように、弁済期到来後は譲渡担保権者は処分権能を取得するという立場をとったとしても、設定者Bの受戻権を喪失させることに主たる関心のある悪意者を保護する必要はない。また、本来、譲渡担保権者Aは、帰属清算型譲渡担保の場合、設定者Bに清算金を支払って**確定的に自己の物としてから第三者に譲渡す**べきなのであり、それをしないまま第三者に譲渡したのであるから、清算金をBに支払わないうちにBから受戻権を行使されたからといって、譲渡担保権者Aにとって不測の損害とはいえないのである（同旨：内田Ⅲ・538頁）。

(b)譲渡担保権者による目的不動産への第三者のための譲渡担保権の設定

　譲渡担保権者Aが目的不動産である甲土地に第三者Dのために譲渡担保権を設定した場合はどうなるか。

　所有権的構成によると、甲土地の所有権は譲渡担保権者Aにあるから、Aは**有効に目的不動産に譲渡担保権を設定でき**（最判昭56・12・17民集35-9-1328）、第三者Dは悪意であっても（背信的悪意者でなければ）有効に譲渡担保権を取得する。AのDに対する被担保債権の履行遅滞により、Dは甲土地につき譲渡担保権を実行して確定的に所有権を取得し得る。設定者Bはこれに対して不服を申し立てることはできない。

担保権的構成のうち**設定者留保権説**によると、譲渡担保権者Aの有する権利は、設定者留保権の負担のある所有権であるから、Aから譲渡担保権の設定を受けたDは、**設定者留保権の負担のある所有権に譲渡担保権の設定を受けたこと**になる（転譲渡担保といえる）。Dは、Aに対する被担保債権およびAのBに対する被担保債権の弁済期が到来すれば、原譲渡担保権および転譲渡担保権の私的実行をなし得る。設定者Bは、設定者留保権をDに対抗し得るから、Bが被担保債権を弁済したときは、甲土地の回復をDに対抗し得る（DおよびAに対して所有権移転登記の抹消登記手続を請求し得る）。Dが設定者留保権の存在につき善意または善意無過失であるとして、94条2項の類推適用により設定者留保権の負担のない甲土地に譲渡担保権の設定を受けたことを主張できるか否かについては、(a)ⅰ(β)に準じて考えることになる。**担保権説**は、このようなケースは、譲渡担保権者Aによる転譲渡担保権の設定であり、転抵当（☞第2編第1章第8節4）に準じて考えればよいとする（高木・361頁。実行方法については、不明）。

(c)譲渡担保権者に対する一般債権者による目的不動産差押えの場合

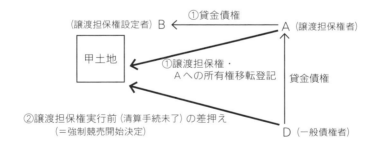

不動産執行（一般債権者による債務者の不動産に対する金銭債権の満足のための強制執行）においては、不動産の所有権登記名義を有している者をさしあたりその不動産の所有者として、その者に対する金銭債権者はその不動産を差し押さえることができるから（強制競売を申し立て競売開始決定を受ける）、譲渡担保権者Aに対する一般債権者（金銭債権者）Dによる目的不動産の差押えが生じ得る。この場合、設定者Bは、目的物の譲渡または引渡しを妨げる権利を有する者として、**第三者異議の訴え**（民執38条）を提起して強制競売の手続を取り

消させることができるか、また、弁済期到来後であれば、Bは被担保債権額相当額を譲渡担保権者Aに支払うか供託して、第三者異議の訴えを提起し強制競売の手続を取り消させ、Dの差押えの登記の抹消登記手続とAの所有権移転登記の抹消登記手続を請求し得るか（同条2項）、が問題となる。

　i　**学説**　**(α)所有権的構成**　　**所有権的構成**によると、目的不動産の所有権は譲渡担保権Aにあるから、目的不動産が譲渡担保の目的であることにつき差押債権者Dが悪意であっても、設定者Bは、第三者異議の訴えを提起して強制競売の手続を排除し得ない。

　(β)設定者留保権説　　担保権的構成のうち**設定者留保権説**によると、譲渡担保権者Aの有する権利は、設定者留保権の負担のある所有権であるにすぎないから、このままDの申し立てた強制競売手続の進行を認めるとBの設定者留保権が侵害されることになるため、設定者Bは設定者留保権に基づいて第三者異議の訴えを提起して、Dの申し立てた強制競売手続の取消しを求めることができると解すべきことになる。それでは、差押債権者Dが善意（または善意無過失）であるときは、94条2項の類推適用により、Bは第三者異議の訴えによりDの申し立てた強制競売手続を取り消させることはできないと解すべきか。できないと解する説が多い（道垣内・322頁および内田Ⅲ・538頁は、差押債権者Dは、94条2項類推適用により保護されることがあり得るとする）。

　(γ)担保権説　　**担保権説**によると、譲渡担保権者Aは担保権を有するにすぎないから、設定者Bは所有権に基づき第三者異議の訴えを提起して、Dの申し立てた強制競売手続の取消しを求めることができることになる。94条2項類推適用の関係で、設定者Bが第三者異議の訴えにより強制執行手続の停止・取消しを求めることができないことがあるか否かについては、(a)の場合に準じて考えている（高木・361頁、近江Ⅲ・308頁。☞(a)ⅰ(γ)）。

　ⅱ　**判例理論**　　判例は、(a)の場合と同様、学説の多数とは異なり、譲渡担保権者Aに対する一般債権者Dの申立てによる目的不動産の**差押登記の時期が、被担保債権の弁済期の前と後とで取扱いを異にしている**。弁済期到来後、譲渡担保実行（清算手続終了）前に譲渡担保権者Aに対する一般債権者Dが譲渡担保の目的不動産につき差押えをしたケースについては判例が存在するので、これから先に見ていくことにする。

(α)弁済期到来後の一般債権者による差押え　判例（最判平18・10・20民集60-8-3098）は、被担保債権の**弁済期到来後**に譲渡担保権者Aに対する一般債権者Dが目的不動産を差し押さえ、差押えの登記がなされた場合については、譲渡担保権設定者Bは、もはや被担保債権額相当額を譲渡担保権者Aに支払いまたは供託して、受戻権行使による目的不動産の**所有権の回復を請求することはできない**とする。

　その理由として、この判例も、(a)ii(α)における判例と同様に、設定者が債務の履行を遅滞したときは譲渡担保権者は目的不動産の「**処分権能**」を取得するから（所有権を取得するとはしていない）、被担保債権の弁済期後は、設定者としては、目的不動産が**換価処分されることを受忍すべき立場**にあるというべきであり、設定者Bは、譲渡担保権者Aに対する一般債権者Dによる目的不動産の強制競売による換価も、譲渡担保権者Aによる換価処分と同様に受忍すべきものということができる、と述べている。

(β)弁済期到来前の一般債権者による差押え　被担保債権の**弁済期到来前**に譲渡担保権者Aに対する一般債権者Dが譲渡担保権の目的不動産を差し押さえた場合については、前掲最判平18・10・20（譲渡担保を登記原因として所有権移転登記がなされたケース）は、傍論であるが、少なくとも、設定者Bが弁済期までに債務の全額を弁済して目的不動産を受け戻したときは、設定者Bは第三者異議の訴えにより強制執行の不許を求めることができると解すべきであるとする。

　この判例は、その理由として、**弁済期前**においては、譲渡担保権者Aは、債権担保の目的を達するのに必要な範囲内で目的不動産の所有権を有するにすぎず、目的不動産の「**処分権能**」を有しないから、このような差押えによって設定者Bによる受戻権の行使が制限されると解すべき理由はない、ということをあげている。

　iii　**判例理論の問題点**　これらの判例理論に賛成する学説もあるが（道垣内・328頁、近江Ⅲ・308頁）、問題があるというべきである。金銭債権の満足のための強制執行は、前記の(a)(b)の場合と異なり取引ではなく、債務者（ここではDの債務者である譲渡担保権者A）の**責任財産**から債権者Dが**債権の強制的満足**を得ることであり、設定者留保権説からすると、譲渡担保権の被担保債権の

弁済期到来後であっても譲渡担保権の実行がなされる前に譲渡担保権者Ａの責任財産に属しているのは、ＡがＢに対して有する**被担保債権**と**譲渡担保権（所有権マイナス設定者留保権）**である。したがって、Ａに対する一般債権者Ｄは、この被担保債権と譲渡担保権（所有権マイナス設定者留保権）を差し押さえて（債権執行）、取立権を行使するか転付命令を取得することによって、被担保債権の弁済期到来後、Ｂから弁済を受けてＡに対する債権を回収することができるが（Ｂからの任意の弁済が得られないときは譲渡担保権の私的実行をする）、このような手続をとらずに、譲渡担保の**目的不動産をＤが差し押さえた**場合は、**弁済期到来前**であれば、設定者Ｂは、弁済期に被担保債権を弁済して甲土地を取り戻す権利を奪われるから、第三者異議の訴えを提起して強制競売手続を排除し得るし、**弁済期到来後**であれば、Ａによる清算手続が行われるまでは、設定者Ｂはなお被担保債権額相当額をＡに支払うか供託をし、第三者異議の訴えを提起して強制競売手続を排除し得ると解すべきである（判例は、弁済期到来後はＡが目的不動産の処分権能を取得すると述べるが、いまだＡが所有権を確定的に取得したわけではないので、これにより判例の結論は正当化されない。ほぼ同旨：松岡・345頁）。ＢからＡへの所有権移転登記がなされたことにつき原則としてＢに**帰責性**はないというべきであるから、通常は94条2項の類推適用はないと考えるべきであろう（☞3(1)ⅰの《展開》）。

なお、弁済期到来前に譲渡担保権者Ａに対する一般債権者Ｄが譲渡担保の目的不動産を差し押さえた場合につき、前掲最判平18・10・20は、少なくとも、設定者Ｂが弁済期までに債務の全額を弁済して目的不動産を受け戻したときは、設定者Ｂは第三者異議の訴えにより強制執行の不許を求めることができるとするが、設定者留保権説によれば、Ｄが差し押さえたのはＢが設定者留保権を有する不動産であるから、**弁済期までは設定者Ｂは被担保債権の弁済をしないまま**第三者異議の訴えを提起して強制競売手続を排除し得ると解される（同旨：安永・404頁）。

前掲最判平18・10・20は、**譲渡担保を登記原因**としてＢからＡに所有権移転登記がなされたケースについてのものであるが、**売買を登記原因**として所有権移転登記がなされたケースにおいて、被担保債権の**弁済期前に**Ｄが譲渡担保の目的不動産であることについて善意で差押えをしたときは、94条2項の類

推適用があり得るのかについては、不明である。

(d)譲渡担保権者に対する破産手続開始決定等の倒産手続開始　　譲渡担保権者Aにつき**破産手続**開始決定がなされた場合、旧破産法88条は、破産者に財産を譲渡した者は、担保目的で譲渡したことを理由として、その財産を取り戻すことができないとしていた。この規定は、所有権的構成を前提としたものである。現行の破産法（平16法75）では、この規定は削除された。担保権的構成によれば、譲渡担保権が**被担保債権**とともに**破産財団に属する**ことになる。そこで、設定者Bは、被担保債権を弁済することにより譲渡担保権を消滅させることができ、目的物が破産財団にあるときは、その返還を請求し得る（破62条。判例〔大判昭13・10・12民集17-2115〕・通説）。**民事再生手続**または**会社更生手続**の場合も同様である（民再52条、会更64条）。

(2)譲渡担保権設定者側の第三者と譲渡担保権者との関係　　不動産譲渡担保においては、譲渡担保権設定の際に、譲渡担保権の対抗要件として譲渡担保権者に所有権移転登記がなされるのが通常だから、譲渡担保権設定者側の第三者が目的不動産に関わりを持つことは一般には考えにくい。譲渡担保権設定者Bにつき、破産手続、民事再生手続、または会社更生手続が開始された場合については、☞2(1)(e)を参照されたい。

4．第三者による譲渡担保目的物の侵奪、滅失・損傷等

　第三者により譲渡担保の目的物が侵奪されたり、滅失・損傷されたりした場合、設定者Bおよび譲渡担保権者Aにどのような権利が発生するか。

(1)目的物の占有侵奪、滅失・損傷に対する物権的請求権　　第三者が設定者Bの占有していた譲渡担保の目的動産を持ち去ったり、設定者Bの占有していた不動産を不法に占有している場合、**所有権的構成**によると、譲渡担保権者Aは、**所有権に基づく物権的返還請求権**を行使することができるが、設定者Bは、物権を有しないので、物権的返還請求権を行使することはできず、占有回収の訴え（200条・201条3項）により目的物の返還を求めることができるにとどまる（我妻Ⅲ・651頁）。**担保権的構成**によると、譲渡担保権者Aは、**所有権**（設定者留保権の負担のある所有権）**あるいは譲渡担保権に基づく物権的返還請求権**を行使することができ（抵当権の場合の最大判平11・11・24民集53-8-1899に準ずる。

☞第2編第1章第12節2(5)(c)～(f))、他方、設定者Bも、**設定者留保権あるいは所有権に基づく物権的返還請求権**を行使することができる。**判例**（最判昭57・9・28判時1062-81）は、設定者Bの権利がいかなるものであるかを明らかにしていないが、設定者は、担保権者が譲渡担保権の実行としての換価処分権を完結するまでは、受戻権を行使して完全な処分権を回復できるのであるから、設定者Bは、「占有者に対してその返還を請求することができるものと解するのが相当である」として、設定者Bに占有回収の訴えとは別個の**物権的返還請求権を肯定**している。したがって判例は、この点については設定者の有している権利を物権的なものと理解しているといえよう。以上のことは、第三者により目的物の減失・損傷が行われている場合、および行われるおそれがある場合の妨害排除請求権および妨害予防請求権についても同様である。

(2)**目的物の占有侵奪、減失・損傷の場合の損害賠償請求権**　　目的物の占有を侵奪しまたは目的物を減失・損傷して損害を与えた者に対して、**所有権的構成**によると、譲渡担保権者Aは、**所有権侵害**の不法行為に基づく損害賠償請求権を行使することができ、設定者Bは、**債権侵害**（被担保債権を弁済すれば目的不動産を回復し得る債権）の不法行為に基づく損害賠償請求権を行使することができる。**担保権的構成**によると、譲渡担保権者Aは、**所有権あるいは譲渡担保権侵害**の不法行為に基づく損害賠償請求権を行使することができ、設定者Bは、**設定者留保権あるいは所有権侵害**の不法行為に基づく損害賠償請求権を行使し得る。また、設定者Bが不法行為者に対して有する損害賠償請求権に対して譲渡担保権者Aが**物上代位**することもあり得る。

第5節　譲渡担保権の私的実行

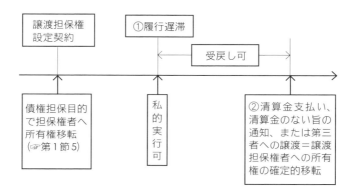

譲渡担保権の私的実行手続

1. 実行方法

　被担保債権の弁済期到来により債務者Bに履行遅滞が生じたときは、譲渡担保権者Aは、譲渡担保権を実行して被担保債権の優先弁済を受けることができるが、譲渡担保権の実行方法は、仮登記担保権の場合と同様、競売手続によらない**私的実行**である。

　実務において使用される譲渡担保権設定契約書には、履行遅滞後は確定的に譲渡担保権者が所有権を取得し、無条件で設定者は目的物を譲渡担保権者に引き渡さなければならないとする約定がしばしば見られるが、この約定通りの効力が認められるわけではない。譲渡担保権は、担保物権に位置付けられているため、実行方法を当事者間で定めても、担保物権としてふさわしい以下のようなものに修正されるからである。

　目的物の価額（例えば、4000万円）が被担保債権額（例えば、2000万円）を上回るときは、譲渡担保権者Aは、その差額（2000万円）を清算金として設定

者Bに支払わなければならない（**清算義務**がある）。逆に目的物の価額（例えば、1800万円）が被担保債権額（例えば、2000万円）を下回っているときは、債権は特約のない限り目的物の価額（1800万円）の限度でのみ消滅し（仮登記担保9条参照）、残債権（200万円）は無担保債権となる。

そこで、譲渡担保権者の清算金の支払義務と設定者の目的物の引渡義務との関係が問題となる。

なお、以下の叙述において、被担保債権の履行遅滞後、譲渡担保権者Aが清算手続をとらないまま担保目的物を第三者Dに売却する場面が出てくるが、これは不動産譲渡担保を前提としたものである。これは、譲渡担保においては、目的物の直接占有は設定者Bの下にあるので、動産譲渡担保の場合には、通常このようなことは生じないが、不動産譲渡担保の場合には、譲渡担保権者Aに所有権移転登記がなされているので、Aが第三者Dに売却することが生ずるからである。

2. 目的物の換価方法——処分清算型か帰属清算型か

譲渡担保権者による目的物の換価方法としては、**帰属清算**と**処分清算**の2種類が考えられる（仮登記担保の場合は、帰属清算である。仮登記担保2条・3条。☞第2章第4節3）。譲渡担保権の実行において、いずれが原則的な換価方法かが問題となる。

(1)帰属清算型譲渡担保　　帰属清算型の場合は、被担保債権の履行遅滞後、譲渡担保権者Aは目的物をA自身に確定的に帰属させることになるが、Aは、目的物の適正な評価額が被担保債権額を上回らないときは、設定者Bに対し**清算金がない旨の通知**をし、他方、目的物の適正な評価額が被担保債権額を上回るときは、その差額を**清算金**として設定者Bに支払わなくてはならない。

譲渡担保権者Aの**清算金の支払義務**と設定者Bの目的物の引渡義務とは**同時履行**の関係に立つ（前掲最判昭46・3・25〔百選Ⅰ・97事件〕。この判例は、譲渡担保の実行方法として処分清算および帰属清算の両方式があることを前提とし、譲渡担保権者Aの設定者Bに対する目的不動産引渡請求訴訟において設定者Bが清算金支払いとの引換給付を主張したときは、特段の事情がない限り同時履行が認められるとして、**帰属清算を原則**とした）。この清算金は、目的物の適正評価額から被担保債

権額（評価に要した相当な費用等の額を含む）を控除した**客観的に正当な額の清算金**でなければならないから、譲渡担保権者Aが、目的物の価額を低く（上記の例で、適正な評価額が4000万円であるところ3000万円と低く）見積もって、客観的に正当な額より少ない額の清算金（上記の例で、被担保債権額等を2000万円として1000万円）を提供して目的物の引渡しを求めてきたときは、設定者Bは同時履行の抗弁権を提出して適正な額の清算金の提供があるまで目的物の**引渡しを拒む**ことができる。Aがなお争う場合には、Aは所有権に基づく目的物の引渡請求訴訟を提起することになり、**裁判所が**不動産鑑定士などの目的物の評価をもとに**適正な額の清算金を算出**し、設定者Bに対し適正な額の清算金の支払いを受けるのと引換えにAへの目的物の引渡しを命ずることになる。

(2)処分清算型譲渡担保　(a)処分清算型の意義　処分清算型とは、譲渡担保権者Aが目的物を第三者Dに売却し（ここでAの売買の相手方をCではなくDとしたのは、本章では譲渡担保権者からの譲受人をDとしているためである）、その売買代金（例えば、5000万円）から被担保債権（例えば、2000万円）の優先弁済を受け、残額（3000万円）を清算金として設定者Bに支払うものである。

したがって、処分清算型が立て前通り認められるとすると、譲渡担保権者Aは、目的物の第三者への売却が容易となるよう第三者への売却に先立ってあらかじめ設定者Bから譲渡担保権者Aへの目的物の引渡しを請求でき（清算金の支払いと目的物の引渡しとは同時履行にはならない）、また、目的物の売買代金額が適正な売買代金額を大幅に下回り（時価が4000万円の不動産を2500万円で売却）、清算金の額が帰属清算の場合と比べてかなり減少しても、設定者Bとしては不服をいえないということになる。

しかし、これでは帰属清算型の場合と比べて設定者Bの不利益が大きくなるので、学説および裁判例は、これに修正を加えている。すなわち、**判例**（前掲最判昭46・3・25）および**多数学説**（高木・348頁、近江Ⅲ・299頁ほか）は、譲渡担保権者Aは、**清算金の支払いまたは提供なしには**、第三者への譲渡の前提として設定者に**目的物の引渡しを請求し得ない**として、引渡しを先履行とすることを認めない。また、下級審裁判例および多数学説は、目的物の売買代金額が適正な売買代金額を下回る場合でも、**清算金の額は適正な売買代金額を基準として計算**されなければならないとする（東京地判昭50・5・26下民集26-5～

8-417〔もっとも、処分時における不動産取引の状況等の諸般の事情を合わせ考慮することが必要であるとする〕。高木・348頁、道垣内・330頁など。東京地判昭49・10・18判時775-143も、譲渡担保権者は、担保物を不当に廉価に処分しないように注意する義務があるとする。反対：近江Ⅲ・300頁〔売却価格は市場価格により客観的に形成されるとする〕）。

処分清算型譲渡担保の実行方法をこのように制限する考え方をとるならば、譲渡担保権者にとって処分清算型が認められる実益は、履行遅滞後清算金の支払い前でも、譲渡担保権者は第三者に目的物を有効に譲渡して受戻権の行使を封じ得ること、および適正な価額で買い受ける者が見つかれば、譲渡担保権者は清算金を用意しなくてすむことにあるということができよう。

(b)処分清算型の問題点　　しかし、①すでに見たように仮登記担保法は、帰属清算の方が合理的な換価方法と考えて、帰属清算のみを採用していること（仮登記担保2条・3条参照。同旨：川井Ⅱ・469頁）、②譲渡担保権の実行において、処分清算をとった場合、通常の売買と異なり、目的物を売主である譲渡担保権者Aではなく設定者Bが占有している状態での第三者Dとの売買であり（前述のように、譲受人Dの代金の支払いと譲渡担保権者Aの目的物の引渡しとは同時履行にはならず、代金の支払いが先履行となる）、かつ、相応な価額で買い受ける者が現れるまで待って売買をするのではなく短期間での売買となるから、かなりの廉価での売買にならざるを得ないこと（このような不動産を買い受ける者は、譲渡担保権者の親族、親しい知人、関連会社などに限られよう。前掲最判平6・2・22参照）、③廉価で売買されても、前述のように適正な額の清算金が支払われるまでは設定者Bは譲受人Dの引渡請求に対して判例によれば留置権を行使することができるのではあるが（☞5）、目的不動産が第三者に譲渡されると、一般には設定者Bは泣き寝入りしてしまう可能性が高くなること、などからすると、弁済期到来後において譲渡担保権者Aと設定者Bとが処分清算について改めて合意をした場合を別とすると、**帰属清算により私的実行をすべきである**と考える（最判昭62・2・12民集41-1-67は、処分清算と帰属清算の可能性を認めるが、この事案は、当事者間で処分清算型であることを争わなかったもの）。

(c)判例の考え方　　しかしながら、判例（前掲最判昭62・2・12以降の多数の判例）は、先に見たように、**弁済期到来後**は譲渡担保権者は目的物の「**処分権能**」

を取得するという理由で、帰属清算型譲渡担保においても、譲渡担保権者Aが譲渡担保権の実行により目的不動産を自己に確定的に帰属させる手続（清算金が生ずる場合には清算金の支払い）をとらないまま目的不動産を第三者Dに売却等したときは、第三者Dは有効に目的不動産を取得し、設定者Bはその時点で受戻権を失うという考え方に立った。このため、譲渡担保の実行方法は帰属清算が原則であるという考え方は蔑ろにされ、結果的には判例の考え方は、譲渡担保権者は、譲渡担保権の実行方法として、**帰属清算・処分清算のいずれを選択してもよい**というものになっている。

《展開》判例支持学説とその問題点　　前記判例の考え方が妥当であるとする学説も現れている（近江Ⅲ・300頁、道垣内・327頁）。その理由として、近江教授は、①譲渡担保権者による第三者への処分の方が、市場価格での適正な換価が期待できること、および、②仮登記担保の場合は、清算金支払義務と仮登記に基づく本登記協力義務とは同時履行の関係に立つので、帰属清算は意味があるが、譲渡担保の場合は、清算金支払義務と同時履行に立つのはせいぜい引渡しぐらいにすぎないこと、などをあげ、道垣内教授は、③帰属清算型と処分清算型を契約内容の区別とするのは、譲渡担保権者が用意した一片の文言に重きを置きすぎであること、および、④帰属清算方式に統一すると債権者が清算金を用意できないとき、実行手続が進展しないこと、をあげる（松岡・329頁も③④の理由に賛同）。

　しかし、いずれの理由も適切とは思われない。上記理由の①が現実的でないことは(b)で述べた通りである。理由の②については、譲渡担保権者としては、所有権に基づいて目的物を第三者に相当な価額で譲渡するには、目的物の引渡しを受けておく必要があるのであって（☞(b)②）、目的物の引渡しを受けない状態で（近江教授も、処分清算型の場合であっても、譲渡担保権者は、清算金の支払いまたは提供なしには目的物の引渡しを請求し得ないとする。☞(2))、目的物を第三者に売買する処分清算型は、合理的な私的実行の方法とはいえないとの反論が可能であろう。また、近江説は、仮登記担保権の実行における清算期間を譲渡担保の実行にも類推適用するとする見解を前提としており、それ自体には筆者も賛成するのであるが、判例はこのような見解には立たず、譲渡担保権者が第三者に目的不動産を譲渡した時点で（清算金が支払われていないにもかかわらず）設定者の受戻権が消滅するという見解に立つのであるから（次の☞3(2)）、弁済期到来後は譲渡担保権者は処分清算を自由に選択し得るという考えには賛成できない。

　③については、判例は、道垣内教授の見解とは反対に、譲渡担保権設定当事者間においては、帰属清算を原則と考えているのであり（前掲最判昭46・3・25は、前述のように特段の事情がある場合に限って引渡しを清算金支払いより先履行とする）、履行遅滞後、清算手続をとらないまま譲渡担保権者が第三者に目的不動産を売却し第三者が登場してしまった場合には、第三者の権利取得を優先させていると見るべきであろ

う（担保権的構成からすれば、前述〔☞第4節3(1)(a)の《展開》〕のように譲渡担保目的不動産の譲受人は通常、悪意または有過失だから保護に値しない）。

④については、同じことは仮登記担保の場合にも起こり得る。特に不動産譲渡担保において譲渡担保権者Aの立場に立つのは、金融業者（銀行などは、通常抵当権の設定を受ける）などであることが多く、**清算金を用意できない**ということはあまり考えられない。清算金を用意できないような債権者は、貸金債権の担保として譲渡担保ではなく抵当権の設定を受けるべきであろう。また、譲渡担保権者Aが譲渡担保権の実行の時点で清算金を用意できなくなったのであれば、BからAへの譲渡担保を原因とする所有権移転登記の抹消登記の手続をとり、改めてAB間で抵当権設定契約をしAのために抵当権設定登記をした上で、Aは抵当権者として担保不動産競売の申立てをして被担保債権の優先弁済を受ければよい。このような方法をとらず、譲渡担保権者Aが処分清算を選択したとしても、適正な清算金を支払わないと譲受人Dは設定者Bから目的不動産の引渡しを受けられないのであるから（判例は、清算金請求権を被担保債権とする留置権を設定者Bに認めている。☞5）、Aが仮に清算金を用意できない場合には、Aは目的不動産を適切な価額（例えば、4000万円）で買い受ける第三者Dを探してきて、AとDと設定者B（例えば、被担保債権額を2000万円とする）の三者の合意で、Dが支払うべき代金額（4000万円）のうち、Bの被担保債権額相当額（2000万円）をDがAに支払い、残りの代金（2000万円。これが清算金である）をBからの目的物の引渡しと引換えにDがBに支払うという方法をとるべきなのである（**任意売却**ということになる）。譲渡担保権者Aが以上のような方法をとらないのは、近親者や関連会社等の第三者に不動産を安く売却して設定者Bの受戻権を喪失させることができれば、帰属清算の場合と比較すればはるかに少ない額の清算金の提供でも、設定者B（多くは法的知識も資力も乏しい）は、一般には法的手段に訴えずに泣き寝入りをし、その結果Aは法外な利益を得られると考えているためであろう。

したがって、譲渡担保権者は、譲渡担保権の実行方法として帰属清算・処分清算のいずれを選択してもよいとする見解に、筆者は賛成することはできない。

3. 清算金の額の確定時期・受戻権行使可能時期など

譲渡担保権の実行においては、清算金の有無および清算金の額の確定時期、譲渡担保権者Aへの目的物の確定的移転時期、および債務者Bの受戻権行使可能時期が問題となる。

(1)**清算金の有無および清算金の額の確定時期**　　清算金の有無および清算金の額の確定時期につき判例（前掲最判昭62・2・12）は、①**帰属清算型譲渡担保**にあっては、譲渡担保権者Aが設定者Bに対して、清算金の支払いもしくは清算金の提供をした時、清算金が発生しない場合はその旨の通知をした時、を基準とし、また、②**処分清算型譲渡担保**においては、目的物の第三者への処分の時

を基準とするが、③譲渡担保権者Aが清算金の支払いやその提供をせず、また清算金がない旨の通知もしないうちに、**目的物を第三者に売却等**（②の譲渡担保権の私的実行にあたらない第三者への処分）をしたときは、第三者に売却等をした時、を基準とするとしている。

(2)目的物所有権の確定的移転の時期・受戻権行使可能時期　譲渡担保においては、譲渡担保権設定の時に譲渡担保権者Aに目的物の所有権が債権担保目的で移転するとされるが、弁済期到来により債務者Bが履行遅滞になっても、一定時期までに被担保債権額相当額の金銭をAに支払うか提供することにより目的物を受戻すことができる（これを「**受戻権**」という。担保権設定時に債権者に所有権が移転するとされるため、自己の物の取戻しではなく、受戻しという。☞第2章第4節4(1)）。設定者Bが受戻権を行使し得なくなった時が、BからAへの目的物の所有権の確定的移転時期ということになる（仮登記担保においては、清算期間満了時に所有権が仮登記担保権者に移転するとされているが〔仮登記担保2条1項〕、やはり設定者Bが受戻権を行使し得なくなった時がBからAへの目的不動産の確定的移転時期である。☞第2章第4節6(1)）。

受戻権行使可能時期について、判例は、被担保債権の弁済期経過後であっても、債権者が担保権の実行を完了するまでの間、すなわち、①**帰属清算型譲渡担保**においては、債権者が債務者に対し、清算金の支払いまたは清算金の提供をするまでの間、清算金が生じないときは、その旨の通知をするまでの間、②**処分清算型譲渡担保**においては、その処分の時までの間は、債務者は、債務の全額を弁済して譲渡担保権を消滅させ、目的不動産の所有権を回復すること（受戻権の行使）ができる、ただし、③譲渡担保権者Aが清算金の支払いやその提供または清算金が生じない旨の通知をせず（すなわち、譲渡担保権の実行手続をせず）、かつ、債務者も債務の弁済をしないうちに、Aが**目的不動産を第三者に売却等をしたとき**（前掲最判昭62・2・12、前掲最判平6・2・22）、あるいは、譲渡担保権者Aに対する一般債権者Dが目的不動産につき差押えの申立て（強制競売開始の申立て）をし**差押えの登記がなされたとき**（前掲最判平18・10・20）は、債務者Bはその時点で**受戻権**を終局的に失う、としている。①および②（もっとも、☞2(2)）は妥当であるが、③について賛成できないこと、また、多くの学説も判例に批判的であることについてはすでに述べた（☞第4節3(1)(a) iii、(c)iii)。

　なお、譲渡担保権設定者Bの受戻権行使により譲渡担保権が消滅した後、譲渡担保権者Aの所有権移転登記の抹消登記手続がなされないうちに、**Aから第三者Dが目的不動産を譲り受けたとき**は、BとDとは**対抗関係**に立ち、Dが背信的悪意者にあたらない限り、Bは登記を備えていない以上、受戻権行使により復帰する所有権を所有権移転登記を備えたDに対抗できないとするのが判例である（最判昭62・11・12判時1261-71）。**担保権説**（☞第1節5(2)(e)）に立つと、受戻権行使により目的不動産上の譲渡担保権が消滅しただけで、目的不動産の所有権の設定者への復帰という問題は生じないということになり、受戻権が行使された後のAからの譲受人Dは無権利者からの譲受けとなり、Dが善意または善意無過失である場合に限り、94条2項の類推適用によりBからの所有権に基づく所有権移転登記抹消登記手続請求を拒むことができることになろう。

(3)受戻権行使における仮登記担保の場合との違い　　仮登記担保法においては、2か月の清算期間が設けられていることにより、弁済期到来後も一定期間は設定者に目的不動産の取戻しの機会が確保されている（仮登記担保権者Aは、一般に仮登記しか備えていないから、目的不動産を第三者に譲渡し、第三者に所有権移転登記をすることもできない）。他方、不動産譲渡担保権においては、帰属清算型の場合であっても、履行遅滞後直ちに譲渡担保権者Aが適正な額の清算金を設定者Bに提供した場合はもちろんのこと、判例によれば、清算金を支払わないまま直ちに第三者に目的不動産を譲渡して所有権移転登記を経由した場合も、設定者Bは受戻権を行使し得なくなる。したがって、**受戻権行使の機会の確保**の点で仮登記担保権と譲渡担保権との違いは極めて大きい（☞本節の冒頭の図と、第2章第4節冒頭の図を対照）。そこで譲渡担保権についても2か月間の清算期間を類推適用すべきであるとする学説が有力に主張されている（☞第2章第4節4(1)）。妥当な考えといえる。

(4)受戻権の消滅時効　　被担保債権を弁済することによって設定者に認められる**受戻権**は、形成権として166条2項の規定が適用され、20年で時効消滅するのかが問題となる。判例に現れたのは、被担保債権の弁済期到来後20年を過ぎて、債務者Bが被担保債権を完済して譲渡担保の目的不動産につき受戻権を行使したというケースである。これにつき、**原審**は、被担保債権の弁済期後は、

債務者Bは債務を弁済して受戻権を行使し得ることになったから、それから20年を経過すると166条2項により受戻権は時効により消滅するのであって、その後に債務を弁済しても受戻権を行使し得ないとした。これに対して**最高裁**（最判昭57・1・22民集36-1-92）は、債務者による受戻しの請求は、債務の弁済により債務者の回復した所有権に基づく物権的返還請求権ないし契約に基づく債権的返還請求権、またはこれに由来する抹消ないし移転登記請求権の行使として行われるものというべきであるから、原審のように、債務の弁済とその弁済に伴う目的不動産の返還請求権等とを合体して、これを1個の形成権としての受戻権であると法律構成をする余地はなく、したがってこれに166条2項の規定を適用することは許されないとしたのである。有力学説（道垣内・325頁、鈴木・371頁など）も、仮登記担保法の場合には、目的不動産の所有権が仮登記担保権者に移転した後に設定者がこれを受け戻すという構成をとっているが、譲渡担保の場合は、譲渡担保権者が譲渡担保権の実行をしていない以上、譲渡担保権者に移転した所有権を設定者が受け戻すということを考えるべきではなく、設定者留保権の消滅時期はいつか、債務者・設定者がいつまで被担保債権を弁済できるかを考えればよいのであり、特別の受戻権なる権利を観念することは不要であるとして、判例に賛成する。もっとも、譲渡担保についても、**仮登記担保法11条但書を類推適用**して、受戻権を形成権として、履行遅滞後または清算期間経過後5年の除斥期間が経過したときは消滅するとする見解も多い（高木・365頁など。近江Ⅲ・304頁は、この見解から清算が終了するまで受戻権は存続するとする説に改説）。

4. 設定者の受戻権放棄による清算金支払請求の可否

被担保債権の履行遅滞後も、譲渡担保権者Aが譲渡担保の目的物につき譲渡担保権の私的実行をせず、そのため遅延損害金の額が増大していくことがある。このような場合、設定者Bが**受戻権**を放棄することによって、譲渡担保権者Aに対して清算金を請求し得るかが問題となる。

これにつき判例（最判平8・11・22民集50-10-2702）は、①設定者の清算金請求権は、譲渡担保権者が譲渡担保権の実行をする場合において、目的物の価額が被担保債権額を上回る場合に設定者に認められる権利であり、他方、設定

者の**受戻権**は、譲渡担保権者が譲渡担保権の実行を完結するまでの間に、設定者等が被担保債務を消滅させることにより譲渡担保の目的物の所有権等を回復する権利であって、**両者はその発生原因を異にする別個の権利**であること、および、②このように解さないと、設定者Ｂが受戻権を放棄することにより、本来譲渡担保権者Ａが有している**譲渡担保権実行時期を自ら決定する自由を制約**し得ることとなることを理由に、設定者Ｂが受戻権を放棄してする清算金支払請求を否定している。

　理論的にはその通りであるが、**抵当権の場合**であれば、抵当不動産の競売申立を後順位抵当権者や一般債権者がすることがあり得、その点では**担保権実行時期の決定権**は絶対的なものではなく（不動産譲渡担保の場合、譲渡担保権者に所有権移転登記がなされるから、後順位譲渡担保権者は生じないし、一般債権者による強制競売申立ても生じない）、また、このような場合、抵当権者が優先弁済を受けることができる被担保債権の範囲は**375条により制限**されていることからすると、判例の考えによれば、譲渡担保権設定者Ｂの不利益は大きい（債務者が弁済できない場合、遅延損害金の額が増大することにより〔譲渡担保の場合、元本債権に対する利息や遅延損害金の率が高いことが多いからなおさらである〕清算金の支払義務が生じない事態をもたらすことが比較的容易である）。したがって、履行遅滞後２年を経過すれば、設定者Ｂにこのような権利を認めるべきではなかろうか。

5. 清算金請求権を被担保債権とする留置権

　通常の不動産譲渡担保においては、譲渡担保権者Ａに所有権移転登記はなされるが、目的物の直接の占有は設定者Ｂのもとにあるから、目的物の価額が被担保債権額を上回り設定者Ｂに清算金請求権が発生するにもかかわらず、清算金の支払いがないまま目的不動産が譲渡担保権者Ａから譲受人Ｄに譲渡され、ＡからＤへの所有権移転登記がなされて、譲受人Ｄが設定者Ｂに対して不動産の明渡しを求めてきた場合（処分清算のときも同様である。動産譲渡担保においては、設定者Ｂの直接占有下にある目的動産を、譲渡担保権者Ａが第三者に譲渡することは、通常は生じない）、設定者ＢはＤに対して**清算金請求権を被担保債権として目的不動産につき留置権を行使し得る**（最判平９・４・11裁判集民事183-241、

仮登記担保につき前掲最判昭58・3・31）。判例は、目的不動産が第三者に譲渡されたときは、設定者はもはや**受戻権**を行使し得ないが、清算金請求権だけは設定者に確保させようとしているといえる（☞3(2)）。譲渡担保の目的である不動産を設定者Bが直接占有している場合に、あえてこれを譲渡担保権者Aから買い受ける譲受人Dは、AB間の関係についても調査した上で買い受けるべきであるから、設定者Bに留置権を認めても譲受人Dにとって不測の損害とはいえない。

第6節　譲渡担保権の私的実行と用益権

1. 譲渡担保権と賃借権

　B所有の甲建物にCがBより賃借権の設定を受けて対抗要件（借地借家31条1項により建物の引渡しで足りる）を備えた後に、BがAのために甲建物に譲渡担保権を設定してAへの所有権移転登記がなされた場合は、譲渡担保権者Aは、譲渡担保権の実行前にCの甲建物の使用収益を妨げることはできないし、譲渡担保権の実行によりAが甲建物を取得したときも、AはCの有する甲建物賃借権の負担を承継する。

　これに対して、BがAのために甲建物に譲渡担保権を設定してAへの所有権移転登記がなされた後に、Bが甲建物をCに賃貸してCが甲建物の引渡しを受けた場合は、どうなるか。譲渡担保権が設定された不動産につき、設定者Bが第三者Cのために賃借権を設定したり第三者Cに使用させることは、譲渡担保権設定契約において通常は禁止されている。このような場合、**所有権的構成**によれば、譲渡担保権者Aは、譲渡担保権の実行の前後を問わず、第三者Cに対して所有権に基づく妨害排除請求権としての明渡請求権を行使し得ることになろう。これに対して、**担保権的構成**によれば、譲渡担保の実行前にあっては、上記のような特約があるときは、Aは設定者Bに対して賃借人Cを退去させるよう請求し得るが（Bがこれに応じないときは、被担保債権の期限の利益が喪失することになろう）、抵当権設定におけるのと同様に、賃貸人Bは賃借人Cに対し

て明渡しを請求できないと解すべきであろう（もっとも、Cの賃借権が譲渡担保権の実行妨害目的である場合は、Aは譲渡担保権に基づいて譲渡担保権侵害を理由としてCに対して明渡しを請求できる。抵当権に関する前掲最判平17・3・10〔百選Ⅰ・89事件〕に準ずる）。譲渡担保権実行後は、AはCに対して所有権に基づく妨害排除請求権としての明渡請求権を行使し得ることになる（これまでの判例理論からすれば、仮登記担保の場合と同様、395条の明渡猶予期間の類推適用はないと解されようが、1つの論点ではある）。

2. 法定借地権（法定土地賃借権）

　B所有の甲土地およびその上の乙建物の一方または双方にAのために譲渡担保権が設定され（Aへの所有権移転登記経由）、一方のみについて譲渡担保権が実行されて、甲土地および乙建物の**所有者が異なる**に至った場合、388条と同様、建物所有者に法定地上権が認められるか。甲土地にのみAのために譲渡担保権が設定され、履行遅滞により甲土地譲渡担保の実行がなされた場合、Aが甲土地所有者になり、Bが建物所有者であるときは、仮登記担保法10条の類推適用により、**法定借地権（法定土地賃借権）**が認められると解することもできる（☞第2章第5節2(1)）。乙建物にのみAのために譲渡担保権が設定され、その後実行によりAが乙建物を取得した場合、Aは、あらかじめ甲土地につき停止条件付き借地権の設定を受けることができるから（停止条件付き借地権仮登記経由）、仮登記担保法の考え方（☞第2章第5節2(2)）にならえば、法定の土地利用権の成立は認められないことになる。

第7節　特定債権譲渡担保の私的実行

　特定債権に対する譲渡担保の設定および対抗要件については、先に見た（☞第2節1(4)、2(3)）。特定債権譲渡担保において譲渡担保権者が被担保債権の優先弁済を受ける方法は、目的物の換価を前提とする動産譲渡担保や不動産譲渡担保の場合と大きく異なっている。

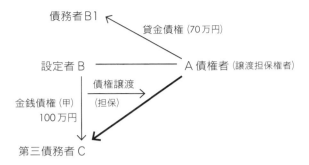

　例えば、Bの息子B1がAから70万円の融資を受けるにあたり、BがCに対して有する100万円の金銭債権（以下「甲債権」とする）につき、Aのために譲渡担保権を設定し、対抗要件を備えたものとする（大判昭5・10・8判例評論20-民18はこのようなケース）。被担保債権の弁済期までに債務の弁済ができたときは、甲債権はBに復帰することになる。

　弁済期までに債務の弁済ができなかったときは、Aは100万円の甲債権を確定的に譲り受け、甲債権の債権者として甲債権の弁済期到来を待ってCに対して甲債権の弁済を求めることになる。仮に、Aの有する被担保債権額が70万円、弁済を受けるのに必要とした費用が5万円とした場合、Aは100万円全額につき債務の弁済を受け（Cの資力の状況により100万円の弁済を受けられないこともある）、余分となった25万円を設定者Bに返還することにより清算すると解すべきか（角紀代恵「債権非典型担保」椿寿夫編『担保法理の現状と課題』（別冊NBL31号）80頁〔1995年〕、髙橋・310頁）、それとも、75万円の限度で甲債権を行使をして優先弁済に充て、甲債権の残りの部分をBに返却するべきか（鈴木禄弥ほか・「座談会・銀行取引と譲渡担保⒆」金法790号30頁〔鈴木発言〕〔1976年〕、道垣内・353頁）につき争いがある。**債権質**に準じて（366条2項）、後説をとるべきではなかろうか。

　なお、**被担保債権の弁済期の到来前に甲債権の弁済期が到来してしまった場合**は、譲渡担保権者Aは甲債権を取り立てて被担保債権に充当できると解すべきか（鳥谷部茂「債権の譲渡担保・その他の担保方法」米倉明ほか編『金融担保法講座』Ⅲ巻133頁以下〔筑摩書房・1986年〕（鳥谷部茂『非典型担保の法理』111頁〔信山社・

2009年〕所収)、角・前掲・注209) 80頁以下など)、債権質の場合と同様、譲渡担保権者Aは甲債権の債務者Cに**供託**を請求し得るだけと解すべきか(道垣内・352頁)についても、争いがある。これについても、**債権質**に準じて(366条3項)、後説をとるべきではなかろうか。

　以上のように理解すれば、特定債権譲渡担保は、債権質と大きな違いはない。もっとも、債権質権の設定であれば、質権設定者Bによる質権の設定された債権の譲渡や質権設定者Bに対する一般債権者による差押えや転付(民執159条・160条)があり得るが(いずれの場合も、質権者Aの優先弁済権は影響を受けない)、特定債権譲渡担保の設定であれば、譲渡担保権につき第三者対抗要件が備わっているときは、その後設定者Bにより債権が譲渡(二重譲渡)されても譲渡担保権者Aが勝つことになり、また、設定者Bに対する一般債権者は、譲渡担保の目的債権につき差押命令や転付命令を申し立てることはできないことになる。

第8節　譲渡担保権の消滅

　譲渡担保権は物権であるから、**物権共通の消滅原因**(目的物の滅失、目的物につき第三者の取得時効の完成、混同〔179条〕、放棄など)、および**担保物権共通の消滅原因**(被担保債権の消滅など付従性による消滅)により消滅するほか、譲渡担保権の実行により消滅する。

　抵当権の場合は、代価弁済(378条)および抵当権消滅請求(379条以下)による抵当権の消滅があるので、譲渡担保権を担保権的に構成する立場からすると、これらの規定の類推適用の可否が問題となる。しかし、抵当権においても代価弁済が機能することはほとんどないから、代価弁済の類推適用を考える意義は乏しく、また、不動産譲渡担保においては、譲渡担保権の対抗要件として譲渡担保権者に所有権移転登記がなされるため、設定者からの目的不動産の第三取得者が所有権移転登記を備えることはできず、抵当権消滅請求の類推適用も考えられない。

　なお、物上保証人は、被担保債権の消滅時効を援用し、譲渡担保権の消滅

主張できる（最判昭42・10・27民集21-8-2110）。

第9節　集合動産譲渡担保・集合債権譲渡担保

1．集合動産譲渡担保・集合債権譲渡担保の意義

　これまで検討してきた譲渡担保は、特定の動産、特定の不動産、または特定の債権を目的とするものであったが、個々の物や債権ではなく、**動産の集合体**または**債権の集合体**を目的とする譲渡担保権の設定も認められている。例えば、ビール会社Aとブリ、ハマチ等の養殖・加工・販売業者Bとの間の養魚用配合飼料の売買取引により、AがBに対して現在有しまた将来有することになるであろう売掛代金債権を被担保債権とし、極度額を25億円として（この場合は、根譲渡担保となるが）、特定の漁場の生け簀内で現在養殖されているB所有の養殖魚全部、および今後この生け簀内に搬入されるB所有の養殖魚の全部を譲渡担保の目的にする場合（前掲最判平18・7・20〔百選Ⅰ・99事件〕のケース）や、卸売問屋Bに対する金融機関Aの貸金債権の担保のために、Bが商品の販売先である多くの小売店に対して現在有しまた将来有することになるであろう売掛代金債権を、集合債権として譲渡担保の目的とする場合などが、その例となる。これらを**集合動産譲渡担保**、**集合債権譲渡担保**という。

　集合動産譲渡担保や集合債権譲渡担保が認められるメリットとしては、次の点を指摘できる。第1に、金融機関から融資を受けようとする者や掛け売りで相当な額の商品を購入しようとする者などが、担保に供し得る不動産などは有していないが、相当の価値を有する集合動産（特定の生け簀内の養殖のブリ・ハマチ、家電販売店の特定の店舗・倉庫内の家電製品全部など）や集合債権（売掛代金債権、リース料債権など）を有している場合に、この種の担保を利用できることである。第2に、譲渡担保権がこれらの動産や債権の集合体に設定されても、債務者は、被担保債権の弁済を順調に続けている限り、集合動産を構成する個々の動産を**通常の営業の範囲内**で第三者に販売し、あるいは第三債務者から集合債権を構成する個々の債権の支払いを受けることができるから、事業や営

業活動を展開しながら、被担保債権の弁済をすることができることである（在庫商品や売掛代金債権のように設定者の事業活動により生み出される財産権を担保として、事業資金の融資を受ける方法を、**ABL**（Asset Based Lending）と呼び、その活用が期待されているが、担保の目的財産が流動性を有しており、また債務者の業績の見通しを判断することが難しいこともあり、まだ利用は限定的である）。

2. 集合物論と分析論

　ところで、伝統的な**一物一権主義**の立場からすると、例えば、これらの集合物を構成する特定の漁場の生け簀内に存在するB所有の養殖魚は、1匹1匹がそれぞれ1個の動産譲渡担保の目的になるから、譲渡担保権者は、個々の養殖魚（動産）ごとに譲渡担保権の設定を受け、個々の養殖魚ごとに対抗要件を備えるべきことになる。そこで、集合動産譲渡担保とは、**これらの多数の譲渡担保権を総称するもの**であるという考え方が登場し、このような考え方を**分析論**（ないしは**分析論的構成**）という。

　これに対して、例えば、特定の生け簀内に存在するB所有の養殖魚の全部を「集合物」と捉え、この「集合物」を全体として1つの物とみて、**1つの集合物の上に1つの譲渡担保が設定されると考える集合物論**（ないしは**集合物論的構成**）が登場した。この集合物論は、①集合物であってもそれを1つの担保物権の目的とすることが**社会経済的に必要**とされ、また②集合物の範囲が明確であり、かつ③**公示方法を備える**ことができるのであれば、集合物を1つの譲渡担保の目的としても、**一物一権主義に反することにはならない**と考える。判例（最判昭54・2・15民集33-1-51、最判昭62・11・10民集41-8-1559）も、この**集合物論**に立ち、「構成部分の変動する集合動産についても、その種類、所在場所及び量的範囲を指定するなど何らかの方法で目的物の範囲が特定される場合には、**1個の集合物として譲渡担保の目的となり得るものと解するのが相当である**」とし、通説もこれを支持している。

　この**集合物論**によれば、次のような取扱いとなる。第1に、集合動産譲渡担保の対抗要件についてであるが、譲渡担保権者Aと設定者Bとの間に集合動産譲渡担保権設定契約が締結され、例えば、設定者Bがその構成部分である養殖魚の占有を取得したときはAが占有改定（183条）の方法によってその占有権

を取得する旨の合意に基づき、Bがこの集合物の構成部分として現に存在する養殖魚の占有を取得した場合には、Aは当該集合物を目的とする譲渡担保権（＝集合動産譲渡担保）につき対抗要件（占有改定の方法による）を具備するに至り、この対抗要件具備の効力は、その後構成部分が変動したとしても、集合物としての同一性が損なわれない限り、新たにその構成部分となった養殖魚を包含する集合物全体について及ぶことになる（前掲最判昭62・11・10）。

第2に、設定者Bによる集合動産を構成する養殖魚等個々の動産の処分については、設定者Bには「**通常の営業の範囲内**」で集合動産を構成する養殖魚等**個々の動産を処分する権限**が付与されているが（前掲最判平18・7・20）、「通常の営業の範囲」を超える処分権限は認められていない。したがって、集合動産譲渡担保の目的物の範囲内にある養殖魚を、設定者Bが「通常の営業の範囲内」で第三者Cに売り渡すと、これらの養殖魚が所在場所から搬出されるか否かを問わず、他の養殖魚と**分別されている**ならば、第三者Cは有効に養殖魚の所有権を取得できることになり、また引渡し（占有改定による引渡しを含む）があれば養殖魚所有権につき第三者対抗要件を備えていることになる。これに対して、集合動産譲渡担保の目的物の範囲内にある養殖魚を、設定者Bが**通常の営業の範囲を超えて**大量に売却し、買主Cも集合動産譲渡担保の設定されている養殖魚であることを知りながら（悪意）これらの養殖魚を搬出しようとする場合には、設定者Bの処分は**無権限処分**であるから（前掲最判平18・7・20）、買主Cは養殖魚を取得し得ず、譲渡担保権者Aは、搬出を阻止することができる（代物弁済なども「通常の営業の範囲内」の売却ではない）。そのような意味において、**集合動産譲渡担保についての対抗要件は、間接的に集合動産の構成要素である個々の養殖魚にも及んでいる**といえる（安永・421頁注22）も同旨）。

第3に、**集合物論**によると、集合動産譲渡担保が設定され**対抗要件が備えられた後に**設定者Bの経営状況が悪化し**資力が極めて乏しくなった**が、設定者Bが引き続き取引を続けており養殖魚が生け簀内に搬入された場合も、これらの養殖魚についての譲渡担保権の設定および対抗要件の具備は、資力悪化より前の集合動産譲渡担保の設定・対抗要件具備の時であるから、**詐害行為取消請求**（424条）や破産手続・会社更生手続における**否認権**（破160条・162条、会更86条・86条の3など）の対象にならない。なお、**分析論**によると、個々の養殖魚

に対する譲渡担保権設定やその対抗要件の具備は、個々の養殖魚ごとになされるから、資力悪化後にこれらがなされると、詐害行為取消権や破産等における否認権の対象になり得る（安永・416頁、髙橋・305頁も、同様に分析論を理解する）。

集合物論に立つ有力説の中には、集合動産譲渡担保の目的物は集合物そのものであり、対抗要件も集合物そのものについて備えられるのであって、個々の動産は、集合物の構成要素としての地位しか与えられておらず、集合動産譲渡担保の直接の目的ではないとする見解（「**集合物論徹底説**」と呼んでおく）も見られる（道垣内・335頁、髙橋・308頁など）。この見解によると、集合動産譲渡担保の構成要素である個々の養殖魚は譲渡担保の目的物ではなく、これには譲渡担保権の対抗力も及ばないのであるから、設定者には処分権限（物権的処分権限）があり、通常の営業の範囲を超える売却処分がなされても、買主は有効に所有権を取得するということになる（☞3(5)(a)iii．道垣内・335頁、髙橋・308頁。安永・421頁注22も、この説をこのように理解する）。また、この有力説は、前記第3については、集合動産を構成する個々の動産の数が財産状態悪化時点より増加していた場合は、その分について、否認権の対象になり得るが、個々の動産を集合体に加入させる行為は事実行為であるが、424条1項の詐害行為取消請求により、同様の効果を生じさせることができよう、としている（道垣内・336頁）。

以下、判例・通説のとる**集合物論**を前提に、集合動産譲渡担保、次いで集合債権譲渡担保につき説明する。

3．集合動産譲渡担保

集合動産譲渡担保は、債権担保のために、特定の店舗内の商品全部、特定の倉庫内の商品全部などの集合動産を譲渡担保の目的とするものである。集合動産を構成する個々の動産の入れ替わりのある集合動産譲渡担保においては、設定者の事業あるいは営業活動の継続が前提となるから、設定者は、これらの集合動産の一部を**通常の営業の範囲内**で、**第三者へ譲渡することができるのが原則**である（もっとも通常は、契約条項の中に設定者に許容される処分権限の範囲が規定されているが、特段の規定がないときは、「通常の営業の範囲内」での処分権限と

いうことになる)。例外的に、譲渡担保権設定時の集合物の内容が固定化されていて、個々の物の入れ替わりのない集合動産譲渡担保もあり得る（第三者への処分等を禁ずる趣旨の譲渡担保の場合にはその旨の特約が必要となる)。これについては、分析論で考えても集合物論で考えても違いは生じない。

　集合動産を構成する個々の物の入れ替わりが前提とされている集合動産譲渡担保を「**流動集合動産譲渡担保**」と呼ぶこともある。「流動集合動産譲渡担保」をめぐる法律関係の方が重要なので、以下、「流動集合動産譲渡担保」をめぐる法律関係につき説明するが、判例は、この用語を使わず、これを「構成部分の変動する集合動産を目的とする譲渡担保」と呼んでいるので、以下では、この意味の譲渡担保を単に「**集合動産譲渡担保**」と呼ぶ。

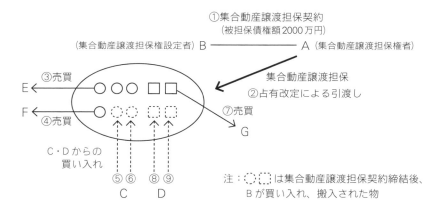

(1)集合動産譲渡担保設定契約　　集合動産譲渡担保契約も、譲渡担保権者と設定者との合意により成立する（諾成・不要式の契約)。

(2)集合動産譲渡担保権の成立　　集合動産譲渡担保権の成立のためには、次の要件が必要となる。すなわち、①集合動産譲渡担保の「**目的物の範囲**」が**特定**していること、②集合動産を構成する個々の動産につき設定者Bが**処分権限**（所有権）を有していること、③**被担保債権の存在**（要物契約である587条の消費貸借の場合も、諾成契約である587条の2の書面でする契約の場合も、金銭の交付により貸金債権が成立するため、AがBに金銭を「貸し渡した」ことが必要)、④BはAに対する③の債務を担保するために集合動産に**譲渡担保権を設定した**こと、

である。

①の「**目的物の範囲の特定**」が必要となるのは、集合動産譲渡担保も担保物権であり、優先弁済権を有しているから、設定者の有する動産のうちどの範囲の動産から譲渡担保権者が優先弁済を受けることができるかが明確になっていないと、設定者との関係でも、第三者との関係でも、不都合が生ずるからである。

* **「目的物の範囲の特定」が必要である理由**　目的物の範囲の特定は、執行官など執行機関との関係おいても要求されるとの見解がある（道垣内・338頁以下、高橋・305頁など）。しかし、設定当事者および第三者との関係で目的物の範囲が特定されていれば集合動産譲渡担保は成立するというべきである（高木・370頁、内田Ⅲ・541頁、安永・417頁なども、この点は取り上げない）。譲渡担保権実行の場面で、設定者が目的物を任意に渡さないときは、執行官による目的物の引渡執行が行われる（民執169条）。そして、目的物の所在場所で目的物を発見できなかったときは、執行不能となるが、これは集合動産譲渡担保の成立とは関係ない。

「目的物の範囲の特定」の方法につき、判例（前掲最判昭54・2・15、前掲最判昭62・11・10）は、**目的物の種類**、**所在場所**、および**量的範囲**、を指定するなど何らかの方法で目的物の**範囲**が**特定**されることが必要であるとしている。

動産債権譲渡特例法による譲渡登記により集合債権譲渡担保の対抗要件を備える場合の「目的物の範囲の特定」については、☞(3)(6)を参照されたい。

②が必要となるのは、集合動産譲渡担保契約も物権契約だからである。

* **目的物の範囲の特定がなされていないとした前掲最判昭54・2・15のケース**
　このケースにおいては、債務者Bが債権者Aに対する債務の担保として集合動産譲渡担保を設定したのは、BがCとの間の継続的倉庫寄託契約に基づきCに寄託していたBの所有する食用乾燥ネギフレーク44トン余りのうちの28トンであった。Cが保管中の乾燥ネギフレークを他社に引き渡したため、Aは自己の所有権（譲渡担保権）が侵害されたとしてCに対して不法行為に基づくネギの価格相当額の損害賠償を求めて本件訴訟を提起したのであるが、最高裁は、本件事実関係のもとでは、BがAに対しCに寄託中の乾燥ネギフレークのうち28トンを特定して譲渡担保に供したものとはいえないとして、Aの上告を棄却したのである。

(3) 集合動産譲渡担保の対抗要件　集合動産譲渡担保も物権であるから、第三者に担保権を対抗するには対抗要件を必要とする。

(a)占有改定による引渡し　集合動産譲渡担保の対抗要件は、引渡し（178条）であり、特定動産譲渡担保の場合と同様、占有改定による引渡し（183条）が原則である。これにつき判例（前掲最判昭62・11・10）は、2の第1で見たように、譲渡担保権者Aと設定者Bとの間に集合動産譲渡担保権設定契約が締結され、**設定者Bがその構成部分である動産の占有を取得したときは譲渡担保権者Aが占有改定**（同条）**の方法によってその占有権を取得する旨の合意に基づき、Bが当該集合物の構成部分として現に存在する動産の占有を取得した場合には、Aは当該集合物を目的とする譲渡担保権**（＝集合動産譲渡担保）**につき対抗要件を具備する**に至り、この対抗要件具備の効力は、その後構成部分が変動したとしても、**集合物としての同一性が損なわれない限り、新たにその構成部分となった動産を包含する集合物について及ぶ**ものと解すべきであるとする。したがって、集合動産譲渡担保契約締結時に存在する目的物の範囲に入る動産につき、AがBから占有改定による引渡しを受けると、Aは集合動産譲渡担保につき対抗要件を備えたことになり、その後に、設定者Bが「目的物の範囲」に入る動産を買い受けて、これが集合動産の所在場所に搬入されたときは、その時に改めて占有改定の合意をする必要はなく、この動産についても、集合動産譲渡担保の対抗力が**間接的に及ぶ**ことになる。

(b)動産債権譲渡特例法による譲渡登記　集合動産譲渡担保の対抗要件として、特定動産譲渡担保の場合と同様、**法人である**譲渡担保権設定者は、**動産債権譲渡特例法**による**動産譲渡登記ファイルへの譲渡の登記を利用することもできる**（☞第2節2(2)(b)）。集合動産の範囲に入る動産の特定は、①個別の動産の特質によって特定する方法（動産の種類および動産の記号番号、その他の同種類の他の物と識別するために必要な特質を、必要な登記事項とする。これは、形式、製造番号、製造年月日などが刻印されているような動産を集合物とする場合である）、または、②動産の保管場所という場所的範囲によって特定する方法（動産の種類および保管場所の所在地を必要な登記事項とする。これは、動産ごとに形式、製造番号などが刻印されていない大量に生産される種類物などを集合物とする場合である）による（動産債権譲渡登記規則8条）。

一方の債権者の集合動産譲渡担保権につきなされた動産譲渡登記と他方の債権者の集合動産譲渡担保につきなされた占有改定による引渡し（178条・183

条）とが競合したときは、登記のなされた時と引渡しのなされた時の先後により、集合動産譲渡担保の優劣が決まる（担保権的構成によれば、先順位・後順位の関係になる）。

(4)集合動産譲渡担保の設定当事者間での効力 **(a)目的物の範囲**　目的物の範囲については、前述のように設定契約において、「目的物の種類、所在場所及び量的範囲を指定するなど何らかの方法で」特定される必要がある。集合動産を構成する個々の動産については、入れ替わりがあるから、譲渡担保権の実行における目的物は、譲渡担保の実行通知が譲渡担保権者Aから設定者Bに対してなされた時に存在する、目的物の範囲に入る動産ということになる。

　集合動産譲渡担保権は、譲渡担保権者において譲渡担保の目的である集合動産を構成するに至った動産の価値を担保として把握するものであるから、**物上代位**も認められる。したがって、動産譲渡担保の効力は、目的動産が滅失した場合にその損害を填補するために譲渡担保権設定者に対して支払われる損害保険金に係る請求権に及ぶが、判例（最決平22・12・2民集64-8-1990）は、集合動産譲渡担保契約は、譲渡担保権設定者が目的動産を販売して営業を継続することを前提とするものであるから、譲渡担保権設定者が通常の営業を継続している場合には、目的動産の滅失により上記請求権が発生したとしても、これに対して直ちに物上代位権を行使することができる旨が合意されているなどの特段の事情がない限り、譲渡担保権者が当該請求権に対して物上代位権を行使することは許されないと解される、とする（もっともこの判例は、譲渡担保権者が物上代位による差押えを申し立てた時点では、設定者は営業を廃止し、営業を継続する余地はなかったから、物上代位権を行使することができることは明らかであるとしたもの）。妥当な判断である。

　(b)被担保債権の範囲　これについては、通常の譲渡担保と特に違いはない。一定の範囲に属する不特定の債権を極度額の限度において担保する**根集合動産譲渡担保**も認められ、この場合には、極度額の範囲で元本債権・利息債権・遅延損害金債権などが担保される。

　(c)通常の営業の範囲内での動産の第三者への処分　集合動産譲渡担保の特徴は、設定者は、融資を受けて事業活動・営業活動などを展開して利益をあげ、被担保債権の弁済をしていくことになるから、**集合動産を構成する個々の動産**

について「通常の営業の範囲内」においてこれを売却することができる点にある。この点につき判例（前掲最判平18・7・20）は、構成部分の変動する集合動産譲渡担保においては、「集合物の内容が譲渡担保設定者の営業活動を通じて当然に変動することが予定されているのであるから、譲渡担保設定者には、その通常の営業の範囲内で、譲渡担保の目的を構成する動産を処分する権限が付与されており、この権限内でされた処分の相手方は、当該動産について、譲渡担保の拘束を受けることなく**確定的に所有権を取得**することができる。」としている。

　集合動産譲渡担保契約書の中に設定者は通常の営業の範囲内において個々の動産を処分できることを明示していることが多いが、集合動産譲渡担保（流動集合動産譲渡担保が前提）の場合には、反対の特約がない限り、設定者は通常の営業の範囲内では個々の動産を第三者に有効に処分することができると解すべきである（前掲最判平18・7・20もこの趣旨である）。第三者が通常の営業の範囲内で集合動産譲渡担保の目的を構成する動産を譲り受け、**元の集合動産から分別した上で**設定者から第三者が**引渡しを受ければ、占有改定による引渡しであっても**、第三者は譲り受けた動産の所有権につき対抗要件を備えたことになる。

　設定者に認められるのは、通常の営業の範囲内での処分であるから（安永・421頁注22。集合物論徹底説の見解については、☞2）、設定者が通常の営業とは無関係に、譲渡担保権者の承諾なしに集合動産を構成する個々の動産を所在場所から他へ搬出することは認められず、譲渡担保権者は設定者のこのような行為を阻止することができる。

　集合動産譲渡担保の被担保債権につき履行遅滞が生じ、譲渡担保権者から設定者に**譲渡担保権実行通知**がなされると、設定者は、通常の営業の範囲内であっても個々の動産についての処分をなし得なくなると解する。このことは、債務者または設定者につき、**破産手続**や**民事再生手続**等が開始されたときも、同様である（道垣内・347頁は、これらを「集合物の固定」という）。

⑸集合動産譲渡担保と第三者との関係　⒜通常の営業の範囲を超える売却処分と譲渡担保権者との関係　　設定者Bが、集合動産譲渡担保の構成要素である個々の動産につき、**通常の営業の範囲を超えて第三者Cに売却し**、これらの動

産が集合動産譲渡担保の目的動産の**所在場所から搬出**されたとき、譲渡担保権者AはCに対してこれらの動産をその所在場所に返還するよう請求し得るかが問題となる。

　　i　**平成18年最高裁判例**　　判例（前掲最判平18・7・20。この項では、この判例を、以下「平成18年判例」という）は、傍論ではあるが、「対抗要件を備えた集合動産譲渡担保の設定者がその目的物である動産につき通常の営業の範囲を超える売却処分をした場合、当該処分は上記権限に基づかないものである以上、譲渡担保契約に定められた保管場所から搬出されるなどして当該譲渡担保の目的である集合物から離脱したと認められる場合でない限り、当該処分の相手方は目的物の所有権を承継取得することはできないというべきである」としている。しかし、この判例は、通常の営業の範囲外の売却処分の場合には、設定者Bは目的物である動産につき処分権限を有していないという立場であるから、**何故に集合物から離脱したと認められるときには、設定者から第三者が目的物である動産を承継取得することになるのか**は明瞭ではない。

　　ii　**平成18年判例登場前の主要な学説**　　平成18年判例登場前の主要な学説としては、以下のようなものが存在した。

　(α)処分有効説　　我妻博士は、設定者が権限外で処分した場合の処分行為の効力は問題だが、**場所的関係を失えば集合物を構成する性質を失うから、権限外の処分行為は常に有効であって、あとは設定者の責任を生ずるだけである**、とした（我妻Ⅲ・665頁以下）。権限外の処分の時期と集合動産の所在場所からの個々の動産の搬出時期の前後は問題とされていない。したがって、この説は、設定者が「通常の営業の範囲を超える売却処分をした場合、当該処分は上記権限に基づかないものである」とする平成18年判例の立場とは異なるように思える。この説によると、設定者Bが通常の営業の範囲を超えて集合動産の構成要素である個々の動産を大量にCに譲渡した場合、Cが集合動産譲渡担保の構成要素であることについて悪意であっても、集合動産の所在場所から搬出されてしまうと、Cは譲渡担保権の負担のない動産を取得できることになる。我妻博士は、抵当権の効力の及ぶ従物の設定者による売買・搬出の場合に（☞第2編第1章第12節2(2)(b)ⅲ(α)）、場所的関係を失えば、従物上の抵当権の効力は対抗力を失うとしていたが、集合動産の場合には、場所的関係を失えば、

個々の動産は集合物の構成要素ではなくなると考えていることになる。なお、平成18年判例は、売却された個別動産が保管場所から搬出されると、集合動産譲渡担保権の対抗要件が及んでいる範囲から逸脱し、譲受人は譲渡担保権の負担のない所有権を取得したことを担保権者に対抗できるとの我妻説に立つものと思われるとする見解も見られるが、最高裁調査官解説は、平成18年判例は、我妻説に立つものと断定することはできないとしている（宮坂昌利・最高裁判所判例解説〔平成18年度・民事篇〕860頁（注32））。

(β)対抗力存続説　従来の多数学説は、担保権的構成に立ち、**通常の営業の範囲を超えた処分も有効な処分であるが、この場合は譲受人は譲渡担保の負担の付いた動産を取得する**ことになり、その後**所在場所から搬出されても集合動産譲渡担保の対抗力は処分動産にも及ぶ**と考えており、譲受人が譲渡担保の存在につき善意無過失で譲り受けて善意無過失のまま現実の引渡しを受けたときにのみ、**譲渡担保の負担のない所有権を即時取得**（192条）するとしていた（米倉明・前掲譲渡担保の研究129頁、伊藤進「集合動産譲渡担保の有用性の検討（下）」手形研究325号9頁〔1982年〕など）。したがって、第三者が即時取得するまでは、譲渡担保権者Aは、通常の営業の範囲を超えた動産の譲受人に対して元の所在場所への返還を請求できることになる。

(γ)集合物論徹底説　道垣内教授は、平成18年判例が現れる前の著書においては、①譲渡担保実行通知などにより**集合物の内容が固定化**（☞(4)(c)。道垣内教授は、これにより、個々の動産それぞれが個別動産譲渡担保の目的物となる、とする。道垣内〔初版〕・331頁、道垣内〔第3版〕・339頁）**する以前は、譲渡担保権の目的物は集合物そのものであり、個々の動産は譲渡担保の直接の目的物ではない**（☞2であげた集合物論徹底説の立場）、②したがって、保管場所から搬出されるなどして集合物から離脱した構成要素たる動産は、譲渡担保の拘束から外れるから、処分の相手方はたとえ集合物の構成要素であったことにつき悪意であっても処分目的物の所有権を取得することができ、譲渡担保権者から処分目的物を追及されることはない、としていた（道垣内〔初版〕・331頁、329頁。同〔第2版〕・334頁。シンポジウム「集合動産譲渡担保の再検討」道垣内報告（金融法研究6号54頁以下〔1990年〕）も同じ）。この説は、②の部分は、(α)説と共通であるが、①の部分において、(α)説とも(β)説とも異なる。また、この説によると、

固定化以前の設定者による通常の営業の範囲を超えた処分は、譲渡担保権者との関係では許されず債務不履行責任ないし不法行為責任を生ずるが（道垣内〔初版〕・328頁、304頁）、個々の動産は譲渡担保の直接の目的物ではないので、**設定者には個々の動産についての物権的な処分権限はあるから、第三者は有効に所有権を取得できる**ということになる（☞2の集合物論徹底説）。なお、安永教授は、①構成部分の変動しない集合動産譲渡担保と構成部分の変動する集合動産譲渡担保とで扱いの差が大きくなり過ぎること、②債務者が債務不履行の直前に悪意の第三者に構成部分である動産を大量に譲渡したとしても、譲渡担保権者はその第三者に対し損害賠償を請求し得るのみで、当該動産を追及できないことは妥当ではないこと、などを理由にこの説を批判する（安永・421頁）。

iii **平成18年判例登場後の主要な学説** 平成18年判例登場後の学説においては、(β)の従来の多数学説と同様な立場をとる説（田髙寛貴「集合物担保」法セミ626号84頁〔2007年〕など）、所有権的構成の立場から、通常の営業の範囲を超えた処分の場合は、無権限者による処分にすぎないから、集合物からの分離だけでは譲渡担保の効力は消滅せず、第三者が譲渡担保の存在について善意無過失で譲り受け現実の引渡しを受けた場合に即時取得が認められるとする説（古積健三郎「判批」民商136巻1号34頁以下、38頁〔2007年〕）、および我妻説と同様の説（池田雅則「判批」金法1823号80頁〔2008年〕）のほか、次の《展開》で取り上げる学説などが見られる。

《展開》**通常の営業の範囲を超える売却処分をめぐる有力学説と若干の検討** 道垣内教授は、平成18年判例登場後の著書においては、上記(γ)の集合物論徹底説にあげた①②に付け加えて、③ただし、通常の営業の範囲を超える処分はあくまで無権限処分であるから、当該動産が集合物から離脱していない間は、相手方は所有権を取得できない、として、平成18年判例の考え方を付加している（道垣内〔第3版〕・337頁、道垣内・344頁。同旨、髙橋・308頁および同頁注53）。しかし、(γ)で見たように、道垣内説は、個々の動産は譲渡担保の直接の目的物ではないとするのであるから、設定者には個々の動産についての物権的な処分権限はあり、通常の営業の範囲を超える処分の場合にも、第三者は有効に所有権を取得できるという結論に至るのではなかろうか。現に道垣内教授は、次の(b)の設定者に対する一般債権者による集合動産譲渡担保の構成要素である個々の動産の差押えについては、個々の動産の売却の場合との均衡からいえば、第三者からの差押えによって個々の動産が集合体から流出することもまた妨げられないというべきである、としているのであり、個々の動産につき設定者が物権

的処分権限を有することを認めているようにも見える（平成18年判例と同様に、通常の営業の範囲を超えた処分につき、集合物から離脱していない間は、譲渡の相手方は所有権を取得できないとするなら、差押えに対しても譲渡担保権者は第三者異議の訴えを提起し得るということになりはしまいか）。そうとすると、道垣内説は、通常の営業の範囲を超えた動産の処分は、無権限者による処分であるとする平成18年判例の考え方とは、相容れないのではなかろうか。

また、森田修教授は、①平成18年判例について、前記(γ)説の①の考え方と親和的であるとも見ることができる、②通常の営業の範囲外においては、譲渡担保権設定者から譲受人に譲渡担保権の負担付きでも所有権は移転しない、③集合物から個別動産が搬出された後で当該個別動産を処分した場合には、担保権者は承継取得を妨げる物権を個別動産に対してもはや持たないから、譲受人は、即時取得の要件を充たすことなく、当該個別動産の所有権を承継取得することになる、と理解する（森田修「判批」法協124巻11号2609頁以下〔2007年〕）。③の部分は、(α)説も認めるところであるが、平成18年判例は、個別動産処分後に個別動産が所在場所から搬出されたかどうかを問題にしているのであるから、この判例が③の点を述べていると理解することは、困難ではなかろうか。一方、森田教授は、「集合物からの離脱」の要件に何らかの要件を付加して、その要件が充足されない限り、集合物から離脱している個別動産の通常の営業の範囲外の処分をもって、なお集合物に対する物権との抵触を問題にして個別動産の承継取得を認めず譲受人に即時取得の要件の履践を課すこともあり得るのではないかとしている（森田・前掲法協124巻11号2612頁）。

iv 　平成18年判例の問題点・位置付けとその検討　　以上のように、平成18年の判例の理解をめぐっては、学説はかなり混乱している状況にある。この判例の理解を分かりにくくしているのは、この判例が、設定者Bがその目的物である動産につき**通常の営業の範囲を超えて売却処分した場合は、無権限処分**であるとしていながら、保管場所から搬出されるなどして当該譲渡担保の目的である**集合物から離脱したとき**は、目的物である動産を買主Cは**承継取得し得ると受け取られるような表現**をとっているためである。設定者Bの売却が無権限処分であれば、保管場所から搬出され集合物から離脱しようと、買主Cには、承継取得ではなく、192条の即時取得の要件が備わったときに原始取得が認められるのみではないかとの疑問が生じてくる。

設定者Bが通常の営業の範囲を超えて売却した場合も、有効な処分であるが、集合動産譲渡担保の拘束を受ける、しかし、集合動産の所在場所から分離され搬出されたときは、集合動産の構成要素ではなくなり、買主は、譲渡担保の拘束力のない動産所有権を取得（承継取得）する、とするのが、**我妻説**の考

え方であり、平成18年判例の考え方は、どのような論理構造になっているのか、理解が困難となっている（安永・421頁も、平成18年判例がいかなる法律構成に立つかは不明であるとし、この判決は、通常の営業の範囲を超える処分がなされた場合、離脱したときには所有権を取得すると述べているわけではない、と読むべきであるとする。筆者も同意見である）。なお、**最高裁調査官解説**は、「問題となるのは、目的物が集合物から離脱した場合に、処分の相手方は当然に所有権を承継取得し得るのか、それとも即時取得が可能となるにすぎないのか、また、詐害的搬出に対しどのような対応が考えられるのか、譲渡担保権の追及力を認め得るのか」、といった点であり、「本判決の説示からすると、集合物から離脱すれば、処分の相手方において目的物を承継取得し得ることを示唆しているとはいえるが、その場合の譲渡担保権の追及力の有無等の点は、本件の帰趨とは関係しない法律問題であり、本判決はこのような仮定的な問題について直接判示するものではない。**この点は、今後の課題として残されているものと解される。**」としている（宮坂・前掲最高裁判所判例解説〔平成18年度・民事篇〕856頁）。すなわち、設定者により通常の営業の範囲を超えた売却処分がなされ、構成部分である個々の動産が集合物の所在場所から離脱した場合の譲渡担保権者と譲受人との関係については、判例理論は確立していないと理解すべきなのである。

　ところで、当該動産が集合動産譲渡担保の構成要素であることを知りつつ（悪意）通常の営業の範囲を超えて大量に（しかも一般には低廉な価格で）買い受け集合物の所在場所から運び出せば、あるいはまた、設定者Bが通常の営業の範囲を超える量の動産を集合物の所在場所から運び出した後にこれらを第三者Cが集合動産譲渡担保の構成要素であることを知りつつ（悪意）、（しかも一般には低廉な価格で）買い受けても、譲渡担保権者Aはもはや譲渡担保権に基づいて集合物の所在場所への返還を請求できないとする考え方は、到底適切とは思えない（前述のように、安永教授も、同様の理由により集合物論徹底説に立つ道垣内説を批判される）。集合動産譲渡担保の構成要素である個々の動産を通常の営業の範囲を超えて買い受けた第三者Cを保護するためには、Cが集合動産譲渡担保の目的であることにつき善意無過失で買い受け即時取得の要件（192条）が充たされるときに限っても何ら問題はないと考える。この見解は、通常の営業の範囲を超えて個々の動産が売買された場合も有効な処分であるが、個々の

動産には集合動産譲渡担保の効力が及んでおり、譲渡担保権者は、売買された個々の動産がまだ所在場所に存在するときは、買主の搬出を阻止することができ、個々の動産が所在場所から搬出された後も、なお譲渡担保権の効力の及ぶ動産であることを買主に対抗でき、買主に即時取得の要件が充たされない限り、目的動産の所在場所に返還を請求できるとする見解であり、対抗力存続説（☞ii(β)）ということになる。通常の営業の範囲を超えて設定者Ｂが積極的に個々の動産を大量に（しかも一般には低廉な価格で）第三者に売却するのは、設定者の資力が悪化しているときが多く、買主Ｃが善意であっても過失が認められることもあろう。今後、実務上集合動産譲渡担保が広く利用されるようになると、買主Ｃは善意であっても過失があると認定されることが多くなるのではなかろうか。

　なお、以上の事柄は、通常の営業の範囲を超える売却処分のみならず、集合動産譲渡担保の構成要素である動産を、設定者が他の債権者に対する債務の代物弁済として提供した場合も同様であるといえよう。

　(b)設定者に対する一般債権者による差押え　　Ｂが債権者Ａのために集合動産譲渡担保を設定し、占有改定による引渡しにより対抗要件が備えられた後に、Ｂに対する他の債権者Ｃ（一般債権者）が、この集合動産の目的物の範囲内の動産につき差押えをした場合、譲渡担保権者Ａは、その動産は譲渡担保権の目的物であるとして**第三者異議の訴え**（民執38条）**を提起し、Ｃの差押えを取り消させることができるか**が問題となる。

　特定の動産の譲渡担保の場合については、前述（☞第4節2(1)(c)）のように、所有権的構成をとる場合はもちろんのこと、担保権的構成をとる場合でも、第三者異議の訴えを認める学説が多い。特定動産譲渡担保の場合は、担保目的動産が特定の動産に限定されるのに対して、集合動産譲渡担保の場合には、特定された範囲内の動産が担保目的物となる。したがって、個々の動産について差押えがなされても、譲渡担保権者は第三者異議の訴えを提起し得ないと考えることもできる（集合物論徹底説に立つ道垣内教授は、個々の動産の売却の場合との均衡からいえば、譲渡担保権者は第三者による差押えを妨げることはできず〔同旨：髙橋・308頁〕、これを妨げるには、設定契約において個々の動産の差押えを集合物固定化事由にしておけばよいとする。道垣内・345頁）。しかし、設定者Ｂに対す

る一般債権者Ｃが設定者Ｂの直接占有下にあるＡの集合動産譲渡担保の目的物の範囲内の動産に対して強制執行をしてくるのは、**設定者Ｂの財産状態が悪化してきているひとつの徴表**である。また、集合動産譲渡担保の対抗要件の効力は、間接的に構成要素たる個々の動産にも及んでいるとする考えからすると、譲渡担保権の所有権的構成からすればもちろんであるが、担保権的構成からしても、譲渡担保権者Ａは、**第三者異議の訴え**を提起してＣの差押えを取り消させることができると考えてよいであろう（安永・421頁）。集合動産譲渡担保の被担保債権額は一般に大きいから、一般債権者の差押えによる動産執行手続において、譲渡担保権者に配当要求を認めた場合は、一般債権者が配当を受ける余地は通常はないので、差押えは取り消されることになる（民執129条2項）。

なお、通常は、ＡＢ間の集合動産譲渡担保契約の中には、設定者であるＢの財産に対する差押えまたは仮差押えの申立てあるいは民事再生手続・破産手続などの開始決定申立てなどがあった場合には、Ｂの被担保債権は期限の**利益を失う旨の約定**が存在する。したがって、譲渡担保権者Ａは、一般債権者Ｃが個々の動産につき差押えの申立てをしたときは、集合動産譲渡担保の実行に取りかかり、個々の動産を自己に帰属させて第三者異議の訴えを提起することもできる。

(c)集合動産譲渡担保と他の担保物権との競合　　ｉ　動産売買先取特権と集合動産譲渡担保　　Ｂが債権者Ａのために集合動産譲渡担保権を設定し、Ａが対抗要件を備えた後に、その集合動産譲渡担保の目的物の範囲に入る動産甲を所有者ＣがＢに売り渡してその所在場所に搬入し、甲がＡの集合動産譲渡担保の構成部分になった場合（ＢからＡへの占有改定による引渡しがある）、Ｂから甲の代金の支払いを受けていない売主Ｃは、動産甲につき動産売買先取特権（311条5号・321条）に基づいて動産競売の申立てをし（民執190条1項3号・2項）、代金債権の優先弁済を受けることができるか。ここでは、**333条の「引渡し」**に、ＢからＡへの占有改定による引渡しが含まれるか、含まれるとした場合、同条の**「第三取得者」**に集合動産譲渡担保権者Ａが含まれるかが問題となる（動産先取特権と特定動産譲渡担保の関係につき、☞第4節2(1)(d)）。

判例（前掲最判昭62・11・10。☞第4節2(1)(d)）は、動産売買先取特権の目的である動産が、集合動産譲渡担保の目的である集合物の構成部分となった場合

においては、集合動産譲渡担保権者Aは、この動産についても引渡しを受けたものとして譲渡担保権を主張することができ、この動産売買先取特権者Cが先取特権に基づいて動産競売の申立てをしたときは、特段の事情のない限り、Aは**333条所定の第三取得者に該当**するものとして、**第三者異議の訴え**（民執194条・38条）をもって、動産競売の不許を求めることができる、としている。

この判例は、譲渡担保権につき**所有権的構成**を前提としているものと見られるが、**担保権的構成**（☞第1節5(2)(b)の物権的期待権説や(c)の設定者留保権説など）に立ってもこのような法的主張はあり得るであろう。もっとも、担保権的構成を徹底する立場からすると、333条の適用の問題ではなく、譲渡担保権と動産売買先取特権の競合の問題と捉え、譲渡担保権を質権と同列の権利と解し、**334条を類推適用**して、譲渡担保権は330条1項1号の権利、動産売買先取特権は同条同項3号の権利であるから、譲渡担保権が優先するという結論を導くこともできる（☞第4節2(1)(d)）。334条類推適用説による場合、集合動産譲渡担保権者が動産売買先取特権の存在につき悪意であるときは動産売買先取特権が譲渡担保権に優先する（330条2項前段）という違いが生じ、現実にはこのようなケースも存在するのではなかろうか。

ⅱ　**所有権留保と集合動産譲渡担保**　　上記ⅰとほぼ類似のケースにおいて、動産甲の売主Cが、代金債権を動産売買先取特権により担保するのではなく、代金完済まで甲の所有権をCに留保して買主Bに現実の引渡しをしたところ（☞第4章の所有権留保）、この動産甲が、AがBに対して有する集合動産譲渡担保の構成部分である動産の所在場所に搬入された場合、代金の弁済期到来にもかかわらず代金の支払いを受けることのできないCは、動産甲につき所有権留保を主張して甲のCへの引渡しを請求し得るか。この場合、動産甲の所有権はCに留保されているから甲には集合動産譲渡担保の効力は及ばず（☞(2)②）、またAは動産甲につき占有改定による引渡ししか受けていないから、甲につき**所有権または譲渡担保権の即時取得**（192条）**も認められない**（最判昭35・2・11民集14-2-168〔百選Ⅰ・68事件〕・多数学説）。したがって、Cは留保所有権（☞第4章第1節5）をAに対して主張して甲のCへの引渡しを請求することができる。

(d)**二重集合動産譲渡担保権の設定**　　Bが債権者Aのために集合動産譲渡担

保を設定し、Ａが占有改定による引渡しにより対抗要件を備えていたところ、Ａの集合動産譲渡担保権の目的動産の範囲と全部または一部が重なる範囲の集合動産につき、ＢがＣのために**二重に集合動産譲渡担保を設定**し、Ｃも占有改定による引渡しにより対抗要件を備えた場合、Ｃのために設定された**後順位譲渡担保権は有効なのか**、それとも無効なのか。

譲渡担保権につき**所有権的構成**をとれば、ＢがＡのために集合動産譲渡担保を設定すると、当該集合動産の所有権はＡに移転し、Ｂはその集合動産については無権利者になるから、Ｃのためにその集合動産と全部または一部が重なる範囲の集合動産に後順位譲渡担保権を設定することはできない（Ｃは、無権利者から譲渡担保権の設定を受けたことになるから、192条の要件が充足される場合に限り譲渡担保権を即時取得し、先順位譲渡担保権は消滅するのであるが、Ｃが占有改定を受けただけでは、即時取得は認められない）。これに対して譲渡担保権につき**担保権的構成**をとれば、Ｂは、無権利者ではなく、当該集合動産に設定者留保権または所有権を有しているから、その集合動産と全部または一部が重なる範囲の集合動産に後順位譲渡担保権を有効に設定することができる。

この問題につき、判例（前掲最判平18・7・20）は、すでに集合動産譲渡担保権が設定され占有改定の方法による引渡しにより対抗要件が具備されている場合に、設定者が重複してこれに劣後する集合動産譲渡担保権を設定すること自体は許されるとしても、と述べ、**二重集合動産譲渡担保の設定を容認する可能性**を示しているから、判例もこの点においては**担保権的構成**に近付いてきているといえる。

先順位集合動産譲渡担保権が被担保債権の弁済等により消滅すれば、後順位集合動産譲渡担保権は、先順位に順位昇進する。

先順位集合動産譲渡担保が存在している状態で、後順位集合動産譲渡担保権者は、譲渡担保権を行使し得ない（☞(6)(b)）。

(e)設定者に対する破産等の倒産手続の開始　これについては、特定動産譲渡担保と同様に考えてよい（☞第4節2(1)(e)）。

(6)集合動産譲渡担保の実行　(a)被担保債権の弁済期到来　被担保債権の弁済期が到来したにもかかわらず弁済がなされない場合、譲渡担保権者は、集合動産譲渡担保を実行することができる。集合動産譲渡担保契約には、しばしば期

限の利益喪失特約が設けられており、これらの期限の利益喪失の事由（例えば、譲渡担保権者A以外の他の債権者による設定者Bの財産に対する差押え、仮差押え、仮処分等の申立て、もしくは破産手続開始など倒産手続開始の申立てがあったときなど）が生じたときは、弁済期が到来したものとして扱われる。

　(b)**実行の通知・私的実行**　　譲渡担保権者Aは、譲渡担保権設定者Bに対して、**集合動産譲渡担保の実行の通知**をする。これ以降は、実行手続が終了するまで、Bは、集合動産を構成する個々の動産を**通常の営業の範囲内**であっても第三者に売却することはできなくなる。譲渡担保権者Aは、集合動産全部を自己に帰属させ、集合動産の価額と被担保債権額とを比較して、前者の額の方が大きければ、集合動産の引渡しを受けるのと引換えに差額を**清算金**としてBに支払うこともできるが、集合動産を構成する**動産の一部の価額で被担保債権額を満足させることができれば、その一部のみを自己に帰属させ、清算不要**とすることもできる。清算金が生じないときは**清算金がない旨の通知**、清算金が生ずるときは清算金の支払いがなされるまでは、設定者は、被担保債権額相当額の金銭を債権者に提供することにより、集合動産を**受け戻す**ことができる。その他の私的実行手続は、特定動産の譲渡担保権の実行手続に準ずる（☞第5節）。

　なお、後順位集合動産譲渡担保権の設定も認められるとする考えに立った場合、後順位集合動産譲渡担保権者が、私的実行の手続を進めることができるかが問題となる。判例（前掲最判平18・7・20。☞(5)(d)）は、設定者が後順位集合動産譲渡担保権を設定すること自体は許されるとしても、劣後する譲渡担保に独自の私的実行の権限を認めた場合、**配当の手続が整備されている民事執行法上の競売手続が行われる場合と異なり、先行する譲渡担保権者には優先権を行使する機会が与えられず**、その譲渡担保は有名無実のものとなりかねないから、このような結果を招来する**後順位譲渡担保権者による私的実行を認めることはできない**、としている。したがって、判例の考え方を前提とすると、先順位集合動産譲渡担保権が実行されて設定者に清算金請求権が発生する場合に、後順位集合動産譲渡担保権者としては、**清算金請求権**に**物上代位**をして被担保債権の優先弁済を受ける方法などを選択することになろう（仮登記担保4条2項参照）。

　なお、後順位集合動産譲渡担保権者が、被担保債権につき履行遅滞が生じ設定者の資力に不安を感じた場合、設定者の保管している集合動産譲渡担保の目

的物を強引に搬出して自己の倉庫等に運び入れるようなことがあるが、これは、前掲最判平18・7・20のいう「通常の営業の範囲を超える売却処分」(☞(5)(a)) ではなく、後順位譲渡担保権の強引な**私的実行**であるから、目的物が保管場所から搬出されたとしても、先順位集合動産譲渡担保権者は、譲渡担保権に基づいてなお元の保管場所への返還を請求し得ると考えるべきである。

4．集合債権譲渡担保

集合債権譲渡担保は、債権者Aの債務者Bに対する債権担保のために、債務者B（または物上保証人）が現在有し、また将来取得するであろう一定種類の債権（売掛代金債権・賃料債権・リース料債権・社会保険診療報酬支払基金から支払いを受ける診療報酬債権など）を譲渡担保の目的とするものである。これらの集合債権は、債務者Bの事業活動や営業活動などにより発生し、債務者Bは債権の回収を図りながら事業活動や営業活動を続けるとともに、被担保債権の弁済を行うのであるから、譲渡担保権者Aは、債務者Bが被担保債権（元金債権および利息債権）を順調に弁済している限りは、集合債権の範囲に入る**個々の債権の取立てを債務者Bに認め**、取り立てた金銭を債務者Bは譲渡担保権者Aに引き渡す必要はないとされている（**取立権限留保型集合債権譲渡担保**。☞(1)）。

> 《展開》将来の一定期間内に発生すべき債権を目的とする集合債権譲渡 　債権者Aが債務者Bに対する債権の回収のために、債務者Bが将来取得するであろう一定の範囲に属する集合債権を債務者Bから譲り受けることがある。これは、債権担保のための債権の譲受けではなく、**代物弁済としての**将来債権の譲受である（同旨：安永・423頁注23））。この集合債権譲渡にあっては、債権者Aは、譲渡を受けた集合債権の範囲に属する個々の債権の弁済期の到来を待って第三債務者から債務の弁済を受けることになる。

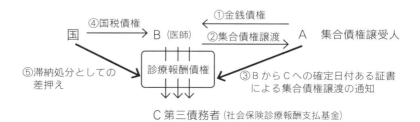

最判平11・1・29民集53-1-151〔百選Ⅱ・26事件〕は、将来債権譲渡の有効性に関する判例であり、次のような事案である。すなわち、債権者Aが、債務者である医師Bが社会保険診療報酬支払基金Cに対して昭和57年12月1日から平成3年2月までの8年3か月に渡り取得するであろう診療報酬債権につき、毎月約定で定めた額の債権を譲り受けた（第三者対抗要件具備）。その後、国は、Bの国税の滞納のためBが平成元年7月1日から平成2年6月30日までの1年間に渡り社会保険診療報酬支払基金Cに対して取得するであろう診療報酬債権を滞納処分として差し押さえた。そこで、Cはこの1年間の診療報酬債権を、債権者不確知等を原因とし、被供託者をBまたは譲受人Aとして、1年間に合計519万円ほどを供託した。そのため、国税局長は、各供託金についてのBの還付請求権を順次差し押さえ、各差押通知書が供託官に送達された。

国は、BからAへの8年3か月分の将来債権の譲渡は、1年間を超えた部分については無効であるから、国の差し押さえた1年分の診療報酬債権の債権者はBであり、したがって、国はBの有する各還付請求権につき取立権を有すると主張した。これは当時、医師の診療報酬債権の譲渡（将来債権譲渡）につき、それほど遠い将来のものでなければ、特段の事情のない限り有効であるとして、1年分程度の譲渡を有効とした最高裁判決（最判昭53・12・15判時916-25）があったからである。

そこで、本件では、BからAへの将来債権の譲渡の有効要件として、「**目的債権の範囲の特定**」のほか、「**債権発生の可能性**」も必要かが問題となった。

これにつき原審は、将来発生すべき診療報酬債権を目的とする債権譲渡契約は、数年を超える部分は、「債権発生の可能性」が低いから、その効力は認められないとして、国の請求を認めたものである。

これに対して、本件最高裁判例は、まず「目的債権の範囲の特定」につき、将来の一定期間内に発生し、または弁済期が到来すべき幾つかの債権を譲渡の目的とする場合（集合債権譲渡）には、その**発生原因**や適宜の方法により**期間の始期と終期**を明確にするなどして、譲渡の目的とされる債権が特定されるべきであるとした。

次いでこの判例は、「**債権発生の可能性**」につき、契約の締結時において債権発生の可能性が低かったことは、将来債権譲渡契約の効力を当然に左右するものではないとした。その理由として、この判例は、「将来発生すべき債権を目的とする債権譲渡契約にあっては、契約当事者は、譲渡の目的とされる債権の発生の基礎を成す事情をしんしゃくし、右事情の下における債権発生の可能性の程度を考慮した上、右債権が見込みどおり発生しなかった場合に譲受人に生ずる不利益については譲渡人の**契約上の責任の追及**により清算することとして、契約を締結するものと見るべきである」ということをあげている。

なお、この判例は、将来の一定期間内に発生すべき債権を目的とする債権譲渡契約が公序良俗違反により無効となることがあるかにつき、「契約締結時における譲渡人の資産状況、右当時における譲渡人の営業等の推移に関する見込み、契約内容、契約が締結された経緯等を総合的に考慮し」、「右期間の長さ等の契約内容が譲渡人の営業活動等に対して社会通念に照らし相当とされる範囲を著しく逸脱する制限を加え、又は他の債権者に不当な不利益を与えるものであると見られるなどの特段の事情の認めら

れる場合には、右契約は公序良俗に反するなどとして、その効力の全部又は一部が否定されることがあるものというべきである。」としている。

平成29年改正民法は、466条の6において、**将来債権の譲渡性**を認め、467条において、将来債権譲渡の対抗要件も、債権譲渡の対抗要件と同じであるとした。将来債権譲渡の有効要件については、前掲の判例の考えによることとなる。

(1) 2種類の集合債権譲渡担保　集合債権譲渡担保には、次の2種類があるが、通常は、(a)の取立権限留保型集合債権譲渡担保を集合債権譲渡担保という。

(a) 取立権限留保型集合債権譲渡担保　これは、AがBに対して有する債権の担保のために、債務者Bが、発生原因となる取引の種類、発生期間等で特定される債務者B（または物上保証人）の第三債務者Cに対するすでに生じ、また将来生ずべき債権を一括して債権者Aに譲渡し、譲渡担保権者Aが第三債務者Cに対し譲渡担保権の実行として取立ての通知などをするまでは、譲り受けた債権の取立てを債務者Bに許し、Bが取り立てた金銭について譲渡担保権者Aへの引渡しを要しないこととした集合債権譲渡担保である（最判平13・11・22民集55-6-1056〔百選Ⅰ・100事件〕）。

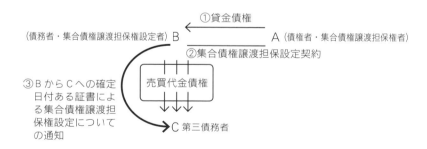

(b) 予約型または停止条件型集合債権譲渡担保　これは、AがBに対して有する債権の担保のために、発生原因となる取引の種類、発生期間等で特定される債務者B（または物上保証人）の第三債務者Cに対するすでに生じ、また将来生ずべき債権につき、AB間で債権譲渡の予約（または停止条件付き債権譲渡契約）をし、債務者Bに債務不履行等の事由が生じて債権者Aが予約完結の意

思表示をするまでは（または債務不履行等の停止条件が成就するまでは）、債務者Bは予約の目的である債権を自ら取り立てたりこれを第三者に処分したりすることができるという趣旨の債権譲渡予約型（または停止条件型）集合債権譲渡担保（最判平12・4・21民集54-4-1562）である（☞(3)(a)ⅱの《展開》）。

(2)集合債権譲渡担保の設定　**(a)集合債権譲渡担保設定契約**　集合債権譲渡担保契約も、譲渡担保権者と設定者との合意により成立する（諾成・不要式の契約）。

　(b)集合債権譲渡担保権の成立要件　集合債権譲渡担保権の成立のためには、次の要件が必要である。すなわち、①目的債権の**範囲**が**特定**していること、②譲渡担保権の目的債権につき設定者Bが**処分権限**を有していること、③被担保債権の存在、および④BはAに対する③の債務を担保するために集合債権に**譲渡担保権を設定**したこと（集合債権譲渡担保設定契約の締結）、債権譲渡予約型集合債権譲渡担保の場合は、集合債権譲渡担保権設定につき予約がなされたことである。目的債権の発生可能性は、要件とはならない。

　ⅰ **「目的債権の範囲の特定」**が必要　集合債権譲渡担保権の成立のためには、「目的債権の範囲の特定」が必要となる（最判平12・4・21民集54-4-1562）。これは、集合債権譲渡担保も担保物権であり、譲渡担保権者は、譲渡担保の目的集合債権から優先弁済を受けることができるから、設定者との関係でも、設定者に対する債務者（第三債務者）との関係でも、また設定者に対する他の債権者との関係でも、譲渡担保の目的債権の範囲が設定者の**その他の債権**から**区別**されている必要があるからである。

　集合債権譲渡担保における目的債権の範囲の特定の方法としては、①**債権の発生原因となる取引の種類の特定**（売掛代金債権の発生原因となる特定の商品〔複数の商品でもよい〕についての売買取引〔前掲最判平12・4・21、前掲最判平13・11・22〕、医師の診療報酬債権〔前掲最判平11・1・29（将来債権譲渡に関する判例）〕など）、②担保の対象となり得る**債権の発生または弁済期の始期と終期の特定**（前掲最判平11・1・29）、③債権の債務者（第三債務者）の特定（前掲最判平12・4・21）、などにより目的債権の範囲を特定することが多いが、これらのすべてが揃わないと目的債権の範囲の特定として認められないわけではなく、設定者間で集合債権譲渡担保の目的となるべき債権が設定者の有する他の債権から識別

できる程度に特定されていれば足りる（前掲最判平12・4・21）。目的債権の範囲の特定として、③は必ずしも必要ではないが、①および②は必要であろう。

したがって、第三債務者の特定がなくとも目的債権の範囲の特定が認められることもある（通説）。とりわけ、賃貸ビルや賃貸マンションの所有者が将来に渡り賃借人に対して取得する賃料債権や、リース会社が将来に渡り顧客に対して取得するリース料債権などを集合債権の目的債権にする場合などには、あらかじめすべての第三債務者を特定し得ないが、この場合にも目的債権の範囲の前記①②などにより、設定者の有する他の債権との識別が可能であれば、目的債権の範囲が特定されているといえる。もっとも対抗要件の関係では、第三債務者の特定が必要となる（☞(3)）。すなわち、467条による債権譲渡担保の対抗要件の場合には、目的債権の債務者（第三債務者）に対する通知または承諾が必要であるから、第三債務者に対する関係でも第三債務者以外の第三者に対する関係でも、第三債務者の特定は必要となる。これに対して、**動産債権譲渡特例法**による集合債権譲渡担保の場合には、**第三債務者は必要な登記事項とはされていない**から、第三債務者を特定しない集合債権譲渡担保が予定されている。もっともこの場合も、譲渡担保権の実行の段階では、第三債務者に対する対抗要件として通知または承諾が必要となるから、第三債務者は特定されることを要する。

なお、**目的債権の範囲が特定されている集合債権譲渡担保契約が公序良俗違反により無効（90条）となる場合があるか**であるが（☞4冒頭の「《展開》将来の一定期間内に発生すべき債権を目的とする集合債権譲渡」の前掲最判平11・1・29参照）、取立権限留保型集合債権譲渡担保や、予約型または停止条件型集合債権譲渡担保の場合（前掲最判平12・4・21）には、設定者の事業や経営を過度に拘束し、あるいは他の債権者を不当に害するとはいえず、公序良俗違反には一般にはあたらないと解される。

ⅱ **「債権発生の可能性」は不要**　「目的債権の範囲の特定」とは異なり、契約締結時における「債権発生の可能性」（法律的可能性および事実的可能性）は、集合債権譲渡担保契約の成立要件とはならない（☞4冒頭の《展開》将来の一定期間内に発生すべき債権を目的とする集合債権譲渡」の前掲最判平11・1・29参照）。

ⅲ **譲渡禁止特約など譲渡制限特約の付いている債権**　集合債権譲渡担保

の目的債権に入る債権は、通常、譲渡禁止特約などの譲渡制限特約の付いていない債権であるが、**譲渡禁止特約の付いている債権**（国や地方自治体などに対する請負工事代金債権など）が目的債権となることもある。このような債権についても、その後債務者が**譲渡を承諾**することもあるから、このような集合債権譲渡担保が無効であるということはできないとされてきたが、平成29年改正後の466条2項は、譲渡禁止・制限特約の付いた債権譲渡も有効であるとしたから、譲渡禁止・制限特約の付いた債権が集合債権譲渡担保の目的債権の範囲に含まれていても、集合債権譲渡担保は、有効である（☞第2節1(4)）。もっとも、譲渡禁止・制限特約の存在につき**悪意または善意重過失**の譲渡担保権者Aに対しては、債務者（第三債務者）Cは、その債務の履行を拒むことができ、かつ、設定者Bに対する弁済等債務を消滅させる事由をもって譲渡担保権者Aに対抗できる（466条3項。同条4項も参照）。なお、譲渡禁止特約の付いている請負工事代金債権の代金相当額を債務者Cが債権者不確知を理由に供託（494条2項）したところ、債権者B（特別清算手続中の会社）が、譲渡禁止特約の付いた債権譲渡は無効であるとして、譲渡担保権者Aに対して供託金還付請求権をBが有することの確認を求めて訴えを提起し、これに対して、AがBに対して、本件債権譲渡は有効であるとして、供託金還付請求権をAが有することの確認を求めて反訴を提起したケースがある。これにつき、最高裁は、譲渡禁止の特約は債務者の利益を保護するために付されるものであるから、この特約に反して債権を譲渡した債権者Bは、この特約の存在を理由に譲渡の無効を主張する独自の利益を有しないのであって、その無効を主張することは許されないとしたが（最判平21・3・27民集63-3-449）、改正法の下では、自明のこととなる。

　譲渡禁止・制限特約の付いた預貯金債権の場合は、特約の存在につき悪意または善意重過失の譲渡担保権者Aに対して、債務者（第三債務者）Cは、**特約を対抗できる**から（466条の5第1項）、このような預貯金債権は、集合債権譲渡担保の目的債権には入らない（☞第2節1(4)）。

　ⅳ　**集合債権譲渡担保の被担保債権の範囲**　これについては、通常の譲渡担保と特に違いはない。一定の範囲に属する不特定の債権を極度額の限度において担保する根集合債権譲渡担保も認められる。

(3)集合債権譲渡担保の対抗要件　(a)467条による通知・承諾　ⅰ　取立権限留保型の場合　民法上の集合債権譲渡担保の対抗要件は、債権譲渡の対抗要件（467条1項・2項）の方法による。すなわち、譲渡目的債権の債務者（第三債務者）Cに対する対抗要件は、譲渡人である設定者Bから債務者（第三債務者）Cへの**集合債権譲渡担保設定**（「目的債権の範囲の特定」がなされていることは当然必要である）**の通知またはこのことについての債務者（第三債務者）Cの承諾**（467条1項）であり、譲渡目的債権の債務者（第三債務者）C以外の第三者に対する対抗要件は、この通知または承諾が**確定日付のある証書**（内容証明書留郵便や公証役場における確定日付のある公正証書など）によってなされていることである（同条2項）。したがって、民法上の集合債権譲渡担保の対抗要件を備える場合には、目的債権の債務者（第三債務者C。第三債務者が複数の場合もあり得る）が定まっている必要がある。

　集合債権譲渡担保設定契約が締結され、また上記対抗要件が備えられた場合、**目的債権の範囲に入る債権がその後設定者と第三債務者との間に発生したとき**、この債権についても、すでに契約時になされた債権譲渡通知などでもってその譲渡通知の時から集合債権譲渡担保の対抗力が及んでいると解されている（前掲最判平13・11・22、後掲最判平19・2・15。☞(5)(b)の《展開》国税の滞納処分と集合債権譲渡担保の優劣」）。

　なお、上記の通知または承諾の際に、譲渡担保権者Aが第三債務者Cに対し、設定者Bに付与された取立権限の行使への協力を依頼したとしても（取立権限留保型集合債権譲渡担保。☞(1)(a)）、第三者対抗要件の効力に影響を与えない（前掲最判平13・11・22）。

　ⅱ　**債権譲渡予約型の場合**　債権譲渡予約型（または停止条件型）集合債権譲渡担保にあっては、予約の時点で債権譲渡の対抗要件（467条2項）を備えただけでは第三者対抗要件とはならず、**予約完結権行使**（または停止条件成就）**の時に債権譲渡の対抗要件を備える必要**がある（最判平13・11・27民集55-6-1090参照）。これは、①467条の規定する債権譲渡についての債務者以外の第三者に対する対抗要件の制度は、債権譲渡により債権の帰属に変更が生じた事実を債務者が認識することを通じ、これが債務者によって第三者に表示され得るものであることを根幹として成立していること（最判昭49・3・7民集28-2-

174〔百選Ⅱ・29事件〕）、したがって②債権譲渡の「予約」につき確定日付のある証書により債務者Cに対する通知またはCの承諾がされても、債務者Cは、これによって予約完結権の行使（または停止条件成就）により当該債権の帰属が将来変更される可能性を知るに止まり、当該債権の帰属に変更が生じた事実を認識するものではないことから、予約完結による債権譲渡の効力は、当該予約についてされた通知または承諾をもって、第三者に対抗することはできないと解すべきだからである。

《展開》予約型集合債権譲渡担保の利用価値の減少　　予約型集合債権譲渡担保は、債務者が融資を受ける際に債権担保目的でこのような予約をしておき、被担保債権の弁済が滞り譲渡担保権の実行の必要が生じたとき、債権者が予約を完結して集合債権から優先弁済を得ようとするものであるが、これには次のようなメリットがあるとこれまで考えられてきた。第1に、譲渡担保の実行の必要が生ずるまで、第三債務者との関係で譲渡担保権設定の通知・承諾（467条）がなされないから、債務者は第三債務者に担保権の設定を知られないで済むし、また、第三債務者が多数存在するときは、譲渡担保権設定通知などに要する手間や費用を省くことができる。第2に、予約を完結するまでの間、設定者は、債権の取立てや処分を制限されないし、設定者の一般債権者は債権の差押えをすることもできるから、予約型集合債権譲渡担保は公序良俗違反の問題を生じない（前掲最判平12・4・21）。第3に、予約の時点で担保権が設定されたと考え（予約の時点では、債務者の資力は悪化していないので、破162条1項による否認はされない）、かつ予約完結時に（この時点では、債務者の資力は悪化している）債権譲渡が生ずるものとして、予約完結時から14日以内に債権譲渡の対抗要件を備えれば、破産法164条による対抗要件の否認を免れ得る。

　しかしながら、**判例**（最判平16・7・16民集58-5-1744）は、上記の**第3の考えを否定した**。すなわち、この判例は、「債務者の支払停止等を停止条件とする債権譲渡契約は、その契約締結行為自体は危機時期前に行われるものであるが、契約当事者は、その契約に基づく債権譲渡の効力の発生を債務者の支払停止等の危機時期の到来にかからしめ、これを停止条件とすることにより、危機時期に至るまで債務者の責任財産に属していた債権を債務者の危機時期が到来するや直ちに当該債権者に帰属させることによって、これを責任財産から逸出させることをあらかじめ意図し、これを目的として、当該契約を締結しているものである。上記契約の内容、その目的等に鑑みると、上記契約は、破産法72条2号（現行162条1項）の規定の趣旨に反し、その実効性を失わせるものであって、その契約内容を実質的にみれば、上記契約に係る債権譲渡は、債務者に支払停止等の危機時期が到来した後に行われた債権譲渡と同視すべきものであり、上記規定に基づく否認権行使の対象となると解するのが相当である。」とした。このため、予約型集合債権譲渡担保の利用価値は減少した。

(b)動産債権譲渡特例法による譲渡登記
　ⅰ　**特例法における債権譲渡担保の主体**　　動産債権譲渡特例法において、譲渡登記を利用できる**譲渡担保権設定者**は、**法人に限定**される（動産債権譲渡特例1条・4条1項）。これに対して、譲渡担保権者は、法人でなくともよい。
　ⅱ　**特例法による譲渡登記の登記事項と譲渡登記の対象となる債権**　　譲渡登記の対象となる債権は、特定債権か債務者（譲渡担保権者からすれば、第三債務者）が特定していない将来債権を含む集合債権かは問わない。これは平成16年法律148号により改正された重要な点である。すなわち、従来は、債権譲渡登記の登記事項として目的債権の債務者（譲渡担保権者からすれば、第三債務者）の氏名および住所を記録することが必須とされていたため、債務者不特定の将来債権の譲渡については第三者対抗要件を具備する方法がなかった。そこで改正法は、債務者不特定の将来債権を含む集合債権の譲渡または譲渡担保を登記の対象にすることができるようにするため、将来債権の譲渡または譲渡担保における目的債権を特定するために必要な登記事項（動産債権譲渡特例8条2項4号、動産債権譲渡登記規則9条）を、①貸付債権、売掛債権その他の**債権の種別**、②**債権の発生年月日**（これにより始期と終期が明確になる）、のほか、譲渡担保の目的債権の**債務者（＝第三債務者）が**特定していないときは、③債権の発生原因、および④債権の発生の時における債権者の数、氏名、および住所とし、**目的債権の債務者（第三債務者）を必要な登記事項とはしない**こととしたのである。したがって、例えば有線放送の事業会社が将来の顧客に対して有することになる受信料債権、不動産賃貸会社が将来の賃借人に対して取得することになる賃料債権、あるいはクレジット会社が将来の顧客に対して取得することになるクレジット債権などを集合債権譲渡担保の目的にする場合なども、債権譲渡登記を利用できるようになった。これに対して、譲渡担保の目的債権の債務者（＝第三債務者）が特定しているときは、上記①②のほか、③債務者（＝第三債務者）および債権の発生の時における債権者の数、氏名および住所、が目的債権を特定するために必要な登記事項となる。
　ⅲ　**譲渡登記の効力**　(α)**債務者（第三債務者）以外の第三者に対する対抗要件**　　債権譲渡登記がなされたときは、当該債権の債務者（第三債務者）C以外の第三者（債権の二重譲受人・二重譲渡担保権者・債権質権者など）については、

467条2項の規定による**確定日付のある証書による通知**があったものとみなされる（動産債権譲渡特例4条1項前段）。また**登記の日付**が確定日付とみなされる（同項後段）。

　(β)**債務者（第三債務者）に対する債権譲渡の対抗要件**　　譲渡目的債権の債務者（第三債務者）に対する集合債権譲渡担保の対抗要件は、債権譲渡登記では足りず、**登記事項証明書を交付してする第三債務者への通知または第三債務者の承諾**である（動産債権譲渡特例4条2項・3項）。したがって、第三債務者不特定の将来債権譲渡に関わる債権譲渡登記がされた場合において第三債務者に対する対抗要件を具備するためには、**第三債務者が特定した後**に、当該債権の譲渡または譲渡担保につき債権譲渡登記がされたことについて、譲渡人（譲渡担保権設定者）Bもしくは譲受人（譲渡担保権者）Aが第三債務者Cに対して登記事項証明書を交付して通知し、または第三債務者Cの承諾が必要である。この通知を受けるまでの間にこの第三債務者Cが譲渡人（譲渡担保権設定者）Bに対して弁済した場合には、弁済を債権譲受人（譲渡担保権者）Aに対抗できる。

(4)集合債権譲渡担保の設定当事者間での効力　　集合債権譲渡担保においては、譲渡担保権者Aが第三債務者Cに対して譲渡担保権の実行として取立ての通知をするまでは、**譲渡債権の取立てを設定者Bに許し、設定者Bはその取り立てた金銭について譲渡担保権者Aへの引渡しを要しない**（取立権限留保型集合債権譲渡担保。前掲最判平13・11・22）。債権譲渡予約型（または停止条件型）集合債権譲渡担保においては、債権者Aが予約を完結する（また停止条件が成就する）までは、債務者Bは、目的債権の範囲内にある債権を自己の債権として取り立てたり、第三者に売却したりすることができる。集合債権譲渡担保の被担保債権につき、債務者が履行遅滞となったり、債務者または設定者につき破産手続や民事再生手続などの開始の申立てがあったときは、設定者Bは取立権限を失うと解すべきである。

(5)集合債権譲渡担保と第三者との関係　　集合債権譲渡担保においては、取立権限留保型集合債権譲渡担保が通常である（☞(1)）。この種の集合債権譲渡担保が設定された場合、譲渡担保権者Aが第三債務者Cに対し譲渡担保権の実行として取立ての通知をするまでに、集合債権を構成する個々の債権を、第三者Dが設定者Bから譲り受けて債権譲渡につき第三者対抗要件を具備したとき、

または、設定者Bに対する一般債権者Dが差し押さえて差押命令が第三債務者Cに送達されたとき、譲渡担保権者Aはこれらの第三者に対して、譲渡担保権を主張し得なくなるかが問題となる。

(a)**個々の債権の第三者への譲渡** 設定者Bによる個々の債権の譲渡については、設定者Bには取立権限が与えられているので、これをどのように見るかで結論に違いが出てきそうである。譲渡担保権を担保権的に構成すれば、取立権限留保型においては個々の債権を設定者Bが取り立てることができるのであるから、Bが取立てをするのではなく、これを相当な対価の支払いを受けて第三者に譲渡したり、Bが第三者に対して有している債務の代物弁済としてこれを第三者に譲渡することも妨げられないと解することもできよう（安永・429頁）。しかし、個々の債権についても集合債権譲渡担保の対抗力が及んでおり（☞(3)(a)ⅰ）、また譲渡担保権者Aは設定者Bに取立権限のみを与えているという点を重視すると、Bから個々の債権を譲り受けたDは、第三債務者Cに対して債権の譲受けを主張できないということになろう（個々の債権の譲受人は、債権譲渡につき対抗要件を備えても、すでに集合債権譲渡担保につき第三者対抗要件を備えている譲渡担保権者Aに対抗できない）。

(b)**個々の債権に対する差押え** 設定者Bに対する一般債権者Dによる集合債権譲渡担保の構成要素である個々の債権に対する差押えについては、担保権的構成に立つ説や集合債権譲渡担保の目的物は集合債権それ自体であり個々の債権は目的物ではないとする説からすると、集合債権譲渡担保権者Aは個々の債権の差押えに対して第三者異議の訴え（民執38条）を提起して執行手続の取消しを求め得ないとする結論が導き出されよう（角紀代恵「流動債権譲渡担保をめぐる混迷」椿寿夫編『担保法理の現状と課題』（別冊ＮＢＬ31号）204頁〔1995年〕）。もっとも、集合債権譲渡担保契約においては、債務者または設定者につき差押えの申し立てがなされたときは、被担保債権につき期限の利益が喪失する旨の約定がなされていることが通常であるので、この場合には集合債権譲渡担保権者Aは、設定者Bに対する一般債権者Dの申立てに係る債権執行手続に対して、差し押さえられた債権が差押前からAに帰属し、第三者対抗要件を備えていることを理由に、第三者異議の訴えを提起して、この手続の取消しを求めることができると解すべきであろう（安永・429頁も同旨か）。

なお、集合債権譲渡担保と国税の滞納処分との優劣に関するものではあるが、判例（最判平19・2・15民集61-1-243）は、集合債権譲渡担保権者Ａが集合債権譲渡担保権の設定により将来債権を含め「目的債権の範囲」内の債権を譲り受け（将来債権を譲り受ける地位が、譲渡担保権設定時に譲渡担保権者Ａに確定的に譲渡されると考える）、集合債権譲渡担保につき第三者対抗要件を備えると、集合債権譲渡担保の「目的債権の範囲」に入る、国税債権の法定納期限後に発生した債権を国が国税の滞納処分として差し押さえても、集合債権譲渡担保権者が優先するとしている。

《展開》国税の滞納処分と集合債権譲渡担保の優劣　　前掲最判平19・2・15の事案は次のようなものである。ＢがＣとの間の継続的取引契約に基づき、ＢがＣに対して集合債権譲渡担保契約締結日現在有しおよび同締結日から１年の間に取得する商品売掛代金債権および商品販売受託手数料債権を、Ａに譲渡する旨の集合債権譲渡担保契約をＡＢ間で締結し、ＢからＣに確定日付のある内容証明郵便により譲渡担保権設定の通知をした。その後、Ｂが国税を滞納したので、ＡＢ間の集合債権譲渡担保の「目的債権の範囲」に入る、ＢがＣに対して取得した、国税債権の法定納期限後に発生した20日間分の債権（これを以下「本件債権」という。）が国税の滞納処分として差し押さえられた。そこで、本件債権発生前に法定納期限が到来した国税債権が集合債権譲渡担保に優先して、本件債権から国税債権は優先弁済を受けられるかが争われた。なお、国税徴収法では、国税の法定納期限以前に、納税義務者の財産につき譲渡担保権が設定され対抗要件が備えられていると、譲渡担保権が国税の滞納処分に優先する扱いである（この判例では、国税徴収法24条6項であるが、現行法では同法同条8項）。

　この判例は、①将来発生すべき債権を目的とする債権譲渡契約は、譲渡の目的とされる債権が特定されている限り、原則として有効であること（前掲最判平11・1・29）、②将来発生すべき債権を目的とする譲渡担保契約が締結された場合には、債権譲渡の効果の発生を留保する特段の付款のない限り、譲渡担保の目的とされた債権は譲渡担保契約によって譲渡担保設定者から譲渡担保権者に確定的に譲渡されているのであり、③この場合において、譲渡担保の目的とされた債権が将来発生したときには、譲渡担保権者は、譲渡担保設定者の特段の行為を要することなく当然に、当該債権を担保の目的で取得することができること、④前記の場合において、譲渡担保契約に係る債権の譲渡については、債権譲渡の対抗要件（467条2項）の方法により第三者に対する対抗要件を具備することができること（前掲最判平13・11・22）をあげ、以上のような将来発生すべき債権に係る譲渡担保権者の法的地位に鑑みれば、国税徴収法24条6項（現行24条8項）の解釈においては、国税の法定納期限等以前に、将来発生すべき債権を目的として、債権譲渡の効果の発生を留保する特段の付款のない譲渡担保契約が締結され、その債権譲渡につき第三者に対する対抗要件が具備されていた場合には、譲渡担保の目的とされた債権が国税の法定納期限等の到来後に発生したとして

も、当該債権は「国税の法定納期限等以前に譲渡担保財産となっている」ものに該当すると解するのが相当である、として、本件債権につき債権者不確知を理由にＣが供託していた金銭につき譲渡担保権者Ａが還付請求権を有するとしたのである。

　この判例は、将来債権の譲渡・譲渡担保において、将来債権がいつ譲渡担保権者に移転するかについて直接述べているものではないと理解されている（増田稔・最高裁判所判例解説〔民事篇・平成19年度〕135頁、潮見佳男「将来債権譲渡担保と国税差押の優劣」ＮＢＬ856号15頁〔2007年〕など）。すなわち、譲渡担保の目的とされた将来債権が国税徴収法24条8項（現行法）にいう、「国税の法定納期限等以前に譲渡担保財産となっている」ものにあたるかどうかは、民法の解釈問題ではなく、まさに**国税徴収法24条8項の解釈問題**であり、譲渡担保の目的とされた将来債権の移転時期につき「債権発生時説」に立ったからといって、論理必然的に「国税の法定納期限等以前に譲渡担保財産となっている」ものにあたらないという解釈論が出てくるわけではないとしているのである。

　それでは、本判例が、「将来発生すべき債権を目的とする譲渡担保契約が締結された場合には、債権譲渡の効果の発生を留保する特段の付款のない限り、譲渡担保の目的とされた債権は譲渡担保契約によって譲渡担保設定者から譲渡担保権者に確定的に譲渡されている。」と述べる部分をどのように理解するか。これにつき、森田宏樹教授は、「債権の発生前には請求可能性を備えた債権は存在しないが、譲渡の客体として処分権をのみを備えた『将来債権』を法的に観念することは可能」（譲渡契約時説）であり、このような処分権のみを備えた「将来債権」が、契約時に譲受人に譲渡され、対抗要件が備えられていると考える（森田宏樹「判批〔最判平19・2・15〕」平成19年度重判〔ジュリ1354号〕75頁〔2008年〕）。そして、将来債権譲渡契約・将来債権譲渡担保設定契約が締結された時には、具体的な債権の発生前の段階であっても、目的債権の帰属の変更という「債権譲渡の効果」が確定的に生じており、その結果、譲渡担保権者には、当該債権が発生した時にはこれを当然に取得し得る法的権能が帰属している、と理解する。そこで、判旨にいう「債権譲渡の効果」とは、当事者間において、目的債権の帰属の変更がもたらされることを意味する、とするのである。

　この判例の考え方によれば、上記本文のように、譲渡担保権設定者の一般債権者Ｄによる集合債権譲渡担保の構成要素である個々の将来債権に対する差押えについても、「目的債権の範囲」内に入る債権は、譲渡担保契約締結時に未発生でも、契約締結時に譲渡担保権者Ａにその帰属が変更し、当初の債権譲渡通知（467条1項・2項）によって譲渡担保権の第三者対抗力がそれにも及んでいる、ということになるから、譲渡担保権者Ａは、譲渡担保権を差押債権者Ｄに対抗できることになる。

　なお、将来債権を含む集合債権譲渡担保において、将来債権の移転の時期はいつかについては、譲渡担保権設定契約時に移転するとする見解が多い（池田真朗・「判批〔最判平19・2・15〕」金法1812号〔金融判例研究17号〕33頁〔2007年〕、潮見・前掲ＮＢＬ856号15頁など）。

　もっとも、平成29年改正後の466条の6第2項は、将来債権については、譲受人は、発生した債権を当然に取得すると規定しているだけであるので、譲渡担保権者が設定

者から債権を承継取得するのか、それとも譲渡担保権者のもとで債権が発生するのかは、はっきりしていない。

　なお、本判例（前掲最判平19・2・15）のいう「**債権譲渡の効果の発生を留保する特段の付款**」のある場合とは、「取立権限留保型集合債権譲渡担保」を指すのかが問題となるが、「取立権限留保型」においては、前述のように「目的債権の範囲」に入る債権は、設定時に譲渡担保権者Ａに譲渡され、取立権が設定者Ｂに認められているだけであるから、上記の「債権譲渡の効果の発生を留保する特段の付款」には入らない（本判例もそのことを明示的に述べている）。この「債権譲渡の効果の発生を留保する特段の付款」のある場合とは、**予約型集合債権譲渡担保（停止条件付き集合債権譲渡担保を含む）を指す**、と解すべきことになろう（池田・前掲金法1812号32頁、森田・前掲ジュリ1354号75頁など）。

(c)設定者に対する破産等の倒産手続の開始　　集合債権譲渡担保も担保物権であるから、設定者Ｂにつき破産手続または民事再生手続が開始された場合は、集合債権譲渡担保権者Ａは**別除権者**として、これらの手続によらずに優先弁済を受けることができ、設定者Ｂにつき会社更生手続が開始された場合は、Ａは**更生担保権者**となる。

(6)集合債権譲渡担保の実行　　被担保債権の弁済期が到来しても弁済がなされない場合、譲渡担保権者は、集合債権譲渡担保を実行することになる。通常は、「目的債権の範囲」に入る個々の債権につき、譲渡を受けた債権者として、第三債務者Ｃに取立ての通知をして第三債務者Ｃから債権を取り立て、被担保債権の満足に充てることになる。動産債権譲渡特例法による債権譲渡登記をしていたときには（☞(3)(b)ⅲ(β)）、登記事項証明書を交付してする第三債務者への通知をしてから、債権を取り立て、被担保債権の満足に充てる。被担保債権全部の満足を受けた場合には、譲渡担保権も消滅する。

第4章　所有権留保

第1節　所有権留保の意義と特色

1．所有権留保の意義

　所有権留保とは、例えば、売主Aと買主Bとの間の売買契約において、代金の支払前に売買の目的物はBに**現実に引き渡す**が、売主Aの売買代金債権の担保のために、代金完済まで目的物の所有権を売主Aに留保しておく形式の担保であり、非典型担保のひとつである。物の売買契約においては、物の引渡債務と代金支払債務とが同時履行であるのが原則であるが（533条）、買主Bが代金全額の支払いをすることができない場合でも、買主Bとしては先に物の引渡しを受けてこれを使用・収益したいことが多い。動産の売買においては、所有権移転時期についての特約がない場合、代金の支払いがなされていなくても物が買主に引き渡されれば、一般には（すなわち売買契約時所有権移転説をとらなくても）物の所有権は買主に移転したと解される（生熊・物権184頁。この場合の代金債権担保のための動産売買および不動産売買先取特権につき☞2(2)）。そこで、特に動産の売買において、代金債権担保の手段として、買主Bに物の引渡しをしても代金完済までは売主Aに物の所有権を留めおく所有権留保が利用されるのである。

　所有権留保においては、代金が完済された時に売主Aに留保されていた所有権が買主Bに移転する。代金の弁済期到来にもかかわらず代金の弁済がなされないときは、売主Aは所有権留保を実行することになるが、所有権留保の法的

構成の違いにより、実行方法には違いが生ずる（☞第4節）。

2. 売買契約解除および動産売買先取特権との比較

買主Bが弁済期到来後も代金を売主Aに弁済しないときは、売主Aは、債務不履行を理由に売買契約を解除して、買主Bに原状回復として売買の目的物の返還とAが被った損害の賠償を請求する方法、および、動産売買先取特権や不動産売買先取特権を行使して代金債権の優先弁済を受ける方法が認められるが、これら以外になぜ売買代金債権の担保のために所有権留保が利用されるのか。

(1)債務不履行に基づく売買契約の解除　　代金不払いの場合、売主Aは、買主Bの債務不履行を理由に541条の規定により売買契約を解除することができる。解除による原状回復（545条1項本文）として、AはBから目的物の返還を受けるのと引換えに（546条）、Bに対して代金（受領の時からの利息を付して。545条2項）を返還することになるが、なお損害があればAはBに対して損害賠償請求権を行使し得る（同条4項）。

問題は、売買の目的物が第三者に譲渡されていた場合であり、545条1項但書は、**解除による原状回復は、第三者の権利を害することができない**と規定している。そこで、**売買契約解除前に第三者Cが目的物を買い受けて対抗要件を備えたとき**は、その後にAが売買契約を解除しても、AはCに目的物の返還を求めることはできず（最判昭33・6・14民集12-9-1449）、買主Bの売買の目的物の返還義務は、目的物の価額相当額の金銭債務に転換する。また、Aによる**売買契約解除後に第三者Cが目的物をBから買い受けて、解除したAより先に所有権につき対抗要件を備えたときも同様である**（前掲最判昭35・11・29〔百選Ⅰ・56事件〕）。さらに、買主Bに**資力がないとき**は、Aは目的物の価額相当額の金銭債権および損害賠償請求権の実現を図ることもできなくなる。

これに対して、**所有権留保**の場合には、買主の代金不払いの場合、売主は留保していた所有権に基づいて**第三者に対しても売買の目的物の返還を求める**ことができる（もっとも、目的物が一般の動産である場合には、転得者による192条の**即時取得**の問題が生じ得るが、登記や登録を所有権移転の対抗要件とする自動車などの場合には、192条が適用されないので、所有権留保はより意味がある）。

(2)**動産または不動産売買先取特権に基づく代金債権の回収**　すでに見たように、売主には未払代金債権につき動産売買先取特権や不動産売買先取特権が認められている（311条5号・321条・325条3号・328条。☞第2編第3章第2節2・3）。しかし、動産売買先取特権の実行方法は動産競売（民執190条）であるので、**換価代金**も時価と比べると極めて低額であることや、この動産売買先取特権には**追及力**が認められていないこと（333条）などの問題がある（☞第2編第3章第4節3(1)）。また、転売代金債権への物上代位も認められるが、売主は、転得者が買主に代金を支払う前に差押えをしないと優先弁済を受けられないから（304条1項但書）、確実な方法とはいえない（☞第2編第3章第4節2(4)）。

これに対して、所有権留保の場合には、代金債権が未払いの場合、売主は、目的動産が第三者に譲渡されても、なお担保物権である所有権留保を実行して所有権に基づいてその動産の返還を請求し得る（もっとも第三者が192条により**即時取得**すると、留保所有権も消滅する。自動車のような登録や登記を対抗要件とする動産には、192条の適用はない）。

なお、不動産売買先取特権は、売買契約と同時に、先取特権の登記をしなければならないから（340条）、売主にとって使い勝手が悪い。

3．所有権留保の利用

主に**動産割賦販売**において利用される（割賦販売法7条は、耐久性を有するものとして政令で定める指定商品につき所有権留保を推定する）。もっとも、現在では、信販会社が買主の代金全額を立て替えて売主に支払い、立替代金債権について信販会社が買主に対して有する求償債権を、買主が信販会社に割賦で返済していく形態（包括信用購入あっせんまたは個別信用購入あっせん。割賦2条3項・4項）が多く、この場合には、求償債権担保のために売買の目的動産の所有権が売主から信販会社に移転することがある。所有権留保は、不動産売買にも利用されるが、宅地建物取引業法43条により、宅地建物取引業者が自ら売主となって行う宅地・建物の割賦販売においては、代金の10分の3を超える金銭の支払いを受けたとき等は、特別の場合を除いて所有権留保は禁止されており、買主に宅地・建物の所有権が移転する。

4. 譲渡担保との違い

(1)被担保債権と担保目的物との間の密接な関連　所有権留保においては、売買の目的物自体が担保目的物となり、被担保債権は、その物の売買代金債権であるから、目的物の価額と被担保債権額との間に大きな開きはなく、所有権留保の実行における清算の場合にも、多額の清算金が生ずることは少ない（むしろ被担保債権額〔残代金債権額〕が、中古品となった売買の目的物の評価額を上回ることもある）。それに対して、譲渡担保の場合は、担保の目的物と債権（貸金債権や売買代金債権）との間に特別の関係はなく、しかも目的物の価額が被担保債権額を大きく上回ることが多いから、その場合清算の必要が生ずる。

(2)目的物の所有者　所有権留保においては、債権者はもともと目的物の所有者であり、譲渡担保と異なり、担保権設定により担保権設定者に帰属していた物の所有権の債権者への移転が生ずるわけではない。

(3)目的物の換価　所有権留保においては、一般に債権者である売主は、目的物の専門的な販売業者であるから、買主が返済できなくなった場合、目的物を取り戻して**中古品として販売**するルートを持つことが多い。したがって、動産競売による換価の場合よりも中古品としてそれなりの評価額が期待できる。

5. 所有権留保の法的構成

　所有権留保についても、その法的構成が問題となる。**所有権的構成**によると、所有権留保の特約は、**所有権移転時期の特約**であるから、売主Aが**所有者**であり、売主Aの所有権について物権変動はないから公示上も変動はなく、買主は代金完済を停止条件とする所有権取得の**債権的な期待権者**であるということになる。これに対して、**担保権的構成**の場合は、売主Aは**留保所有権という担保権**（物権）**を有する者**であり、買主Bは**留保所有権という担保権の負担の付いた物の所有権者**であるとする考え方（高木・379頁）、売主Aは実質は担保権である**留保所有権を有する者**であり、買主Bは**物権的な所有権取得期待権者**であるとする考え方（鈴木・403頁）、売主Aは**担保目的に制約された所有権者**であり、買主Bは**物権的な所有権取得期待権者**であるとする考え方などがある（道垣内・368頁、髙橋・316頁）。いずれにしても、担保権的構成の場合には、売主Aに

も買主Bにも物権的な権利があると考えている。

第2節　所有権留保の設定と対抗要件

1. 所有権留保の設定

　売買契約において、売主Aと買主3との間で、代金債務の完済までは売買の目的物の所有権を売主Aに留保するとの特約（合意。諾成・不要式）により、所有権留保は設定される。前述のように、割賦販売法7条は、割賦販売の方法により販売された、耐久性を有するものとして政令で定める一定の指定商品につき所有権留保を推定する。

2. 売主・買主の有する権利の対抗要件

(1)**目的物が一般の動産の場合**　　**所有権的構成**によれば、売主はこれまで通り売買の目的動産につき所有権を有しており、これに買主が債権的な期待権を取得したのであるから、売主の所有権は、従来のまま対抗要件を備えており（買主による代理占有の状態になっている）、買主の権利は、債権的な期待権であるから対抗要件は存在しないことになる。**担保権的構成**によれば、買主の物権的な所有権取得期待権は、売主からの現実の引渡しにより公示されており、売主の留保所有権という担保権は、買主から売主への占有改定による引渡しにより公示されているとされる（高木・381頁、鈴木・404頁）。もっとも、いずれの構成をとるにしても、買主が目的動産を第三者に譲渡すると、第三者は192条により目的動産を即時取得することが多いから、売主は、売買の目的物にネームプレート等を貼付して第三者の即時取得を阻止できるよう対策をとっていることがある（目的動産の種類によりネームプレートを貼付しやすいものとしにくいものとがある）。

(2)**目的物が不動産や登記・登録を対抗要件とする動産の場合**　　**所有権的構成**によれば、売主の所有権は、これまでの所有権登記・登録（以下「登録」については省略）により公示されており、買主の債権的な期待権は、所有権移転請

求権仮登記・仮登録（以下「仮登録」については省略）または停止条件所有権仮登記により公示される。**担保権的構成**によれば、売主の留保所有権は、これまでの所有権登記により公示されており、買主の物権的な所有権取得期待権などは、所有権移転請求権仮登記または停止条件付き所有権仮登記により公示される。買主の権利が仮登記により公示されることは実際には少ないし、仮登記により保全された場合、その権利は純粋な債権ではなく債権と物権の中間的な権利に位置付けられよう（鈴木・186頁以下参照）。

第3節　所有権留保の効力

1．所有権留保の当事者間での効力

売買契約の当事者間での効力については、所有権的構成をとる場合と担保権的構成をとる場合とで特段の差異はない。

所有権的構成の場合は、原則として**売買契約の効果として処理**する。目的物の利用関係については、買主は実質的には所有者だから、自由に目的物を使用・収益できる。買主の目的物保存義務については、買主が目的物を滅失・損傷したり、第三者へ処分したときは、所有権の侵害として不法行為責任が生ずると考えられるが、売買契約上の特約違反の債務不履行責任も生ずる。

担保権的構成の場合、目的物の利用関係については、買主は所有者であるから、自由に目的物を使用・収益できる。買主の目的物保存義務については、買主が目的物を滅失・損傷したり、第三者へ処分したときは、担保権の侵害による不法行為責任が生ずると考えられるが、担保保存義務違反の債務不履行責任と考えることもできる。

2．所有権留保と第三者との関係

対外的効力については、所有権的構成をとる場合と、担保権的構成をとる場合とで差異が生ずる。以下、動産所有権留保のケースについて判例に現れたものにつき説明する。

(1)買主による目的動産の第三者への譲渡　(a)転売授権がない場合　売主Aと買主Bとの間の所有権留保付き動産売買においては、売買の目的動産甲が買主Bに現実に引き渡される。そこで、売主Aから買主Bに動産甲の**転売につき授権がなされていない**にもかかわらず、Bが甲を自己の物として第三者Cに譲渡することが生じ得る。この場合、第三者Cが甲を**善意無過失**で買い受け現実の引渡しを受けると、192条により所有権留保の負担のないものとして甲を**即時取得**し、売主Aは所有権または留保所有権を失うことが多い（そこで、売主は、売買の目的動産の種類によっては、その動産に**ネームプレート**を貼付することなどにより、第三者を悪意または有過失にして即時取得を阻止しようとすることがある）。

　もっとも、第三者Cの**過失**を理由に即時取得を否定した判例もあり、最判昭42・4・27判時492-55は、土木建設請負業者Bが土木建設機械をその販売業者Aから買い受けるについては、通常所有権留保の割賦販売の方法によることが多く、土木建設機械をも扱っていた古物商Cが、土木建設機械を土木建設請負業者Bから買い受けるには、転売の経緯などを調査する必要があり、それをしないで買い受けた場合にはCに過失があるので、Cは192条による即時取得の保護を受けることはできないとしたものである。この判例は、買主Bを無権利者としており、所有権的構成に立っているといえる。また、刑事の判例であるが、最決昭55・7・15判時972-129は、買主Bが代金を払える見込みもないのに割賦販売の目的物を処分したときは、買主の行為は横領罪（刑252条）にあたるとしており、この判例も、所有権的構成に立つといってよい（担保権的構成であれば背任罪〔刑247条〕）。

　登録や登記が所有権移転の対抗要件であり登録や登記がされている自動車や建設機械などの所有権留保付き売買の場合は、売主Aに所有権登録や登記があり、買主Bに自動車などの引渡しはなされるが所有権移転登録や登記はなされない。このような所有権留保付き登録自動車などを買主Bから第三者Cが譲り受けても、192条の**即時取得の適用はない**から（最判昭62・4・24判時1243-24）、買主Bから売主Aが代金の支払いを受けられない場合には、売主Aは、所有権に基づいて第三者Cに対して自動車などの返還を請求し得るのが原則である（☞(b)）。

　(b)転売授権がある場合　これに対して、所有権留保付き売買の買主Bに売

主Aから**転売につき授権がされていると見られる場合**がある。

　例えば、ディーラーAからサブディーラーBに甲自動車が所有権留保特約付きで割賦販売され（甲自動車の登録名義はAにある）、次いで、この甲自動車をサブディーラーBからユーザーCが買い受けて引渡しを受け、代金をBに完済した場合において、BがAへの割賦金支払いを怠ったことを理由に、Aは甲自動車所有権に基づきCに甲自動車の引渡しを請求することができるかが問題となる。(a)で述べたように、登録自動車の場合、動産ではあるが、192条の即時取得は認められていない（前掲最判昭62・4・24）ので、Aからの甲自動車の返還請求にCは応じなければならないことになるか。

　このようなケースについて、判例（最判昭50・2・28民集29-2-193）は、①ディーラーAは、サブディーラーBがユーザーCに販売するについて、その売買契約の履行に協力していること、②AがBから代金の完済を得ないからといって、AB間の本件自動車の所有権留保特約付き売買において留保された所有権に基づいて、代金を完済して自動車の引渡しを受けたユーザーCに対して自動車の引渡しを求めることは、本来ディーラーAにおいてサブディーラーBに対して自ら負担すべき代金回収不能の危険をユーザーCに転嫁しようとするものであり、代金を完済したユーザーCに不測の損害を被らせるものであることを理由に、AからCに対する甲自動車の返還請求は、**権利の濫用として許されない**としている（類似のケースにおいて、最判昭57・12・17判時1070-26も、①ディーラーAが営業政策として、ユーザーに対する転売を容認する形でサブディーラーBに所有権留保特約付きで自動車を販売したこと、②ユーザーCは、この所有権留保特約を知らず、また、これを知るべきであったという特段の事情もなくして甲自動車を買い受け、代金を完済して引渡しを受けたこと、なども理由として付け加えて、AのCに対する自動車の返還請求は権利濫用にあたるとしている）。

　この判例は、ユーザーCが所有権を取得していないことを前提としたものであるが、これによると、Cは、甲自動車を使用することはできるが、甲自動車につき所有権移転登録を受けることはできないので転売はなし得ない。そこで通説は、このようなケースにおいては、ディーラーAからサブディーラーBに**転売授権**があり、したがってユーザーCはサブディーラーBに**代金を完済すれば自動車の所有権を取得し得る**と解すべきだと主張している（内田Ⅲ・558頁、

近江Ⅲ・327頁など）。また、通説の考え方をとると、AがBに転売授権（Cとの関係においてBはAの代理人ではなく、売主である）をして所有権留保付きで甲（登録自動車などに限らない）を売買した場合、Bから買い受けたCは、Bに代金を支払えば、目的物につきAが所有権留保をしていることを知っていても、目的動産の所有権を取得し得ることになる（192条の要件を必要とせず、①AからBへの転売授権の存在、および②CからBへの代金の完済、がCの所有権取得の要件となる。安永・438頁も、ほぼ同旨であるが、BからCへの目的物の引渡しは要件に入れなくてよいであろう）。

(2)買主に対する一般債権者による目的動産の差押え　所有権留保においては、売買の目的動産が買主Bに現実に引き渡されるから、買主Bに対する一般債権者Cがこの動産を差し押さえることが生ずる。これに対して、売主Aがその動産は自分の物であるとして、**第三者異議の訴え**（民執38条）を提起して強制執行手続を取り消させることができるかが問題となる。これにつき判例（最判昭49・7・18民集28-5-743）は、この場合、売主Aは、所有権に基づいて第三者異議の訴えを提起してその執行の排除を求めることができるとしており、この判例も**所有権的構成**に立っているといえよう。所有権留保につき**担保権的構成**に立つ場合は、譲渡担保の場合に準じて考えることになろう（☞第3章第4節2(1)(c)。近江Ⅲ・326頁、道垣内・371頁など）。

(3)当事者につき破産等の倒産手続の開始決定がなされた場合　買主から売主への代金支払いは完了しておらず、売主から買主への所有権移転も未了であるという所有権留保の場合、双務契約において双方とも債務未履行の場合の破産法53条、民事再生法49条、または会社更生法61条が適用されるか（管財人等による契約解除の可否等）が問題となる。売買の目的動産を買主に引き渡した所有権留保付き売買においては、買主の売買代金完済という停止条件成就により留保された所有権移転の効果が生じ、改めて売主の所有権移転行為を必要としないから、**これらの条文の適用はない**とするのが、裁判例（会社更生法〔現〕61条のケースにつき、大阪高判昭59・9・27判タ542-214など）であり、通説（鈴木・407頁、伊藤眞ほか『条解破産法』393頁〔弘文堂・2010年〕など）でもある。

それでは、買主Bにつき破産等の手続が開始した場合、所有権的構成により、破産法62条、民事再生法52条、または会社更生法64条により、所有権留保

の目的動産は買主Bに属しない財産として売主Aは取戻権を有すると解すべきか、それとも、担保権的構成により、破産手続および民事再生手続においては売主Aは別除権を有するにとどまり（破2条9項、民再53条）、会社更生手続においては売主Aは更生担保権者となるにとどまる（会更2条10項・11項）、と解すべきかが問題となる。後者の見解が裁判例（買主につき破産手続開始のケースにつき札幌高決昭61・3・26判タ601-74）であり、通説（髙橋・320頁、安永・437頁など）でもある。売主Aにつき破産等の手続が開始した場合、買主Bの立場には影響はなく、買主Bが残代金を支払えば、売主Aの留保所有権は消滅し、Bは所有権を確定的に取得する（鈴木・408頁、高木・385頁など）。

なお、近時、次のようなケースにつき最高裁判例が登場した。売主A、買主B、および信販会社Cの三者の間で、AからBが自動車甲を買い受け、売買残代金をCがAに立替払いをすることをBがCに委託し、CがAに売買残代金を立替払いしたときは、BはCに対して残代金相当額に手数料等を加算した金員を分割して支払い（この債務を「立替金等債務」という）、甲の登録名義いかんを問わず、Aに留保されている甲の所有権がCに移転し、BのCに対する立替金等債務の担保のために甲の所有権が信販会社Cに留保される等の合意がなされた。Cが売買残代金を立替払いし、甲の所有権を留保していたところ、Bが立替金等債務について支払いを停止し、次いで、Bが小規模個人再生による再生手続開始決定を受けた。そこで、Cは甲につき留保した所有権に基づき、別除権の行使としてBに対して甲の引渡しを求めて訴えを提起した。本件では、Cの請求が認められるためには、**再生手続開始の時点で甲の所有権登録名義がAからCに移転している必要があるか**が、問題となった。

これについては、Cの売買残代金立替払いにより、法定代位の効果として留保所有権がAからCに移転するのだから、Cが甲につき対抗要件を備えていなくても、所有権留保を第三者に対抗できるとする説（千葉恵美子「複合取引と所有権留保」民法の争点154頁）と、ABC三者の合意により、Aに留保された所有権がCに移転し、また所有権留保の被担保債権は、立替払いされた売買残代金だけではなく手数料も含むのであるから、法定代位の効果として留保所有権がAからCに移転するとは考えるべきではないとする説があった（新版注民(9)〔安永正昭〕911頁）。近時、最高裁判例（最判平22・6・4民集64-4-1107）は、

①Ｃは、本件**三者契約**により、Ｂに対して本件残代金相当額にとどまらず手数料額をも含む本件立替金等債権を取得する、②本件三者契約は、Ａにおいて留保していた所有権が法定代位によりＣに移転することを確認したものではなく、Ｃが、本件立替金等債権を担保するために、Ａから甲（本件自動車）の所有権の移転を受け、これを留保することを合意したものと解するのが相当であり、Ｃが別除権として行使し得るのは、本件立替金等債権を担保するために留保された上記所有権であると解すべきである、③Ｂにつき再生手続が開始した場合において再生債務者の財産について特定の担保権を有する者の別除権の行使が認められるためには、個別の権利行使が禁止される一般債権者と再生手続によらないで別除権を行使することができる債権者との衡平を図るなどの趣旨から、原則として再生手続開始の時点で当該特定の担保権につき登記、登録等を具備している必要があるのであって（民再45条参照）、甲につき、再生手続開始の時点でＣを所有者とする登録がされていない限り、Ａを所有者とする登録がされていても、Ｃが、本件立替金等債権を担保するために本件三者契約に基づき留保した所有権を別除権として行使することは許されない、として、Ｃの甲引渡請求を認めなかった。もっとも、Ｃに所有権移転登録がなされていない場合でも、法定代位により、立替払いした残代金債権の限度での別除権行使は認められるとする考えもあり得るであろう（田頭章一「判批」リマークス43号137頁〔2011年〕）。

(4)所有権留保の目的物による第三者の所有権侵害　　所有権留保がなされている動産が、第三者の所有権を侵害している場合、第三者が留保所有者に対して動産の撤去や不法行為に基づく損害賠償請求をなし得るかが問題となる。例えば、自動車販売会社からＢが自動車甲を買い受けるにあたり、甲の売買代金を信販会社Ａが立替払いし、買主Ｂが立替払金と利息をＡに完済するまで甲の所有権をＡに留保する旨の契約が締結され、立替払いがなされて甲の引渡しを受けたＢが、Ｃから賃借した駐車場に甲を駐車していたところ、Ｂの賃料不払いによりＢＣ間の駐車場賃貸借契約が解除され、その後ＢがＣの駐車場に甲を放置していた場合、Ｃは、賃借人Ｂに対して賃貸借終了に基づく甲の撤去と駐車場の明渡しおよび賃料相当額の損害賠償を請求することができることはもちろんであるが、留保所有権者Ａに対して駐車場所有権が甲により侵害されていると

してこれらの請求をなし得るか。

　判例（最判平21・3・10民集63-3-385〔百選Ⅰ・101事件〕）は、「**留保所有権者は、残債務弁済期が到来するまでは**、当該動産が第三者の土地上に存在して第三者の土地所有権の行使を妨害しているとしても、特段の事情がない限り、当該動産の撤去義務や不法行為責任を負うことはないが、**残債務弁済期が経過した後**は、留保所有権が担保権の性質を有するからといって上記撤去義務や不法行為責任を免れることはないと解するのが相当である」としている。その理由として、この判例は、「留保所有権者が有する留保所有権は、原則として、残債務弁済期が到来するまでは、当該動産の交換価値を把握するにとどまるが、**残債務弁済期の経過後**は、**当該動産を占有し、処分することができる権能を有する**ものと解される」ということをあげている（なお、この判例は、不法行為に基づく賃料相当額の損害賠償請求については、甲が第三者Ｃの土地所有権の行使を妨害している事実をＡが知った時以降についてのみ認められるとする）。この判例に賛成する学説が多い（安永正昭「判批」平成21年度重判〔ジュリ1398号〕90頁〔2010年〕参照）。本判例は、**弁済期到来後**は、留保所有権者Ａが甲を占有し、**処分権能を有する**ということを理由とするが、これは所有権留保を実行し得る状態になったことを意味するだけであり、実際には実行には至っていないのであるから、適切な理由とはいえないのではなかろうか。

第4節　所有権留保の実行

　例えば、宝石店Ａと顧客Ｂとの間で、代金完済まで売主Ａに所有権を留保する約定で、ダイヤモンドの指輪甲につき代金を200万円とする売買契約が締結され、Ｂは頭金として40万円をＡに支払って甲の引渡しを受け、残代金160万円を32か月の分割払い（毎月5万円の支払い）でＡに支払うことになったとする。Ｂは10か月間は割賦金を支払ったが（計50万円）、それ以降は支払えなくなった場合、売主Ａはどのようにして所有権留保を実行し、代金債権の回収を図ることになるのか。

　このような場合、売主Ａとしては、**債務不履行を理由に売買契約を解除する**

方法（☞1）をとることもできるし、**所有権留保という担保物権を実行することもできる**（☞2）と解される（鈴木・405頁、高木・381頁。内田Ⅲ・555頁は、以下の1の方法によるとするようである）。一般に実務では、債務不履行解除の方法によっている（高木・382頁。割賦販売法も、契約解除に関して規定を置いている。同法30条の3、35条の3の18）。いずれの構成によっても結論に特段の違いは出てこないし、違いが生じてはならないと考えるべきである（高木・382頁）。

1. 債務不履行解除

　割賦販売契約において、買主Bの代金債務につき履行遅滞が生じると、売主Aは、相当の期間を定めて**履行を催告**し（割賦販売法5条は、20日以上の相当の期間を定めて書面で催告することが必要とする）、相当の期間内に履行がなされないときは**売買契約を解除**することができ（541条）、AはBに対して**解除の意思表示**をする。売主Aは、原状回復請求権に基づき買主Bに目的物の返還を請求する（545条1項）。また、売主Aも原状回復義務を負い、代金を一部受領していた場合（前の例で、頭金＋割賦金＝90万円）、これから損害額や違約金（割賦販売法6条は、損害賠償賠償額の予定または違約金の定めは、当該商品の通常の使用料の額〔当該商品の割賦販売価格に相当する額から当該商品の返還されたときの価額を控除した額が、通常の使用料の額を超えるときは、その額〕に、これに対する法定利率による遅延損害金の額を加算した金額に制限している）を差し引いた額を買主に返還（実質的な清算）することになる。前の例で、甲の価額は200万円から80万円に減価していたとすると、損害額は200万円－80万円＝120万円、受領していた代金は頭金40万円を含めて90万円であるから、90万円－120万円＝－30万円、したがって30万円をなお不足の損害賠償金としてAはBに請求できる。これに対して、甲の価額は120万円に減価していたとすると、売主の損害額は200万円－120万円＝80万円、受領していた代金は頭金40万円を含めて90万円であるから、90万円－80万円＝10万円。したがって、売主は買主に超過分10万円を返還することになる。売主の清算金の支払いと買主の目的物の返還とは**同時履行の関係**となる（鈴木・405頁）。買主Bは、売主Aからの清算金がない旨の通知、またはそれにとどまらず損害賠償義務がある旨の通知、もしくはAからBへの清算金の提供があるまでは、残債務を完済して、

目的物の所有権を取得し得ると解すべきであろう。なお、**失権約款**、すなわち、買主Bが代金の支払いを怠れば売買契約は当然に失効し、売主Aは催告を要せずに目的物の返還を求め得る旨の特約がある場合であっても、同様に解すべきであろう。

2. 所有権留保の実行

これに対して、売主Aは、売買契約解除の方法ではなく、**担保権としての所有権留保の実行**により、残代金債権を回収することもできるとされる。この場合、割賦代金債務の履行遅滞後、譲渡担保権に準じて、所有権留保の実行の**意思表示**により実行が開始される。売買契約の解除の意思表示は必要ではない（道垣内・372頁、安永・437頁。高木・381頁は、実際に売主が売買契約の解除の意思表示をしたときは、担保権実行の意思表示と構成するのが妥当であるとする。近江Ⅲ・325頁は、形式的にも「解除」は必要であるが、解除の意思表示は所有権留保の実行通知と考えることができるとする）。担保権の実行により目的物が**確定的に売主に帰属**するから、目的物価額と被担保債権額（残代金債権額）の差額の**清算**が行われる。1で検討した甲の価額は80万円に減価し、被担保債権額（残代金債権額）が110万円のケースでは、甲の価額80万円－被担保債権額110万円＝－30万円となり、売主Aは買主Bになお30万円の債権を有することになり、30万円の支払いを求めることができる。これに対して、甲の価額が120万円に減価し、被担保債権額（残代金債権額）が110万円のケースでは、甲の価額120万円－被担保債権額110万円＝10万円となり、売主Aは買主Bに10万円を清算金として支払うことになる。清算金の支払いと目的物の売主への引渡しは**同時履行**となる（鈴木・405頁、近江Ⅲ・325頁）。買主Bは、売主Aからの清算金がない旨の通知（あるいはさらに債権がなお存在する旨の通知）、または適正な額の清算金の提供があるまでは、残代金債務を完済して、目的物の所有権を取得し得ると解すべきである。失権約款がある場合でも、同様に解すべきである。

判例索引

●明治・大正

大判明37・6・22民録10-861 ……………… 238
大判明43・10・18民録16-699 …………… 214
大判明44・12・11民録17-772 …………… 235
大判大3・7・4民録20-587 ………………… 212
大判大3・11・2民録20-865 ……………… 278
大判大4・9・15民録21-1469 ……………… 32
大決大4・10・23民録21-1755 ……………… 26
大判大5・7・12民録22-1374 …………… 291
大判大5・11・27民録22-2120 …………… 234
大判大5・12・25民録22-2509 …………… 189
大判大6・1・27民録23-97 ………………… 43
大判大6・2・9民録23-244 ……………… 217
大判大6・7・26民録23-1203 …………… 231
大判大7・3・2民録24-423 ………… 165, 168
大判大7・8・14民録24-1650 …………… 235
大判大7・10・29新聞1498-21 …………… 250
大連判大8・3・15民録25-473 …………… 36
大判大8・10・8民録25-1859 …………… 152
大判大9・5・5民録26-1005 ……………… 86
大判大9・9・25民録26-1389 …… 282, 302
大決大10・7・8民録27-1313 ……………… 36
大判大10・9・26民録27-1627 …………… 139
大判大10・12・23民録27-2175 ………… 245
大判大11・11・24民集1-738 …………… 168
大連判大12・4・7民集2-209 ……… 46, 128
大連判大12・12・14民集2-676 …………… 77
大連判大13・12・24民集3-555 ………… 281
大連判大15・4・8民集5-575 …………… 108

●昭和1～20年代

大判昭3・8・1民集7-671 ………………… 161
大判昭5・4・16新聞3121-7 ……………… 153
大判昭5・4・18民集9-358 ………………… 94
大判昭5・9・23新聞3193-13 …………… 108
大決昭5・9・23民集9-918 ……………… 128
大判昭5・10・8判例評論20-民18 …… 326
大判昭6・2・27新聞3246-13 ……………… 21
大判昭6・10・21民集10-913 …………… 148
大判昭7・4・20新聞3407-15 …………… 148
大判昭7・5・27民集11-1289 …………… 162
大判昭7・6・1新聞3445-16 ……………… 21
大決昭7・8・29民集11-1729 …………… 103
大判昭8・11・7民集12-2691 ……………… 28
大判昭9・7・2民集13-1489 ……………… 36
大判昭10・5・13民集14-876 …… 240, 248
大判昭10・8・10民集14-1549 …………… 72
大判昭10・12・24新聞3939-17 ………… 248
大判昭11・1・14民集15-89 ……………… 28
大判昭11・4・13民集15-630 …………… 162
大判昭11・7・14民集15-1409 …………… 109
大判昭11・12・9民集15-2172 …… 112, 115
大判昭13・4・19民集17-758 …………… 250
大判昭13・5・25民集17-1100 …………… 73
大判昭13・10・12民集17-2115 ………… 312
大判昭14・4・15民集18-429 ……………… 93
大判昭14・4・28民集18-484 …………… 240
大判昭14・7・26民集18-772 ……………… 80
大判昭14・8・24民集18-877 …………… 241
大判昭15・8・12民集19-1338 ………… 165
大判昭15・11・26民集19-2100 ………… 164
最判昭29・1・14民集8-1-16 …………… 241
最判昭29・12・23民集8-12-2235 …… 83, 84

●昭和30～40年代

最判昭30・3・4民集9-3-229 …………… 249
最判昭30・6・2民集9-7-855
　（百選Ⅰ・64事件）………………… 9, 289
最判昭33・1・17民集12-1-55 …………… 250
最判昭33・3・13民集12-3-524 ………… 235
最判昭33・6・14民集12-9-1449 ……… 362
最判昭34・9・3民集13-11-1357 … 242, 243
最判昭35・2・11民集14-2-168
　（百選Ⅰ・68事件）…………………… 344
最判昭35・9・20民集14-11-2277 …… 241
最判昭35・11・29民集14-13-2869
　（百選Ⅰ・56事件）………………… 244, 362
最判昭35・12・15民集14-14-3060 …… 293
最判昭36・2・10民集15-2-219 ……… 69, 71
最判昭36・7・20民集15-7-1903 ……… 166
最大判昭38・10・30民集17-9-1252 …… 250
最判昭40・5・4民集19-4-811
　（百選Ⅰ・86事件）……………………… 37
最判昭40・7・15民集19-5-1275 ……… 248
最判昭41・3・3民集20-3-386 ………… 245

最判昭41・4・26民集20-4-849 22
最判昭41・4・28民集20-4-900 301
最判昭42・4・27判時492-55 367
最判昭42・7・21民集21-6-1643
　（百選Ⅰ・45事件） 165
最判昭42・9・29民集21-7-2034 26
最判昭42・10・27民集21-8-2110 328
最判昭42・11・16民集21-9-2430 256
最判昭43・11・21民集22-12-2795
　.............................. 243, 244
最判昭43・12・24民集22-13-3366 167
最判昭44・2・14民集23-2-357 78
最判昭44・3・4民集23-3-561 261
最判昭44・3・28民集23-3-699
　（百選Ⅰ・85事件） 35, 36
最判昭44・7・3民集23-8-1297
　............................. 109, 111, 113
最判昭44・7・4民集23-8-1347
　（百選Ⅰ・84事件） 22
最判昭45・4・10民集24-4-240 261
最大判昭45・6・24民集24-6-587
　（百選Ⅱ・39事件） 137
最判昭45・7・16民集24-7-965 46
最判昭46・3・25民集25-2-208
　（百選Ⅰ・97事件） 281, 315, 316, 318
最判昭46・7・16民集25-5-749
　（百選Ⅰ・80事件） 245
最判昭46・12・21民集25-9-1610 83
最判昭47・9・7民集26-7-1327 234
最判昭47・11・16民集26-9-1619
　（百選Ⅰ・79事件） 235, 241, 247
最判昭47・11・21民集22-12-2765 242
最判昭48・7・12民集27-7-763 95
最判昭48・9・18民集27-8-1066 ...... 69, 84
最判昭49・3・7民集28-2-174
　（百選Ⅱ・29事件） 203, 353
最判昭49・7・18民集28-5-743 369
東京地判昭49・10・18判時775-143 ... 317
最大判昭49・10・23民集28-7-1473 ... 257
最判昭49・12・24民集28-10-2117 28

● 昭和50～60年代

最判昭50・2・28民集29-2-193 368
東京地判昭50・5・26下民集26-5～8-417
　.. 316
最判昭50・7・25民集29-6-1147 259
最判昭51・6・17民集30-6-616

　........................... 242, 243, 245, 246
最判昭52・10・11民集31-6-785 72
名古屋高判昭53・5・29金判562-29 301
最判昭53・7・4民集32-5-785 112
最判昭53・9・29民集32-6-1210 85
最判昭53・12・15判時916-25 348
東京高判昭53・12・26下民集29-9～12-397
　.. 37
最判昭54・2・15民集33-1-51 ...... 329, 333
最決昭55・7・15判時972-129 367
最判昭56・7・17民集35-5-950 274
最判昭56・12・17民集35-9-1328
　............................... 298, 307
最判昭57・1・22民集36-1-92 322
最判昭57・3・12民集36-3-349
　（百選Ⅰ・90事件） 151
最判昭57・9・28判時1062-81 313
最判昭57・12・17判時1070-26 368
最判昭58・2・24判時1078-76 298
最判昭58・3・31民集37-2-152
　........................... 241, 272, 324
最判昭58・12・8民集37-10-1517 143
最判昭59・2・2民集38-3-431
　........................... 128, 129, 229, 232
大阪高判昭59・9・27判タ542-214 369
最判昭60・5・23民集39-4-940
　（百選Ⅰ・94事件） 111
最判昭60・7・19民集39-5-1326
　（百選Ⅰ・82事件） 128, 129, 229
最判昭60・11・26民集39-7-1701 276
札幌高決昭61・3・26判タ601-74 370
最判昭62・2・12民集41-1-67
　........................... 305, 317, 319, 320
最判昭62・4・24判時1243-24 ..... 367, 368
名古屋高決昭62・6・23判時1244-89
　.. 226
最判昭62・7・10金法1180-36 244
最判昭62・11・10民集41-8-1559
　......... 231, 300, 329, 330, 333, 334, 343
最判昭62・11・12判時1261-71 321

● 平成

最判平1・6・5民集43-6-355 153
最判平1・10・27民集43-9-1070
　（百選Ⅰ・87事件） 14, 43
最判平2・1・22民集44-1-314 81
最判平2・4・19判時1354-80 .... 35, 36

最判平2・12・18民集44-9-1686 ………… 26
最判平3・3・22民集45-3-268
　……………………………… 153, 156, 157
最判平3・7・16民集45-6-1101 … 236, 247
最判平4・4・7金法1339-36 ……………… 97
最判平4・11・6民集46-8-2625
　（百選Ⅰ・95事件） ……………………… 109
最判平5・1・19民集47-1-41 …………… 171
最判平5・3・30民集47-4-3334
　（百選Ⅱ・30事件） ……………………… 203
最判平6・2・22民集48-2-414
　（百選Ⅰ・98事件） ………… 305, 317, 320
仙台高判平6・2・28判時1552-62 …… 253
最判平6・5・12民集48-4-1005 ………… 152
最判平6・9・8判時1511-71 …………… 293
最判平6・12・20民集48-8-1470
　（百選Ⅰ・93事件） ……………………… 84
最判平7・11・10民集49-9-2953 ……… 92
最判平8・7・12民集50-7-1918 ………… 289
最判平8・11・22民集50-10-2702 …… 322
最判平9・2・14民集51-2-375
　（百選Ⅰ・92事件） ……………………… 73
最判平9・4・11裁判集民事183-241
　…………………………………… 241, 323
最判平9・6・5民集51-5-2116 …… 75, 91
最判平9・7・3民集51-6-2500 ………… 249
最判平10・1・30民集52-1-1
　（百選Ⅰ・88事件） …… 127, 131, 132, 228
最判平10・3・26民集52-2-483 ……… 134
最判平10・7・14民集52-5-1261 … 236, 254
最決平10・12・18民集52-9-2024
　（百選Ⅰ・81事件） ……………………… 225
最判平11・1・29民集53-1-151
　（百選Ⅱ・26事件） ………… 348, 351, 358
最決平11・5・17民集53-5-863 ……… 291
最決平11・10・26判時1695-75 ………… 55
最大判平11・11・24民集53-8-1899
　…………… 64, 147, 157, 160, 161, 312
最判平11・11・30民集53-8-1965 ……… 42
最決平12・4・7民集54-4-1355 ……… 135
最決平12・4・14民集54-4-1552 ……… 45
最判平12・4・21民集54-4-1562
　…………………………… 350, 351, 354
最判平13・3・13民集55-2-363
　…………………………… 137, 141, 145

最判平13・10・25民集55-6-975 ……… 142
最判平13・11・22民集55-6-1056
　（百選Ⅰ・100事件）
　………………… 349, 350, 353, 356, 358
最判平13・11・27民集55-6-1090 …… 353
最判平14・3・12民集56-3-555 … 134, 135
最判平14・3・28民集56-3-689 ……… 140
最判平14・10・22判時1804-34 ……… 107
最判平16・7・16民集58-5-1744 ……… 354
最判平17・2・22民集59-2-314
　…………………………… 132, 141, 229
最判平17・3・10民集59-2-356
　（百選Ⅰ・89事件） …… 158, 160, 161, 325
最判平18・2・7民集60-2-480
　（百選Ⅰ・96事件） ……………………… 280
最判平18・7・20民集60-6-2499
　（百選Ⅰ・99事件） ………… 281, 297, 328,
　　　　　　　　　330, 336, 337, 345〜347
最判平18・10・20民集60-8-3098
　……………… 282, 306, 310, 311, 320
最判平18・12・21民集60-10-3964
　（百選Ⅰ・83事件） ……………………… 204
東京高判平19・1・30判タ1252-252
　…………………………………………… 163
最判平19・2・15民集61-1-243
　…………………………… 353, 358〜360
最判平19・7・5判時1985-58 ………… 171
最判平19・7・6民集61-5-1940
　（百選Ⅰ・91事件） ……………………… 82
福岡地小倉支決平19・8・6金法1822-44
　…………………………………………… 46
最判平21・3・10民集63-3-385
　（百選Ⅰ・101事件） …………………… 372
最判平21・3・27民集63-3-449 ……… 352
最判平21・7・3民集63-6-1047
　…………………………… 136, 138, 145, 146
最判平22・6・4民集64-4-1107 ……… 370
大阪地判平22・6・30判時2092-122 … 114
東京高決平22・7・26金法1906-75 …… 238
最決平22・12・2民集64-8-1990 ……… 335
最判平23・12・15民集65-9-3511 …… 250
最判平24・3・16民集66-5-2321
　（百選Ⅰ・58事件） ………………… 165, 166
最判平28・12・1民集70-8-1793 ……… 86
最決平29・5・10民集71-5-789 ……… 289

事項索引

●あ

明渡しの猶予 60
異時配当 105, 107, 110, 115
一物一権主義 329
一括競売 87
一括売却 54
一般債権 31
一般先取特権 208, 210
　——者の優先弁済権行使方法 222
違約金債権 33
員外貸付け 22
受戻し 268, 346
受戻権 .... 270, 320〜322, 324
　——行使可能時期 320
　——の行使 270
　——の放棄 322
売渡担保 279, 287
ABL 329

●か

会社更生手続 312
解除による原状回復 362
買戻代金債権 42
買戻特約付き売買契約 279, 287
確定期日 173
仮差押解放金 46
仮登記担保 256
　——契約 262
　——契約に関する法律 262
　根—— 266
仮登記担保権設定契約 263
仮登記に基づく本登記 264
簡易な弁済充当方法 195
換価のための競売 250
元本確定期日 170
元本債権 31
元本の確定 178
企業担保 23
期限の利益の喪失 136, 162, 343
帰責性 311
帰属清算 258, 268
　——型譲渡担保 281, 315, 320

記名式所持人払証券 206
94条2項の類推適用 26, 186, 271, 285,
　　　　　　　　　288, 303, 304, 311
求償権 26, 110, 111
共益費用 210
　——の先取特権 210
強制管理 62, 66
強制競売 66
共同担保目録 104
共同抵当 27, 104, 105
　土地・建物—— 72
共同根抵当 181
　純粋—— 181
極度額 169, 170, 172
　——減額請求権 179
建設機械抵当法 23
建設協力金 136
権利移転型担保 257
権利質 200
権利の濫用 368
航空機抵当法 23
工場財団 23
工場抵当法 23, 151
国税債権 57
国税等の滞納処分 57, 358
個別価値考慮説 72, 73
雇用関係先取特権 210
ゴルフクラブ会員権 290

●さ

債権質 201
債権者代位権の転用 157
債権者平等の原則 3, 13
債権譲渡 124
　——登記ファイル 290
　——の効果の発生を留保する特段の付款
　　　　　　　　　　　　　　 360
債権と物の牽連性 240
債権発生の可能性 348
再売買予約付き売買契約 279, 281, 287
債務者の合併 175
債務名義 49, 50, 55, 63
詐害行為取消請求 330

事項索引　　**379**

詐害的事実行為 …………………………… 35
詐害的短期賃借権 ……………… 61, 63, 156
先取特権 ………………………………… 52, 208
　　──相互の優先順位 ………………… 218
　　──と他の担保物権の優劣 ………… 219
　　──に基づく物上代位 ……………… 224
　　──の効力 …………………………… 221
　　──の優先順位 ……………………… 218
　　共益費用の── …………………… 210
　　雇用関係── ……………………… 210
　　動産売買── …………… 141, 213, 299
　　動産保存── ……………………… 213
　　特別（の）── ……………… 209, 232
　　日用品供給── …………………… 211
　　不動産── …………………… 208, 214
　　不動産工事── …………………… 214
　　不動産賃貸借── ………………… 212
　　不動産売買── …………………… 215
　　不動産保存── …………………… 214
差押えと相殺 …………………………… 137
指図証券 ………………………………… 206
更地 ………………………………………… 69
　　──価格 ……………………………… 69
304条1項但書の差押え
　　　　　…………… 122, 123, 131, 226, 230
392条2項による代位 ………………… 117
敷金 ………………………………… 59, 139
　　──返還義務 ………………… 60, 63
自己借地権 ………………………………… 68
事実上の優先弁済権 ……………… 57, 250
質権 ……………………………………… 183
　　──設定と第三債務者による相殺との優劣
　　　　　……………………………………… 202
　　──に基づく物権的返還請求権 ……… 195
　　使用・収益をしない旨の定めのある──
　　　　　……………………………………… 53
私的実行 ……………………… 258, 314
自動車抵当法 …………………………… 23
指名債権 ………………………………… 201
借地権価格 ………………………………… 69
収益的効力 ……………………… 14, 184
集合債権譲渡担保 ……………… 328, 347
　　停止条件型── …………………… 350
　　取立権限留保型── ……… 347, 349, 356
　　予約型── ……………… 350, 353, 360
集合動産譲渡担保 ……………… 328, 332
　　──権設定契約 ………………… 332
　　──の実行の通知 ………………… 346

　　流動── …………………………… 332
集合物論 ……………………… 329〜331
　　──的構成 ………………………… 329
　　──徹底説 ………………………… 331
従たる権利 ………………………………… 37
従物 ……………………………… 35, 36, 194, 198
純粋共同根抵当 ………………………… 181
使用・収益権 …………………………… 198
使用及び収益をしない旨の定めのある質権
　　　　　……………………………………… 53
商事留置権 ……………………………… 236
　　──による土地の留置 ………… 237
承諾転質 ………………………………… 191
承諾転抵当 ……………………………… 101
譲渡および買入禁止の特約 ………… 261
譲渡制限特約 ……………… 201, 202, 288
　　──のある債権 ………………… 201
譲渡担保（権） ……………… 256, 277
　　──契約 …………………………… 281
　　──実行通知 ……………………… 336
　　──侵害 …………………………… 292
　　──設定契約 ……………………… 287
　　──と賃借権 ……………………… 324
　　──に基づく物権的返還請求権 …… 312
　　──に基づく妨害排除請求権 …… 292
　　──の私的実行 …………………… 314
　　──の侵害 ………………………… 313
　　──の対外的効力 ………………… 294
　　集合債権── ……………… 328, 332, 347
　　集合動産── ……………… 328, 332
　　処分清算型── ……… 281, 316, 320
　　強い── …………………………… 281
　　弱い── …………………………… 281
商法による船舶 ………………………… 23
剰余主義 ………………………………… 54
処分権能 …………… 305, 306, 310, 317
処分清算 ………………………………… 258
　　──型譲渡担保 ……… 281, 316, 320
所有権移転型担保 ……………………… 257
所有権移転請求権仮登記 ……………… 264
所有的構成 ……………… 282, 295, 296, 298,
　　　　　　　　　300, 302, 307, 309,
　　　　　　　312, 313, 324, 344, 364, 369
所有権に基づく物権的返還請求権 …… 312
所有権留保 ……………………………… 361
信託的譲渡説 …………………………… 282
人的担保 …………………………………… 6
随伴性 ……………… 15, 21, 170, 184, 208

380　事項索引

清算期間 …………………………… 268
清算金 ……………………………… 315
　　―がない旨の通知 ……… 268, 315, 346
　　―の見積額の通知 …………… 268
責任財産 …………………………… 2
責任転質 …………………………… 191
責任転抵当 ………………………… 101
設定者留保権 ………………… 283, 285
　　―説 ……………… 284, 302, 306～309
　　―に基づく物権的返還請求権 … 313
善管注意義務 ……………………… 248
全体価値考慮説 ………………… 72, 73
船舶 ………………………………… 23
占有回収の訴え …………………… 196
占有改定による引渡し ……… 289, 299
占有屋 ………………………… 64, 153, 156
相殺 ………………………………… 136
　　―予約 …………………… 136～138
　　差押えと― …………………… 137
葬式費用先取特権 ………………… 211
即時取得 …… 289, 295～297, 338, 344, 365
底地価格 …………………………… 69, 70
その物に関連して生じた債権 …… 240
損害賠償額の予定 ………………… 33

●た

代位請求 ……………………… 154, 157
代位の付記登記 …………………… 108
代価弁済 …………………………… 89
第三債務者保護説
　　………… 126, 130, 132, 135, 137, 230
第三者異議の訴え …… 297～299, 42, 343, 369
第三取得者 ………… 88～94, 116, 164～167
　　抵当不動産の― …………… 32, 87, 164
　　動産先取特権と― …………… 230
代償（替）的価値 …………………… 40, 46
滞納処分 …………………………… 57
代物弁済の特約 …………………… 281
代物弁済の予約 ……………… 262, 264
代理受領 …………………………… 260
建物使用の対価 …………………… 62
短期賃借権保護制度 ……………… 63
担保価値維持請求権 ……………… 147
担保権消滅許可申立て …………… 94
担保権説 ……………………… 303, 308, 309
担保権的構成 ……………… 282, 283, 295,
　　　　　　　　　　296, 298, 300, 312,
　　　　　　　　　　313, 324, 344, 364, 369
担保権の私的実行 ………………… 258
担保不動産競売 ………… 47, 48, 66, 221
　　―手続の概要 ………………… 47
　　―と不動産利用権 …………… 58
担保不動産収益執行
　　……………… 14, 37, 38, 47, 62, 143, 221
遅延損害金 ………………………… 33
遅延利息 …………………………… 31
徴収金債権 ………………………… 57
　　地方団体の― ………………… 57
直接取立権 ………………………… 204
賃料債権への物上代位 …………… 43
賃料債務 …………………………… 139
追及力 ……………………………… 41
通常の営業の範囲 ……… 330, 331, 335
強い譲渡担保 ……………………… 281
定期金債権 ………………………… 33
停止条件型集合債権譲渡担保 …… 350
停止条件付き所有権仮登記 ……… 264
停止条件付き代物弁済契約 ……… 262
抵当権 ……………………………… 20
　　―の時効消滅 ………………… 164
　　―の消滅 ……………………… 163
　　―の処分 ……………………… 95
　　―の設定 ……………………… 25
　　根― ……………………… 15, 22, 169
　　普通― …………………… 169, 174
抵当権実行妨害目的の占有 ……… 156
抵当権消滅請求 …………………… 91
抵当権設定契約 ………………… 25, 27
抵当権に対する侵害 ……………… 157
抵当権に基づく妨害排除請求権 … 147, 158
抵当権の効力の及ぶ被担保債権の範囲 … 30
抵当権の効力の及ぶ目的物の範囲 … 34
抵当権の順位の譲渡 …………… 95, 97, 98
抵当権の順位の変更 ………………… 95, 98
抵当権の順位の放棄 …………… 95, 97, 98
抵当権の譲渡 …………………… 95, 97, 98
抵当権の侵害 ……………… 147, 148, 157
　　―と不法行為 ………………… 161
抵当権の存在を証する文書 ……… 49
抵当権の第三者対抗要件 ………… 21
抵当権の放棄（絶対的放棄） ……… 163
抵当権の放棄（相対的放棄）
　　………………………… 95, 97, 98, 109
抵当直流の特約 …………………… 57
抵当証券法 ………………………… 24

事項索引　*381*

抵当建物使用者……………………60, 62
抵当不動産……………………………87
　　―の時効取得…………………165
　　―の第三取得者……………32, 87, 164
滌除……………………………………91
鉄道財団………………………………23
鉄道抵当法……………………………23
典型担保………………………………7, 13
電子記録債権………………………172
転質（権）…………………………191, 192
　　承諾―………………………191
　　責任―………………………191
転貸賃料債権…………………………45
転抵当…………………………………95, 101
　　―の法律的性質……………101
　　承諾―………………………101
　　責任―………………………101
転抵当権設定契約……………………102
転根抵当……………………………176
天然果実………………………………38
転売授権……………………………367
転付命令………………122, 124, 135, 205
登記事項証明書………29, 49, 121, 144, 199
動産割賦販売………………………363
動産競売手続の開始………………224
動産債権譲渡特例法………289, 334, 351
動産先取特権………………208, 212
　　―と第三取得者……………230
動産質権……………………………193
　　―の消滅……………………196
　　―の侵害……………………195
　　―の成立要件………………193
動産譲渡登記ファイル……………289
　　―への譲渡の登記…………334
動産売買先取特権…………141, 213, 299
　　―に基づく物上代位………141
動産保存先取特権…………………213
同時配当………………105, 106, 113, 115
同時履行の抗弁権…………………234
　　―と留置権…………………234, 235
　　―と留置権の競合的発生…………235
特別（の）先取特権………………209, 232
　　―に基づく物上代位権の行使手続……232
土地・建物共同抵当………………72
土地改良法…………………………142
土地区画整理法……………………142
取立権………………………………205
　　―の行使……………………121

取立権限留保型集合債権譲渡担保
　　……………………347, 349, 356
取立訴訟……………………122, 205
取戻し………………………………268

●な

流担保………………………………281
二重譲渡担保権の設定……………296
二段物権変動説……………………283
日用品供給先取特権………………211
任意売却………………………48, 88, 90
ネームプレート……………289, 297
根仮登記担保………………………266
根抵当（権）……………15, 22, 169
　　―消滅請求権………………180
　　―設定契約…………………170
　　―設定登記…………………170
　　―の一部譲渡………………177
　　―の確定……………………178
　　―の全部譲渡………………176
　　―の内容……………………171
　　―の内容の変更……………173
　　―の分割譲渡………………177
　　共同―………………………181
　　転―…………………………176
　　包括―………………………171
　　累積―………………………181, 182
根抵当権者の合併…………………175
根抵当権者の相続…………………174
農業動産信用法……………………23

●は

売却代金………………………………55
背信的悪意者………………………305, 307
配当要求………………………53, 142, 298
売買の予約…………………………264
破産手続……………………………312, 336
派生的価値……………………………40, 42
払渡し前の差押え…………………119
引渡し前の差押え…………………119
引渡命令………………………………55, 63
非占有担保…………20, 23, 257, 262, 279
被担保債権の範囲…………………170, 171
必要費…………………………………62
　　―償還請求権………………139
非典型担保……………8, 9, 13, 256, 277

否認権 330
付加的価値 40, 42
付加物 34, 190, 266, 291
不可分性 15, 89, 148, 170, 184, 208
付合物 35, 194, 198
付従性 15, 21, 170, 184, 208
普通抵当（権） 169, 174
物権契約 25, 170, 186, 287
物権的期待権説 284
物権的請求権 12, 147, 149, 158, 292
　　　―の行使 157
物権的返還請求権 150, 195
　　質権に基づく― 195
　　譲渡担保権に基づく― 312
　　所有権に基づく― 312
　　設定者留保権に基づく― 313
物権的妨害排除請求権 149
　　譲渡担保権に基づく― 292
　　抵当権に基づく― 147, 158
物権的妨害予防請求権 150
物権の優先性 59
物権法定主義 278
物件明細書 54
物上請求 154, 157
物上代位（権）
　　14, 39, 190, 198, 224, 313, 335
　　―行使としての差押え 122
　　―行使の手続 119, 225
　　―保全のための差押え 122, 123
　　先取特権に基づく― 224
　　賃料債権への― 43
　　動産売買先取特権に基づく― 141
　　特別の先取特権に基づく― 232
物上代位性 16, 170, 184, 208, 291
物上保証人 5, 26, 32, 111〜113
不動産工事先取特権 214
　　―の登記 216
不動産先取特権 208, 214
　　―の公示方法 215
不動産質権 14, 53, 196
　　―の消滅 200
　　―の侵害 199
　　―の存続期間 196
不動産賃借権 59
不動産賃貸借先取特権 212
不動産の二重譲渡 242
不動産売買先取特権 215

　　―の登記 217
不動産保存先取特権 214
　　―の登記 215
不特定の債権 169, 171
不法行為に基づく損害賠償請求権 147
振込指定 261
分析論 329, 330
　　―的構成 329
併用賃借権 153
別除権者 13, 50, 232
弁済による代位 111, 114
包括根抵当 171
法定果実 38
法定借地権 274, 325
法定担保物権 7, 234
法定地上権
　　53, 54, 58, 66, 70, 73, 97, 104
　　―の対抗要件 86
　　民事執行法81条の― 86
法定（土地）賃借権 274, 325
法定利率 31
暴力団 156
保証委託取引 171
保証金 136, 139
本登記の順位保全の効力 264, 265

●ま・や

増担保請求 163
街の金融業者 156
回り手形 172
身元保証金返還債権 211
民事再生手続 312, 336
民事執行法81条の法定地上権 86
民事留置権 236
無記名証券 206
無効登記の流用 28
無制限説 137
目的債権の範囲の特定 348, 350
目的物の範囲 332, 335
約定担保物権 7, 8
約定利率 31
有益費償還請求権 245
有価証券（質） 201
優先権保全説 141, 228〜230
優先的効力 11
優先弁済的効力 12, 13, 184

要物契約…………………………… 184, 196
預託金会員制ゴルフクラブ会員権 ……… 290
預貯金債権………………………… 202, 288
予約型集合債権譲渡担保 …… 350, 353, 360
弱い譲渡担保………………………………281

● ら・わ
濫用的短期賃借権（賃貸借）
　………………………………61, 63, 153, 156
利息債権………………………………………31
流質契約……………………………………187
留置権……………………53, 57, 140, 233, 323
　—消滅請求………………… 248, 249, 252
　—の効力……………………………………247
　—の消滅……………………………………252
　—の成立要件………………………………238
　商事—………………………………………236
　同時履行の抗弁権と— ………… 234, 235
　民事—………………………………………236
留置的効力…………………… 14, 184, 247
留置物の保存に必要な使用 ……………… 248
流抵当…………………………………………57
流動集合動産譲渡担保 …………………… 332
立木法…………………………………………23
累積根抵当……………………………… 181, 182
割付け…………………………………… 106, 111

著者紹介

生熊　長幸（いくま・ながゆき）
大阪市立大学・岡山大学名誉教授・博士（法学）

1968年	東北大学法学部卒業
同年	東北大学法学部助手
1973年	岡山大学法文学部講師、同助教授を経て
1984年	同大学法学部教授
1993年	大阪市立大学法学部教授
2002年	同大学大学院法学研究科教授
2007年	立命館大学大学院法務研究科教授
2017年	立命館大学大学院法務研究科教授任期満了退職

法務省法制審議会・担保執行法制部会委員（2001年〜2003年）
第10回全国銀行学術研究振興財団賞受賞（2003年度）

〈主な著書〉
・執行妨害と短期賃貸借（有斐閣・2000年）
・物上代位と収益管理（有斐閣・2003年）
・即時取得の判例総合解説（信山社・2003年）
・わかりやすい民事執行法・民事保全法〔第2版〕（成文堂・2012年）
・三省堂テミス 物権法（三省堂・2013年）
・民法Ⅱ——物権〔第4版〕（共著、有斐閣・2017年）

三省堂 テミス
担保物権法　第2版

2013年10月20日　初版発行
2018年11月15日　第2版第1刷発行

著　者	生　熊　長　幸
発行者	株式会社 三省堂 代表者　北口克彦
印刷者	三省堂印刷株式会社
発行所	株式会社 三省堂

〒101-8371　東京都千代田区神田三崎町二丁目22番14号
電話　編集　(03)3230-9411
　　　営業　(03)3230-9412
http://www.sanseido.co.jp/
Printed in Japan

© N.IKUMA 2018

落丁本・乱丁本はお取り替えいたします。〈2版テミス担保物権法・400pp.〉
ISBN 978-4-385-32089-2

本書を無断で複写複製することは、著作権法上の例外を除き、禁じられています。また、本書を請負業者等の第三者に依頼してスキャン等によってデジタル化することは、たとえ個人や家庭内での利用であっても一切認められておりません。